일본
고대
목간론

경북대학교 인문학술원
HK+사업단 번역총서 01

경북대학교 인문학술원 HK+사업단편
바바 하지메 지음 ㅣ 김도영 옮김

일러두기

이 책은 저자인 馬場基 씨가 2018년 일본 吉川弘文館에서 발간한 저서 『日本古代木簡論』을
경북대학교 인문학술원 HK+사업단의 김도영 HK연구교수가 번역한 책이다.

일본 고대 목간론

경북대학교 인문학술원
HK+사업단 번역총서 01

경북대학교 인문학술원 HK+사업단편
바바 하지메 지음 ｜ 김도영 옮김

발간사

    역사학의 가장 중요한 연구 기반은 다양한 형태로 전해지는 유무형의 史料이다. 그중 문자 자료는 역사시대 이래 인류가 의식적·무의식적으로 남겨 놓은 기록물의 형태로 전해진다. 전자가 주로 기록물의 생산과 관리를 전담하는 史官 혹은 好史家들이 수많은 기록물 더미를 파헤쳐 역사적 사실로 기록될 만한 것들을 취사선택한 결과물이라면, 후자는 특정 목적으로 작성되어 활용되다가 후대로 전승되거나 매장 또는 폐기된 상태에서 발굴된 원형 그대로의 문자 자료이다. 특히 후자는 기록물 담당자 또는 연구자에 의해 가공과 윤색을 거치지 않은 1차 사료로서, 당해 사회의 면면을 고스란히 간직하고 있다는 점에서 연구자는 물론 일반인들의 지적 호기심을 유발하기에 충분하다.

경북대 인문학술원에서 2019년 5월부터 7년간 수행하는 인문한 국플러스지원사업(HK+사업)의 연구 아젠다인 "동아시아 기록문화의 원류와 지적네트워크 연구"의 주요 연구 대상이 바로 이러한 1차 사료인 '木簡'이다. 지금까지 한국·중국·일본에서 발굴된 약 100만 매의 목간은 고대 동아시아의 각종 지식과 정보를 함축한 역사적 기억 공간이자 이 지역의 역사와 문화적 동질성을 확인하는 인문플랫폼이기도 하다. 이러함에도 지금까지의 목간 연구는 종래 문헌자료의 부족으로 인하여 연구가 미진하거나 오류로 밝혀진 각국의 역사를 재조명하는 '一國史' 연구의 보조적 역할을 하거나, 연구자 개인의 학문적 취향을 만족시키는 데 머문 경향이 없지 않았다. 그 결과 동아시아 각국의 목간에 대한 상호 교차 연구가 미진할 뿐 아니라 목간을 매개로 형성된 고대 동아시아의 기록문화와 여기에 내재된 동아시아 역사에 대한 거시적이고 종합적 연구가 부족하였다.

이에 우리 HK+사업단에서는 목간을 단순히 일국사 연구의 재료로서만이 아니라 동아시아 고대기록문화와 이를 바탕으로 형성·전개된 동아시아의 역사적 맥락을 再開하고자 한다. 그리고 기존의 개별 분산적 분과학문의 폐쇄적 연구를 탈피하기 위하여 목간학 전공자는 물론이고 역사학·고고학·어문학·고문자학·서지학·사전학 등의 전문연구자와 협업을 꾀하고자 하며, 이 과정에서 국제적 학술교류에 힘쓰고자 한다. 그 일환으로 우리 사업단이 축적한 목간학의 학문적 성과를 '연구총서'로, 국외 목간 연구의 중요 성과를 '번역총서'의 형태로 발간하고자 한다.

1961년 이래 현재까지 약 50만 매의 목간이 발굴된 일본에서는 목간의 조사와 발굴 및 정리와 연구의 전 과정이 체계적으로 정착되어 있을 뿐 아니라 개론서로부터 전문연구서까지 목간에 대한 양질의 연구 성과가 다양하게 축적되어 있음은 잘 알려진 사실이다. 그렇지만 국내에서는 주로 한일 목간의 형태와 서사 방식 및 내용상의 유사성을 찾아내어 한국 목간이 일본 목간의 원류일 것이라는 점에 주목할 뿐 일본 목간 자체에 대한 전문적 연구는 거의 이루어지지 않았고, 그간 일본의 목간학에 대한 개념과 방법론 등을 수용할 만한 연구환경도 제대로 갖추어지지 않은 것이 현실이다.

이에 우리 사업단에서는 전문 연구자는 물론이고 목간에 관심을 가진 학문후속세대 및 일반인들에게도 목간에 대한 학문적 흥미를 북돋우기 위하여 일본의 연구 성과를 적극 번역 출간하기로 하였는바, 본서가 그 대표적 성과물의 하나라 할 수 있다. 이 책은 일본 나라문화재연구소 바바하지메(馬場基) 선생의 『日本古代木簡論』을 번역한 것으로서, 목간의 발굴에 대한 고고학적 접근 방법으로부터 시작하여 목간의 제작과 폐기에 이르는 목간의 일생에 대한 연구 성과를 생생하게 보여주고 있다. 특히 목간의 筆寫 방식에 기초한 다양한 書寫文化의 소개와 더불어 목간의 제작 방식에 대한 서술은 이 책의 백미라 할 만하다. 이와 더불어 필자는 한국 목간의 경우 신라와 백제에 상이한 목간문화가 존재하였고, 그중 백제 유민이 일본으로 건너가면서 전파한 백제 목간문화가 7세기 후반 일본 고대목간문화의 형성에 중요한 역할을 하였다는 주장도 눈여겨볼 만하다.

본서의 한국 출판을 흔쾌히 동의하신 바바하지메 선생과 번역을 맡아주신 우리 사업단의 김도영 HK연구교수의 수고에 감사드린다. 이러한 학문적 성과의 나눔이 고대 동아시아세계가 공유한 歷史像에 대한 새로운 硏鑽의 계기가 되기를 기대한다.

경북대학교 인문학술원장
HK+사업연구책임자
윤재석

범례

■ 목간의 석문 표기 방법과 기호 사용 방법, 형식번호 등은 나라문
화재연구소편『平城京木簡』에 준거하는 것을 원칙으로 삼았다.
참고로『平城京木簡 Ⅲ』범례에 관련된 부분을 적어 두었다.

■ 일람표 중에 목간의 석문 등을 게재하는 경우, 나라문화재연구소
'목간데이터베이스'에 준거한 기재 방법과『平城京木簡』을 절충
하였다.

■ 목간의 석문은 2017년 1월 단계에서 최신의 것을 따랐다. 다만
목간의 출전은『平城宮發掘調査出土木簡槪報』에서 처음 나온
호수로 표시하고 그 후에 변경된 이력은 기재하지 않았다.

『平城京木簡 Ⅲ』범례에서 부분 발췌

1. 석문의 한자는 현행 常用字體를 따랐다. 다만 아래의 한자에 관
해서는 원래 字體를 翻字하였다. ( ) 안은 현행 常用字體.

實(実) 寶(宝) 證(証) 廣(広) 應(応) 盡(尽) 醫(医) 嶋(島) 籠(篭) 畵
(画) 縣(県) 處(処)

1. 석문 하단의 숫자는 목간의 길이, 폭, 두께를 나타낸다(단위는
㎜). 결손되거나 2차적으로 가공된 것은 현재 남은 크기를 괄호 속에

표기하였다. 또 길이, 폭은 목간의 문자 방향을 따랐으며 단이란 목
간을 나뭇결 방향으로 두었을 때 상하 양단을 말한다. 크기 아래의
네 자리 숫자는 형식번호로 처음 숫자 6은 奈良時代를 가리킨다. 최
하단에는 출토지구를 나타냈다. 형식번호는 다음과 같다.

　6011형식 장방형의 목재(방두·규두 등도 여기에 포함).

　6015형식 장방형의 목재에 구멍을 뚫은 것.

　6019형식 한쪽 단이 방형이며 다른 단은 결손·부식되어 원래 형상
　　　　　을 알 수 없는 것. 원형은 6011·6015·6032·6041·6051
　　　　　형식 가운데 어느 하나로 추정된다.

　6031형식 장방형 목재 양단의 좌우에 홈이 있는 것.

　6032형식 장방형 목재 한쪽 단의 좌우에 홈이 있는 것.

　6033형식 장방형 목재 한쪽 단의 좌우에 홈이 있고 다른 단을 뾰
　　　　　족하게 한 것.

　6039형식 장방형 목재 한쪽 단의 좌우에 홈이 있으나 다른 단
　　　　　은 결손·부식되어 원래 형상을 알 수 없는 것. 원형은
　　　　　6031·6032·6033·6043형식 중 어느 하나로 추정된다.

　6041형식 장방형 목재 한쪽 단의 좌우를 깎아 나무 주걱의 손잡이
　　　　　를 만든 것.

　6043형식 장방형 목재 한쪽 단의 좌우를 깎아 나무 주걱의 손잡이
　　　　　모양으로 만들고 좌우에 홈이 있는 것.

　6049형식 장방형 목재 한쪽 단의 좌우를 깎아 나무 주걱의 손잡이
　　　　　모양으로 만들었으나 다른 단은 결손·부식되어 원래 형

상을 알 수 없는 것.

6051형식 장방형 목재 한쪽 단을 뾰족하게 한 것.

6059형식 장방형 목재 한쪽 단을 뾰족하게 하였으나 다른 단은 결손·부식되어 원래 형상을 알 수 없는 것. 원형은 6033·6051형식 가운데 어느 하나로 추정된다.

6061형식 용도가 명확한 목제품에 묵서가 있는 것.

6065형식 용도미상의 목제품에 묵서가 있는 것.

6081형식 절손·割載·부식으로 인해 원형을 알 수 없는 것.

6091형식 삭설.

1. 편자가 더한 문자는 아래 두 종류의 괄호를 더하였다. 원칙적으로 괄호는 오른쪽에 붙였으나 편집상황에 따라 좌측에 붙인 경우도 있다.

〔 〕교정과 관련된 각주 가운데 본문으로 바꾸어야 할 문자를 포함하는 것.

( ) 이 외의 교정 각주 및 설명 각주.

1. 본문에 사용한 부호는 아래와 같다.

・	목간의 앞뒷면에 문자가 있는 경우 이를 구별하는 것을 의미한다.
○	목간 상단이나 하단에 구멍이 뚫린 것을 나타낸다.
□□□	결손된 문자 가운데 문자의 수를 확인할 수 있는 것.
▭	결손된 문자 가운데 문자의 수를 추정할 수 있는 것.
⊏⊐	결손된 문자 가운데 문자의 수를 셀 수 없는 것.
⊐ ⊏	기재된 내용으로 보아 위 또는 아래에 한 자 이상의 문자를 추정할 수 있는 것. 다만 삭설에 관해서는 번잡해지므로 이 기호를 생략하였다.
■■■	말소되어 판독이 어려운 것.
~~	말소한 문자의 자획이 명확한 사례에 한하여 원래 글자의 좌측에 첨부하였음.
?	편자가 더한 각주로 의문이 있는 것.
▽▽	문자에 의문은 없으나 의미가 통하기 어려운 것.
……	동일목간으로 추정되나 직접 연결되지 않고 중간에 한 글자 이상을 알 수 없는 것.
■	橫材 목간에 나뭇결과 직교하는 방향으로 새긴 선이 있는 것을 나타낸다.
〔X 〕	문자 위에 겹쳐 써서 원래 글자를 수정한 경우 수정한 곳 왼쪽에 ・을 쓰고 원래 글자를 오른쪽에 나타내었다.

차례

제2부 목간의 작법

서문

1. 목간연구의 시점

이 책은 일본 고대를 중심으로 한 목간[1]의 사료학적 분석[2]을 통해 목간의 사료학적 특징을 귀납적으로 밝히고 목간을 분석하는 데 새로운 관점을 제시함과 동시에 이 분석을 통해 일본 고대사·일본 고대 사회의 해명, 나아가 일본 문화의 기층적 요소를 추출하는 것이다.

일본열도에서 출토된 목간은 수량만이 아니라 그 내용, 출토 유적과 유구, 출토지점, 유적의 시대 등 모든 점에서 광대한 증가 일로를 걷고 있다. 이 광대함에 호응하듯이 일본의 목간연구도 발전해 왔다. 목간의 전체적인 연구사에 대해서는 이미 뛰어난 개설이 존재하므로[3] 여기서는 '사료학적 분석'이라는 이 글의 문제의식에 맞추어 연구사를 정리한다. 또 필자의 연구는 이 책에 수록되어 있을 뿐만 아니라 나중에 다시 요약할 것이므로 연구사에서는 다루지 않는다.

1961년 平城宮에서 처음 목간이 발견되면서 목간의 문자를 석독하고 그 내용을 파악·정리하는 '문자 자료'로서의 측면과 '고고자료로

---

1) '나무에 묵서한 것'을 모두 목간으로 보는 목간학회의 정의를 따른다. 이 책에서 다루는 것은 발굴조사를 통해 출토된 목간이며 이 책의 방향성은 전세된 목간 연구에도 응용할 수 있으리라 생각한다.

2) 이 책에서는 '자료학(資料學)'이 아니라 '사료학(史料學)'이라는 문자를 사용하는 것을 원칙으로 한다. 역사학으로 고찰하기 위한 소재는 문자의 유무와 상관없이 원래 '사료(史料)'라고 생각하기 때문이다. 또 후술하듯이 고문서학 등 문자사료를 다루는 방법론도 이용한다. '사료(史料)'를 문자사료만으로 한정짓지 않고 넓게 생각하는 관점을 명료하게 나타낸 견해로 東野治之의 '사료학(史料學)의 개념과 목적'(『日本古代史科學』, 塙書房, 2005)이 있다.

3) 목간 연구사는 예를 들어 목간학회편 『日本古代木簡集成』(東京大學出版部, 2003), 『木簡から古代が見える』(岩波書店, 2010) 등.

서 목간'의 중요성이 동시에 지적되었다. '고고자료로서 목간'의 분석에 필요한 항목은 논자에 따라 약간 차이가 있으나 '고고학' 관점에서 생각하면 유구론과 유물론으로 나누어 살펴볼 수 있다. 즉 목간을 유적 일부로서 파악하는 것(=유적·유구의 성격과 특징, 공반된 유물에 관한 이해 등)과 유물로서 파악하는 것(=재질·형상·가공 흔적·사용 흔적, 문양과 도상의 양상·배치<문자의 경우는 문체, 배치 등>)이다.

이러한 관점에서 가만히 생각해보면 유적 내에서 발견된 유물인 목간의 문자를 판독하는 것은 도상을 이해하는(동탁과 거울의 문양을 파악하고 이해하는) 행위와 같으며 좀 더 극단적으로 말하면 목간은 오로지 고고학적 수법만으로 분석·이해할 수 있다고 생각한다[4]. 한편 고문서학의 방법에도 전래과정과 문서군 내의 평가라는 유구론적 관점과 문서의 料紙(작품용으로 가공, 장식된 종이)에 관한 검토(종이 질·가공·사용 방법·封) 등 사용에 따른 변화, 사용 흔적의 분석과 같은 '고고학적' 방법이 포함되어 있다. 따라서 고문서학의 입장에서 생각하면 굳이 고고자료를 운운하면서 논하지 않아도 고문서학적 분석을 성실하게 수행하면 완전히 같은 수법으로 성과를 올릴 수 있으므로 애초에 '고고자료로서의 목간'이라는 표현 자체가 난센스일 수 있다. 결국, 두 관점을 다시 생각해보면 목간(또는 모든 문자사료)은 고고학적 분석으로도, 그리고 고문서학적 분석으로도 동일한 질과 수준의 분석·관

---

4) 폼페이를 방문하였을 때 이탈리에서는 '고고학자'가 목간을 다루며 금석문은 고고학의 한 분야로 확립되어 있다는 이야기를 들었다. 즉 '문자를 다루는 고고학자'라는 장르의 연구자가 존재한다.

찰이 가능하다고 볼 수 있지 않을까[5]. 그러나 문자사료에 기재된 문자에 내포된 정보량은 너무 많아서 일반적인 고고학적 연구수법만으로는 모든 목간(또는 문자사료)을 분석할 수 없다. 반대로 목간의 '문자 정보'는 문자 사료로서 불완전·단편적이며 분량도 적고 보통의 문자 사료와 비교하면 문자 정보 이외에도 다른 정보의 비율이 높아 고문서학적 수법만으로 해결하기 어렵다. '문자 자료'이면서 동시에 '고고학적 유물'이라는 점은 목간을 조사·연구할 때 두 학문 모두 '불충분'하다는 것을 지적하는 것과 같다. 따라서 '고고유물로서의 목간'이라는 관점을 강조하는 것은 목간을 고고학만이 아니라 다양한 학문 분야를 융합하여 종합적으로 분석하는 것의 중요성, 즉 목간의 사료학적 분석을 더욱 심화해야 한다는 것을 의미한다.

---

5) 今泉隆雄 씨도 같은 내용을 지적하였다(「木簡硏究の成果と課題」『古代木簡の硏究』, 吉川弘文館, 1998).

2. 일본 목간연구의 흐름

일본 고대 목간연구는 岸俊男 씨, 田中稔 씨, 狩野久 씨, 鬼頭淸明 씨, 橫田拓實 씨에 의해 열정적으로 이루어졌다. 그 가운데 사료적인 특질도 명확해졌다[6]. 東野治之 씨는 문헌에서 확인된 목간을 검토하고 문자 자체를 분석하는 등 다양한 각도에서 목간의 '이용 방법'을 비롯한 사료학적 연구를 전개하였다[7]. 지역에 따른 재질의 차이와 필적의 분석[8] 등도 활발히 검토되었다. 이를 통해 1980년대 전반까지 목간의 제작·이용 방법·폐기라는 일련의 양상에 관한 연구의 기본적 관점이 제시되었다고 할 수 있을 것이다.

그리고 사료학적 분석을 구체적으로 추진한 일본 고대 목간연구로 今泉隆雄 씨의 연구를 들 수 있다. 목간의 가공·제작에 관한 상세한 관찰연구 등 많은 성과가 있는데 그중에서도 이후 연구에 큰 영향을 끼친 관점으로 '목간의 라이프사이클'을 들 수 있다[9]. 출토된 목간은 '폐기된 목간' = 최종적인 형태이므로 목간을 연구할 때에는 작성부

---

6) 예를 들어 狩野久『日本古代の都城と國家』(東京大學出版會, 1984), 鬼頭淸明『古代木簡の基礎的硏究』(塙書房, 1993)에 정리된 여러 논문 등.

7) 東野治之의『正倉院文書と木簡硏究』(塙書房, 1997) 및 『日本古代木簡の硏究』(塙書房, 1983) 수록 논문 등. 특히 「平城宮出土の木簡」(『日本古代木簡の硏究』初出 1978~1980)은 목간의 사료학적 연구 중에서도 고도로 체계화된 시점(예를 들어 '정보의 집적'과 '분산'에 목간이 하는 역할이라는 시점)을 제시한 것으로 이 책에도 큰 영향을 끼쳤다.

8) 東野治之「木簡にみられる地域性」(東野治之『日本古代木簡の硏究』初出 1982), 佐藤信「古代隱岐國と木簡」(『日本古代の宮都と木簡』吉川弘文館, 1997, 初出 1983) 등이 선구적인 연구이다. 이후에도 寺崎保廣「最近出土した平城京の荷札木簡」(『古代日本の都城と木簡』吉川弘文館, 2006, 初出 1990) 등이 있다.

9) 今泉隆雄「門牓制·門籍制と木簡 - 木簡のライフサイクル」(각주 5 저서).

터 폐기에 이르는 라이프사이클을 염두에 두는 것이 중요하다고 지적하였다.

1980년대 후반 이후, 平城京에서 長屋王家목간·二條大路 목간이 출토되고 또 각지에서 목간 출토 사례가 증가하여 목간의 연구 상황은 크게 변화하였다. 그리고 목간의 출토 사례가 증가하면서 단순히 '목간에 쓰인 문자 정보의 증가'라는 효과를 넘어 목간 연구수법 자체의 발전·심화를 초래한 것이다.

平川南 씨의 지방유적 출토 목간·출토 문자 자료의 연구[10], 특히 郡符목간에 관한 연구는 폐기상황을 정리하면서 도출된 것으로 출토 사례가 적은 지방유적 출토 목간의 역사정보를 제한된 문자 정보 속에서 최대한으로 추출하기 위해 적극적으로 사료학적 분석을 시도하여 큰 성과를 얻은 사례이다.

한편 도성 출토 목간의 폐기상황과 유구의 관련성에 관한 연구로 式部省 관련 목간이 출토된 유구·위치를 시기별로 상세히 정리한 寺崎保廣 씨의 연구를 들 수 있다[11]. 유구 내에서 시기에 따른 분포와 내용의 분류·정리에 기초한 연구로 渡邊晃宏 씨의 二條大路 목간에 관한 기초적 연구도 중요한 성과이다[12]. 또 도성 출토 목간과 관련하여 이용 상황을 분석한 성과도 있고 考選목간에 관한 연구[13]도 흥미

---

10) 平川南『古代地方木簡の研究』(吉川弘文館, 2003) 등에 정리되어 있다.

11) 寺崎保廣「考課木簡の再檢討」(각주 8 저자. 初出 1989).

12) 奈良國立文化財研究所編『平城京左京二條三坊·三條二坊發掘調査報告』(奈良國立文化財研究所, 1995).

13) 東野의 각주 7 저서, 寺崎保廣「考課·選叙と木簡」(각주 8 저서. 初出 1986) 외.

로운 성과이다. 목간 제작과 관련해서는 가공방법을 비롯한 포괄적 연구[14]가 山中章 씨에 의해 제시되었다.

이처럼 연구가 전개되는 가운데 2000년대 직전 佐藤信 씨에 의해 '서사의 장(場)'이라고 하는, 목간을 연구하는 새로운 관점이 제시되었다[15]. '목간'만 생각하는 것이 아니라 목간이 존재한 공간 전체를 고찰하고 음성전달과 종이의 이용, 필기 용구와 집기류, 목간 이용의 필요성 등을 종합적으로 검토하자는 것이다. 고대 사회에서 음성전달의 중요성에 대한 지적과 일본 고대의 문자 환경에서 종이와 나무를 구분하여 사용하는 지목병용(紙木倂用)에 관한 관심은 일찍부터 존재하였으나 이를 일본 고대라는 시공간 속에 구현하고자 하는 발상은 획기적이라 할 수 있다.

이 '서사의 장(場)'이라는 관점이 제시된 배경은 첫 번째는 '도구 목간'이라고도 칭해야 할 제첨축과 封緘목간의 사례가 증가하면서 목간의 이용, 종이와의 공존에 관한 관심이 증가하였기 때문일 것이다. 그리고 두 번째는 杉本一樹 씨가 제시한 '仕事(일, 업무)론[16]'으로, 正倉院文書·寫經所 문서의 연구가 진전됨에 따라 문서 행정의 실태를 구체적으로 해명할 수 있게 되었고, 특히 사무체계 속에서 문서를 만드는 방법과 사용하는 방법까지 깊게 이해할 수 있게 되었기 때문이

---

14) 山中章「考古資料としての古代木簡」(『日本古代都城の研究』柏書房, 1997. 初出 1992).

15) 佐藤信「古代の文字資料と書寫の場」(『出土史料の古代史』東京大學出版會, 2002, 初出 1999).

16) 杉本一樹「古代文書と古文書學」(初出 1988),「正倉院文書」(初出 1994). 모두 『日本古代文書の研究』(吉川弘文館, 2001) 수록.

라 생각된다. 문서의 '기능'이 아니라 '일, 업무' 속에서 문서의 '사용방법'에 관한 관점, 도구로서의 문서라는 관점을 명확하게 제시한 것이다. 正倉院文書 연구가 심화되면서 고대 사회의 문자·문자사료의 '상대화'가 이루어지고 사회의 생업(행정사무도 포함) 속에서 문자를 이해하는 경향이 목간연구에도 큰 영향을 끼친 것으로 생각된다[17].

또 한국에서 목간이 잇달아 발견되면서 한국 고대 목간의 연구가 활발해지고 한일 목간의 비교 연구도 적극적으로 이루어지게 되었다. 이러한 가운데 목간을 역사 사료만이 아니라 다양한 문화체계 속의 하나로 이해하는 '목간문화'라는 관점이 윤선태 씨에 의해 제시되었다[18]. 예전부터 書道學 관점에서 목간을 검토할 필요가 있다고 지적되었으나[19] '목간문화'라는 개념으로 서도학·문자학·언어학, 인지학·미학 등 폭넓은 학문을 종합하여 목간을 검토할 필요성이 재차 확인되었다고 할 수 있으며 동시에 이 학문들을 종합하기 위한 시각이 제시되었다고 생각한다. '서사의 장(場)', '목간문화'라는 두 개념을 토대로 목간의 사료학적 분석은 새로운 단계에 들어섰다.

한편 2000년대에도 사료학적인 관점에서 목간연구는 거듭되었다. 예를 들어 市大樹 씨는 東野·今泉·鬼頭淸明 씨의 연구를 토대로 門牓木簡과 召文木簡을 재검토하거나 進上狀을 분석하는 등 다양한

---

17) 正倉院文書 연구의 진전과 목간연구 진전의 관계는 이 책 제 l 부 제5장 참조.

18) 尹善泰「木簡からみた漢字文化の受容と變容」(工藤元男·李成市編『東アジア古代出土文字資料の研究』雄山閣, 2009).

19) '書'와 문자를 쓰는 관점에서 성과를 정리한 사례로 東野治之『書の古代史』(岩波書店, 1994) 등이 있다.

연구를 진행하고 있다[20]. 友田那々美 씨는 山中章 씨의 연구를 계승하면서 하찰목간의 가공 흔적을 재검토하였고[21] 三上喜孝 씨는 平川南 씨의 수법을 계승하여 지방에서 출토된 목간을 검토하였다[22]. 모두 흥미로운 연구인데 특별히 2010년경 이후 角谷常子 씨를 중심으로 '동아시아 목간학의 확립'을 목표로 하는 공동연구[23]와 佐藤信·籾山明 씨를 중심으로 한 중국 간독의 공동연구[24]가 주목된다. 이 공동연구를 통해 목간사료학의 방법론이 크게 진전된 것으로 평가된다.

전자에서는 한국·중국·일본의 목간 연구자가 각자의 연구축적·방법론으로 3개국의 목간을 공동으로 관찰, 분석, 검토하였다. 후자에서는 중국 간독을 일본 목간 연구자와 중국 간독 연구자가 공동으로 관찰, 기록, 검토하였다. 두 공동연구를 통해 가깝고도 멀었던 동아시아 목간을 연구하는 연구팀이 공동으로 '현물(現物)'인 목간을 관찰·검토하고 단순히 '연구 성과' 발표에만 머무르지 않으며 '연구 방법론'까지 교환함으로써 큰 자극과 성과를 올리는 데 성공하였다.

일부 사례를 소개한다. 전자의 공동연구에서 富谷至 씨가 제창하

---

20) 市大樹『飛鳥藤原木簡の研究』(塙書房, 2010).

21) 友田那々美「古代荷札木簡の平面形態に關する考察」(『木簡研究』25, 2003).

22) 三上喜孝『日本古代の文字と地方社會』(吉川弘文館, 2013).

23) 연구의 경위와 성과는 角谷尚子編『東アジア木簡學のために』(岩波書店, 2014)에 정리되어 있다.

24) 연구의 경위와 성과는 A 籾山明·佐藤信編『文獻と遺物の境界 -中國出土木牘史料の生態的研究-』(東京外國語大學アジア·アフリカ言語研究所, 2011), B『同 Ⅱ』(同, 2014)에 정리되어 있다.

는 '간독의 시각적 효과'는 일본 고대의 郡符목간 등의 이해와도 겹치며, 이에 자극을 받아 市大樹 씨가 새로운 연구를 시도하거나 渡邊晃宏 씨가 목간의 분류 방법을 더욱 즉물적인 관점에서 제안한다[25]. 후자의 연구에서는 籾山明 씨가 일본 목간에서 제창된 '목간의 라이프사이클', '서사의 장(場)'을 더욱 진전시켜 '간독의 생태계'[26]라는 개념을 제시하였다.

이처럼 일본 목간이 증가하면서 사료학적 분석사례와 방법도 축적되었다. 한편 正倉院文書 등 다른 문자 사료연구의 발전과 동아시아 제국에서 출토된 문자 사료와의 비교, 또 발굴조사의 정밀화와 관련 유물 연구(예를 들어 제염토기 연구)도 축적되면서 목간의 사료학적 분석 방법도 발전, 심화하고 있다. 이 책에서는 이러한 연구 성과 가운데 특히 '서사의 장(場)', '목간문화', '仕事(일, 업무)론'의 관점을 적극적으로 계승하고자 한다. 이는 목간을 아래와 같이 생각하기 때문이다.

목간은 사회에서 사람이 이용한 '도구'이다.

목간을 이용한 목적은 다른 사람과의 의사소통, 주변의 대비, 법 제도상의 절차 등 다양하다. 목간은 어떠한 '이용 목적'에 기초하여 사람이 작성하였다. 이용 목적에 맞는 목재를 정형한 것도, 문자를 기입한 것도 사람이다. 그 후 이용 목적에 맞게, 또는 이용 목적에서 벗어나게 이용한 것도 사람이었다. 이용이 끝난 목간은 사람이 재이용하거나 다른 목제품으로 가공하거나 소각하여 폐기한다.

---

25) 모두 角谷尙子의 편서 각주 23에 수록되어 있다.

26) 籾山明「序論 -出土木牘史料の生態的研究に向けて-」(籾山明·佐藤信 각주 24의 A).

즉 목간을 만들거나 거기에 기능을 부여한 것은 모두 '사람'이며 목간이 스스로 '기능'을 획득하거나 변화할 수는 없다. 분석 시점의 주어는 기본적으로 목간과 관련된 '사람'이어야 한다고 생각한다. 목간에 대한 사람 측의 '의식', '작용', '인식·이해'야말로 중요하며 거기에 목간이 내포하는 역사정보가 포함되어 있다고 생각한다.

물론 우리가 접촉하고 관찰하는 것은 '목간'이다. 목간과 관련된 사람을 직접 관찰하거나 이해할 수 없으므로 어디까지나 '상정'하는 경우가 많다. 또 이용 방법과 작성 방법도 대부분 알 수 없다. 이 점을 충분히 유의할 필요가 있다. 다만 '라이프사이클', '생태계'와 같은 단어는 마치 목간이 스스로 역할을 변화시키거나 '기능'을 분화시킨 것처럼 느끼게 하는 점이 문제일 것이다.

과거 사람이 유물·유구와 어떻게 관련되어 있는가, 사람이 유물과 유적을 어떻게 만들고(제작 기법), 어떻게 사용하고(사용 흔적), 어떻게 버렸는가(폐기 상황)를 분석해 이와 관련된 과거 사람을 추적하고 역사성을 추출하는, '사람'으로부터 '물건'을 거쳐 '역사'에 이르는 연구 경향은 고고학에서 보편적이다. 이러한 고고학적 관점을 적극적으로 도입하는 것은 앞서 언급한 것처럼 사료학적 특성을 지닌 목간을 연구하는 데 매우 중요하다.

3. 이 책의 구성

이하 部·章마다 이 책에서 논한 내용을 정리한다.

제1부에서는 목간의 사료학적 분석을 구체적으로 실시한다.

제1장에서는 하찰(공진물하찰)목간을 대상으로 '하찰(荷札)이 하물(荷物)에 장착'된 양상, 즉 '하찰과 하물의 관계'라는 관점과 문제의식을 축으로 이용 상황을 구체적으로 해명하고 역사적 의의를 부여하였다. 우선 같은 내용의 목간이 복수(2점) 출토된 사례에 대하여 근세의 공납물에 관한 규정을 참고로 2점의 목간이 동시에 작성된 것을 밝혔다. 다음으로 伊豆國 하찰목간에서 '追記'의 위치, 내용에 주목하고 공납물을 준비하는 어느 단계에서 목간을 작성하고 장착하였는지 구체적인 제작·이용 상황을 검토하였다. 그 결과 하찰목간은 장부(計帳歷名 등)를 베껴 작성된 '장부의 분신'이며 공납물 준비와는 다른 작업에서 작성된 것, 그리고 장부의 분신인 하찰목간이야말로 적장(籍帳)지배와 현실사회를 연결하는 역할을 한 것으로 보았다. 나아가 贄목간을 분석하여 하찰이 장착되지 않은 진상물의 존재를 지적하였다.

제2장, 제3장에서는 목간과 관련된 '예외', '어긋남', '차이'에서 그 이용 상황을 검토하였다. 제2장에서는 특징적인 형상·서식(삼나무(杉材)·031형식·폭이 넓고 짧음·할서)이 지적된 隱岐國 하찰목간의 예외적인 목간(활엽수·일행 쓰기·단정한 문자)을 확인한 후 예외적인 목간의 시기와 품목에 특징이 있다는 것을 밝혔다. 재질과 형상, 서풍이 시대, 품목과 대응하는 사례 연구이다.

제3장 '문헌으로 본 고대의 소금'에서는 소금 하찰목간을 정리하여 공진국마다 목간의 형상, 동문하찰의 분포가 '차이'나는 것, 유구의 연대관과 소금 하찰목간의 年紀가 '어긋나는' 경우와 '어긋나지 않는' 경우가 있는 것 = 도성에서 소금을 보존하는 기간에 차이가 있다고 상정됨, 목간에 쓰인 소금의 공진지에는 제염유적이 농밀하게 분포하는 경우와 존재하지 않는 경우가 있다는 '어긋남'과 '차이', 한편 도성에서는 제염찰과 제염토기가 함께 출토된 사례가 확인되지 않는 '어긋남'을 발견하였다. 이를 근거로 도성의 소금은 크게 ①오랜 보존 기간, 굳은 상태(固形) 소금, 제염토기 생산, 바구니로 운송, 공납물, 하찰 장착, 若狹國(신기술의 대형토기로 양산), 尾張國과 三河國(종래의 기술로 규모를 확대), ②짧은 보존 기간, 분말 상태(散狀) 소금, 철가마 이용 생산?, 바구니로 운송, 공진물, 하찰 장착, 周防國, ③제염토기에 채워 운송, 고급품?, 공납품이 아님, 하찰 없음, 주로 大阪滿과 紀淡海峽 등 세 종류의 소금이 존재하는 것을 밝혔다. 그리고 이 가운데 ①, ②는 국가적인 소금이며 ①은 율령국가의 '부의 비축'을 위해, ②는 일상적인 '부의 이용'을 위한 목적에 맞추어 생산부터 관리되었을 것이라 추론하였다.

제4장, 제5장에서는 목간을 상세히 관찰하고 관련 정보를 융합하여 고찰하였다. 제4장에서는 二條大路 목간 중에 京織 진상목간의 출토지점 변화(=폐기시점)·내용·뚫린 구멍(=관리상황)을 정리하고 주변의 유구가 변천하는 상황에 비추어 보아 藤原麻呂邸·皇后宮織 활동을 구체적으로 검토하였다.

제5장에서는 목간의 작성·이용·폐기의 각 단계에 해당하는 사례를 사료학적으로 분석하였다. 우선 작성 사례로 활엽수라는 수종을 의도적으로 선택하였다는 것을 도성에서 출토된 大宰府 목간과 大宰府에서 출토된 목간을 비교하여 논하고 문자를 단정하게 쓰기 위해, 그리고 견고성 때문에 활엽수를 선택한 것으로 보았다. 다음 이용 사례로 長屋王家목간 중 한 점(御田苅목간)에 대하여 출토 유구의 평가, 長屋王家목간 중에서 특이성, 문자의 배치 양상으로 보아 '口上(옮긴이 : 말하는 것)의 *ひな形*'(옮긴이 : 비즈니스 문서나 서류 등을 작성할 때 미리 준비해 둔 서식)의 가능성을 생각하였다. 폐기의 사례와 관련하여 제첨축의 축부 길이에 주목하고 제첨축은 '문서의 부찰'이며 '축'은 필수 조건이 아니라는 것을 지적하였다. 또 축부가 완전히 남아 있지 않은 경우의 길이와 축 단부의 상황, 출토 상황을 분석하여 문서를 폐기할 때 축부에 문서를 휘감은 채 제첨부를 부러뜨리는 방식을 상정하였다.

제2부에서는 제1부의 분석 중에 '도구로서의 목간', '목간의 작법'이라는 관점을 제시하고 이 관점에 기초하여 일본 목간의 특징과 일본 고대의 문자 계수(継受), 문자문화의 양상에 대하여 논하였다.

제1장에서는 平城宮·京 출토 목간을 중심으로 출토 상황과 그 역사적 특징을 검토·정리하였다. 목간은 平城宮·京 각지에서 출토되었는데 유구를 검토한 결과 목간이 방대하게 출토된 경우 그 배경으로 건물의 재건축이나 이전과 같은 특별한 장면이나 이유가 존재할 것으로 보았다. 또 목간이 1차 사료로서 큰 강점이 있으므로 유구, 공반

유물과의 관계를 포함한 종합적 분석, 정리와 기왕의 견해, '상식'에 사로잡히지 않고 개별 목간에 집중한 상세한 관찰이 필요하다고 논하였다.

제2장에서는 고대 한반도 목간을 검토하여 신라와 백제 목간에 다양한 차이점이 있으며 각각의 '목간문화'가 존재함을 지적하였다. 그리고 '목간문화', 즉 목간을 도구로 사회에서 이용할 수 있는 조건(=목간을 이용하는 규칙·습관·기술의 공유와 그 전제인 목간을 이용하는 필요성 등 사회적 조건)이라는 관점에 입각하여 한반도 남부에서 6세기대에 목간이 많이 이용되었음에 반해 일본열도에서 목간이 폭발적으로 증가하는 시기가 7세기 후반인 것은 고대 일본열도에서 목간을 광범위하게 수용할 사회적 조건이 아직 성숙하지 못하였으며, 또 일본 고대 목간이 백제 목간과 유사한 것은 백제가 멸망하면서 일본으로 유입된 유민이 일본의 고대 목간문화 형성에 중요한 역할을 한 것이라고 논하였다. 문자문화·목간 사회로의 '확산'을 중요시하면서 목간의 배경에 존재하는 사회, 사람, 공간(서사의 장 등)의 중요성을 주장하였다.

제3장에서는 다양한 논의가 거듭된 埼玉縣稻荷山古墳 출토 철검에 대하여 텍스트로서의 문자 기재 = '명문'과 물체·유물로서의 매체 = '철검'의 상관관계라는 관점에서 분석을 시도하였다. 그리고 일반적인 명문철검은 도검 자체에 대한 설명(유서와 유래, 길상구 등)이 주를 이루지만 稻荷山古墳 출토 철검명은 개인의 계보와 현창(顯彰)에 중점을 두고 있어 매우 이례적이라는 것, 또 그 기재 내용은 철검보다 오히려 묘지명에 자주 확인되며 특히 群馬縣山ノ上碑와 서식이 유사

한 것을 논하였다.

　제4장은 기재 내용의 해석만으로 모두 설명할 수 없는 목간의 사례를 주목하고 거기에 '목간의 이용자'를 상정할 필요성을 논하였다. 그리고 목간 형상의 메시지성을 지적하고 구두(口頭)전달과의 관련성을 고려하여 목간의 제작 시와 이용 시에는 목간에 문자화·언어화하여 정착되지 않은(=기재되지 않은) 정보도 전달되므로 목간의 '사용법' = 이용법에도 어떠한 규칙·전달력이 있다고 상정하였다. 그리고 목간이라는 '도구'를 다양하고 총체적으로 이해하기 위한 개념으로 제2장에서 언급한 '목간문화'를 더욱 발전시켜 넓은 사회에서 공유된 '목간의 작법'을 고려하는 것이 목간의 사료학 분석에 필수이며 목간을 이용한 연구에도 의의가 있을 것이라고 논하였다.

　제5장, 제6장에서는 목간 제작의 최종 장면인 '문자를 쓰는' 장면에 주목하고 그 특징을 추출하였다. 회화자료와 일본 중세사 연구 성과를 참고로 일본 중세 초기에 서사 매체를 '손으로 쥐고' 쓰는 경우와 '책상에 두고' 쓰는 경우가 존재하는 것으로 보았다. 그리고 일본 열도에서는 독특하게 붓을 쥐는 방법이 전통적이라는 것을 지적·확인하고 그것이 일본 고대·중국 晉代까지 소급될 것으로 보았다. 글자 모양(字形) 연구·서도사 연구를 활용하면서 이 두 가지 신체 기법이 존재하였으므로 두 종류의 仮名文字가 태어났으며 또 서로 구분된 채로 병존할 수 있었던 것으로 보았다. 또 晉代에 문자를 기재하는 신체 기법(동아시아의 다른 지역에서는 소멸)이 일본열도에서 확인되는 것에 주목하고 고고학 성과를 참고하면서 일본열도 문화 계수(繼

受)의 특성을 논하였다.

보론에서는 籾山明·佐藤信 編『文獻と遺物の境界 -中國出土簡牘史料の生態的硏究-』의 내용을 토대로 간독·목간의 특징과 연구의 방향성을 논하였다. 간독·목간은 독자적으로 번식·성장하는 '생물'이 아니라 어디까지나 사람이 제작하고 이용한 '도구'라는 점을 강조하고 제작부터 폐기에 이르기까지 사람을 주체로 하고 목간을 객체로 보는 '목간의 작법'론을 주장하였다.

이상으로 이 책에서는 목간의 사료학적 연구를 사례와 방법이라는 두 가지 방향에서 논의하고 '목간의 작법론'을 제시하였다. 문자는 도상이며 목간은 형상이 존재하는 것을 생각하면 '작법'의 세계는 심오하다. 앞으로 물체로서의 목간과 도상으로서의 문자에 숨겨진 정보와 숨기는 방법에 주목하면서 목간이 존재한 시공간 속에서 목간의 평가(작성목적과 방법, 이용 방법과 폐기, 재이용 방법, 다른 전달 수단과의 역할분담 등)를 거듭함으로써 귀납적으로 '목간의 작법'을 이해하고, 목간의 사료학적 분석을 심화해나갈 필요가 있다. 이렇게 고대 목간의 사료학적 분석을 통해 일본 고대 사회·국가의 특성을 한층 입체적으로 해명해가고자 한다.

또 목간은 고대 일본에만 존재한 것이 아니다. '목간의 작법'을 이용하여 더욱 다양한 지역, 사회, 시대의 목간을 분석할 수 있다. 또 '목간의 작법'이라는 개념은 종이 문서 등 다른 사료(역사자료)까지 확장할 수 있다고 생각된다. 사료학적 수법을 통해 목간을 사료 = 역사학의 소재에 머무르지 않는, 광범위한 학문의 소재 = 재료로 승화시켜 가는 것도 앞으로 큰 목표이다.

이 책은 도달점이면서 동시에 출발점이기도 하다.

제1부

목간의 위상

제1장

하찰(荷札)과
하물(荷物)이 말하는 것

1. 머리말

諸國에서 보낸 공진물의 하찰목간[1]은 일본 고대의 수취와 지방지
배와 같은 여러 문제를 푸는데 열쇠를 쥔 중요한 자료이다. 지금까지
주로 기재된 내용을 중심으로 검토된 하찰목간은 서풍과 필적, 가공
패턴과 같이 실물에 입각한 자료학적 분석과 검토가 많이 이루어진
희귀한 분야의 목간이며 이와 관련된 연구도 풍부하다[2]. 훌륭한 연
구 성과를 계승하되 새로운 관점을 도입하여 연구를 진전시키는 것
이 이 장의 목적이다.

하찰목간의 연구 성과에 대해서는 吉川眞司 씨가 적절하게 정리하

---

1) 이 장에서는 나라문화재연구사료에서 이용되고 있는 '문서에 대하여 물자에 매단 것을 부
찰로 총칭한다. 여기에는 調·庸·中男作物·贄·春米 등 곡물에 매단 것과 여러 官司가 물품
의 보관·정리를 위해 매단 2종류가 있다. 전자를 하찰, 후자를 협의의 부찰이라고 불러 구
분한다'는 정의에 따라 용어를 사용한다.

2) 이 장에서 주로 언급하는 하찰목간에 관한 선행연구는 아래와 같다.
今泉隆雄「貢進物付札の諸問題」(『古代木簡の研究』吉川弘文館, 1998. 初出 1978)
今津勝紀「調庸墨書銘と荷札木簡」(『日本史研究』323, 1989)
弥永貞三「古代資料論─木簡」(『岩波講座 日本歴史 25』岩波書店, 1976)
鬼頭清明「荷札木簡と贄」(『古代木簡の基礎的研究』塙書房, 1993. 初出1978~93)
高島英之「付札木簡の形態的研究」(『古代出土文字資料の研究』東京堂出版, 2000)
寺崎保廣「木簡論の展望」(『古代日本の都城と木簡』吉川弘文館, 2006. 初出1990~92)
東野治之「古代税制と荷札木簡」(『日本古代木簡の研究』塙書房, 1983. 初出1980)
友田那々美「古代荷札の平面形態に關する考察」(『木簡研究』25, 2003.)
樋口知志「『二條大路木簡』と古代の食料品貢進制度」(『木簡研究』22, 1991). 樋口A論文이
라고 칭한다.
樋口知志「荷札木簡から見た末端文書行政の實態」(奈良文化財研究所編『古代の陶硯をめ
ぐる諸問題』奈良文化財研究所, 2003). 樋口B論文이라고 칭한다.
山中章「考古資料としての古代木簡」(『日本古代都城の研究』柏書房, 1997. 初出 1992)
吉川眞司「税の貢進」(平川南他編『文字と古代日本3 流通と文字』吉川弘文館, 2005)

였으므로[3] 재차 연구사를 검토하지는 않는다. 다만 이 장의 문제의 식과 관련된 것, 그리고 문제점만 확인해 두고자 한다. 논지를 전개하는데 필요한 다양한 견해의 상세한 내용은 본문 중에 적절하게 인용·소개하도록 하겠다.

하찰목간에 대해서는 출토 상황, 가공 흔적, 서풍, 동필 관계 및 필기 내용과 같이 목간 자체의 분석을 기초로 하여 율령격식, 調庸 묵서명과 비교, 수취체계 연구 성과의 비교 등 다양한 연구가 이루어지고 있다.

주된 논점은 두 가지로 첫째, 하찰목간을 작성한 주체를 國郡鄕 중 어느 단계로 보는가? 둘째, 하찰목간의 기능을 어떻게 이해하는가이다. 전자에 대해서는 國郡鄕 각자 역할을 담당하였다는 견해가 통설이다. 다만 어느 단계의, 어디에 중점을 두느냐에 따라 견해가 갈린다. 또 다음에 언급할 기능과의 관계에 대해서도 의견이 나누어진다.

후자인 하찰목간의 기능은 크게 감검설(勘檢說), 검수설(檢收設), 공납물 표시설 등 총 세 가지로 분류할 수 있다. 감검설과 검수설은 뚜렷하게 구분되지 않는 것 같다. 그러나 감검이란 하물(荷物)을 대표, 표시하는 하찰(荷札)을 장부와 대조하여 未進(옮긴이 : 아직 진상하지 않은 것)을 확인하는 행위이므로 감검설은 하물과 하찰 관계 자체에는 어떠한 변화를 끼치지 않는 행위라 상정한다[4]. 이에 반해 검수설은

---

3) 吉川 각주 2 논문. 또 今泉 각주 2 논문 보기에도 씨의 초출 논문 이후 각 견해의 정리와 그에 대한 씨의 견해가 정리되어 있어 유익하다.

4) 今津 각주 2 논문, 寺崎 각주 2 논문.

검수 시에 하물에 부착한 하찰 한 점을 골라냄으로써 하물과 하찰의 관계에 큰 변화를 초래하는 행위를 상정하는 설이다[5]. 양자를 나누어서 생각할 필요가 있다.

또 검수설은 동문하찰 연구에서 도출된 것으로 극단적으로 말하면 하찰목간 전반의 기능을 논한 것이 아니라 동문하찰의 기능을 논한 것이다. 한편 이 장에서는 거의 동일한 내용이 쓰여 있어 아마도 같은 하물에 매단 것으로 생각되는 여러 개의 하찰문서를 '동문하찰'이라 부르기로 한다. 또 감검설, 검수설 모두 하찰목간이 수취제도에서 실태적 역할을 하였을 것이라 적극적으로 평가하는 점은 공통적이다.

이에 반해 공납물 표시설은 하찰목간의 기본적 성격을 '천황에게 바치는 공납물을 표시하는 기능'으로 간주한다[6]. 하찰목간에 기재된 개인명도 이런 관점에서 이해한다. 하찰목간의 이념적·의례적 의의를 강조하는 입장이다.

이러한 연구 상황을 토대로 이 장에서는 지금까지 그다지 주목하지 않은 '하물과 하찰의 관계'를 분석하여 새로운 사실을 발견해보고자 한다. 이는 하찰은 하물에 장착되었으므로 하물과 하찰목간의 관계 및 공진물 자체를 검토하는 것이 유효할 것이라 생각하기 때문이다.

---

5) 東野 각주 2 논문.

6) 今津 각주 2 논문, 吉川 각주 2 논문. 더욱이 今津 씨는 검수설을 취한다. 즉 검수찰은 도중에서 떨어지고 공납을 표시하는 찰이 끝까지 남은 것으로 본다. 전자는 문서행정적이며 후자는 상징적인 기능을 가진 것으로 본다.

2. 동문하찰(同文荷札)의 작성·장착과 기능

1) 검수설과 그 문제점

동문하찰에 관해서는 검수찰로 이해하는 東野治之 씨의 견해가 가장 유력하다[7]. 동문하찰의 존재를 근거로 하나의 하물에 여러 개의 하찰을 매달았을 것이라 지적하고 또 그 하찰의 형상이 다른 점을 확인하였다. 이를 근거로 하면서 중국 사례까지 검토하여 03계 형식의 홈이 있는 하찰은 마지막으로 소비될 때까지 하물에 달려 있었으나 홈이 없는 051형식의 하찰은 수도에서 검수할 때 떼어낸 것으로 보았다.

東野 씨 연구 이후에도 동문하찰의 사례는 증가하고 있다. 이 사례를 바탕으로 우선 동문하찰 중 한 매가 검수찰이며 중앙으로 납입되었을 때 떼였을 가능성에 관해 확인해보자.

동문하찰은 관견에 의하면(자료 1) 近江國 庸米 10組(표 1도 참조), 伊賀國 米(백미) 1組, 參河國 米(백미) 1組, 駿河國調 荒鰹(가다랑어) 1組, 安房國調 전복 2組(이 중 하나는 上綜國에서 분립하기 이전), 若狹國調 소금 4組, 能登國調 熬海鼠(건해삼), 因幡國贄 鮭(연어) 1組 등이다. 若狹國의 調 소금하찰과 近江國 庸米 하찰이 많다. 동문하찰은 형태가 다른 경우가 많다. 하나는 03계 형식으로 홈이 있는 것, 또 하나는 홈이 없는 051형식으로 양자는 세트 관계라는 것이 눈에 띈다.

---

7) 東野 각주 2 논문. 또 今泉씨도 각주 2 논문에서 東野 씨의 설을 지지한다.

이러한 출토 상황을 감안하면 검수설에는 두 가지 의문점이 있다. 우선 첫 번째는 동문하찰마다 편중이 있는 것으로 반드시 모든 하물에 복수의 하찰을 매달았는지 명확하지 않다는 점이다.

세목은 調와 庸, 품목은 소금, 쌀, 해산물로 언뜻 보아 골고루 존재한다. 그러나 쌀은 二條大路 출토 近江國坂田郡上坂鄕의 庸米가 압도적인 비율을 점하며 소금은 若狹國調 소금에 한정된다. 예를 들어 출토된 점수로 보아 若狹國 다음으로 많은 周防國調 소금 하찰은 동문하찰이 존재하지 않는다. 해산물도 한정적이다. 반드시 모든 하물에 복수의 하찰을 매달았다고 할 수 없으며 하물에 따라서는 한 매만 매달았을 가능성이 크다.

공진물의 종류별로 검수 작업이 크게 다르다고는 생각하기 어려우므로 만약 검수찰이라면 모든 하물에 복수의 동문하찰을 매달아야 한다. 이런 점을 고려하면 검수설에 의문이 생긴다.

또 하나는 만약 검수용으로 한 매를 떼야 한다면 왜 동문하찰이 같은 유구에서 출토된 사례가 존재하느냐는 점이다. 만약 하물을 검수할 때 동문하찰 1점을 떼 낸다고 한다면 그 시점에 떼어진 목간과 하물의 소비 시점까지 장착된 목간은 분리된다. 따라서 하물에 끝까지 장착된 목간은 하물의 최종 소비지와 관련된 유구에서 출토되어야 하고 검수 시 떼어진 목간은 검수 작업지나 관련된 유구에서 출토되어야 한다. 그러나 지금까지 확인된 동문하찰은 모두 동일 유구에서 출토되었으며 다른 유구에서 출토된 사례는 없다.

調庸의 실물을 확인하는 平城宮 大藏省의 유구가 아직 확인되지 않았으므로 때어낸 목간이 아직 발견되지 않았을 수도 있다. 그러나 최종 소비지에서 동문하찰이 발견된다는 것은 검수 시점에서는 하찰을 떼지 않고 최종 소비 시점까지 복수의 하찰이 장착된 하물이 존재한 것을 의미한다[8].

만약 동문하찰 1점이 검수찰이고 또 그것을 떼지 않았다면 '未進'으로 다루어졌을 것이다. 未進이라면 勘會를 통과할 수 없으므로 網領郡司는 귀국을 제지당하는 등 貢進國으로서는 큰 문제이다. 단순히 하찰 떼는 것을 잊었다거나 특수한 사례로 치부할 수 없다. 그리고 섬유제품 등 하찰을 부착하지 않은 하물의 검수도 의문이다.

이상으로 보아 검수 때 하찰을 떼는 것이 제도적으로 확립되었으며 또 항상 이루어진 것으로는 보기 어렵지 않을까. 검수설은 매우 매력적이기는 하나 완전히 수긍하기에는 의문점도 남는다.

2) 近江國坂田郡庸米 동문하찰의 작성상황

그렇다면 동문하찰은 어떻게 이용되었을까? 하찰과 하물의 관계에 주목한 견해로 弥永貞三 씨의 설이 있다[9]. 자료1B①~③ 3점을 토대로 ①공진자(또는 鄕), ②郡, ③國이라는 단계에 대응한다고 보았다. 그리고 하물과의 관계에 대하여 ①은 현물에 묶은 것, ②, ③은 첨장

---

8) 友田 씨도 각주 2 논문에서 若狹國調塩荷札에 대하여 떼어낸 것으로 생각되는 형식(051 또는 011형식)의 목간 출토 상황을 정리하고 마지막까지 하물에 매단 것으로 생각되는 031형식과 출토 경향이 유사한 점에 착안하여 모두 최종 소비지에서 폐기되었으며 도중에 떨어진 목간은 없다고 보았다.

9) 弥永 각주 2 논문.

(添え狀, 물건을 보낼 때 곁들이는 편지)이며 ②는 용기(바구니) 속에, ③은 겉에 꽂은 것으로 보았다. 동문하찰에 적극적인 '기능'을 상정하지 않고 공납작업과 짐을 꾸리는 작업의 소산으로 생각하는 견해라고 할 수 있어 매우 흥미롭다.

다만 이러한 하찰 세트 세 점은 이외에 사례가 없다. 또 弥永貞三 씨 자신도 언급한 것처럼 이 세 점은 동일인의 필적으로 생각되므로 실제로 공납단계에 대응하는 것으로 생각해야 할지 아닌지는 의문이다.

그래서 출토 사례가 많은 하찰을 대상으로 동문하찰이 작성된 장면을 복원해보고자 한다. 대상은 山中章 씨도 검토한 二條大路 목간 중 近江國坂田郡上坂鄕庸米 하찰군이다. 藤原麻呂邸와 관련 있는 것으로 여겨지는 지구에서 62점 출토되었다.

동문하찰이 기본적으로 형식을 달리하는 것은 이 하찰군을 통해서도 확인할 수 있다. 다만 단순히 '03계+051형식'은 아니며 두 점 모두 033형식인 경우도 있다. 또 동일 인물의 하찰로 보이는 목간을 최대 3점 확인할 수 있다(표 1). 山中章 씨는 이러한 상황을 근거로 가공 흔적을 관찰한 결과, 동문하찰끼리 가공 특징이 공통되므로 近江國坂田郡上坂鄕庸米 하찰은 3점 1조(033형식 2점, 051형식 1점)가 하물에 장착된 것으로 결론지었다[10].

그 후 이 목간군의 정식보고서인 『平城京木簡 三』이 간행되었다

---

10) 山中 각주 2 논문.

¹¹⁾. 여기서 坂田郡上坂鄕庸米 하찰 중 동문하찰에 대해서도 새로운 사실이 지적되었다(표 1 참조). 이는 아래의 네 가지이다.

ⓐ 동일한 소재의 목간이 포함된 것, 특히 동일 소재를 절단해 만든 것이 확실한 동문하찰이 존재한다. 또 그 가공방법은 한 매의 나무판을 중간에서 쪼개 2매로 만들고 그 쪼갠 부분을 각각의 상단부로 이용한다. 이외에도 동일 소재로 생각되는 사례가 있으나 확인할 수 있는 범위에서는 모두 같은 방식으로 쪼갠 부분을 상단으로 사용한다.

ⓑ 동문이며 동일한 소재의 목간은 문자도 한 사람이 쓴 것으로 보인다. 近江國坂田郡上坂鄕庸米 하찰은 전반적으로 문자가 거칠고 개성적이다. 따라서 동일인의 필적 관계를 비교적 쉽게 확인할 수 있다.

ⓒ 동문, 동일 소재의 목간 중에는 목간의 형식이 다른 사례도, 같은 사례도 있다. 지금까지 동문하찰은 기본적으로 문자는 같되 형식이 다른 것으로 보았는데 그렇지 않은 패턴도 존재하는 것이 재차 확인되었다.

ⓓ 거의 동문으로 보이는 목간이 세 점 존재하는 경우, 두 점은 동문·동일 소재·동일인이 썼으나 나머지 한 점은 재질, 필적도 모두 다르고 기재 내용도 약간 다르다.

우선 동문하찰의 점수에 관해서 확인해 두고자 한다. 여기서 주목

---

11) 奈良文化財硏究所偏『平城京木簡　二　二條大路木簡一』(奈良文化財硏究所, 2006)

표1. 二條大路 近江國坂田郡上坂鄉米하찰 중 동문목간 일람

목간번호	기재내용	형식	재(材)	붓(筆)	가공	비고
4889	○ ○	×033 ×011	△ △	△ △	△ △	재(材)의 분위기가 매우 닮음
4891	○	○033	○	○	○	安万呂
4892	○	○033	○	○	○	安万呂
4893	○	×051	×	×	×	安麻呂
4903	○	△033	○	○	△	
4904	○	△039	○	○	△	
4905	○	○039	△	○	△	재(材)의 분위기가 닮음
4906	○	○039	△	○	△	양면 모두 탈자(脫字) 있음
4912	○	○051	×	?	X	붓(筆)도 아마 다름
4913	○	○051	×	?	X	
4914	△	△051	×	×	×	기재내용도 다를 가능성
4915	△	△059	×	×	×	
4921	○	×051	△	△	△	
4922	○	×039	△	△	△	
4923	○	△033	○	○	○	藪田虫麻呂
4924	○	×051	○	○	○	藪田虫万呂
4925	○	△033	×	×	×	藪田公虫麻呂
4926	○	○033	△	?	?	
4927	○	○033	△	?	?	
4932	△	△019	△	△	?	기재내용이 같은지 잘 알 수 없음
4933	△	△081	△	△	?	

○ : 동일하거나 거의 동일   △ : 비슷하나 확신할 수 없음
× : 다름   ? : 잘모름
목간 번호는 『平城宮木簡』의 번호

되는 것은 [자료 2]와 같은 목간이다. 이 세 점의 목간에는 모두 丸部豊嶋라는 인물이 등장한다. 그러나 ①은 酒波今麻呂의 戶와 합성한 것이어서 ②, ③과 다른 하물에 장착된 것이 분명하다. 한편 ②와 ③은 목재도 닮았고 문자도 유사하지만 ①은 목재와 글씨가 매우 다르다. 二條大路 목간의 近江國坂田郡上坂鄉庸米 목간 중에는 사람의

이름이 같아도 다른 하물에 장착된 것으로 보이는 사례가 존재하는 셈이다. ⓓ와 함께 이러한 상황을 감안하면 3점 1조가 아니라 2점 1조이며 나머지 1점은 다른 하물에 장착된 것으로 보아야 할 것이다. 동일하물에 장착된 하찰목간은 2점이며 이 2점에 대해서는 ⓐ, ⓑ의 특징을 지적할 수 있다.

한편 ⓐ, ⓑ로 보아 近江國坂田郡鄕庸米 목간의 동문하찰은 같은 장소, 동일한 목재, 동일 인물에 의해 작성된 것이 명확하며 아마 시간적으로도 동시에 작성되었을 것이다. 그리고 2점 모두 같은 유구에서 출토되었으므로 같은 하물에 장착된 채 수도로 운반되어 수납되고 소비될 때 동시에 폐기되었다.

近江國坂田郡鄕庸米 하찰의 작성상황이 꽤 명확해진 것으로 생각된다. 그럼 동문하찰은 어떻게 이용되었을까.

3) 동문하찰과 하물의 관계

여기에서 '하찰과 하물'이라는 시점을 토대로 조금 시야를 넓혀보고자 한다. 中國 사례와 비교하는 것은 지금도 이루어지고 있다. 공간적 범위가 아니라 시간적 범위를 넓혀서 비슷한 사례를 찾아볼 수는 없을까. 쌀의 하찰목간이라고 하면 大坂·廣島藩藏屋敷 출토 목간 등 근세의 사례도 많다.

실은 근세의 쌀 납입과 관련된 규정으로 매우 흥미로운 사료가 있

다.『條令拾遺』[12]에는 正保3년의 覺으로

> 一　納俵に其所之百姓之名を書付、壹俵ニ札壹宛入可申、札無
> 之俵候ハ、穿鑿可仕、是ハ代官衆へも申遣候事、

라는 명령을 인용한다. 「其所之百姓之名を書付」란 바로 하찰을 가리키며 이를 '壹俵ニ札壹宛入可申'로 규정하고 있다. 넣는다는 행위가 구체적으로 어떤 행위인지 알 수 없으나 단순히 생각하면 표(俵) 속에 봉입(封入)하는 행위로 생각된다.『牧民金鑑』에는 文化三寅年九月申渡으로

> 都而御年貢皆済不致以前、他所江米出し申間敷、若上米を賣
> 替惡米を御年貢ニ納候ハ、当人者申ニ不及、名主五人組迄曲
> 事可申付旨之儀者、前々より之掟ニ而、五人組帳前書ニも書載
> 有之候處、諸國とも別而近來御廻米仕立方不宜、村方ニより候而
> 者、米性宜敷土地出生米者賣拂惡米を買替、御年貢相納候類も有
> 之哉モ相聞候、右体之儀有之間敷事ニ候得共、万一心得違、買
> 替等若不正之取斗等も有之ニおゐてハ、不輕事ニ而、御年貢米者
> 俵每中札も入れ有之事ニ付、所出生米者紛無之筈ニ候處、畢竟銘
> 々吟味之節、不行届ニ而可有之候間、以來格別ニ入念米拵等爲

---

12)　若木近世史研究會編『條令拾遺』若樹書店, 1959. 荒井顯道編『牧民金鑑』刀江書店, 1969 .

致、聊驫末之儀無之樣村々江急度申聞置、河岸場出役手代改方
等、手拔無之樣精々可被申付候。

라는 명령을 인용하고 있다. 연공미(年貢米)의 질이 저하된 것에 대
해 이렇게 저하될 경우 명주(名主)부터 5인조에 이르기까지 처벌되어
야 하는 규정이 있으며, 게다가 연공미의 표(俵)에는 표마다 '중찰(中
札)'이 들어있으므로 누구의 연공인지 모를 리도 없다. 따라서 정확히
처벌도 할 수 있으므로 품질이 유지되어야 함에도 이렇게 품질이 저
하된 것은 제대로 음미(吟味)하지 않았기 때문이다. 앞으로는 이런 일
이 일어나지 않도록 하라고 명하고 있다. 연공미에는 '중찰(中札)'이
있어 연공자가 누군지 알 수 있으므로 이 '중찰(中札)'이야 말로 쌀의
품질을 유지하고 책임의 소재를 명확히 하는 결정판이었던 것 같다.
'중찰(中札)'은 문자 그대로 이해하면 속에 들어가 있는 찰(札)일 것이
다. 家継高札에 언급된 찰도 중찰일 가능성이 있다.

근세 후반 이후 많이 작성된 농정(農政)의 해설적 입문서인 「地方
書」 가운데 가장 뛰어난 것으로 여겨지는 『地方凡例錄』[13]에는 「五人
組帳前書」가 수록되어 있다. 「五人組帳前書」는 五人組의 이름과 五
人組가 지켜야 할 「制禁大法」을 기록한 것이다. 그리고 이 가운데

　　一 御年貢の隨分米症相選ミ, 荒・碎・粃・青米等の文選ミ出し, 繩

---

13) 大石久敬著・大石愼三郎校訂『地方凡例錄』(近藤出版社, 一九六九).

俵念入れ, 二重菰小口緘等一領同様に仕立, 升目欠減無之様念入れ
計り立, 中札に國郡・村名・年號月日・壓屋・升取名印仕, 改め役人姓
名印形致し, 外札は竹にても木にても表の方に何の年御年貢米, 何
國何郡何村の某納め, 裏の方に貫目相記し, 荏大豆も同然たるべし
(후략)

라는 규정이 있다. 여기에 중찰이 등장하는데 표의 바깥에 붙이는
'외찰'과 달리 표 안에 봉입한 것으로 알려져 있다[14].

근세에는 책임의 소재를 분명히 하고 연공미의 품질을 확보하기
위해 '중찰'을 표 속에 넣고 바깥에 내용물을 표시하기 위해 '외찰'을
장착하는 방법이 존재하였다. 그리고 일본 고대에도 표 속에 찰을 봉
입하는 하찰 이용 방법이 존재하였다. 鈴木景二 씨가 『목간연구』29
호에서 소개한 『筱舍漫筆』[15]에 의하면

(前略)内にもみ穀俵おほくこめたり. その俵をひらきみにし, 木
札ありて寬治元年といふ文字ありしとぞ. (後略)

위와 같이 인표(籾俵)에서 平安時代 연호를 기록한 목간이 나온 사
례가 있다. 각지에서 출토된 종자찰(種子札)도 표(俵) 속에 봉입(封入)

---

14) 津輕藩에는 '差札'이라는 것이 있는데 역시 같은 기능을 담당한 것 같으므로 아마 天嶺만
    이 아니라 각지에서 이런 이용 방법이 있었을 것이다.

15) 日本隨筆大成編輯部編『日本隨筆大成 筱舍漫筆・萍花漫筆・兎園小說外集・兎園小說別集・
    八十翁疇昔話・牟芸古雅志・雲萍雜志・閑なるあまり・畵証録』(日本隨筆大成刊行會, 1928).

되었을 가능성이 지적되었다[16].

근세의 중찰과 외찰, 고대의 종인표(種籾俵)에 봉입한 중찰이 존재한 것을 고려하면 약간 비약일지도 모르나 고대 사회에도 '중찰'과 '외찰'을 이용한 방법이 존재한 것은 아닐까. 동문하찰 중 한 점이 하물 속에 봉입되고 다른 한 점은 밖에 장착된다. 소비될 시점에는 바깥의 목간을 떼어 내고 하물 속에 봉입된 것도 꺼내 함께 폐기하였다. 외찰은 편의상 표에 장착하므로 반드시 홈이 필요하나 중찰은 상관없다. 실제로 목간을 만들어 보면 홈을 만드는 것은 매우 쉽다. 이렇게 생각하면 近江國坂田郡上坂鄉庸米 하찰도 매우 이해하기 쉽다.

이상에서 近江國坂田郡上坂鄉에서 庸米 하찰의 작성과 하물의 관계는 다음과 같이 생각해 볼 수 있다. 우선 길이 30cm 정도의 목편을 준비한다. 그리고 이것을 두 개의 편으로 쪼갠다. 적당하게 가공하고 한쪽 또는 양쪽의 목편에 홈을 만든다. 단부를 뾰족하게 만드는 작업은 두 개의 편으로 쪼개기 전에 이루어졌을 가능성도 있다. 그리고 이 두 개의 목편에 같은 내용을 쓴다. 한편 쌀은 개봉된 상태로 준비된다. 거기에 이 두 매의 목편 중 한 매를 봉입한 후 표(俵)의 짐을 싼다. 하물 꾸리기가 종료된 단계에서 남은 한 매를 외측에 장착하여 하물 꾸리기를 완료한다.

그렇다면 이러한 近江國坂田郡上坂鄉庸米의 양상은 다른 동문목간도 마찬가지일까. 또 모든 하찰목간에 대해서 같은 역할을 상정할

---

16) 平川南「木簡と農業」(『古代地方木簡の研究』吉川弘文館, 2003).

수 있을까. 절을 달리하여 확인해보자.

4) 고대의 중찰

우선 동문하찰이 같은 재질, 동일인의 필적이라는 점에 대하여. 若狹國의 동문하찰 가운데 3조의 同文同材(같은 재질, 동일인의 필적)가 있는데(자료 1A①~⑥) 다른 동문하찰도 유사한 경향을 띤다. 한편 同文으로 보이나 재질도 필적도 다른 사례가 若狹國에 1조 있다(자료1A⑦, ⑧). 기본적으로 동문하찰은 동일한 목재로 만들고 한 사람이 동시에 문자를 썼다고 할 수 있다[17]. 그리고 同文·同材·同筆이 기본이라고 한다면 近江國坂田郡上坂鄉 사례와 같이 동문하찰은 같은 장소에서 동시에, 동일인에 의해 작성된 것이 통상적이라고 볼 수 있다. 동문하찰이 고대의 중찰과 외찰일 가능성이 커지는 것이다.

이러한 중찰의 역할은 무엇이었을까. 종자찰(種子札)을 표 안에 넣은 사례를 생각하면 바깥의 찰을 떼더라도 하물의 내력을 정확히 전달하는 역할을 상정할 수 있다. 한편 근세의 연공(年貢) 사례로 보아 하물의 품질 보증이라는 역할이 상정된다.

고대의 중찰이라는 관점에 대해서는 일찍이 友田那々美 씨에게 구

---

17) 앞에서 언급한 若狹國의 목간을 어떻게 생각하는 지가 문제시된다. 일부가 2차 가공으로 깎여 문자 내용을 완전히 확인할 수 없어 다른 인물의 목간이나 다른 해의 調라고 이해할 여지도 있다. 또는 이 목간을 만드는 장면에서는 작업을 분담하여 작성하였을 가능성도 있다. 전체적인 경향으로 동문하찰이 같은 필자, 같은 재질이며 동시에 만들어진 것은 분명하며 그런 상황 속에서 다른 수단을 선택하였을 가능성을 생각해 두고자 한다. 또 만약 이 두 점이 완전히 同文이라고 한다면 近江國坂田郡庸米荷札의 거의 同文·別材·別筆木簡보다 기재내용은 훨씬 더 합치한다.

두(口頭)로 이야기한 적이 있는데 同氏가 논문에서 언급하였다[18]. 그리고 이를 吉川眞司 씨가 인용하였는데 조용포(調庸布)의 양단에 묵서를 명한 賦役令調隨近條[19]의

「凡調. 皆隨近合成. 絹絁布兩頭. 及糸綿裏. 具注國郡里戶主姓名 年月日. 各以國印々之.」

이라는 규정과 동문하찰이 대응한다는 견해가 제시되었다[20]. 조용포(調庸布)의 안쪽에 쓴 묵서는 포를 두루마리 모양으로 말면 안쪽으로 말려버리므로 마치 하물의 가장 안쪽 깊숙한 곳에 있는 묵서이며 중찰과 유사하다. 또 만약 두루마리 모양의 포를 외측부터 이용하면 안쪽에 쓰인 묵서는 포가 마지막으로 소비될 때까지 남게 되고, 하물 속에 봉입된 목간도 하물이 없어질 때까지 남을 수 있으므로 모두 '마지막까지 남는 묵서'라는 의미에서도 유사하다고 할 수 있을지 모른다. 이러한 관점에서 보면 앞서 언급한 역할을 담당하였을 가능성도 물론 있으나 무엇보다 賦役令의 규정에 따른 목간의 작법이라 할 수 있을 것이다. 그리고 賦役令이 충실하게 실현되었다면 모든 하물에 동문하찰을 매달았을 상황이 바람직하다.

---

18) 友田 각주 2 논문.

19) 율령은 岩波思想大系『律令』에 의한다.

20) 吉川 각주 2 논문. 또 今泉 씨는 각주 2 논문 본문에서 '부찰에도 동필이며 동일 공납자의 사례가 있어 묵서명의 양단 기재와 같은 의미'(p.72)라고 하였으나 이후 補記에서는 東野 씨의 검수설을 지지한다.

그러나 검수설의 의문점에서 언급한 것처럼 동문하찰에는 편중이 있다. 쌀의 하찰 중에서도 모든 쌀 하찰의 동문하찰이 확인된 것은 아니다. 소금의 동문하찰을 확인할 수 있는 곳은 若狹國뿐이며 그다음으로 출토 사례가 많은 周防國에서는 전혀 보이지 않는다[21]. 모든 하찰에 반드시 복수의 하찰이 장착되었다고 단정하기에는 약간 주저하지 않을 수 없다.

오히려 동문하찰을 확인할 수 있는 쌀의 경우 封戶에서 온 庸米가 중심이며 동문하찰을 확인할 수 있는 소금의 경우 若狹에 한정된 점에 주목하면, 특정한 경우에 동문하찰이 요구된 것으로 볼 수 있지 않을까. 쌀의 동문하찰이 封戶 중심인 것은 품질의 확보라는 점에서 생각할 수 있다. 통상 국군(國郡)기구를 통한 수취보다 봉주(封主)가 더욱 적극적으로 품질에 관해 관심을 두고 있었을 가능성을 상정할 수 있다[22]. 또 若狹國調 소금은 周防國의 소금보다 장기보존을 전제로 하였으므로 외찰이 떨어질 사태에 대비하였을 가능성도 있다.

현재로서는 하물 품질의 확보 및 하물 정보의 확실한 전달을 주된 역할이라고 보고자 한다. 다만 그 배경에 양단에 묵서하라는 賦役令의 규정이 있었을 가능성을 완전히 배제하는 것은 아니다.

이상으로 하물과 하찰의 관계를 검토하여 검수 시 하찰을 뗐을 것

---

21) 若狹國에서도 동문하찰은 네 사례뿐이다. 다만 若狹國 調塩荷札의 점수는 033형식과 홈이 없는 것(011형식 및 051형식의 합계)이 거의 동수이므로 복수 하찰이 기본이라고 생각할 수 있을 것이다. 한편 周防國의 소금 하찰은 032 및 033형식이 대부분이다.

22) 封戶이므로 직접 귀족저택에 납입되고 검수와 소비지가 가까운 동문하찰이 많이 확인된 것으로 볼 수도 있지만 소금은 封戶가 아닌 사례에서 동문하찰이 출토되기도 하므로 종합적으로 생각하면 역시 검수설은 어렵다고 생각한다.

이라는 견해의 문제점을 확인하고 동문하찰 중 한 점은 '중찰'이며 다른 한 점은 '외찰'일 가능성을 제시하였다. 동문하찰의 양상이 명확해졌다고 생각한다. 그리고 두 점의 동문하찰이 같은 곳에서 작성되었고 하물의 봉입, 장착도 같은 곳에서 이루어진 점은 중요하다. 다음으로 이러한 작업의 장(場)에 대해 대상을 조(調)의 하찰로 좁혀 검토하겠다.

3. 伊豆國調하찰의 작성과 하물

1) 山崎·山中 설에 기초한 伊豆國調하찰의 작성과정

伊豆國은 調로 '황견어(荒堅魚)[23]'를 공진하고 있었다. 平城宮·京에서는 鰹(가다랑어)을 공진할 때 사용된 목간이 대량으로 출토되었다. 山崎廣 씨, 山中章 씨, 樋口知志 씨에 의해 伊豆國調 목간의 작성과정이 상세히 검토되었다.

山崎廣 씨는 목간의 동필 관계를 중점적으로 분석하였다[24]. 伊豆國調 황견어 하찰은

國+郡+鄕+里+戶主+戶口+稅木('調')+品目('황견어')+重量

---

23) 가다랑어는 堅魚로 표기되는데 이 장에서는 편의상 물고기로서의 가다랑어를 가리킬 때는 '鰹'자를 쓰고 목간 기재를 인용할 때는 '堅魚'를 쓴다. 또 황견어(荒堅魚)는 그대로 표기한다.

24) 寺崎 각주 2 논문.

('十一斤十兩')+數量+年月

위와 같은 기재방식을 취한다(자료 3 참조). 중량은 賦役令調 絹絁條 규정에 따른 한 사람당 분량이다. '황견어'는 현재의 鰹節(옮긴이:가다 랑어포) 또는 나마리부시(なまり節, 옮긴이:찐 가다랑어(의) 살을 설말린 식품)로 생각되므로 중량을 맞추면 鰹(가다랑어)의 크기에 따라 물품의 수량은 변화한다. 수량은 그 구체적인 형상과 개수를 나타낸다.

이렇게 기재된 내용 가운데 國·郡 및 鄕名에서 동필 관계가 확인되어 모두 같은 鄕에서 쓴 것으로 보인다. '鄕' 자 이하부터 중량까지의 기재는 國名, 郡名, 鄕名이 동필이 아니다. 또 수량을 나타내는 부분은 鄕과 상관없이 동필 관계가 확인되어 郡 내로 수렴되는 것으로 보인다. 이로 보아 伊豆國調하찰의 작성과정을

鄕　　　　**國+郡+鄕名을 쓴 목간을 복수 준비한다.**

↓

'鄕'자 이하에 중량을 분담하여 기입한다.

↓

郡 단계 이상　실제 하물과 함께 대조하여 수량 등을 추기한다.

위와 같이 제시하였다.

山中 씨는 주로 홈 부분과 단부의 형상을 통해 목간 작성자를 검토하고 동일 鄕 내에서 공유된 한편 鄕을 넘은 공통성이 없는 것을 지

적하고 역시 鄕에서 목간을 작성한 것으로 보았다[25]. 더욱이 樋口 씨는 [자료 3-⑤]와 같이 분량이 적은 하찰목간에 주목하고 이 '一斤十五兩'이 正丁(성인 남자) 한 사람 분량인 十一斤十兩의 1/6에 해당하며 棄妾鄕 내에서만 보이므로 鄕 내의 수취와 관련하여 사용한 목간이 수도까지 운반되었을 가능성을 지적하고 역시 鄕 수준의 역할을 중시하였다. 다만 山崎 씨는 하찰목간이 鄕 수준에서 단계적으로 작성된 것이라 주장하는 것이며 郡의 역할도 높이 평가한다. 樋口 씨도 鄕 수준의 역할에 주목하면서도 실제 목간작성은 郡이었을 가능성을 언급한다[26].

이상과 같이 작성과정이 복원된다고 보고 이 장의 관심인 '언제 하물에 장착되었는가'라는 점에 주목하고자 한다. 아쉽지만 이 점에 관해서는 세 연구자 모두 명쾌한 견해를 나타내지 않았다. 寺崎 씨가 '調物의 조달과 하찰의 부착에 있어 鄕 단계에서 「國郡鄕」名까지 쓴 찰을 준비해 두고 거기에 여러 사람이 鄕 이하를 써서 하찰을 완성시켰다. 다음 郡 단계에서 그 하찰을 검사할 때 「○連○丸」를 추기하였다'[27]라고만 약간 언급하였을 뿐이다. 결국, 언제 하찰을 매달았는가에 대한 적극적인 견해는 확인되지 않는다.

2) 伊豆國調하찰 장착의 순간

---

25) 山中 각주 2 논문.

26) 樋口 각주 2 논문.

27) 寺崎保廣「伊豆國」(木簡學會編『日本古代木簡集成』東京大學出版會, 2003)

伊豆國調하찰을 관찰하면 매우 흥미로운 목간이 존재한다(자료 3). 주목하고 싶은 것은 목간에 「○連○丸」이 추기된 곳이다. 이 추기는 홈 바로 옆에 쓰여 있다. 이곳은 홈을 끈으로 묶으면 끈 밑에 위치하게 된다. 따라서 「○連○丸」은 하찰에 끈을 묶기 전에 추기되었을 것이다. 끈이 묶여있지 않으면 하찰은 하물에 장착되지 않은 것으로 생각된다. 그러므로 이 목간을 하물에 부착한 것은 수량을 추기하고 난 이후이다. 하찰이 장착된 상태에서 하물에 추기한 것이 아니다.

한편 수량을 기입하는 것은 실제로 그 물품의 상황을 알지 못하면 불가능하다. 황견어(荒堅魚)가 완전히 포장되고 난 후에는 기입할 수 없다. 황견어를 어떻게 포장하였는지, 구체적인 양상은 알 수 없다. '丸'은 鰹節(옮긴이:가다랑어포) 하나하나를 가리키며 '連'은 鰹節을 열 덩이로 합친 것으로 이해된다. 鰹節이 오늘날과 같이 매우 단단한 상태로 보존할 수 있게 된 것은 근세에 곰팡이를 이용한 제법이 개발된 이후이며, 나마리부시 정도로 가공한 것을 포장하지 않고 운송한 것으로는 생각하기 어렵다. 延喜主計式에 의하면 伊豆國에서 平城京까지 가는 데 22일 걸린 것으로 여겨지므로 奈良時代에도 비슷한 시일이 소요되었을 것이다. 최소한 한 덩이씩 볏짚 등으로 싸고 이를 묶어 열 덩이로 정리하였을 것이다. 그렇지만 그대로는 운송하기에 적합하지 않았을 것이며 바구니에 담는 등 훨씬 공을 들여 포장했을 것으로 생각된다.

또 静岡縣曲金유적의 東海道側溝에서 常陸國鹿島群郡의 하찰목간이 출토된 사례를 고려하면[28] 하찰은 잘못했다가는 떨어질 수도 있는 곳, 즉 포장된 하물의 외측에 매단 것으로 보인다. 그렇다면 鰹節(옮긴이:가다랑어포) 수량의 추기는 포장되기 전에 이루어져야 한다.

이상에서 伊豆國調 목간을 하물에 장착한 것은 포장 이전과 추기 이전이 아니라 추기·포장 직후임을 알 수 있다. 추기는 포장되기 전으로 한정할 수 있을 것이다. 그리고 이 추기는 鄉이 달라도 동필 관계가 확인되지만, 郡이 다를 경우 동필 관계는 확인되지 않으므로[29] 郡 수준(또는 郡 단위)에서 이루어진 것이다. 추기한 후 포장한 짐을 계속 둔 것으로 보기는 어렵고 추기-포장-장착이 일련의 작업으로 이루어졌을 것이므로 하물에 하찰을 장착한 것도 동일한 장소에서 이루어진 것으로 생각할 수 있다. 이 양상은 동문하찰 작성과 봉입·장착의 장면과도 잘 일치한다고 할 수 있다.

그리고 이 부착의 장면에서는 정말로 鄉에서 목간이 작성되었는가 하는 의문도 있다[30]. 鄉에서 郡으로 하물을 운반할 때도 포장은 하였을 것이다. 이때 이미 개인별로 운반하였다면 이는 郡에서 짐을 풀고 내용물의 상태를 확인한 후 목간을 부착한 셈이 된다. 이는 조금 번거로워 보인다. 한편 鄉에서 郡으로 납입할 때 개인이 아니라 일괄적으로 통합하여 보낸 것을 郡에서 개인별로 나누는 장면도 상정해 볼 수 있다. 이것이 작업의 효율성이라는 측면에서 타당해 보인다. 또

---

28) 『木簡研究』17호.
29) 寺崎 각주 2 논문.
30) 樋口 씨도 의문을 표시한다(樋口 각주 2B 논문).

앞서 살펴본 것처럼 하찰은 郡에서 장착되었다. 만약 鄕에서 목간을 만들어 郡으로 납입한 것으로 가정할 경우, 전자와 같이 생각한다면 하물에 하찰을 첨부하는 장면도 상정할 수 있으나 후자라면 하물과 하찰은 따로 움직인 셈이다. 이 경우 '鄕에서 작성된 하찰목간'은 말하자면 하물과는 관계가 없는 郡으로 옮겨진 것이다. 물론 그러하였을 가능성도 있으나 더욱 단순하게 郡에서 鄕별로 작업을 전담한 인력이 미리 목간을 준비해 두고 현물이 도착한 시점에 최종적으로 추기한 후 하물에 부착한 것으로 볼 수 있지 않을까.

하물의 장착에 이르기까지 일련의 작업 장소는 어디일까. 추기-포장-장착이라는 작업의 장은 郡(郡家 및 그 파견기관 등 郡 관련 시설) 또는 국부(國府)이다. 郡이라면 앞서 언급한 '郡 수준(郡 단위)'을 '郡家(또는 郡 관련 시설)'로 치환하면 그 과정을 거의 그대로 복원할 수 있다. 한편 국부(國府)라면 A:郡마다 하물의 총량이 운반되고 국부에서 구분한 후 추기-포장-장착이 이루어지는 경우와 B:구분된 하물과 하찰이 운반되고 국부에서 개별 하물에 하찰을 배당하여 추기-포장-장착한 경우를 생각해 볼 수 있다. 추기의 필적이 郡 단위마다 동일하므로 둘 중 어느 경우라도 郡마다 전담 인력이든 郡의 관리든 실제로 작업을 담당하였을 것이다. 이에 대해서는 나중에 다시 검토한다.

3) 伊豆國調하찰과 계장(計帳)

伊豆國調하찰의 작성과정과 하물에 장착하는 상황을 복원하였다. 또 하나 중요한 점을 지적할 수 있다. 그것은 본문과 추기의 질적 차이이다. 國郡鄕名 이하의 내용은 비교적 정성들여 쓴 것에 반해 수량의 문자는 난잡하다. 전자(본문)는 賦役令의 규정에 법적 근거를 가진 것으로 생각되는 정식 기재인 것에 반해 후자의 추기는 그러한 법적 근거를 갖지 않았다는 차이가 영향을 미쳤을지 모른다. 그러나 양자에는 법적 근거 이외에도 하물과의 관계라는 점에 결정적인 차이가 존재한다. 즉 본문은 하물의 현물이 없어도 작성할 수 있는 기재 내용임에 반해 추기는 하물의 현물이 없으면 작성할 수 없는 기재 내용이다. 추기는 실제로 존재한 하물 자체에 규제된 기재라 할 수 있다.

그럼 본문 부분은 어떻게 이해할 수 있을까. 각 공진자가 스스로 쓴 것도, 그들을 호출하여 자기 이름을 말하여 기재한 것도 아닌 것은 분명하다. 공진해야 하는 사람들의 이름을 쓴 리스트를 바탕으로 작성한 것으로 보아야 할 것이다. 이 리스트로서 가장 적합한 것은 계장(計帳, 옮긴이: 율령제에서 調·庸賦課를 위해 매년 작성된 호적에 비견되는 기본 장부), 특히 계장역명(計帳曆名)이라고 생각한다. 今津勝紀 씨는 소위 공진물의 묵서명 일반에 대하여 계장 등을 참고하였을 것이라 지적하였다[31]. 씨는 조용포(調庸布) 묵서명을 검토하여 이렇게 결론을 내리고 하찰목간에 대해서는 적극적으로 논지를 전개하지 않은 것 같다. 씨의 견해는 하찰목간과도 공통적이라고 생각된다. 지금까지 하찰과 계장의 관계에 대해서는 대부분 양자를 대조하여 감검하는 이용 방법이 상정되었다[32]. 다만 애초에 하찰을 작성할 때의 자료

---

31) 今津 각주 2 논문.
32) 樋口 각주 2B 논문.

로 계장역명(計帳曆名)만큼 어울리는 계장은 존재하지 않는다.

『神龜三年山背國愛宕郡雲下里計帳』(『大日本古文書』1권, pp. 363-364)
을 살펴보면

  戶主大初位上出雲臣筆戶
   去年帳定良口柒人男四女三
    帳後新附壹人緣子
   今年計帳定見良大小捌人男五女三
    不課口柒人舊六新一
      男肆人 帳內一小子一
         緣子一耆子一

      女參人 丁女一緣女一
         小女一

    課口壹人
     見輪壹人正丁
   輪調殘玖文

위와 같이 호주·호구의 이름, 調의 품목과 양이 모두 기재되어 있
어 하찰목간에 필요한 내용이 거의 망라되어 있다. 伊豆國 하찰처럼
기재가 상세한 하찰은 이 부분을 발췌한 것처럼도 보인다. 正丁(성인
남자)마다 이 기재 내용을 발췌하여 하찰을 작성한 것이라고 본다면

伊豆國調하찰의 본문은 '계장역명의 분신'이라 불러야 하며 장부 자체였다고 보아도 좋을 것이다.

이처럼 하찰목간을 장부의 분신이라고 생각하면 지금까지 의문시된 몇 가지 문제도 이해하기 쉽다. 공진자 개인 이름을 기재한 하찰, 郡名과 鄕名까지 기재한 調하찰, 또 郡名부터 쓰기 시작하여 國名을 쓰지 않은 調하찰 등이 존재하는 점이다.

개인 이름을 기재하는 것은 계장역명의 발췌라고 생각하면 매우 자연스러워 보인다. 개인 이름까지 기록해 두면 작성하는 것을 잊거나 실수한 것을 바로 확인할 수 있다.

한편 郡名까지만 쓴 사례를 [자료 4]에 제시하였다. 이 가운데 철·괭이·솜(大宰府) 등은 개인 이름까지 기재한 하찰이 발견되지 않아 郡名까지만 기재하는 것이 원칙이었던 것으로 생각되는 물품이다. 大宰府調 솜은 한번 大宰府에 납입한 후 다시 수도로 진상하므로 보통의 調物과는 기재도 다르다. 주목하고 싶은 것은 철과 괭이, 그리고 그 포장 형태이다. 이 물품들은 성인 남자 한 사람 분량의 調인데 포장된 것이 아니다. 賦役令과 『延喜式』에 의하면 괭이는 1인 3개이며 [33] 여러 명의 調를 합쳐 포장한다. 이 경우 개인마다 하찰을 부착하는 것은 불편하다. 게다가 괭이는 10개를 한데 묶은 후 하찰을 매달고 포장한다. 10개는 성인 남자 세 명분(9개)+1개이므로 성인 남자별로 정리한 것이 아니라 실제 운송과 총량을 파악하는 데 적합한 단위

---

33) 賦役令調絹施條, 延喜主計式.

로 볼 수 있다. 이로 보아 郡 단위에서 공진물의 총계를 짐을 싸는 단위로 나누어 목간을 작성하였을 가능성이 있다고 생각한다. 그 때문에 郡名까지만 기재하고 鄕名 이하는 쓰지 않았을 것이다. 또 『延喜式』의 大帳書式을 보면 調物의 총계는 郡마다 기재하나 國마다 기재하지 않는다. 郡 수준에서 정리된 장부를 기초로 작성된 것이라 볼 수 있다[34].

또 國名의 생략은 다음과 같이 생각된다. 계장역명에는 각호와 개인마다 國郡鄕名이 하나하나 기재되어 있지 않다. 이는 공통 항목으로 하찰에 써야 하는 부분이다. 郡 수준에서 작업하였다면 이러한 공통 항목을 郡에서 도출한 것으로 보아도 자연스럽다. 또 寺崎·山中씨가 지적한 鄕 단위의 공통성도 계장역명이 一鄕一卷인 것을 고려하면 이에 의해 구분하여 작성하였기 때문이라고도 생각할 수 있을 것이다. 개인명까지 쓰는 경우와 쓰지 않는 경우, 국명을 쓰지 않은 경우 등은 의뢰하는 장부의 상태와 물품의 포장 단위에 달린, 이른바 장부처리·사무작업 상의 문제라고 생각된다.

이상, 8세기 調의 하찰목간은 계장을 중심으로 하는 장부의 발췌이며 장부의 분신으로 이해할 수 있다[35]. 이 장부와 목간의 관계는

---

34) 鄕名까지 기재한 하찰도 帳簿의 영향으로 이해할 수 있다고 생각한다. 今泉 씨는 괭이에 대해 교역에 의한 조달이 있으므로 목간 서식과의 관련성을 지적한다. 대체품을 징수하고 교역으로 조달을 정비하였다고 하면 개인 이름이 기재되었을 가능성이 있는 帳簿는 대체품의 징수에 동반된 것이며 調를 공납할 때 장부는 개인 이름이 없는 편이 자연스럽다. 이러한 장부에서 하찰이 작성되었을 것이다.

35) 만약 이 상황을 7세기로 부연할 수 있다면 7세기대의 장부는 그 작성 연도를 강조하는 서식이었을지 모른다.

考選목간의 그것과 정확히 반대 관계이다. 考選목간을 토대로 종이 장부를 작성하고 종이의 장부를 발췌하여 하찰목간이 작성된다. 방향은 반대이나 장부의 일부를 거의 그대로 목간에 기입한다는 점에서 모두 공통된다. 종이 장부와 목간의 관계를 잘 나타낸다고 할 수 있을 것이다.

4) 調하찰목간의 역할

본문은 장부의 분신이며 현물과는 관계없이 기재되었다. 이에 반해 추기야말로 현물인 鰹節(옮긴이: 가다랑어포)을 장부와 조정하는 작업이며 그 결과로 기재되었다. 장부에 의한 지배와 현물에 의한 접점을 여기에서 볼 수 있을 것이다. 伊豆國의 경우 장부에 의한 지배와 현물과의 조정이 종료된 시점에 추기가 이루어지고 하찰목간이 장착되었다. 하찰목간의 장착은 장부와 현물과의 대응 종료, 확인을 의미하는 작업이었다.

하찰목간의 기능을 논하는 가운데 國 수준의 감검을 상정하는 견해가 있다[36]. 調庸物을 공진할 때 國이 전혀 관여하지 않았다고는 보기 힘들다. 하찰목간을 작성하는데 법적 근거로 생각되는 賦役令調隨近條를 보면 國郡名 이하를 묵서한 후 國印을 찍게 되어 있다. 이러한 규정을 고려하면 최종적으로는 國司가 공진물에 대해 책임을 져야 하였을 것이다. 國이 관여하는 하물 검사도 존재하였을 가능성

---

36) 今泉 각주 2 논문.

이 크다.

이 경우 國의 감검을 구체적으로 어떻게 이해하느냐는 점이 문제이다. 예를 들어 郡에서 하물을 작성·포장하여 國府로 운반하고 거기서 다시 장부와 하물을 대조하는 상황을 상정해 볼 수 있다. 다만 이경우 郡에서 포장과 하찰 장착 작업이 종료되므로 이 짐을 다시 풀고 내용물을 확인한 것으로 보기에는 약간 부자연스럽다. 따라서 포장한 후의 검사는 하찰목간과 장부를 대조하면서 그쳤을 것이며, 실물까지 포함한 검사는 郡에서 포장을 완료하기 전에 이루어졌다고 생각해야 할 것이다[37].

포장 완료 전이라는 시점(時點)은 하찰에 하물 내용을 추기하는 시점과 같다. 공납물의 확보-개인 단위로 배정-하찰에 추기-國에 의한 감검이라는 일련의 조정 작업이 이루어지고 포장 후 마무리 단계에서 하찰목간을 장착한 것이다. 준비된 하찰목간이 모두 하물에 장착된 단계에 國郡에서 '실물'의 조사·확인 작업이 종료된 것으로 생각된다.

이는 조용포(調庸布)에 묵서하고 國印을 찍는 장면과 매우 닮았다. 즉 그 물건을 납입하기에 충분한 상황이며 또 장부와 대조가 끝난 것이 國郡에 의해 확인되고 표시되었다는 점에서 묵서의 기입 및 國印의 압인과 하찰목간의 장착은 동일한 성격이라고 볼 수 있을 것이다.

---

37) 國의 감검 실태에 대해서는 今泉 각주 2 논문에서 '실물감검을 공진물 전체에 대해 철저하게 시행한 것으로는 생각하기 어려우며 부찰·묵서명과의 조합이 실물 감검을 대신한 것이 아닐까'라고 하였다.

하찰목간은 賦役令의 규정에 따른 묵서를 물품에 직접 쓸 수 없을 때 매단 묵서명으로 생각된다. 그렇지만 賦役令에 규정된 묵서 행위는 목간의 기입만이 아니라 목간을 하물에 장착하는 행위까지 포함해야 할 것이다. 혹은 직접 물품에 압인할 수 없는 경우 압인 행위를 대체하는 역할을 담당하였을 수도 있다. 이러한 양상을 '검봉적기능(檢封的機能)'이라고 칭하고자 한다. 목간의 장착 = 검봉(檢封, 옮긴이: 봉인을 검사함)은 묵서·압인에 준하는 행위이며 國郡에서 확인 작업을 끝낸 것을 표시한 것으로 생각된다[38].

調하찰목간에 검봉적 기능을 상정하면 奈良時代 후반, 專当國郡司를 쓴 목간도 흥미롭다. 이 가운데 [자료 5]와 같은 목간이 있다. 이 목간은 상하단에 홈이 있으므로 위아래가 하물에 묶여있었다. 즉 하물에 부착된 상태로 뒤집기는 어렵다. 그리고 목간 뒷면에 專当國郡司가 쓰여 있는 것으로 보아 그들의 작업이 종료된 후 목간을 장착한 것으로 생각된다[39].

조용포(調庸布)를 수취할 때 國司가 어떻게 관여하였는가에 대해서는 今津 씨의 견해가 있다[40]. 今津 씨는 駿河國正稅帳에 기재된 내용

---

38) '檢封'에 만전을 기하기 위하여 封緘木簡과 같이 동여맨 끈 위에서 묵서하는 것이 가장 적절한 행위이며 그러한 흔적을 전혀 확인할 수 없으므로 '檢封'이라고 하지 않고 '檢封的'이라고 하였다. 또 今泉 씨는 國의 체크와 國印押印의 관계를 지적한다. 그리고 하찰이 押印의 전단계 묵서명과 같은 성격이라는 것을 확인한 후 '당연히 그 내용은 부찰에도 해당된다.'(p.106)고 하였으나 필자는 '그 내용'이 구체적으로 어떠한 것인지, 國印押印에 대응하는 내용까지 포함하는 것인지 충분히 이해할 수 없었다.

39) 관견이기는 하나 하찰목간의 기재는 모두 하찰에 장착되기 이전에 이루어진 것으로 생각되며 하물에 매달고 나서 묵서된 흔적은 확인할 수 없었다.

40) 今津 각주 2 논문.

으로 보아 國司가 '檢校調庸布'와 '向京調庸布'를 위해서 국내를 순행한 것, 전자가 目인데 반해 후자가 守를 포함한 것(옮긴이: 사등관제, 官司의 종류에 따라 사용하는 단어가 구별되는데 국사(國司)의 경우 守·介·掾·目으로 구별됨), 전자가 국내 모든 郡을 순행한 것으로 보이는 데 반해 후자에서는 國府가 소재한 郡만 순행한 것을 근거로 檢校調庸布란 각 郡에 國司가 가서 하물의 감검과 묵서명을 쓰는 작업, 向京調庸布는 이를 國府에서 모아서 압인한 것으로 상정하였다[41]. 郡마다 調物이 확보, 정비되고 순행하는 國司가 이를 확인하면서 묵서명을 쓰는 작업 상황을 상상할 수 있다.

이 과정을 하찰목간을 이용한 調物의 수취에 그대로 적용할 수는 없다. 調布의 경우 '國衙樣'이라고 불리는 서풍으로 묵서 되었는데 調하찰목간에서는 전형적인 國衙樣 서풍은 거의 보이지 않으므로 문자를 쓴 인물·장면은 다르다고 생각된다. 하찰목간에 압인한 흔적이 없으므로 國府에 모은 후 압인한 것으로도 상정할 수 없다. 또 당시 駿河國의 調는 布만이 아니다. 출토된 목간을 통해서도 알 수 있듯이 堅魚도 調의 품목이었는데 駿河國正稅帳에는 調庸布의 檢校와 向京에 관한 國司 순행은 기재되어 있으나 이외의 調物에 관한 기재는 현존하지 않는다. 駿河國正稅帳에는 네 항목 정도가 결실된 것으로 상

---

41) 약간 신경이 쓰이는 것이 압인의 상황이다. 만약 '檢校調庸布' 시점에서 묵서가 이루어지고 그 후 다시 '向京調庸布' 때 압인되었다고 하면 檢校 시점에서 수 m에 이르는 布의 양단에 묵서를 쓰고 그것을 國府로 운송하기 위해 정리한 후 다시 펼쳐 양단에 압인한 셈이 된다. 이는 약간 번잡한 것처럼 느껴진다. 또 東野 씨가 각주 2 논문에서 지적한 것처럼 섬유제품을 國衙 수준에서 가공하는 것도 있으므로 今津 설로 모든 것을 이해할 수 있는 것은 아니다. 또 今泉 씨도 國司의 巡幸을 중시한다(각주 2 논문).

정되므로[42] 거기에 적혀 있었을 가능성도 있으나 중요한 점은 '調庸布'에 관한 작업과는 따로 기재된 것이다. 布의 수취와 그 이외의 경우에 다른 작업이었음을 엿볼 수 있다[43].

그렇지만 하찰목간을 이용하는 調物의 수취도 國司의 순행을 하나의 열쇠로 본다면 그 상황을 이해하기 쉽다고 생각한다. 서풍 문제와 관련하여 調庸布의 경우는 國衙 관인이 순행할 때 직접 썼으나 하찰목간의 경우 제작까지는 郡家수준에서 완료되었고, 國衙 관인이 실물과 대조, 그 포장 및 장착에 참여한 것으로 생각된다. 國府로 집적된 것은 알 수 없으나 거기서 압인하지 않았다고 한다면 하찰목간을 장착함으로써 묵서·압인에 해당하는 행위는 종료된 것으로 생각할 수 있을 것이다.

이상 伊豆國調하찰을 중심으로 검토하였다. 인근의 駿河國에서는 伊豆國과는 약간 다른 양상도 확인된다. 駿河國調 황견어(荒堅魚) 하찰에는 동문하찰이 있다(자료 1-E). 그러나 이 동문하찰은 엄밀하게는 동문이 아니며 한쪽에는 領에 규정된 중량이, 한쪽에는 伊豆國의 경우 추기에 해당하는 실제 鰹(가다랑어)의 수량이 적혀 있다. 즉 2점이 모이지 않으면 伊豆國調하찰과 같은 정보는 알 수 없다. 그리고 이외의 駿河國調 황견어(荒堅魚) 하찰을 조사하면 중량만 기록한 것 5점, 수량만 기록한 것 11점인데 반해 양쪽을 기록한 목간은 불과 1점뿐이

---

42) 『靜岡縣史資料編四古代』(靜岡縣, 1989)에 의한다.

43) 섬유제품은 규격성이 매우 높고 그 생산에 國郡이 크게 관여한 것으로 생각되는 한편, 해산물은 오히려 재지 집단이 중심이 되어 조정된 것과도 관련 있을지 모른다.

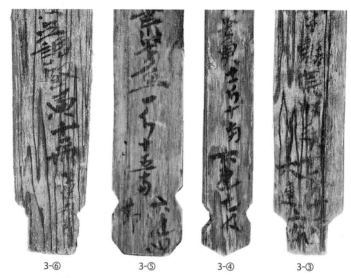

3-⑥ 3-⑤ 3-④ 3-③

그림1. 伊豫國調하찰의 하단부(화상제공 : 나라문화재연구소)

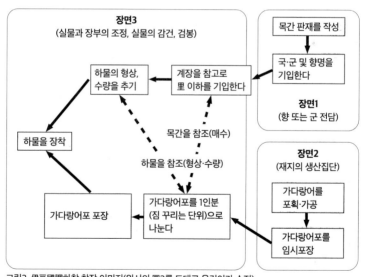

그림2. 伊豫國調하찰 착장 이미지(원서의 圖2를 토대로 옮긴이가 수정)

다. 駿河國에서는 調 황견어(荒堅魚) 하찰로 중량 기재 1매+수량 기재 1매를 한 세트(組)로 작성하고 장착하였다.

伊豆國에서는 1매의 목간에 추기한 내용을 駿河國의 경우 2매의 목간에 기재하였다. 또 [자료 1-E]의 2점은 크기, 형상 등이 매우 닮았다. 이로 보아 작업은 다음과 같이 상정할 수 있다. 우선 2매 1조의 목재를 작성하고 ①에 중량을 기재한다. ①을 현물과 대비하면서 ②의 목간을 작성한다[44]. 2매의 목간을 이용한 점은 伊豆國과 다르나 실제로는 하물에 의해 작업이 규제된 점, 장부와 작업이 분리된 점, 하물의 확인과 목간의 최종적인 완성이 대응하는 점 등 기본적인 작업 순서와 이용 방법에는 큰 차이가 없다.

또 國衙樣 서풍이 확인되지 않는 상황은 전국적으로 동일하다. 전국적으로 調하찰목간은 유사한 작업이 이루어진 것으로 생각된다[45].

이상으로 調하찰에 대해 그 작성과 장착, 이용에 대해 검토하였다. 장부의 분신으로서의 성격과 '검봉적 기능'의 존재를 상정하였으나

---

44) 이 駿河國의 동문목간은 사진으로 보았을 때는 同筆이 아닐 것 같은 인상을 받았으나 이외에 유례가 적기 때문에 판정하기가 어렵다.

45) 調 하찰에 國衙樣의 서풍이 보이지 않는 것은 전국적으로 공통되므로 아마 郡을 중심으로 작업이 이루어진 것으로 보아도 좋을 것이다. 다만 하찰의 비축과 조정이 大宰府에서 이루어진 것으로 생각되는 西海道의 調綿荷札은 서풍이 뛰어나 調荷札을 작성한 장소는 郡이 아니라 大宰府이다. 또 專當國郡司의 서명이 있는 駿河國調荷札은 國衙樣의 서풍으로 기재된다. 이러한 경우는 郡보다 國이 적극적인 역할을 한 것으로 생각할 수 있을 것이다. 또 奈良時代 후반이라도 調荷札에 專當國郡司는 기재하지 않는 경우가 많고 서풍도 國衙樣이 아닌 경우가 많다. 이러한 작업의 변화는 전국에서 일제히 일어난 것이 아니라 지역에 따라 차이가 있어 특별한 것으로 보인다. 또 伊豆는 비교적 글자가 정성스럽게 쓰여 있으나 다른 國에서는 더욱 다양한 문자가 확인된다. 또 隱岐國에서는 天平年間에 樹種·割付·書風이 모두 급격하게 변화하고 國衙的이라고 불러야 할 것 같은 서풍이 보이게 된다. 이러한 변화도 하찰 작성과 수취 순서의 변화에 대응할 것이다.

지금까지 제기된 '감검', '공납물 표시'라는 기능에 대해서는 어떻게 생각해야 할까. 이 문제는 調 이외의 하찰목간의 양상을 살펴보면 알기 쉽다고 생각한다. 절을 바꾸어 검토하고자 한다.

4. 贄하찰·進上狀과 하찰의 기능

1) 贄하찰의 개관

鬼頭淸明 씨는 贄(옮긴이: 천황에게 바친 음식물)하찰을 3가지로 분류하고 그 특징을 아래와 같이 정리하였다[46].

A형 : 國郡+지명의 기재형식일 지님. 月料로서 공납.
    특정 집단을 지정하여 수취하는 방식
    若狹國靑鄕·木津鄕의 贄하찰은 기재형식은 B형에 속하나
    내용은 A형에 포함된다.
B형 : 國郡鄕(里)라는 율령 지방 행정 조직의 원칙을 그대로 표기
    한다.
    國郡鄕(里)제도를 전제로 한 수취방식
C형 : 국명만 기입한다. 國衙적 서풍으로 쓰인다.

---

46) 鬼頭의 각주 2 논문. 다만 일부 필자가 보충하였다. 또 贄에 붙는 미칭이 '御'인지 '大'인지에 관한 논점을 중시하여 전개되고 있으나 약간 의문도 남아 있어 이 장에서는 논의에 필요하지 않으므로 생략하였다.

또 이 세 유형을 『延喜式』의 규정과 비교하여 A형은 「諸國御廚所進御贄」, B형은 「諸國列貢御贄」에 대응하는 것으로 보고 C형은 양쪽을 포함하는 것으로 보았다. 그리고 수탈의 이중성과 특성을 고려하여

유형	하찰목간 출토	수취체제	천황 供御의 성격
國郡里型	있음	調庸과 二重	小
靑里型	있음	調庸과 二重	∧
幡豆郡海部型	있음	調庸과 二重?	∧
雜供戶型	없음	調庸 면제	大

위와 같은 그림을 제시하였다. 다만 이 분류와 A~C의 관계는 명시되어 있지 않다.

그 후 贄하찰의 출토 사례도 증가하고 또 鄕名+品目·수량이라는 매우 간편한 서식을 취하는 志摩國의 鄕名이 기입된 소형 051형식 목간이 志摩國의 贄하찰임이 밝혀지는 등 자료가 증가하고 있다[47]. 鬼頭淸明 씨의 견해를 계승하면서 다시 정리해 보고자 한다.

A형 : 國郡+지명의 기재형식이다. 月料로서 공납.
　　　志摩型은 志摩國의 특수성을 고려하여 A형이라 생각한다.

---

47) 渡邊晃宏「志摩國の贄と二條大路木簡」(奈良國立文化財研究所編『研究論集ⅩⅡ 長屋王家·二條大路木簡を讀む』2000, 初出 1996).

靑鄕型(木津鄕 포함)은 기재형식은 B형에 속하나 내용은 A형에 포함된다.

특정 집단을 지정하여 수취하는 방식.

B형 : 國郡鄕(里)라는 율령 지방행정 조직의 원칙을 그대로 표기한다. 다만 郡까지만 표기하는 사례도 있다.

國郡鄕(里)라는 지방지배기구를 전제로 한 수취방식

C형 : 國衙的 서풍으로 대표되는, 정성 들인 문자를 쓴다.

목재도 정성을 들여 가공하고 홈 부위에 특징이 있는 것도 있다[48].

종종 특정 산지가 쓰여 있다.

國衙의 책임을 강조하는 수취방식.

또 雜供戶와 그 전신에서 보낸 贄하찰은 변함없이 거의 보이지 않는다. 住吉과 관련된 목간이 출토되나(자료 6) 長屋王家목간이며 일반적인 贄인지는 알 수 없다. 또 志摩型의 사례로 생각하면 [자료 6-③]도 단순한 부찰이 아니고 贄를 공진할 때 매단 하찰일 가능성도 생각해 볼 수 있다. 어찌 되었든 雜供戶 관련 하찰은 거의 발견되지 않는다고 할 수 있다.

이외 衛府의 贄에 관한 목간도 존재한다(자료 7-①). [자료 7-②]는

---

48) 今泉 씨도 贄목간의 가공에 대해 주목한다(각주 2 논문).

贄라고는 명기하지 않았으나 역시 贄와 관련된 것으로 생각된다[49].
다만 이것도 불과 2점 정도이며 雜供戸와 마찬가지로 衛府 관련 贄
하찰은 거의 발견되지 않는다고 할 수 있을 것이다.

贄하찰의 양상이 다양한 것은 각 贄의 성격이 다양한 것에서 유래
할 것이다. 하찰의 사용 방법을 포함한 구체적인 공납작업도 다양한
차이가 존재하며 이것이 다양성으로 이어졌을 것이다. 그렇지만 왜
천황의 食膳(음식물)에 가장 가까운 공납물 목간은 발견되지 않는 것
일까.

2) 進上狀과 동사가 적힌 하찰

단순히 생각하면 雜供戸系 공진물에는 하찰목간을 매달지 않았을
것이다. 천황가는 아니지만, 황족에 준하는 長屋王家의 예를 살펴보
면 長屋王家가 직접 경영하는 園에서 식료품을 비롯한 다양한 생활
물자가 운반된다. 이때 하찰목간은 부착되지 않는다. [자료 8]과 같
이 進上狀이라 불리는 문서가 첨부되었다. 進上狀은 목간 이외에 正
倉院文書에도 확인되어

進上元+進上文言+進上品

위와 같은 서식이 기재되어 있는데 그다지 정형화되어 있지 않다.

---

49) 이 衛府관계의 두 점은 모두 소비지가 아니라 발신처로 생각하기 쉬운 지점·유구에서
출토되었다.

표2. 若狹國 贄하찰 일람

本文	法量	型式	出典
若狭国三方郡御跨宇ホ一斗	172・28・3	032	城22-34 下
若狭国三方郡御贄複詐壱斗	178・30・4	032	城24-28 下
・若狭国遠敷郡／青里御賢／多比詐壱塌// ・秦人大山	130・26・5	032	平城宮 399
若狭国遠敷郡／青郷御贄／胎貝一塌//	125・24・3	032	平城宮1948
若狭国遠敷郡青郷御贄胎貝富也井作＼一塌	148・27・3	032	城23-19 上
・若狭国遠敷郡青郷御贄海細螺一塌 ・小野里	152・28・4	032	城 22-34 上
・若狭国遠敷郡青郷御贄鯛詐一塌 ・氷曳五戸	125・27・4	032	城 22-34 上
・若狭国遠敷郡青郷御贄胎貝富也交作一塌 ・氷曳五戸	153・23・4	032	城22-34 下
・若狭国遠敷郡木津郷御贄胎貝詐一塌 ・「木津里」	162・28・5	032	城22-34 下
・若狭国遠敷郡青郷御贄鰻詐一塌 ・田結五戸	150・25・4	032	城29~34 下
若狭国遠敷郡車持郷御贄細螺一塌	135・25・5	032	平城京5723
青郷御贄伊和志塌五升	75・14・3	021	平城宮2283
・青郷御贄鯛五升 ・田結五升	62・13・2	011	城22-34 上
・青郷御贄鯛塌五升 ・田結五戸	69・11・4	011	城 22-34 上
・口（青?）郷御贄鯛塌五升 ・氷口口口〔曳五戸?〕	69・13・2	011	城29-35 上
青郷口口口口〔贄鯛塌?〕	56・14・2	011	城31-28 下
・車持郷御贄鯛詐五升 ・車持五戸	70・12・2	011	城 31-28 下
若狭国敷遠郡車持郷大御贄海口一塌	167・(8)・5	081	城31-28 下

진상품 뒤에는 운송하는 사자(使者)의 이름이 쓰여 있고 또 날짜나 차출한 책임자의 이름이 붙는다. 雜供戶에서 보낸 물자는 이러한 進上狀을 첨부하여 공진되었을 가능성이 있지 않을까. [자료 7-②]는 천황의 供御에 가까울 것으로 생각되는 衛府의 贄와 관련된 목간이 進上狀의 서식을 취한다. 進上狀 = 문서 또는 書狀을 첨부하여 하물이 운송되었을 가능성이 있다.

한편 進上狀은 '解'라고 쓰는 예도 있어 분명히 문서로 이해된다. 다만 어떻게 이동되었는지 구체적으로 보면 또 다른 측면을 확인할 수 있다. 進上狀은 진상된 물품과 함께 운반되는, 이른바 첨장(添え狀, 물건을 보낼 때 곁들이는 편지)이다. 그리고 [자료 9]와 [자료 7-②]등은 홈이 있어 하물에 매달았을 가능성이 있다. 하물과 함께 이동하고 이동처에 하물의 유래를 표시한다는 의미에서는 하찰과 완전히 같다. 進上狀과 하물의 성격에는 공통된 부분이 결코 적지 않다. 進上狀은 전형적인 문서와 부찰·하찰의 중간적 존재라 할 수 있다.

贄하찰 중에는 '進上'과 같이 공납행위를 나타내는 동사가 포함된 목간이 종종 존재한다. 이 목간은 [자료 10]과 같이 進上狀과 매우 유사한 서식을 취한다. 또 參河三島에서 온 贄하찰은 '供奉'이라는 단어가 특징적인데 이는 '供에 奉한다'는 동사이다. 단순한 정보의 나열이 아니라 문장으로 읽을 수 있는 표기이다. 贄하찰에는 이처럼 진상문언이 적힌 것이 있는데, 진상문언이 있는 목간은 進上狀과 유사한 성격을 지녔다고 할 수 있을 것이다. 그리고 [자료 11]과 같이 贄를 進上狀으로 공진한 사례도 존재한다.

調하찰 가운데도 공납행위를 나타내는 동사가 쓰인 목간이 존재한다. 安房國調하찰에는 [자료 12-①]과 같이 '輸'라는 문자가 쓰인 사례가 종종 있다. '輸'자는 이외에 [자료 12-②]와 정창원의 調墨書銘에서도 가끔 보인다. 調하찰에 동사가 들어간 경우는 가끔 있을 수 있지만 安房國 이외의 調하찰에서 '輸'자가 들어간 것은 [자료 12-②] 뿐이다. 또 '調'라고 명기한 하찰에서 '輸' 이외에 공진을 나타내는 동사를 찾으면 '進'이라고 쓴 [자료 12-③, ④] 두 사례뿐이며 參河三島 목간처럼 '供奉'이라 쓴 특징적인 사례는 [자료 12-⑤] 이외에는 없다. 調하찰에 공납행위를 나타내는 동사가 쓰인 경우, 그 단어는 '輸'가 기본이며 또 '輸'가 쓰인 것은 거의 安房國에 한정된다[50]. 調하찰에 '輸'자가 기입된 것은 '輸調'에 대응하는 단어일 것이다. 그리고 이 단어는 令文에 보일 뿐만 아니라 좀 전에 살펴본 것처럼 계장(計帳)에도 보이는 표현이었다. 調하찰은 역시 장부의 발췌·분신으로서의 성격이 강하다. 그리고 이에 비해 贄하찰은 문서적 성격이 강하게 보인다[51].

그렇지만 贄하찰도 상세히 검토하면 각각에 큰 차이가 있다. B형이며 진상문언이 있는 것은 [자료 13] 등 紀伊國牟婁郡에서 보낸 贄뿐이나 C형에서는 비교적 진상문언이 많이 보인다. 한편 A형은 매우

---

50) 調荷札 중에서 安房國만 輸을 표기하는 이유는 알 수 없다. 다만 安房國은 御食國에 준하는 전승을 가지면서 贄를 보내지 않는다. 이러한 사정을 반영하여 調도 贄的인 의의가 강하였을지 모른다.

51) 贄 이외에서 '진상'이라는 문언이 보이는 하찰은 蘇·中男作物·地子 등 및 遠江國에서 보낸 腊하찰 두 점 등이다. 이것들은 보통의 調와 성격이 다르다고 할 수 있다. 이 목간에는 대부분 정성들인 글씨가 쓰여 있다. 또 平城宮木簡 2538호는 '貢上'이라는 표현을 썼다.

복잡한데 參河三島와 같이 매우 문서적으로 기입하는 것도 靑鄕型과 같이 장부적으로 기입하는 것도 있다. 특히 주목되는 것은 志摩型의 목간으로 기재 내용과 형태·크기로 보아 '협의의 부찰'로 보아도 이상하지 않다[52].

　進上狀的 세계에 가까우며 A형에 속하는 志摩型이 협의의 부찰과 매우 가깝다는 것은 뭔가 어색한 것처럼 느껴진다. 樋口知志 씨의 B 논문에서는 이 志摩型 목간 중에 國府 소재지와 國府 근접지의 鄕名이 보이지 않는 것에 주목한다. 그리고 이 목간이 志摩國에서 보낸 贄하찰인 것을 인정하면서도 이외에도 志摩國에서 보낸 贄가 존재한 것으로 보았다. 이는 國府근교의 鄕에서 보내진 贄로 이것이야말로 '志摩의 速贄'이며 하찰을 부착하지 않고 공납된 것으로 상정하였다. 雜供戶系도 마찬가지로 하찰이 부착되지 않았을 것이다.

　그럼 하찰목간을 부착하지 않은 贄에는 그저 공납품만이 운반되었을까. 경우의 수는 ①進上狀 목간이 첨부된 경우, ②종이 進上狀이

---

52) 좀 전에 언급한 것처럼 이 志摩國의 목간이 贄하찰이라는 것은 渡邊 씨에 의해 밝혀졌다. 최근 조사 성과에 의해 그 확실성은 더욱 커졌다. 平城宮內와 二條大路에서는 가공·문자가 같은 '부찰'이 출토되고 있다(平城宮木簡 四-70호, 平城木簡槪報 22호 p.21 수록 鯛楚腊木簡 등). 이 목간은 비교적 두껍고 폭이 넓은 목재를 이용하였으며 홈도 크고 전체적인 가공도 섬세하다. 거기에 쓰인 물품은 한 곳에서 나온 물건이 아니므로 공납처와 소비지, 즉 平城宮에서 작성된 목간으로 생각된다. 그리고 거기에 쓰인 물품에 志摩國 051형식 목간에서 보이는 품목이 등장한다.

전자가 도성에서 만들어진 목간이므로 공납할 때 첨부된 후자와 교체되었을 것이다. 전자가 籠단위로 숫자를 쓰고 후자가 '貝'와 같이 구체적인 단위로 쓰는 점도 이러한 이용과 대응한다고 생각된다. 이로써 志摩國의 鄕名이 있는 소형 051형식 목간이 志摩國 贄하찰일 개연성은 더욱 커졌다. 또 교체된 것으로 보이는 대형 043형식 목간이 SK820 및 二條大路에서 출토된 것으로 보아 聖武·光明夫妻에 바친 물품으로 생각할 수 있다.

첨부된 경우, 그리고 ③아무것도 것도 첨부하지 않는 경우(使者 자신이 進上狀이며 구두(口頭)로 용건을 전하는 경우) 세 가지일 것이다. ①도 ②도, ③의 전달 내용이 문자로 정착된 것이므로 ③의 양상이 매우 주목된다. 이처럼 사자(使者)에 의한 수송과 구두를 통한 전달이 있었으므로 志摩型과 같은 협의의 부찰과 유사하였어도 충분히 기능할 수 있었다고 생각할 수 있다. 그리고 이 경우 使者는 專使(옮긴이: 특정 업무를 위해 특별히 파견된 使者)가 아니면 '전언 게임'(옮긴이 : 여러 사람이 일렬로 줄을 선 상태에서 첫 번째 사람이 두 번째 사람에게 말을 전달하고 그 사람이 또 다른 사람에게 말을 전달하여 마지막 사람이 첫 번째 사람이 한 말을 맞추는 게임)이 될 위험이 있어 적당치 않다. 參河三島의 경우 반드시 專使가 아니었기 때문에 '供奉'의 문언을 기입한 목간을 준비한 것일지 모른다[53].

한편, 이러한 관점에서 보면 靑鄕型의 목간은 비교적 간략한 것도 많고 志摩型과 닮았다[54]. 양자를 A형의 한 유형으로 이해하는 것은 타당하다. 그 배경에는 구두전달의 세계가 있었을 것이다. C형 목간은 동사도 있어 비교적 문서에 가깝다. 다만 志摩國 목간 등과 비교하면 더욱 세련된 구두 세계와는 떨어져 있다고 할 수 있을 것이다. 한편 B형 목간은 調荷札에 가까운 장부적인 느낌이다.

---

53) 『續日本紀』天平二年四月甲子條에는 太政官處分으로 '國內所出珍奇口味等物'를 '物雖乏少. 不限驛傳. 任便貢進,할 것을 명하고 있다. 諸國에서 贄를 驛傳制를 이용하면서 공진한 것으로 알려져 있다. 專使로 보내는 것은 그다지 일반적이지 않았을 것이다.

54) 若狹國의 贄는 표2와 같다. 크게 三方郡과 遠敷郡으로 나뉜다. 遠敷郡내에서는 품목에 따라 032형식으로 단위가 '없는' 것과 소형 011 또는 0212형식으로 靑鄕부터 쓰기 시작하여 단위가 體積인 것으로 나누어진다.

贄하찰이라고 해도 贄의 성격에 따라 목간의 양상도 다양했다. 문서 및 구두의 세계와의 관계도 고려할 필요가 있다. '하찰'이라는 단어로 일괄하여 이해하는 경향이 있으나 이런 贄하찰과 장부의 분신인 調하찰과는 꽤 양상이 다른 세계라 할 수 있다. 이런 점에 입각하여 하찰목간의 기능에 대해 생각해보고자 한다.

3) 하찰의 기능

今津 씨는 하찰목간의 기본적인 기능을 '공납 표시'로 보았다. 이에 대하여 그러한 의식·의례는 확인할 수 없으며 또 천황에게 보여주는 것은 調帳(옮긴이 : 율령제에서 이용된 공문의 하나로 國司에서 중앙으로 보낸 調의 내용을 기록한 장부)만이 아니라는 비판도 제기되었다[55].

이 장에서 분석한 하찰을 근거로 하면 調하찰은 장부의 분신으로 이해할 수 있다. 이 점을 만약 調帳을 보여주는 것과 관련지어 생각하면 '공납 표시'를 위한 것으로 볼 수 있다. 다만 역시 의례 등이 보이지 않는 것 등을 고려하면 적어도 8세기 調하찰목간에서는 '공납 표시' 기능은 두드러지지 않는다. 하물이 각 장부의 어느 부분과 대응하는가를 나타내는 듯 한 측면을 느낄 수 있다.

그런 의미에서는 調하찰은 하물이 어떤 물품이었는지, 그 속성을 나타내기 위한 '부찰'인 셈이다. 어떤 하물이든지 간에 그 내용물을 쓸 필요가 있다. 調하찰에는 賦役令의 규정대로 장부의 기재 내용을

---

55) 寺崎 각주 2 논문.

표시해야 했다. 표시가 통일되지 않으면 공납물을 관리하기 어려우므로 슈의 규정과 장부의 내용에 따라 어느 정도 정형화가 이루어진 것으로 단순하게 이해하고자 한다. 調하물목간의 작성은 기본적으로 율령 문서 행정에 의거하여 장부를 통해 지배하는 하나의 형태이며 장부 조작의 일부로 이해할 수 있다.

내용물을 표시하는 부찰이라는 것이 調하찰목간의 첫 번째 기능이라고 한다면 내용물의 여러 속성 가운데 '이용할 때의 편의'라는 속성이 가장 먼저 표시된 것으로 상정할 수 있다. 그러나 調하찰에 공진자 개인 이름의 유무로 예를 들어보자. 調하찰에는 공진자의 개인 이름을 표기하는 경우와 표기하지 않는 경우가 있다. 공진자 개인 이름을 기재하는 것은 중앙에서 실시하는 '감검'에는 불필요하다[56]. 이렇게 보면 감검설은 어려워 보인다. 한편 개인 이름을 쓰지 않는 것은 개인 인신 지배하에서 공진자 한 사람 한 사람이 천황에게 공납한 것을 표시해야 하는데 이에 적합하지 않아 공납 표시설에도 의문이 생긴다. 따라서 이 기능만으로 調하찰을 이해하기는 무리가 있다. 이 장에서 지금까지 살펴본 것처럼 개인별로 하물을 작성하는 경우는 그대로 골라내서 공진자 개인 이름까지 쓰는 한편 짐을 포장하는 사정에 따라 郡名까지 밖에 쓸 수 없는 調하찰도 존재한 것, 다시 말해 작성과정과 그 이용 방법에 차이가 있었던 것으로 생각하는 것이 일목요연할 것이다. 調하찰은 어디까지나 장부의 분신인 셈이다.

---

56) 今津 각주 2 논문, 寺崎 각주 2 논문.

따라서 하찰목간을 작성하는 시점부터 폐기하는 시점까지 일관된 기능이 내용물을 표시하는 '부찰' 이외에 존재하는가에 대해서는 진중하게 생각할 필요가 있다. 그리고 調하찰은 주로 '부찰'로 기능하였으며 작성부터 폐기에 이르는 다양한 장면에서 이용 방법이 변화된 것으로 보고자 한다.

우선 調하찰이 작성된 시점에는 장부를 하물 단위로 분할하는 작업이 이루어진다. 이로써 장부의 분신이 작성되고 장대한 두루마리를 그대로 사용하면서 분류와 짐 꾸리기를 하지 않고 調하찰목간에 의한 작업이 가능하게 된다. 그리고 준비한 하물과 調하찰을 대응하면서 공납품을 확인한다. 그런 다음 포장하여 하찰을 장착한다. 준비한 調하찰이 모두 장착된 시점에서 발송 전 짐 꾸리기는 완료된다('검봉적기능'). 이 과정에 郡만이 아니라 國도 참가하였을 가능성이 있다 [57].

만약 하찰 부착 작업이 郡에서 이루어졌다면 이를 國수준에서 재차 확인하는 작업도 이루어졌을지 모른다. 또 중앙으로 운반하고 나서 확인을 받는데 이때도 調하찰이 이용되었을 가능성이 크다. 이러한 장면에서 실물과 調하찰과 장부의 관계를 생각하면 A:실물과 調하찰의 대조가 '실물과 장부'의 대조이다. 즉 장부(=調하찰)에 적힌 물품(이 경우, 물품과 수량이 대상이 될 것이다)이 실제로 하물인지 아닌지를

---

57) 東野 씨는 묵서한 후에 홈을 판 것으로 보고 하찰목간이 우선 傳票的으로 이용된 후 재가공되어 하찰이 되었을 가능성을 제기한다(東野 각주 2 논문). 하찰목간의 傳票的 이용 방법도 상정하는 점에서 흥미로운 가설이다. 다만 그 구체적인 작성과 이용 상황에 대해서는 동문하찰의 작성과정 등을 감안하면 수긍하기 어려운 면도 있다.

확인한다. 한편 B:調하찰과 장부의 대조는 장부끼리의 확인으로 이해할 수 있다. 율령국가는 여러 개의 장부를 작성하고 그것을 상호 대조하였다. 하찰목간이란 그러한 장부를 이용하는 지배의 한 형태이다. '감검'작업이 이 두 가지 작업이라고 한다면 하찰목간이 실제로 담당한 역할로서의 '감검기능' 장면은 컸다고 생각된다. 다만 각국 단계의 A 작업은 짐을 꾸리는 시점(調하찰 장착 시점)에 달성된 것으로 생각되므로 각 國衙 단계에서는 B만 감검, 중앙에서 A와 B의 감검이 이루어진 것으로 생각할 수 있을 것이다.

수납된 물품들은 창고에 납입되고 최종적으로 소비되는 시점에서 떼어 폐기된다. 이 사이 調하찰이 그 물품을 나타내는 '부찰'로서 기능한 것은 이미 선학들이 지적한 대로이다.

調하찰과 실물·장부의 관계는 이상과 같이 정리할 수 있으며 그 기능도 장면에 따라 변화한 것으로 생각할 수 있다. 동문하찰을 연구할 때 대상으로 庸米하찰에 주목하였다. 동문하찰의 작성·장착 상황이 調하찰과 유사한 것으로 보아 아마 庸米 등 쌀 하찰의 기능·성격도 調하찰과 유사하였을 것이다. 다만 의거하는 장부와 그 작업 과정은 調의 경우와 약간 다른 부분도 있고 이로 인해 기재 내용에 차이가 났을 것이다.

調庸의 하찰을 이상과 같이 생각하면 공납 표시기능은 위에서 언급한 것처럼 제한된 의미(장부 그 자체가 공납 표시기능을 가진 것)로 상정할 수 있을지 모르나 그다지 적극적으로 평가할 수 없다. 다만 C형 贄하찰에 '공납 표시'기능을 발견할 수 있지 않을까 생각한다. 이 목간들은 목재도, 가공도, 문자도 매우 뛰어나다. 다른 贄하찰과 비교하여도 매우 뛰어나 아름다움에 의미가 있었을 것이다[58]. 공납된 물품은 국내에서 보낸 최고의 물품이며 특별한 것이었다. 그리고 일부러 '진상' 등 공납행위를 두드러지게 하는 문언을 삽입하였다. 贄의 '공납행위'를 상징적으로 표현한 목간이라는 점에서 공납 표시목간이라고 할 수 있지 않을까.

A형의 贄하찰 가운데 參河三島에서 보낸 하찰도 공납행위와 이에 따른 공납口上(말하는 것)이라고 해야 할 文語가 목간에 문자로 쓰여 있으므로 공납 표시목간이라고 부를 수 있다. 다만 A형 贄 하찰도 이미 '부찰'기능이 있어 예를 들어 志摩型贄하찰은 공납의 행위와 口上(말하는 것)을 배후로 하면서도 목간으로서는 부찰 기능만 특화한 것으로 평가된다. 그리고 이러한 贄하찰의 양상은 문서로 이해할 수 있는 進上狀과도 통한다.

현재까지 7세기대 進上狀은 매우 적다. 8세기 대부분의 進上狀은 귀족저택과 관련되며 平城宮 내에서도 進上狀은 출토된다. 역시 7세기대 進上狀이 적은 것은 특징적이다. 이것도 장부의 정비에 따라 구두(口頭)로 전달하는 사항이 문자로 정착되는 과정과 대응하는 것일지 모른다. 7세기대 參河三島에서 보낸 贄공진하찰이 발견되지 않는 것, C형으로 보이는 贄하찰도 발견되지 않는 것, 이에 반해 志摩型과

---

58) 東野 씨는 하찰 등의 문자를 '보여주기 위해' 쓰였다고 지적한다(東野 각주 2 논문). 모든 하찰 문자에 이러한 기능을 상정할 수 있는가에 대해서는 판독하기 어려운 문자도 있으므로 의문이 남는다. 다만 굳이 정성을 들여 쓴 목간의 문자에 대해서는 '보여주기 위해' 썼다고 생각할 수 있을 것이다.

유사한 물품명만 기재한 贄하찰이 존재하는 것으로 보아 당시까지 구두의 진상이 폭넓게 이루어지고 진 것으로 보이며 進上狀의 양상과 대응하는 것처럼 보인다. 한편 장부적 세계에서 작성된 B형 贄하찰이 調하찰과 마찬가지로 7세기대부터 광범위하게 존재하는 것은 양자의 세계가 인접한 것을 나타내는 것으로 생각된다.

5. 맺음말

이상으로 하물과의 관계를 중심으로 하찰목간에 대하여 검토하였다. '하찰은 부찰'이라는 당연한 결론에 이르렀다.

그렇지만 '하찰'이라고 하여도 調庸하찰과 贄하찰은 그 성격에 차이가 있다. 調庸하찰은 장부의 분신이라는 성격을 띤다. 부찰에 장부의 일부를 쓰고 내용물을 표시한 것이다. 調庸하찰목간의 작성·이용은 장부에 기초한 지방지배 속에서 다양하게 존재하는 장부 조작의 하나로 평가할 수 있다. 다만 하찰은 실제 하물과의 관계가 반드시 있어야 한다. '부찰'인 하찰은 장부와 실제 하물 사이를 잇는, 양자를 '붙이는 찰(付ける札)'이라는 역할을 담당하였다.

한편 贄하찰은 문서로 분류된 進上狀과 유사한 측면이 있다. 이는 모두 구두(口頭)전달의 세계에 근접한다. 천황이 일상적으로 먹는 음식으로서의 성격이 강할수록 구두전달적·進上狀的 성격이 강하게 나타난다. 贄하찰은 부찰과 문서의 언어, 공납의 행위와 口上(말하는 것)이 융합된 것이다.

기능의 분화라는 점도 선행연구를 각각 특정 하찰에 배당한 느낌이 있다. 또 필자의 능력이 부족하여 문제를 깊게 파고들지 못한 부분도 많다. 이 점은 부끄럽게 생각한다.

다만 하찰목간이 작성되고 이용되기까지의 상황과 장면에 대해 다소 구체화할 수 있었고, 그 성격에 대해서도 나름의 이유를 찾을 수 있었다고 생각한다. 일본 고대 수취제도의 이해와 자료에 입각한 목간연구의 발전에 다소나마 이바지하였다면 다행이겠다.

[부기]

이 장은 제29회 목간학회 연구집회(2007년 12월)에서 구두로 발표한 것을 토대로 작성하였다. 보고에서는 쌀, 소금의 형상, 품질과 짐꾸리기에 대해서도 언급하였지만, 이 장에서는 분량의 문제, 논지를 정확하기 위해 할애하였다. 다른 기회가 있다면 다시 정리하여 논하고자 한다.

또 보고 및 토론 때 今泉隆雄·狩野久·櫛木謙周·館野和己·寺崎保廣·南部昇·八木充·山口英男·渡邊晃宏 씨께서 유익한 지적을 해주셨다. 또 古尾谷知浩·吉川眞司 씨로부터 많은 가르침을 받았으며 고찰에도 반영하였다. 감사드린다.

참조목간석문

※석문의 기재는『平城宮発掘調査出土木簡概報』에 준한다.

※목간의 형식 번호 마지막에 출전을 표시하였다. 「平城宮」이란『平城宮木簡』시리즈를, 「平城京」는『平城京木簡』시리즈를, 「城」이란『平城宮発掘調査出土木簡概報』시리즈를 가리킨다. 다음 번호의 경우 平城宮·平城京는 각각 시리즈의 巻次와 목간번호를, 城에서는 巻次와 페이지를 나타낸다.

자료 1 동문하찰관계

A 若狭国調塩

①

·若狭国遠敷郡玉置郷田井里三次君国依御調塩三斗

·神亀四年潤月七日

　229·34·6　031 平城宮1-331

②

□□□□〔玉置郷田?〕井里　□□□□□〔君国依?〕御調塩□斗

(149)·31·4　011 平城宮1-336·城 37의 석문 수정

③

三方郡弥美郷中村里　別君大人
　　　　　　　　　　三斗

201·41·4 051 平城宮 1-424

④

三方郡弥美郷中村里　別君大人
　　　　　　　　　　三斗

201·41·6 031 平城宮 1-425

⑤

　　　　　　　　佐分郷岡田里
·若狭国遠敷郡
　　　　　　　　三家人宮足

·御調塩三斗 天平六年十月十日

157·31·4　051　城22-33下

⑥

　　　　　　　　佐分郷岡田里
·若狭国遠敷郡
　　　　　　　　三家人宮足

·御調塩三斗 天平六年十月十日

168·36·4　031　城22-33下

⑦

          佐分郷田野里三宅人

・若佐国小丹郡

          └┐御調塩三斗

   182・29・3　031　城31-28上

⑧

          佐分郷田野里

・若佐国小丹郡

          三宅人大虫御調塩

・三斗

   144・30・4　051　城31-28-上

B 安房国調鰑

①

矢作部林

115・25・5　032　平城宮1-340

②

朝夷郡健田郷戸主額田部小君戸口矢作部林調六斤 卅四条 天平十七年十月

331・28・3 011　平城宮1-339

③

上総朝夷郡健田郷戸主額田部小君戸口矢作部林調鰒六斤 卅四条 天平十七年十月

404·334·4 051 平城宮1-338 城37 석문수정

④

安房国安房郡廣湍郷河曲里丈部牛麻呂輸調蝮陸斤 陸拾條 天平七年十月

296·31·4 031 城22-31上

⑤

安房国安房郡廣湍郷川曲里戸丈部牛麻呂調複陸斤 陸拾條 天平七年十月

284·21·8 031 城22-31上

C 伊賀国米

①

安拝郡服織郷俵

(208)·(20)·2 019 平城宮2-2267

②

安拝郡服織郷俵

198·26·5 033 平城宮2-2268

D 三河国米

①

·参河国播豆郡熊来郷物部馬万呂五斗

·景雲元年十月十日

　168·19·6　032『西隆寺発掘調査報告』32号

②

·播豆郡熊来郷物部馬万呂五斗

·景雲元年十月十日

　174·24·4　011『西隆寺発掘調査報告』33号

E 駿河国調荒堅魚

①

·駿河国駿河郡柏原郷小林里戸主若舎人部伊加麻呂戸若舎人部人

·麻呂調荒堅魚十一斤十両 天平七年十月

　315·18·3　011 城22-23下

②

·駿河国駿河郡柏原郷小林里戸主若舎人部伊加麻呂戸若舎人部人麻呂調

·荒堅魚六連八節 天平七年十月

　315·17·4　011 城22-23下

F 能登国調 海鼠

①

·能登国能登郡鹿嶋郷望理里調代熬海鼠六斤

·天平八年四月十日

　232·29·6　031　城22-34下

②

·能登国能登郡鹿嶋郷望理里調代熬海鼠六斤

·天平八年四月十日

　242·27·6　031　城22-34下

G 近江国犬上郡 (長屋王)

①

·犬上郡甲良里前子

·位戸米六斗

　115·19·4　033　城21-30下

②

·犬上郡甲良里前子位戸

·米六斗

　126·18·3　051　城21-30下

③

犬上郡瓦里川背舎人高

(72)·13·3　039　城27-19上

④

犬上郡瓦里川背舎人高市米六斗

129·12·3　051　城27-19上

자료 2 近江国坂田郡上坂鄕庸米荷札 일례

①

·近江国坂田郡上坂鄕戸主丸部豊嶋

·戸三斗

　戸主酒波今麻呂戸三并六斗

　146·25·3　051　平城京3-4899

②

·坂田郡上坂田鄕戸主丸部豊嶋

·庸六斗上

　147·24·3　033　平城京3-4926

③

·坂田郡上坂田鄕戸主丸部豊嶋

·戸米六斗上

　120·20·4　033　平城京3-4927

자료 3 伊豆国調荷札

①

· 伊豆国田方郡棄妾郷瀨埼里戸主茜部真弓調荒堅魚十一斤十両「六連一丸」

· 天平七年十月

　335·32·5　031　城22-25上

②

伊豆国田方郡棄妾郷瀨前里大生部安麻呂調荒堅魚「一斤十五両」

345·25·3　031　城22-24下

③

· 伊豆国田方郡有雜郷多我里戸主大伴部木麻呂調荒堅魚十一斤十両「六連六丸」

· 天平七年十月

　339　334　031　城22-24下

④

· 伊豆国田方郡棄妾郷許保里戸主大伴龍麻口金刺舍人部足国調堅魚

「十一斤十両 六連七丸」

· 「　年十月」

　354·23·5　031　城22-25上

⑤

・伊豆国田方郡棄妾郷許保里戸主人部君麻呂口人部宿奈麻呂調荒堅魚「一斤十五両　六連四節」

・「天平七年十月」

　37·34·5　031　城22-25上

⑥

・伊豆国田方郡有離郷多賀里戸主檜前舎人部荒嶋口矢田部廣足調堅魚十一両「口連六節」

・天平七年十月

　365·33·6　031　城22-26上

⑦

・伊豆国那賀郡射鷲郷和太里戸主白髪部石口矢田部高嶋調荒堅魚十一斤十両「七連七丸」

・天平七年九月

　388·31·3　031　城22-29上

자료 4 郡名까지의 調荷札

①

志摩国志摩郡和具郷御調海藻六斤四月十日

(266)·25·4　033　平城宮3-2893

②

上総国阿幡郡蝮□[調?]耳放二編三列匚

(164)・26・5　039　平城宮2-2290

③

・能登国能登郡鹿嶋郷調熬海鼠　容六斤

・天平八年八月四日

　206・23・5　031　城24-28下

④

・播磨国佐用郡調錢一□[貫?]

・天平元年

　111・(9)・4　032　平城宮2-2080

⑤

上道郡浮浪人調跌一連

183・21・4　032　平城宮2-2834

⑥

備前国赤坂郡周匝郷調鍬十口　天平十七年十月廿日

262・20・4　031　平城宮1-311

⑦

備後国沼隈郡調鉄十廷 天平六年

206・20・4 　031 　城22-38上

⑧

美作国勝田郡和気郷輸調鉄連 □

(277)・25・7 　039 　城12-16下

⑨

・筑前国怡土郡調綿老伯屯四両養老七年

・室山

　235・25・6 　031 　平城宮1-283

⑩

讃岐進調棺櫃 天平五年

99・20・3 　032 　城22-39上

⑪

備前国児嶋郡小豆郷調水母二斗八升

175・17・4 　033 　城24-30上

⑫

·紀伊日高郡調塩三斗

·寶亀五年

　(141)·11·3　019　平城宮3-3560

⑬

·讚伎国那珂郡調備頭打 二斗

·「那珂郡調備頭打二斗五升」

　198·28·3　031　城24-30下

⑭

讚岐国□□□[那珂郡?]調塩一斗

(173)·(17)·9　019　平城宮2-21855

⑮

予国宇和郡調贄楚割六斤

166·22·5　031

⑯

□郡黒□[田?]郷調塩三斗

(201)·28·3　051　平城宮3-3020

자료5 專当国司 서명의 調荷札

①

·駿河国駿河郡古家郷戸主春日部与麻呂調煮堅魚捌斤伍両

·天平寶字四年十月専当 調機縱位不达伴縮跡益人
[上?]
郡司大領外正六位 □ 生部直 □ □ 理
[信陀?]

205·33·3　031　平城宮5-7901

자료6 御厨와 관련이 있을 가능성이 있는 南荷札

①

住吉郡交易進贄塩染阿遲二百廿口之中心 達二百口 大阿遲廿口

219·21·6　031　城21-29下

②

住吉郡贄□□□□

174·(14)·2　031　城28-46下

③

·二筑麻醬 御贄三□[斗]?六升

·員五十五文 ⬚⬚⬚ ⬚⬚⬚

181·28·3　032　平城宮2-2783

자료7 衛府의 贄

①

·左衛士府 年魚御贄五十三

·「数 受」　　　「数」
　　　　　　天平十九年「□受」

179·(17)·4　059 城11-10上

②

　　　　　　　風速小月 大石小山 大豆人成
·衛門府 進鴨九翼
　　　　　　　辟田麻呂 大市乎麻呂

·天平勝寶四月廿七日

202·22·3　032 城37-8下

資料8 進上状 사례

①

·片岡進上菁六斛二斗束在　　　〇

　　　　　　　持丁木部足人
·十尺束駄六匹
　　　　　　　十月十八日真人

191·27·5　032 城21-9上

資料9 홈이 있는 進上状

①

·西店交易進近志

　　　　　十二月
·呂五百隻
　　　　　□

164·37·3　032　城25-26下 (城21-11上)

②

·山背薗司解 進上 □□　知佐五束　右四種持人　○
　　　　　　　　大根四束 古自一束

·奴稲万呂 和銅五年十一月八日国足　　　　　○

　350·38·3　032　平城京1-194

③

廣瀬御柠樣進□十一両

145·24·4　032　城27-5下

④

·□[右?]京九條進□槐花白 □月八日　○

·少属大綱君智万呂　○

224·22·3　032　城22-10上

⑤

·右京 [▭▭▭▭▭▭▭▭▭]

·進送如前 六月六日少属大網君智万

　242·45·5　032 城22-10上

資料10 進上状風在贄荷札

①

阿波国進上御贄若海藻老籠板野郡牟屋海

190·19·6　031　平城宮1-403

②

□[但?]馬国第三□[般?]進上若海藻 御贄一籠 天平十九年二月廿八日

(228)·(12)·4　039　平城宮1-409

③

伯耆国進上屈賀若海藻御贄

134·20·7　031　城22-35上

資料11 贄의 進上状

①

·進上大贄事 合四種

　鶉一前 鴨一前

料 進上如件

　從八位下阿刀連「酒主」

　凡直「判廗呂」

·□

(185)·89·10　019　平城京3-4525

資料12 동사가 있는 調荷札

①

安房国安房郡松樹郷小坂里戸大伴部高根輸複調陸斤　條伍拾伍條
　　　　　　　　　　　　　　　　　　　　　　　　天平七年十月

313·22·5　031　城22-31下

②

美作国勝田郡和気郷輸調鉄連　□

③

·周防国吉敷郡神埼郷戸主阿曇五百万呂口同部

·□廗呂進上調塩一斗天平十七年九月八日

　290·21·3　032　平城宮1-329

④

讃岐国進調椙櫃 天平五年

99·20·3　032　城22-39上

⑤

参河国播豆郡篠嶋海部供奉五月料御贄佐米楚割□斤

267·26·4　032 平城宮1-366

資料 13

①

紀伊国无漏郡進上御贄磯鯛八升

188·27·4　031 平城宮2-2285

제2장

한 줄로 쓴
隱岐國 하찰

1. 머리말

諸國에서 보낸 공진물 부찰목간(이하 하찰목간이라 부름) 가운데 매우 특징적인 형태·서식의 목간이 있다. 그 가운데서도 유명한 것이 隱岐國 하찰이다. 이 隱岐國 하찰 가운데 통설과 다른 상황이 확인되는 사례가 있으므로 이를 보고하고자 한다.

2. 예외적인 隱岐國 하찰

隱岐國 하찰의 형태·서식의 특징에 관하여 여러 연구가 있는데 佐藤信 씨가 총괄적으로 아래와 같이 정리하였다[1].

① 전체적으로 길이가 짧고(완형은 평균 12.6cm) 비교적 폭이 넓어 몽땅하다.
② 장방형의 목재 상하 양단에 홈이 있는 것(031형식)이 대부분.
③ 삼나무(침엽수)가 대부분.
④ 기재는 앞면만.
⑤ 일부(또는 전부)를 두 줄로 써서(割書) 기재함.

---

1) 佐藤信「古代隱伎國と木簡」(『日本古代の宮都と木簡』吉川弘文館, 1997. 初出 1983). 여기서는 이 장과 관련 있는 지적만 골라내었다.

이에 잘 부합하는 전형적인 사례로[2]

　　隱岐國海部郡　　佐吉鄉日下部止々利　養老七年
　　　　　　　　　　調鰒六斤

위와 같은 사례가 있다. ①~⑤는 隱岐國 목간의 두드러진 특징이다.
그러나 위의 사항이 적용되지 않는 자료가 있다. 두 줄로 쓰지 않
고 한 줄로 쓴 목간이다(자료 a~g).

　그 외에 완전히 한 줄로 쓴 것은 아니나 年紀만을 오른쪽으로 치우
치게 하여 쓴 사실상 한 줄로 쓴 목간이 있다(자료 h). 관견에 의하면
이상의 8점이 한 줄로 쓴 隱岐國 하찰이다.

　이 가운데 c의 경우 형태는 전형적인 隱岐國 하찰이나 郡名으로 시
작하는 점은 의심스럽다. 이외에는 일반적인 隱岐國 목간이라 할 수
있을 것이다. 이 목간을 단순히 예외라고 할 수 있을까, 아니면 어떠
한 다른 상황을 생각할 필요가 있을까.

---

2)　이하 석문의 표기 방법은 기본적으로 나라문화재연구소편 『平城宮發掘調査出土木簡槪
　　報』을 따른다. 또 出典과 관련하여 예를 들어 16호의 7페이지에 게재된 경우 '城16-p7'과
　　같이 표시한다.

그림3. 전형적인 隱岐国목간(우)과 한 줄로 쓴 목간(화상제공 : 나라문화재연구소)

3. 한 줄로 쓴 隱岐國 목간의 특징

우선 주목되는 것이 크기이다. 隱岐國 목간은 길이가 짧고 폭이 넓어 소위 '몽땅한' 것이 많다. 정확한 평균치는 없으나 폭 3㎝ 내외의 것이 많은 것으로 보인다. 이와 비교하면 f·g·h는 폭이 좁다. 특히 f는 隱岐國 하찰 가운데 가장 길다. 이러한 관점에서 보면 예를 들어 e도 이 뒤에 인명·세목·물품명·年紀가 이어진다고 본다면 g와 비슷한 정도의 길이로 볼 수 있다. 두 줄 쓰기에 적합한 몽땅한 형태와 달리 한 줄로 쓰기에 적합한 세장한 형태라고 지적할 수 있을 것이다.

또 하나 주목되는 것이 수종이다. ③에서 언급한 것처럼 隱岐國 하찰은 삼나무(침엽수)가 압도적으로 많고 노송(檜)도 일부 있다. 그러나 e의 수종은 때죽나무(활엽수)이다[3]. 도성에서 출토된 활엽수의 하찰 목간이라고 하면 大宰府에서 보낸 것이 유명한데 역으로 말하면 大宰府 이외의 지역에서 보낸 활엽수 하찰은 거의 없다. 파손된 형태로 보아 b·g·h도 활엽수로 보인다[4].

이처럼 한 줄로 쓴 隱岐國 하찰목간은 지금까지 일반적으로 보아온 隱岐國 하찰목간과 단순히 서식만 다른 것이 아니라 형태와 재질도 다르다. 아무래도 이 차이는 '시기차'로 파악할 수 있을 것 같다. a~h의 시기를 검토하여 보자.

a·b는 제139차 조사에서 內裏(옮긴이 : 고대 도성의 궁성에서 천황의 사

---

3) 『長岡京木簡 二 解說』(向日市教育委員會, 1993)에 의거한다.
4) 여기서 검토한 목간은 모두 사진으로 관찰·조사하였다. 그 결과의 판독이다.

적인 구역) 외곽 밖에서 동쪽으로 흐르는 대규모 南北石組溝SD2700
에서 출토되었다. 이 도랑은 하층에서 상층까지 시기별로 퇴적된 것
으로 알려져 있다[5]. 퇴적층은 총 5개의 층으로 나누어지는데 최하
층에서는 養老7년(723)~天平4년(732) 사이의 목간이, 2층 째부터는 天
平3년~9년의 목간이, 4층 째부터는 天平寶字4년(760)~6년의 목간
이, 최상층에서는 天応(781~782)이 쓰인 묵서토기가 출토되었다. a는
6AAAFF35 지구의 灰砂② 최하층에서 출토되었다. 이는 제2층에 대
응할 것이다. 따라서 층위로 보아 天平年間의 전후에 해당된다. 한편
b는 6AAAFS35 지구의 木樋(옮긴이 : 물을 운반하는 목제 수로) 층에서
출토되었다. 이 木樋는 제3층이 퇴적된 후 만들어졌다고 한다. 제4층
이 天平寶字年間(757~765), 제3층이 天平年間(729~749)의 전반이므로
그사이, 특히 중반보다 후반인 天平勝寶年間(749~757) 전후로 생각할
수 있을 것이다.

c는 長屋王家목간이다. SD4750이라고 불리는 유구에서 출토되었
으며 시기적으로는 和銅(708~715)~靈龜(715~717)年間의 것이다[6]. d는
二條大路 목간이다. SD5300이라 불리는 유구에서 출토되었으며 대
략 天平6년~10년 즈음의 것이다[7].

e는 長岡京 시대의 것.

---

5) 『平城宮木簡二解說』(奈良國立文化財硏究所, 1975) 및『昭和五十七年度平城宮跡發掘調査
部發掘制査槪報』(奈良國立文化財硏究所, 1983).

6) 『平城京左京二條二坊·三條二坊發掘調査報告』(奈良國立文化財硏究所, 1995).

7) 각주 6 보고서.

f·g는 平城宮 제1차(동쪽 구역) 大極殿院 남면 회랑의 누각 건물 가운데 서측 건물(西樓) SB18500 주혈에서 출토되었다. 주혈에서 출토된 유물은 출토 정황으로 보아 일괄성이 높아 보인다[8]. f는 天平勝寶4년이라 쓰여 있고 g도 거의 동시기일 것이다.

h는 內裏 외곽의 토갱에서 출토되었다. '天平十七'년이라고 쓰여 있어 시기는 명백하다. 유구의 연대와도 일치한다.

각 목간의 시기는 위와 같이 정리할 수 있다. 그러면 한 줄로 썼으며 활엽수인 b·e·g·h는 모두 天平17년 이후, 잠정적으로 b 목간을 가장 많이 소급하여도 天平10년 이후로 보인다. 한편 활엽수 이외의 4점의 경우 f는 天平17년 이후, c는 앞서 언급한 것처럼 약간 상황이 달라 별도로 생각하는 편이 좋다고 생각된다. a는 아래가 절단되어 개인 이름부터 할서하였을 가능성을 충분히 생각해 볼 수 있다. d는 좌우가 결실되었고 중앙부만 남은 것이다. 사진으로 관찰하였는데 중간 부분이 상하여 과연 처음부터 그 부분에 할서를 상정할 수 있는지 확인할 수 없었다.

이상의 검토를 통해 d만 제외하고 한 줄로 쓴 것이 확실한 隱岐國 하찰은 모두 天平17년 이후이며 활엽수가 많은 것으로 볼 수 있다.

한편 두 줄로 쓴 隱岐國 하찰목간의 시기를 조사하면 年紀가 있는 것 가운데 가장 느린 것은 天平16년이다[9]. 유구를 통해 연대를 추정

---

8) 『奈良文化財研究所紀要 二〇〇三』(奈良文化財研究所, 2003) 및『平城宮發掘調査出土木簡概報 37』(奈良文化財研究所, 2003).

9) 『宮町遺跡出土木簡概報2』(信樂町敎育委員會, 2003) p.12.
隱伎國役道郡 武良鄕伊我部都支波 調鰒六斤 天平十六年

할 수 있는 사례도 확인하였는데 奈良時代 후반으로 내려오는 사례는 보이지 않았다. 앞으로 좀 더 상세하게 조사할 필요가 있으나 위에서 언급한 내용을 중시하면 아래와 같이 정리할 수 있다.

1. 藤原宮時代 이래 隱岐國 하찰은 삼나무재로 몽땅한 형태였으며 서식은 두 줄 쓰기였다.

2. 天平16년~17년 사이에 형태와 서식에 변화가 생겼다. 형태는 세장해지고 서식은 한 줄 쓰기로 변화하였다. 재질은 활엽수를 많이 사용하였다.

4. 한 줄로 쓴 隱岐國 목간이 말하는 것

奈良時代 이후 隱岐國 하찰에 대해 관찰해두고자 한다.

활엽수 목간 b·e·g·h의 경우 郡은 각각 智夫郡·周吉郡·役道郡으로 다르나 폭(길이는 결실되어 알 수 없음. b는 글자 배치로 보아 좌우의 결실은 많지 않은 것으로 생각됨), 그리고 작은 글자를 촘촘히 쓴 점이 모두 유사하다. 그리고 같은 役道郡이며 게다가 동시기로 보이는 f와 g는 재질도, 필적도 다르다. 즉 郡이 다르더라도 목재와 필적에 공통점이 확인되기도 하고 또 같은 郡이라 하더라도 재질과 필적이 다른 예도 있다. 奈良時代 후반 이후 隱岐國 하찰은 활엽수를 이용한 타입과 침엽수(수종을 감정하지 않아 알 수 없음)를 이용한 타입이 있는데 모두 한 줄로 썼으며 각각에 대응하는 필적이 확인된다. 결국, 郡의 차이와 시기적 차이가 아닌 것으로 생각된다. 단순히 생각하면 이 차이는 하물의 세목·품목의 차이에서 기인한 것으로 볼 수 있을 것이다.

공진물의 세목·품목을 확인할 수 있는 것은 침엽수 f와 활엽수 h 각 1점뿐이다. 그 이외의 활엽수 목간은 세목·품목이 모두 빠져 있다. 침엽수 f의 調는 전복이다. 한편 활엽수 h의 調는 海松이다. 세목은 모두 調로 같다. 침엽수·활엽수의 차이는 '전복'과 '海松'의 차이에서 구할 수 있을 것이다. 즉 활엽수는 해조류의 하찰, 침엽수는 어패류 하찰일 가능성이 있다. 수적으로 보아도 침엽수보다 활엽수가 많은데 이는 隱岐國 하찰의 품목 중 해조류가 어패류보다 많은 것과도 모순되지 않는다.

이 隱岐國 목간의 변화는 많은 문제를 시사한다. 보통 하찰목간은 각 지방에서 제작하여 공진물에 부착한 후, 도성으로 운반되고 폐기된 것으로 생각된다. 이는 서풍·가공, 수종에 國마다의 특징이 있다는 것으로도 증명될 것이다[10]. 예를 들어 北陸道諸國의 하찰에는 삼나무가 많이 보이는데 어쩌면 식생과 관련이 있을 가능성도 있다고 한다[11].

이처럼 國마다의 특징이 이 장에서 검토한 隱岐國 하찰과 같이 변화하는 것은 그다지 유례가 없지 않을까. 특히 隱岐國의 경우 大寶令

---

10) 과연 실제로 하찰목간이 각지에서 제작되어 하물에 부착된 후 도성까지 운반되었는가에 대해서는 相模國調邸의 양상 등을 고려하면 좀 더 검토할 필요가 있다. 다만 다양한 상황을 고려하면 그렇게 생각하는 편이 합리적이라고 생각한다.

11) 角鹿尙計 씨의 구두 교시에 의한다. 다만 奈良時代 식생이 어떠하였는지까지 검토한 것은 아니다.

이전의, 藤原宮時代부터 이어진 전통적인 형태, 필적을 버리고 수종까지 바꾸어 가면서 완전히 새로운 하찰을 사용하였다. 그 배경은 꽤 복잡할 것으로 생각된다. 아쉽게도 이 문제 대한 대답은 충분히 준비되어 있지 않다. 가설을 제시하고자 한다.

목간의 작성 주체가 國에서 郡과 鄕으로 변화한 결과 國 전체에서 통일성이 무너지고 변화가 일어났을 가능성이 있다. 그러나 이미 살펴본 것처럼 활엽수·침엽수라는 수종과 서풍의 대응 관계는 확인되나 이는 郡이 다르더라도 隱岐國 전체적으로 보아 공통적인 현상이다. 목간 작성 주체가 國에서 郡·鄕로 변화한 것과 관련되었을 가능성은 매우 낮을 것이다.

따라서 國 수준 이상의 큰 변화를 생각하지 않을 수 없는데 『續日本記』에는 이 시기에 隱岐國의 지방 행정과 직접 관련된 기사가 보이지 않는다. 다만 굳이 관련짓는다면 安房國·能登國 양국이 天平13년 폐지된 사실에 주목할 수 있다[12]. 이 폐지는 동북 정책과 관련된 것으로 설명되고 있으나 이와 동시에 지방 제도를 간소화하고 통합하는 개혁이었던 것도 분명하다. 또 安房國는 若狹國·志摩國에 비견되는 '御食國'이었으며 또 隱岐國도 '御食國'으로 여겨진다[13]. 이러한 행정개혁의 영향이 상정된다.

수종이 변하는 것으로 보아 식생의 변화를 상정할 수도 있으나 書式까지 변하는 점은 설명할 수 없다. 애당초 隱岐國 목간 가운데 이

---

12) 『續日本紀』天平13年12月丙戌條.

13) 佐藤信「古代安房國と木簡」(각주 1 저서. 初出 1993) 및 佐藤 각주 1 논문.

른 시대부터 삼나무가 많은 이유는 隱岐國에서 삼나무를 입수하기 가장 쉬웠을 것이라 보는 편이 자연스럽다. 활엽수를 이용하게 된 것은 隱岐國에서 의도적으로 수종을 바꾸었거나[14] 또는 목간을 작성한 곳이 隱岐國 내에서 사라지고 이에 따라 서풍도 바뀌었을 가능성이 있다. 전자라면 왜 목재만이 아니라 서풍도 변하였는가에 대해 의문이 남는다. 후자일 경우 앞서 언급한 행정개혁을 근거로 과감하게 상상해보자면 隱岐國의 國衙 행정 기능이 다른 國으로 흡수되면서 당시 '隱岐國'은 단순한 지역 호칭에 불과하였을지 모른다. 다만 필자가 아는 한, 平城宮·京에서 출토된 山陰道諸國의 하찰 가운데 활엽수는 없다.

隱岐國 현지의 상황도 고려하여 앞으로 계속해 검토하고자 한다.

5. 맺음말

이상으로 한 줄로 쓴 隱岐國 하찰에 대해 살펴보았다. 隱岐國 하찰에 관한 통설 가운데 일부를 수정할 수 있게 되었다고 생각한다. 하찰목간에는 아직도 수수께끼와 가능성이 숨겨져 있다.

---

14) 본문에서 지적한 것처럼 도성에서 출토된 大宰府 하찰은 관견이기는 하나 활엽수이다. 한편 大宰府 사적 출토 목간은 활엽수가 거의 없다. 또 大宰府사적 출토 목간에 관해서는 그 일부를 필자도 조사하였다. 이때 九州歷史資料館의 酒井芳司 씨에게 신세를 졌고 교시도 받았다. 감사를 드리는 바이다.

참조목간석문

a

·隱伎国役道郡都麻鄕真嶋里

·□[二?]

(120)·29·4　039　城16-7上

b

□伎国智夫郡由良鄕壬生部⊏

(81)·(21)·3　039　城16-7下

c

隱地郡村里三那部井奈軍布六斤

213·32·4　031　城27-20下

d

隱伎国海部郡海部鄕□□里□□□

(137)·(14)·5　081　城29-35下

e

隱伎国周吉郡奄可鄉蝮王部益□

(110)·25·3　039『長岡京木簡二』1347

f

　隱伎国役道郡余戸鄉大私部目代調短六斤　天□[平?]勝寶四年

209·23·6　031　城37-9下

g

隱伎国役道郡河內鄉磯部黑□

h

□道郡都麻鄉意伎麻呂調海松六斤　天平十七□

(169)·23·3　081『平城宮木簡 一』349　城37 수정

제3장

문헌 자료로 본
고대의 소금

1. 머리말

문헌 자료로 본 고대의 소금에 관한 연구는 廣山堯道 씨의 종합적인 일련의 연구[1]와 岸本雅敏 씨의 연구[2], 식생활의 관점에서 접근한 關根眞隆 씨의 연구[3]와 廣野卓 씨의 연구[4] 등이 있다. 또 목간을 이용한 연구도 이루어지고 있다. 이 장에서는 이상의 연구를 기반으로 최근 심화된 목간의 자료학적 연구를 이용하여 율령시대 소금의 양상에 관한 일단을 명확히 하고자 한다.

2. 도성 출토 소금 하찰목간과 출토 유구

1) 도성 출토 소금 하찰의 지역

도성에서는 調로 납입된 소금에 매단 하찰목간이 많이 출토되고 있다. 또 庸鹽하찰도 존재하는데 확실한 사례는 두 점뿐이다. 도성에서 출토된 소금 하찰은 거의 조염(調鹽) 목간으로 보아도 좋을 것이다. 목간에 쓰인 공납국은 東海, 北陸, 瀨戶內海, 大阪滿 연안에 있는 여러 國으로 각지에 퍼져있다. 이는 『延喜式』에 기록된 소금 공납국

---

1) 廣山堯道·廣山謙介『日本古代の塩』(雄山閣, 2003).
2) 岸本雅敏「古代國家と塩の流通」(田中琢他編『古代史の論点 3 都市と工業と流通』小學館, 1998).
3) 關根眞隆『奈良朝食生活の研究』(吉川弘文館, 1989).
4) 廣野卓『食の万葉集』(中央公論社<中公新書>, 1998).

표3. 출토목간과 『延喜式』으로 본 소금의 공납국

道	国	都城出土木簡					『延喜式』		
		調塩	庸塩	地子	塩	合計	調塩	庸塩	中男作物
東海	伊勢	1				1	●	●	
	志摩				1	1			
	尾張	10			8	18	●	●	
	三河	5	1		1	7		●	
北陸	若狭	59			21	80	●		
	越前	5			1	6			
山陽	播磨					0	●		
	備前	11				11	●	●	
	備中	1			1	2	●		
	備後					0	●	●	
	安芸	1	1			2	●	●	
	周防	27			3	30	●		
南海	紀伊	11		3	1	15	●		
	淡路	10			1	11	●		
	讃岐	7			6	13	●		
	伊予	2			1	3	●		
西海	筑前					0	●	●	
	肥前					0	●		
	肥後					0			破塩
	薩摩					0	●		
合計		150	2	3	45	200	16國	7國	1國

출전 : 岸本雅敏「古代中国と塩の流通」(田中琢·金関恕編『古代史の論点3 都市と工業と流通』小学館, 1998年)

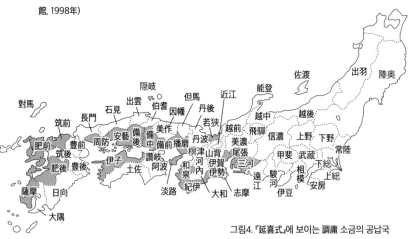

그림4. 『延喜式』에 보이는 調庸 소금의 공납국

(그림 4, 표 3)과 잘 일치한다[5]. 이 가운데 특히 출토 사례가 많은 곳이 若狹國과 周防國이다.

이 양국의 소금 하찰목간에 기록된 郡名 이하의 지명에 주목해보자. 若狹國에서는 遠敷郡과 三方郡 목간이 출토되었다[6]. 鄕名을 보면 내륙부에 위치한 것으로 보이는 지명(遠敷郡玉置鄕)도 확인할 수 있다(표 4-86).

바닷가 외의 지역에서 소금이 생산된 것으로 생각하기 어렵다. 내륙부에서 보낸 공진은 땔감의 공급과 토기 제작을 담당한 분업체계, 또는 교역·교환에 의한 조달 등을 전제로 하였다고 보아야 할 것이다. 이러한 분업과 교역·교환을 포함한 체제도 율령국가에 의한 생산체제의 정비·개입이 상정된다. 若狹國 전체가 국가적 규모의 소금 공급지로 자리매김하였으며 또 그렇게 정비되었던 셈이다[7].

한편 출토 사례가 두 번째로 많은 周防國의 소금 하찰에 대해서 살펴보자(표 4-43~72). 周防國의 소금 하찰은 대부분 大島郡에서 보낸 것이다. 大島郡 이외의 지역에서 보낸 사례로 吉敷郡의 3점(중 1점은 소금 하찰인지 정확하지 않으나 형상으로 보아 소금 하찰의 가능성이 크다)이 확인된다. 이 중 확실한 소금 하찰 2점은 모두 吉敷郡神崎鄕이다(표4-68·69). 周防國의 소금 하찰에 적힌 지역은 大島郡 또는 吉敷郡

---

5) 岸本 각주 2 논문.

6) 奈良時代 若狹國은 遠敷郡과 三方郡이며 大飯郡은 아직 성립되지 않았다.

7) 館野和己「若狹の贄と調」(小林昌二編『古代王權と交流 3 越と古代の北陸』名著出版, 1996).

神崎鄉으로 편중이 심하다. 앞서 살펴 본 若狹國의 경우 國 전체에서 소금을 생산하고 공납한 양상과 크게 다르다.

또 周防國 소금 하찰 대부분이 長屋王家목간이다. 長屋王의 封戶(옮긴이 : 율령제에서 식봉(食封)에게 할당된 과호(課戶))와의 관계로 인해 지역적으로 편중되었을 가능성도 있다. 실제로 鄉名을 보면 長屋王家목간에는 大島郡屋代鄉·務理鄉이 눈에 띄고 平城宮 內裏 북외곽 관아 토갱 SK820출토 목간에는 大島郡美敢鄉이 눈에 띄는 차이가 존재한다. 그렇지만 대부분 大島郡이며 吉敷郡神崎鄉은 소수에 불과하므로 長屋王家목간도 그 이외의 목간과 유사하다. 封戶의 영향으로 인해 周防國 내에서 편차가 있었던 것으로 생각할 필요는 없다.

若狹國·周防國 이외에 소금 하찰목간이 눈에 띄는 國으로 尾張國을 들 수 있다(표 4-3~20). 尾張國에서는 知多郡에서만 공납되었다. 尾張國에서도 소금을 공납하는 곳은 國 전체가 아니라 지역적으로 한정되어 있다고 할 수 있다.

한편 周防國이든 尾張國이든 목간에 기록된 郡 이외에도 바다에 접한 지역이 존재한다. 周防國와 尾張國에서는 해안가와 소금 생산 지역에서 모두 소금을 공납한 것이 아니며 그중에서도 한정적인 지역만이 율령국가로 소금을 공납하는 것으로 지정되어 있었다.

이상에서 若狹國은 國 전체가 소금 공납국인 반면, 周防國과 尾張國의 경우 소금 공납지역이 한정되어 있었다고 할 수 있다. 율령국가는 의도적으로 지역을 지정하여 소금을 공납하게 했는데, 소금 하찰의 양상이 전국의 소금 생산 양상을 그대로 나타내는 것은 아니다.

그렇지만 거꾸로 말하면 소금 하찰의 양상은 율령국가의 소금 정책 양상을 직접적으로 반영할 가능성이 크다.

2) 유구와 소금 하찰목간의 엇갈림(ずれ)

소금 하찰목간을 분석하면 목간이 출토된 유구의 상황과 맞지 않는 경우가 있다. 하나는 목간의 연대와 목간이 출토된 유구의 연대가 맞지 않는 것이고 또 하나는 소금의 존재 및 소금 관련 유물과 소금 하찰의 상황이 맞지 않는 것이다[8].

우선 시기적으로 맞지 않는 것에 대해 살펴보자. 年紀가 쓰인 周防國의 소금 하찰은 유구와의 시간차가 3년 이내이다. 이에 비하여 若狹國와 尾張國의 소금 하찰과 유구의 시간차는 3년을 훨씬 넘어 20년에 달하는 것도 있다(표 5).

平城宮 SK820을 사례로 좀 더 상세히 검토해보자. SK820은 天平 19년(747) 즈음 일시에 묻힌 것으로 보인다[9]. 근거는 퇴적상황과 목간의 年紀이다. 실제로 SK820 출토 목간에 쓰인 年紀는 天平17~18년이 압도적으로 많다. 예외적인 사례가 若狹國·尾張國 양국의 소금 하찰과 西海道諸國에서 보낸 調綿 하찰이다. 즉 일부 하찰 가운데 이른 시기의 하찰이 섞여 있다.

---

8) 今泉隆雄 씨도 이와 관련하여 지적한 적이 있다(今泉隆雄『古代木簡の研究』吉川弘文館, 1998). 다만 '소금 등 장기보존할 수 있는 것은 20년 이상씩 장기보존된 후 소비되었다' 라고 하여 소금을 장기간 보관할 수 있는 것을 근거로 삼았으나 후술하듯이 이것만으로 는 불충분할 것이다.

9) 奈良國立文化財研究所編『平城宮木簡一』(奈良國立文化財研究所, 1966).

표4. 소금하찰목간 일람

번호	국명	본문
1	伊勢	←□郡黒□〔田?〕鄉調塩三斗
2	志摩	荅志郡荅志鄉塩三斗
3	尾張	・尾張国智多郡番賀鄉花井里丸部〔龍?〕麻呂 ・調塩三斗 神龜四年十月七日
4	尾張	尾治国知多郡贊代里 丸部刀良三斗三年九月廿日
5	尾張	尾張国知多郡費代里和尔部 泥□〔慈?〕調塩三斗
6	尾張	・「◇」「□」入尾張国智多郡贊代鄉朝倉里戸主和尔部色夫智調塩三斗 /天平元年‖\「◇」「□」 ・「〈〉 □□□□〔天平元年?〕□□〔月?〕□日〉」
7	尾張	・尾張国智多郡富具鄉和尔部巨人 調塩三十天平勝寶七歲九月十七日
8	尾張	・←□〔富?〕具鄉野間里和尔部中牟良御調 ・←□〔平?〕元年十月十九日鄉長和尔部安倍
9	尾張	・尾張国知多郡富具鄉野間里丸部安麻 ・調→斗 天平七年八月
10	尾張	・尾張 尾張国知多郡富具鄉野間口〔里?〕 ・塩三斗 十月五日
11	尾張	・尾張 尾張国智多但馬鄉区豆里田部得石御調塩→ ・天平六年八月十九日
12	尾張	英比鄉□塩一□
13	尾張	英比鄉上村里一斗古
14	尾張	・辛卯年十月尾治国知多評 ・入見里神部身聞三斗
15	尾張	・尾張国知多郡/御宅里/□□□‖ ・大塩尻
16	尾張	・尾張国知多郡□里日置部得 ・万呂御調塩三斗和銅六年十月十五
17	尾張	・尾治国知多郡贊□□ ・白髮部馬見塩一斗
18	尾張	・尾張国□[智?] → ・調塩

크기	형식번호	출전	유적명
(201)・28・3	51	平城宮 3-3020	平城宮
(155)・18・3	32	城16-5下(11)	平城宮
345・30・11	32	平城宮 1-319	平城宮
221・(12)・4	59	藤原宮2-655	藤原宮
206・20・6	32	城12-10上 (42)	平城宮
336・37・5	32	平城宮 1-320	平城宮
(198)・28・3	33	城19-20下(166)	平城宮
(239)・28・3	59	平城宮 1-318	平城宮
275・37・4	31	城22-20上 (174)	平城京(二条大路)
(197)・24・7	39	平城宮3-3080	平城宮
(243)・40・5	39	城22-20上 (175)	平城京(二条大路)
94・17・4	11	平城宮2-2188	平城宮
121・20・6	11	城31-24上 (320)	平城京(二条大路)
213・38・51	32	藤原宮 1-166	藤原宮
157・(22)・5	32	平城宮 3-2896	藤原宮
246・30・5	32	城27-18上 (246)	平城京(長屋王邸)
153・21・8	32	城8-4上 (14)	藤原宮
(57)・23・4	39	城29-31下 (352)	平城京(二条大路)

19	尾張	・尾張国□□郡入海郷口→ ・□三斗 〈〉
20	尾張	・尾張□〔国?〕→ ・調塩三→
21	三河	←郡大口〔壁?〕郷□□里/海部麻呂養老四年庸塩一斗五升/「□」《》□‖
22	三河	・参河国渥美郡大壁郷 ・□□□〔俚?〕口子□□三斗 □□□□ 天平八年?〕〈〉日
23	三河	参河国渥美郡/大壁郷海部〔首?〕万呂/調塩一斗‖
24	三河	・三川国飽海郡大鹿部里人 ・大鹿部塩御調塩三斗
25	三河	・参河国渥美郡大壁郷松間里丈部煮得調塩一斗 ・天平八年七月六日
26	三河	□□□□□〔参河国渥美郡〕/《》/調塩一斗‖
27	三河	参河国渥美郡調塩/〈〉‖
28	備前	・須恵郷調塩三斗 ・葛木部小墨
29	備前	・邑久郡尾沼郷宮 ・調塩三斗
30	備前	・備前国邑久郡八浜郷戸主》 ・麻呂戸口大砕部乎猪御調塩三斗
31	備前	・□郡御野郷守部思人調塩三斗 ・□〔郷?〕長□□□〔丸部臣?〕犬
32	備前	・備前国兒嶋郡三家郷□□ ・□〈〉|□調塩三斗
33	備前	・備前国児嶋郡三家郷 ・/牛守部小成/山守部小廣‖二人調塩二斗
34	備前	・□〔備〕前国児嶋郡賀茂郷 ・鴨真君麻呂調塩三斗
35	備前	・備前国児嶋郡賀茂郷 ・三家連乙公調塩一斗
36	備前	・備前国児嶋郡加毛郷 ・/原里鴨部 〈〉/菅生里鴨部 〈〉‖唐塩三斗
37	備前	・備前国児嶋郡小豆郷 ・戸主間人連麻呂戸口間人連小人、調三斗

(164) · 25 · 6	39	城 19-20 F (167)	平城宮
(65) · 20 · 3	19	平城宮 7-11954	平城宮
355 · (24) · 7	32	平城宮 3-2892	平城宮
181 · (23) · 4	31	城 29 31 下 (356)	平城京(二条大路)
184 · 24 · 9	31	平城宮 1-324	平城宮
175 · 30 · 3	11	平城宮 7-11302	平城宮
253 · 38 · 4	31	城 24-24上 (225)	平城京(二条大路)
(190) · (17) · 6	39	平城宮 1-333	平城宮
172 · 35 · 5	31	平城宮 4-4660	平城宮
134 · 31 · 5	32	城 16-8上 (44)	平城宮
152 · 20 · 9	32	平城宮 3-3694	平城宮
212 · 32 · 5	33	城 19-24上(235)	平城宮
(276) · 39 · 6	31	城 32-13 下 (83)	平城宮
(177) · (27) · 6	51	城 2-38上 (400)	平城京(二条大路)
197 · 28 · 6	33	平城宮 1-321	平城宮
209 · 35 · 8	33	平城宮 1-322	平城宮
159 · 19 · 6	33	平城宮 1-323	平城宮
(172) · 22 · 10	39	城 44-10 下 (10)	平城宮
127 · 25 · 7	32	平城宮 2-2177	平城宮

38	備前	・備前国子嶋郡小豆郷志麿・里白猪部乙嶋調三斗
39	備中	・備中国浅口郡船穂郷調塩 ・三斗阿曇部押男
40	備中	備中｜備□□□〔中国浅口〕郡大嶋郷〔塩〕二斗□□□□〔海部大万?〕
41	安芸	・←国安芸郡 ・涼椅部賀良人庸三斗
42	安芸	・安芸国安芸〔郡?〕□里 ・倉椅部□□〔名代〕調□〔塩〕三斗
43	周防	・周防国大嶋郡屋代里凡海直牟良志御 ・調塩三斗
44	周防	周防国大嶋郡屋代里田部久米末呂御調塩三斗
45	周防	周防国大嶋郡屋代里田部養御調塩三斗
46	周防	・周防国大嶋郡屋代里日下部弟 ・麻呂御調塩三斗
47	周防	周防国大嶋郡屋代里凡海部大村御調塩三斗
48	周防	周防｜周防国大嶋郡屋代里□〔尖?〕人部赤末呂御調塩三斗
49	周防	←国大嶋郡屋代里漢人部身手御調塩三斗
50	周防	・周防国大嶋郡屋代里〈〉 ・大□□御調塩三斗
51	周防	周防国大嶋郡屋代里弓刊首勝日御調塩三斗
52	周防	周防国大嶋郡屋代里弓刊首勝日御調塩三斗
53	周防	周防国大嶋郡屋代里〈〉呂御調塩三斗
54	周防	・◇周防国大嶋郡務理里佐伯部波都支御調塩 ・◇三斗
55	周防	周防国大嶋郡務理里日下部小籠御調塩三斗
56	周防	・周防国大嶋郡屋代郷□□ ・□〔御?〕調塩三□

142・26・3	32	城 22-38上 (402)	平城京(二条大路)
198・28・5	33	城 22-38上 (406)	平城京(二条大路)
272・20・7	33	城 22-38上 (407)	平城京(二条大路)
164・26・5	32	飛鳥藤原京 2-1602	藤原京
(138)・(9)・4	39	藤原宮 3-1188	藤原京
239・29・4	33	城 21-33上 (365)	平城京(長屋王邸)
243・27・6	33	城 21-33上 (366)	平城京(長屋王邸)
270・35・6	33	城 21-33上 (367)	平城京(長屋王邸)
218・39・5	32	城 21-33下 (368)	平城京(長屋王邸)
189・32・5	33	城 27-20下 (297)	平城京(長屋王邸)
277・28・4	33	城 23-14上 (130)	平城京(長屋王邸)
(197)・29・2	59	城25-21下(258)	平城京(長屋王邸)
(241)・34・3	33	平城京 1-441	平城京(長屋王邸)
237・25・3	32	平城京 2-2181	平城京(長屋王邸)
338・36・4	32	平城京 2-2182	平城京(長屋王邸)
255・22・5	32	平城京 2-2184	平城京(長屋王邸)
221・44・6	33	平城京 2-2185	平城京(長屋王邸)
241・24・4	33	平城京 2-2186	平城京(長屋王邸)
(198)・27・7	39	平城宮 3-2908	平城宮

57	周防	・周防国大嶋郡屋代郷□□里□□調塩 ・三斗天平四年四月
58	周防	周防|周防国大嶋郡美敢郷田部小足調塩二斗//天平十七年九月||
59	周防	・周防国大嶋郡美敢郷凡海阿耶男御調塩二斗 ・《》天平十七年
60	周防	周防国大嶋郡美敢郷凡海直薩山御調尻塩
61	周防	周防国大嶋郡美敢郷美敢里酒人部麻志調塩三斗\ 天平七年九月
62	周防	・周防国大嶋郡務理郷平群部岡調塩三斗 ・天平勝寶五年九月
63	周防	・周防国大嶋郡務理里凡海部 ・矣〔牟?〕良御調塩三斗
64	周防	・周防国大嶋郡務理里〔御?〕 ・調塩三斗
65	周防	周防国大嶋郡務理里弓刊部得手御調塩三斗
66	周防 周防	・□国大嶋郡…里□ ・御調塩…□〔斗?〕
67	周防	大嶋村調果塩
68	周防	・周防国吉敷郡神埼郷戸主阿曇五百万呂口同部 ・□麻呂進上調塩一斗天平十七年九月八日
69	周防	・周防国吉敷郡神前里戸主蘇宜部恵□〔那?〕塩三斗 和銅七年十月廿四日
70	周防	・周防国〈 〉郡□ ・□□□□[塩三斗?]
71	周防	・周防国□□郡□□ ・□□□麻呂□□〔調塩?〕
72	周防	・□□(周防国?) ・□□〔調塩?〕
73	若狭	・若狭国遠敷郡/遠敷里□□果□/調塩一斗 □□|| ・和銅四年四月十→
74	若狭	・若狭国遠敷郡遠敷郷/泰人牟都麻呂/御調塩三斗 || ・天平寶字四年九月
75	若狭	・若狭国遠敷郡遠敷郷/秦曰佐大村/御調塩三斗 || ・天平寶字六年九月

(223) · 21 · 7	39	長登 2-30	長登銅山跡
227 · 31 · 6	32	平城宮 1-326	平城京
255 · 25 · 5	33	平城宮 1-327	平城京
197 · 18 · 4	31	平城宮 1-328	平城京
(248) · 31 · 8	33	城 29-36下 (439)	平城京(二条大路)
220 · 28 · 3	33	城 31-9上 (43)	平城京
201 · 28 · 5	33	城 27-21上 (298)	平城京(長屋王邸)
(160) · 23 · 4	39	城 25-21 上 (255)	平城京(長屋王邸)
266 · 32 · 5	32	城 25-21 上 (254)	平城京(長屋王邸)
(90+28) · 35 · 3	19	平城京 1-442	平城京(長屋王邸)
138 · 19 · 3	31	平城宮 7-11530	平城宮
290 · 21 · 3	32	平城宮 1-329	平城宮
244 · 30 · 3	31	城 21-33 下 (370)	平城京(長屋王邸)
(90) · (15) · 2	81	平城京(長屋王邸)	
(145) · (12) · 4	81	藤原宮 3-1189	平城宮
(45) · (10) · 3	39	平城京 2-2187	平城京(長屋王邸)
169 · 34 · 5	31	平城京 7-12639	平城京
154 · 28 · 9	51	(城17-14 上 (93)	平城京
178 · 36 · 5	31	城 33-13 下 (45))	平城京

76	若狭	・遠敷郡遠敷郷/車持小角/御調塩二斗 ‖ ・九月.
77	若狭	若狭|若狭国遠敷郡/小丹生家三家人波泉/調塩一斗 ‖
78	若狭	・若狭国遠敷郡 /遠敷郷億多里車持首/多治比御調塩三斗 ‖ ・天平六年九月
79	若狭	・遠敷郷億多里物部石嶋 ・御調塩三斗天平六年□〔十?〕月
80	若狭	丁酉年/若佐国小丹 〈〉 生里/秦人□□□〔己?〕 二斗 ‖
81	若狭	・□〔遠〕敷郡/丹生里人夫膳臣→/御調塩三斗 ‖ ・九月十日
82	若狭	己亥年□□玉□〔杵?〕里人若倭部身塩二斗
83	若狭	・若狭国遠敷郡玉杵里五百 ・木部□〔堅?〕波調塩三斗和銅六年/十月 ‖
84	若狭	・玉置駅家三家人黒万呂御調三斗 ・天平四年九月
85	若狭	・←国遠敷郡/玉置郷/私→/御調塩〔斗?〕 ‖ ・天平十五年九月廿九日
86	若狭	・若狭国遠敷郡玉置郷田井里/三次君国依/御調塩三斗 ‖ ・神龜四年潤月七日
87	若狭	←□□□□〔玉置郷田?〕井里/□□□□□〔君国依?〕/御調塩斗 ‖
88	若狭	遠敷郡 /玉置郷伊波里/□□若屋御調塩一斗 ‖
89	若狭	若狭国遠敷郡/余戸里供人□臣足/御調塩→ ‖
90	若狭	・若□国/少丹生郡野里/中臣部乎万呂御調塩三斗 ‖ ・和銅五年十月
91	若狭	・若狭国遠敷郡/野里相臣山守/調塩三斗 ‖ ・天平十八年九月
92	若狭	・遠敷郡野郷/委部椋人御/調塩一斗 ‖ ・神護景雲三年九月
93	若狭	遠敷郡/野郷矢田部諸人/御調塩三斗 ‖
94	若狭	野里中臣部□人塩二斗

132・30・6	11	城 19-22 上 (199)	平城宮
144・29・4	31	平城宮 2-2835	平城宮
197・28・6	31	城 22-33 下 (331)	平城京(二条大路)
158・26・6	32	城 29-34 下 (409)	平城京(二条大路)
131・16・31	11	藤原宮 1-182	藤原宮
(115)・26・4	19	平城宮 2-1949	平城宮
152・25・6	11	藤原宮 3-1166	藤原宮
184・29・6	11	城 12-10 上 (44)	平城宮
163・27・5	11	平城宮 1-346	平城宮
(147)・22・3	19	宮町木簡概報 2-11頁-(82)	宮町遺跡
229・34・6	31	平城宮 1-331	平城宮
(149)・31・4	11	平城宮 1-336	平城宮
137・22・3	51	城22-33 下 (332)	平城京(二条大路)
160・35・4	31	平城宮 7-12794	平城宮
172・21・5	31	平城京 1-13	平城宮
142・31・4	31	木研9-55頁 (2)	安堂遺跡
192・35・4	33	城 42-10 上 (59)	平城宮
120・26・7	11	城 19-22 上 (201)	平城宮
(129)・24・3	19	藤原宮 3-1167	藤原宮

95	若狭	野五十戸/秦勝黒聞/又惊人二人并二斗 ‖
96	若狭	・若狭国遠敷郡/野郷野里/秦人文屋調三斗 ‖ ・九月
97	若狭	・若狭国遠敷郡/嶋郷口部□□万呂/塩一斗 ‖ ・景雲□□(四年?) ◇
98	若狭	・遠敷郡嶋郷/泰人子人/御調塩三斗 ‖ ・□(寶?) 字 ◇
99	若狭	若狭|若佐国遠敷郡 /志麻郷宇|(庭)里/秦人三斗 ‖
100	若狭	・丁酉年若俠国小丹生評岡田里三家人三成 ・御調塩二斗
101	若狭	・戊戌年/□□□□〔若俠国小?〕丹□〔生?〕評□〔岡?〕方里人/□□□ ・〔秦人船?〕□調塩□〔二?〕斗 ‖
102	若狭	・小丹評從□〔車?〕里人 ・移部正己麻尓侣皮\一斗半
103	若狭	・己亥□□□〔年若俠?〕国小丹→ ・御調塩二→
104	若狭	・若佐国小丹生郡調塩/三□/□ ‖ ・和銅三年八月
105	若狭	・若狭国遠敷郡 / ◇ /秦人孔子御調 ‖ 三斗 ・神亀五年九月二日
106	若狭	・若狭国遠敷郡/佐分郷三家人石万呂戸口/三家人衣万呂御調塩三斗 ‖ 景雲四年九月廿九日□古万呂
107	若狭	・若狭国遠敷□〔郡?〕佐分/戸主三家人五百知戸□/大□□塩三入 ‖ ・延暦十年九月廿四日□知大 ◇ □ □〔伎?〕□
108	若狭	・佐分郷/戸主道公嶋守戸/三家人阿都目塩三斗 ‖ ・「九月廿一日□人」
109	若狭	・若狭国遠敷郡佐分郷/戸三家人□□〔刀?〕 / 三家人□□□〔麻調?〕三斗 ‖ 十一月九日□□□志
110	若狭	・若狭国遠敷郡 /佐分郷岡田里/三家人宮足 ‖ ・御調塩三斗 天平六年十月十日
111	若狭	・若狭国遠敷郡 /佐分郷岡田里/三家人宮足 ‖ ・御調塩三斗 天平六年十月十日
112	若狭	・若狭国遠敷郡 /佐分郷岡田里/□□〔三家?〕人三繩 ‖ ・御調塩三斗 天平六年八十日
113	若狭	・若狭国遠敷郡 /佐分郷岡田里/他田舎人大国 ‖ ・御調塩三斗 天平六年九月十日

152・28・5	31	木研 18-41 頁(7)	飛鳥京跡
179・29・4	31	平城宮 1-347	平城宮
164・34・4	31	平城宮 4-4663	平城宮
138・26・7	51	城19-22上(200)	平城宮
206・32・7	31	城22-33 下 (333)	平城京(二条大路)
148・16・2	11	藤原宮 1-147	平城宮
110・25・4	11	藤原宮 3-1165	藤原宮
147・30・3	11	藤原宮 1-148	藤原宮
(55)・14・1	19	藤原宮 3-1168	藤原宮
(135)・25・7	39	城 27-19 下 (273)	平城京(長屋王邸)
(208)・(22)・5	81	城 24-28 上(282)	平城京(二条大路)
174・35・7	11	平城宮 2-2819	藤原宮
241・34・7	51	木研 21-35 頁-1 (10)	長岡宮
(131)・23・5	59	平城宮 2-2592	平城宮
195・29・4	31	平城宮 4-4664	平城宮
157・31・4	51	城 22-33 下 (334)	平城京(二条大路)
168・36・4	31	城 22-33 下 (335)	平城京(二条大路)
163・30・5	31	城 22-33 下 (336)	平城京(二条大路)
186・36・5	51	城 22-33 上 (337)	平城京(二条大路)

114	若狭	・若狭国遠敷郡佐分郷岡田里 /三家人首百足/御調塩三斗 ‖ ・天平八年九月十九日三家人廣万呂
115	若狭	・若狭国□□〔遠敷?〕郡/□□□〔佐分郷?〕式多□〔里?〕三家人乙末呂/ ・顆塩五後 養老六年 ‖
116	若狭	若狭国遠敷郡/佐分郷式多里/三家人牧田 ‖ 御調塩三斗
117	若狭	若佐国小丹郡/佐分郷田野里三宅人/〈〉御調塩三斗 ‖
118	若狭	・若佐国小丹郡/佐分郷田野里/三宅人大虫御調塩 ‖ ・三斗
119	若狭	丁亥年若狭小丹評/木津部五十戸/秦人小金二斗 ‖
120	若狭	庚子年四月/若佐国小丹生評/木ツ 里秦人申 二斗 ‖
121	若狭	・若狭国遠敷郡/木津□/壬生国足調□ ‖ ・天平勝寶□〔二?〕□九月廿二日
122	若狭	・若狭国遠敷郡/木津郷少海里/土師竈御調塩三斗 ‖ ・神亀五年九月十五日
123	若狭	・若狭国遠敷郡 /木津郷中海里/伊賀部千国調三斗 ‖ ・伊
124	若狭	・若狭国遠敷郡/青里戸主秦人麻呂戸/秦人果安御調塩三斗 ‖ ・天平勝寶七歳八月十七日量豊嶋
125	若狭	・若狭国遠敷郡/青郷秦人安古/御調塩三斗 ‖ ・〈〉
126	若狭	若狭国遠敷郡/安遠里秦人部古生/御調塩三斗
127	若狭	・安遠郷川辺里 /秦→/調 〈〉 ‖ ・天平二年八月
128	若狭	若狭国三方郡能登郷/戸主粟田公麻呂戸口/ 三家人□麻呂調/ 塩参斗 ‖
129	若狭	・若狭国三方郡能登郷/戸主粟田《》□〔戸?〕/粟田部□〔椋?〕守御調□ ・〔塩?〕→ ‖
130	若狭	若狭国三方郡能登郷/戸主→/海部□麻呂調塩□ ‖
131	若狭	能登郷/戸主粟田公麻呂戸口□〔口?〕/ 粟田荒人調塩三斗 ‖
132	若狭	□□□□〔若狭国三?〕 方□〔郡?〕/能登里/□□□□□〔調?〕 □□ ‖

178·29·5	32	城 22-34 上 (338)	平城京(二条大路)
221·31·6	31	平城宮 7-12642	平城宮
171·31·5	11	城16-6下(23)	平城宮
182·29·3	31	城 31-28 上 (402)	平城京(二条大路)
144·30·4	51	城 31-28 上 (403)	平城京(二条大路)
197·30·3	31	飛鳥藤原京 1-18	飛鳥池遺跡
170·33·5	31	藤原宮 1-146	藤原宮
128·37·6	11	平城宮 2-2801	平城宮
132·26·4	31	平城宮 3-3081	平城宮
197·25·4	31	城 24-28 上 (281)	平城京(二条大路)
150·28·5	31	城6-8上(91)	平城宮
163·28·5	11	城 19-22 (197)	平城宮
163·22·4	31	城 27-19下(272)	平城京(長屋王邸)
(130)·26·5	19	城23-19上(195)	平城京
209·48·6	31	平城宮 2-2818	平城宮
(210)·(18)·6	19	平城宮 2-2822	平城宮
190·39·6	51	平城宮 2-2823	平城宮
144·30·4	51	平城宮 2-2824	平城宮
202·(18)·4	31	平城宮 1-454	平城宮

133	若狭	・←□〔郷?〕/□□〔忌浪?〕□/〈〉‖ ・□塩三斗
134	若狭	若狭国三方郡耳里/秦曰佐得嶋/御調塩三斗‖
135	若狭	三方郡耳里/壬生部□万呂/御調塩三斗‖
136	若狭	三方郡美々里壬生部乎知古塩二斗
137	若狭	・若狭・郡弥美里 ・□調□〔塩?〕三斗
138	若狭	美々里秦勝稲足二斗
139	若狭	三方郡弥美郷中村里/別君大人/三斗‖
140	若狭	三方郡弥美郷中村里/別君大人/三斗‖
141	若狭	若狭三方郡弥美郷中村里/別君大人/三斗‖
142	若狭	・竹部〔田?〕部里別〈〉 ・塩二斗
143	若狭	三方評竹田部里人/粟田戸世万呂/塩二斗‖
144	若狭	三方評/竹田部里人/和尓部大伴塩二斗‖
145	若狭	若狭国三方郡竹田里浪人黄文五百相調三斗
146	若狭	三方郡竹田郷坂本里/□田別君矢乎/調塩三斗
147	若狭	若狭国三方郡竹田郷/丸部里竹田部首乙/知 志 御 調 塩 五 顆‖
148	若狭	・若狭国三方郡葦田駅子\三家人国口御調塩三斗 ・【黒米一斗一升」】
149	若狭	・□□里/戸主□田□□〔土?〕口/三家人日□人三□〔斗?〕‖ ・〔天平〕十八年七月十四日
150	若狭	・□□里/戸主額田部方見戸/額田部羊御調塩三斗‖ ・天平十八年九月□日
151	若狭	←/□□戸□〔主?〕□前浦守戸/□家人子人調三斗‖

(134)・24・4	39	平城宮 7-12795	平城宮
(192)・29・6	39	城19-22 下(202)	平城宮
132・(27)・5	81	城19-22 下(203)	平城宮
143・21・4	33	城 27-19 下 (274)	平城京(長屋王邸)
(115)・27・3	59	宮町木簡概報 2-11頁(83)	宮町遺跡
104・25・6	11	奈良県『藤原宮』-(103)	平城宮
201・41・4	51	平城宮 1-424	平城宮
201・41・6	31	平城宮 1-425	平城宮
280・29・5	31	城16-6下(24)	平城宮
118・20・4	31	城 27-19 下 (275)	平城京(長屋王邸)
171・24・4	31	藤原宮 1-145	平城宮
132・27・3	51	藤原宮 3-1170	平城宮
211・29・7	31	平城宮 2-2665	平城宮
(162)・21・5	59	城 22-34 下 (347)	平城京(二条大路)
(141)・22・2	51	平城宮 1-332	平城宮
152 ・33・5	11	城 19-22 下 (204)	平城宮
(113)・27・4	59	平城宮 2-1951	平城宮
130・24・4	11	平城宮 2-1953	平城宮
(122)・32・5	39	木研 14-45 頁2 (6)	長岡宮

152	若狭	・□□里/戸主三家人石口戸/□〔三?〕家人勝万呂塩三斗 ‖ ・←
153	越前	返駅子戸主大神部宿奈戸同発太調三斗
154	越前	敦賀郡返駅戸/→/同人万呂□三斗 ‖
155	越前	江祥里/戸主角鹿直綱手/戸口海直宿奈□□〔万呂?〕調三斗 ‖
156	越前	・津守郷/戸主物部廣田戸口同/入鹿調塩□〔一?〕□‖ ・□□〔天平?〕八年十月
157	越前	・松原駅/戸主鴨部□戸口山君/少君調塩□斗 ‖ ・天平八年十月
158	越前	・丹生郷□良里三□千嶋 ・調塩三斗
159	紀伊	田田塩二斗
160	紀伊	・←国海部郡可太郷/戸主海部□〔名?〕夫□〔戸?〕秋田/御調塩二斗 ‖ ・天平□〔元?〕年□〔九?〕月
161	紀伊	←□〔海?〕部郡可太郷黒江里戸主神奴与止麻呂調塩三斗神龜五年九月
162	紀伊	・紀伊国安諦郡秦里凡海□ ・調塩三斗 和銅六年
163	紀伊	紀伊国安諦郡幡陀郷戸主秦人小麻呂調塩三斗/天平~ ‖
164	紀伊	・紀伊国安諦郡駅戸桑原史馬甘戸同廣足調塩三斗 ・天平四年十月
165	紀伊	・紀伊国日高部財郷《》〔戸主?〕矢田部益占調塩 ・三斗 天平字寶□〔五?〕年十月
166	紀伊	・紀伊国日高郡南部郷□直〈〉戸石敷調塩三升 ・天平六年十月廿四日
167	紀伊	・紀伊国日高郡南部郷戸主□□石 ・□〔徳?〕調塩三斗□□景雲二年
168	紀伊	・紀伊国日高郡調塩三斗 ・寶亀五年
169	紀伊	・紀伊国日高郡→ ・戸同豊麻呂調塩→
170	紀伊	・紀伊國進地子塩「三斗安万呂」 ・延暦九年三月九日

(118) · 22 · 6	51	平城宮2-1952	平城宮
277 · 23 · 6	51	城 12-16 上 (130)	平城宮
198 · 30 · 6	32	城 31-9 上 (40)	平城京
209 · 31 · 5	33	城25-20下(246)	平城京(長屋王邸)
(181) · 28 · 7	33	城 31-28下(409)	平城京(二条大路)
148 · 32 · 5	33	城31-28下(410)	平城京(二条大路)
(138) · (20) · 7	81	城31-28下(412)	平城京(二条大路)
118 · 23 · 7	31	城 22-13 下 (17)	石神遺跡
(240) · 29 · 6	33	平城宮 1-334	平城宮
280 · 38 · 7	31	平城宮 3-3078	平城宮
(132) · 23 · 3	19	平城京 1-443	平城京(長屋王邸)
265 · 25 · 3	33	平城京 1-325	平城宮
262 · 20 · 4	32	城 24-30 上 (310)	平城京(二条大路)
(206) · 22 · 4	39	平城宮 1-18	平城宮
170 · 20 · 4	32	城 22-38 下 (416)	平城京(二条大路)
207 · 22 · 3	11	西隆寺-29	平城宮
(141) · 11 · 3	19	平城宮3-3560	平城宮
(97) · 20 · 4	39	平城宮 2-2193	平城宮
264 · 28 · 3	32	長岡京 1-53	平城京

171	紀伊	・←□〔伊?〕国地子塩三斗「安万呂」 ・延暦九年三月七日
172	紀伊	紀伊國進地子塩三斗／／「安万呂」‖
173	紀伊	・←□□□〔郷?〕清水里戸主紀臣□□□□歳調塩三斗 ・←□□年□〔六?〕月
174	淡路	・淡路国津名郡安平郷私部足理 ・三斗 天平六年
175	淡路	・淡路国津名郡阿餅郷人夫 ・戸主物部文屋戸口同姓文調三斗
176	淡路	・淡路国津名郡□□〔阿餅?〕郷人夫 ・海部荒海調三斗
177	淡路	・淡路国津名郡阿并郷上里戸主 ・海部麻呂戸口同姓色渕調塩三斗＼天平七年十月
178	淡路	・淡路国＼□□〔津名?〕郡□馬郷 □〔貢?〕□ ・戸口同姓男調三斗勝寶四
179	淡路	・淡路国津名郡育播郷二見里人大戸主海 ・稲村戸同姓三田次調三斗
180	淡路	・淡路国津名郡育波郷月 ・里百姓戸海部飯万呂調三斗
181	淡路	□□□□□□〔路国津名郡調塩?〕□
182	淡路	・淡路国三原郡倭文郷人夫日下部口調一斗 ・天平七年分
183	淡路	・淡路国三原郡阿麻郷戸主丹比部足 ・□同姓蓑麻呂調塩三斗／天平寶字五年‖
184	淡路	・淡路国三原郡阿麻郷戸主海部□麻呂戸口同姓嶋万呂調塩三斗 ・□平寶字五年十月四日
185	讃岐	・□〔讃?〕岐国山田郡海郷《》 ・葛木部龍麻呂□□□〔調塩一?〕斗
186	讃岐	・讃岐国山田郡→ ・調塩三斗
187	讃岐	讃岐|北宮御塩綾郡生王部□□〔二?〕斗
188	讃岐	北宮御塩綾郡□□□□〔矢田部法?〕志三斗
189	讃岐	北宮御塩□〔綾?〕郡海部〈〉

(176) · 27 · 3	19	長岡京 1-55	長岡宮
195 · 30 · 5	32	長岡京 1-54	長岡宮
(167) · 34 · 1	19	平城宮2-2551	平城宮
240 · 32 · 5	32	城 22-39 上 (418)	平城京(二条大路)
(230) · 34 · 6	33	城22-38下(417)	平城京(二条大路)
192 · 40 · 6	32	平城京3-4490	平城京
214 · 26 · 8	32	城24-30 上 (313)	平城京(二条大路)
(196) · 38 · 7	39	平城宮 7-11531	平城京
295 · 27 · 4	32	城 24-30 上 (311)	平城京(二条大路)
237 · 34 · 4	32	城 24-30 上 (312)	平城京(二条大路)
(130) · (5) · 2	33	平城宮 7-11963	平城京
250 · 20 · 11	32	城 22-39 上 (419)	平城京(二条大路)
273 · 23 · 9	33	城 19-25 上 (254)	平城京
342 · 30 · 11	33	平城宮 2-2176	平城京
182 · 20 · 3	31	平城宮 1-348	平城京
(69) · 16 · 2	39	城 29-36 下 (442)	平城京(二条大路)
144 · 21 · 5	31	城 27-21 上 (303)	平城京(長屋王邸)
141 · 16 · 2	31	城 27-21 上 (304)	平城京(長屋王邸)
175 · 19 · 3	31	城 27-21 上 (305)	平城京(長屋王邸)

190	讃岐	北宮御塩綾郡矢田部法志三斗
191	讃岐	・讃岐国阿野郡日下部犬万呂三□〔斗?〕 ・四年調塩
192	讃岐	綾海高□部汙乃古三斗
193	讃岐	讃岐国□□□〔那珂郡?〕調塩一斗
194	讃岐	・讃岐国三野郡阿麻郷 ・戸主佐伯赤猪調塩三□〔斗〕
195	讃岐	・讃岐国三野郡阿麻郷 丸部 ・宮目戸同丸部古君塩三斗
196	讃岐	・讃岐国〈〉部郷伊□〈〉調塩三斗 ・七歳十月三日
197	讃岐	・讃□□〔岐国?〕□□□〔郡?〕《》郷→ ・佐伯部稲奈知調塩→
198	伊予	伊予国神野郡海乎知人□□〔知訓〕調塩二顆
199	伊予	伊与国越智郡□奴美村塩一尻
200	伊予	・和気郡海部里調塩三斗 ・刑部首嶋
201	筑前	大宰府宰□〔廬?〕塩三斗
202	複数	・余戸里御調塩三斗 ・一斗五升
203	複数	賀茂郷破塩二斗/七年料 ‖
204	複数	・小嶋里人文之 ・調三斗
205	複数	多可□□□〔五十戸?〕塩一□〔古?〕
206	複数	・幡多郷戸主秦毘登大名戸同姓敷立調大□〔尻?〕 ・寶字五年
207	複数	・三家郷白猪部少国 ・調塩三斗
208	複数	三家郷塩三斗

136・17・4	31	城 23-14 上 (134)	平城京(長屋王邸)
193・27・3	32	平城宮 1-330	平城宮
262・19・3	31	藤原宮 2-814	藤原宮
(173)・(17)・9	19	平城宮 2-2185	平城宮
(122)・23・3	39	城22-39下(427)	平城京(二条大路)
199・19・4	31	城 24-30 下 (318)	平城京(二条大路)
158・30・4	31	城19-25下(267)	平城宮
(131)・15・2	39	平城宮 1-335	平城宮
167・18・3	33	城 31-31 上 (454)	平城京(二条大路)
165・21・3	31	城 19-26 上 (270)	長岡宮
175・22・4	32	平城京 2-2194	平城京(長屋王邸)
121・21・4	31	長岡左京木簡 1-3600	長岡宮
113・21・4	31	城 21-34下 (391)	平城京(長屋王邸)
(165)・25・2	39	長岡京 2-839	長岡京
151・28・3	32	藤原宮 1-181	藤原宮
159・23・4	32	飛鳥藤原京1-204	飛鳥池遺跡
(309)・215・51	51	城 19-26 下 (287)	平城宮
157・36・6	32	城16-6下(22)	平城宮
135・20・6	33	城31-31下(471)	平城京(二条大路)

209	不明	登里郷土部廣足二斗
210	不明	←□嶋足調塩三斗
211	不明	・←嶋郷/〈〉刀良/御調塩□斗 || ・□
212	不明	・〈〉/←郷口〔額?〕田里戸主三家人得万呂/□□□〔三家人?〕三田 次御調塩三斗 || ・←平二年九月
213	不明	・←里刑部意比\調塩三斗 ・天平十五年九月
214	不明	←里狛人部尼麻呂御調塩三斗
215	不明	・〈〉□□□〔三?〕斗 ・神亀四年〈〉
216	不明	←□□□□□□塩三斗
217	不明	←□□調塩三斗
218	不明	←塩三斗
219	不明	・日辺□□□調塩三斗 ・□君意斐
220	不明	・□長屋皇子宮交易□□〔塩三〕斗 ・〈〉
221	不明	・□□□天調塩三斗 ・□□
222	不明	□庸塩三斗
223	不明	□□□部足国調塩三斗
224	不明	調塩
225	不明	〈〉□□龍麻呂調塩三斗
226	不明	□□調□〔塩?〕三斗

(152)・(18)・4	59	城 17-15下(112)	平城宮
(100)・20・4	19	長岡京 1-231	長岡京
(132)・305・5	59	城19-26下(284)	平城京
(197)・28・10	39	城23-19下(197)	平城京
109・33・7	32	城11-14下(130)	平城京
(153)・30・5	39	城23-14上(133)	平城京(長屋王邸)
(85)・18・3	19	城 19-9下(6)	平城宮
183・19・2	81	城7-6上 (39)	平城京
(109)・19・4	59	城 17-16下 (122)	平城宮
(152)・24・3	59	城 17-16下 (123)	平城宮
(125)・(15)・6	81	城 19-27 上 (292)	平城宮
(154)・21・6	39	城25-22上(268)	平城京(長屋王邸)
(89)・18・5	59	平城京(長屋王邸)	
(149)・18・6	81	平城京(二条大路)	
174・26・31	51	平城京(二条大路)	
	91	城28-29中 (1158)	平城京(長屋王邸)
333・35・7	33	宮町-34頁-(A13)	宮町遺跡
318・33・6	31	宮町-34頁-(A14)	宮町遺跡

227	不明	□□□/ 　　　/御調塩二斗入一古 ‖
228	不明	・塩二斗 ・□□□□□
229	不明	・央人□□〔難波?〕□□三斗 ・◇　　◇
230	不明	・□車持首多\□調三斗 ・□月\□
231	不明	子生余戸春日部首佐人調三斗
232	不明	←諸人秦人若末呂三斗
233	不明	・←□鴨部\←□支□ ・←調三斗
234	不明	・←□塩三斗→ ・←□等□□→
235	不明	・高椅連刀自梨 ・□〔調?〕三斗
236	不明	・□□□□□□□□塩 ・□□〔一斗?〕
237	不明	←□調□〔塩?〕二顆
238	不明	←□麻呂塩三斗
239	不明	□□(塩三?)
240	不明	◇　里人大伴部□〔乙?〕万呂塩二斗
241	不明	□□□□□〔調塩?〕
242	不明	←□□〔江?〕留調三斗
243	不明	◇　塩三斗
244	不明	・倉椅部黒万呂 ・□〔調?〕三斗
245	不明	大加部嶋二斗
246	不明	◇　□□〔呂?〕調□弐斗

217 · (15) · 3	81	宮町-49頁-(A63)	宮町遺跡
101 · 27 · 8	32	長登 2-31	長登銅山跡
(138) · (6) · 4	81	平城京(二条大路)	
(31) · 25 · 5	19	平城京(二条大路)	
(183) · 24 · 6	51	平城京(二条大路)	
(123) · 21 · 4	19	木研 18-41 頁(13)	飛鳥京跡
(75) · 29 · 5	39	藤原宮 1-4	藤原宮
(40) · (17) · 4	81	木研5-20頁 (18)	平城京(二条大路)
(84) · 14 · 3	39	藤原宮 1-185	藤原宮
(177) · (11) · 3	32	藤原宮 1-188	藤原宮
(87) · 17 · 4	81	平城宮 1-351	平城宮
(59) · (13) · 1	81	藤原宮 2-637	藤原宮
(100) · (4) · 9	81	藤原宮 3-1393	藤原宮
207 · 26 · 5	32	飛鳥藤原京 2-1603	平城京
(60) · (6) · 4	81	平城京 2-2199	平城京(長屋王邸)
(117) · 28 · 4	81	平城宮 2-2756	藤原宮
(131) · 23 4	59	平城宮 7-11333	藤原宮
(74) · 26 · 2	39	平城宮 7-12671	藤原宮
105 · 28 · 6	32	飛鳥藤原京 2-1606	平城京
(135) · 25 · 4	59	平城京 3-4968	平城京(二条大路)

하찰목간이 폐기된 시점은 목간을 부착한 물품이 소비된 단계라고 생각된다. SK820의 폐기상황을 근거로 한다면 綿과 若狹國·尾張國의 소금은 생산·공납부터 폐기까지 걸린 시간이 길었던 셈이 된다. 綿은 식료품과 달리 장기간 보존할 수 있는 물품일 것이다. 그렇다면 아마 若狹國·尾張國의 소금도 장기간 보존할 수 있었던 것으로 생각된다.

다만 잘 알려져 있듯이 古代法의 세계에서도 소금은 사라지기 쉬운(潮解되기 쉬운) 것으로 인식되고 있었다[10]. 『延歷交替式』에는

明法曹司解. 官鹽積年聽耗事. 倉庫令云. 凡倉貯積者. 稻穀栗支九年. 糒支廿年. 注云. 貯經三年以上. 一斛聽耗一升. 午年以上二升者. 熟案令意. 穀糒難損. 尙聽其耗. 鹽之易削. 理須聽耗. 三年已上. 一斛聽耗 二升. 午年已上四升.
寶龜四年正月廿三日

위와 같이 소금이 쉽게 없어진 것으로 기록되어 있다. にがり分(옮긴이 : 바닷물에서 생산되는 염화마그네슘을 주성분으로 하는 식품 첨가물)이 공기 중의 수분을 흡수하여 녹아내린 것이다. 若狹國·尾張國 양국의 소금이 장기간 보존된 것에 대하여 '소금이니까 썩지 않고 장기 보존할 수 있는 것이 당연'할 것이라는 관점으로 생각해서는 안 된다. 습기를 흡수하여 스스로 녹아 버리는 현상을 방지하기 위한 어떤 조치

---

10) 岸本 각주 2 논문.

표5. 주요유구의 연대관과 소금 하찰의 기년 일람

유구명	유구 시기	소금하찰의 모습	
		국명	기년（ ）은 점수
SK219	天平宝字6	紀伊	天平宝字5(1)
SK820	天平19	尾張	神亀4(1)・天平1(2)
		若狭	神亀4(1)天平4(1)
		周防	天平17(3)
		紀伊	天平1(1)
SK2101	天平勝宝頃	若狭	天平勝宝2(1)
		若狭?	天平18 (2)
SD4750	霊亀2	尾張	和銅6(1)
		若狭	和銅3(1)
		周防	和銅7(1)
		紀伊	和銅6(1)
SD5100	天平11	尾張	天平6(1)
		若狭	天平6(5)・天平8(1)
		越前	天平8(2)
		淡路	天平6(1)
		紀伊	天平6(1)
SD5300	天平9	三河	天平8
		若狭	神亀5(1)天平6(1)
		周防	天平7(1)
		淡路	天平7(1)
		紀伊	天平4(1)
SK6955	宝亀頃	若狭	天平宝字6(1)

가 이루어졌을 것이다. 그리고 SK820 출토 周防國 소금 하찰은 모두 天平17년으로 소비되기까지 걸린 시간이 비교적 짧다.

若狭國·尾張國 양국의 소금과 周防國의 소금의 보존 기간 차이는 SK820에만 한정되지 않고 널리 확인할 수 있다. 보존용으로 어떤 조치를 취하여 소금을 공납한 若狭國·尾張國과 짧은 시간 내에 소비될 소금을 공납한 周防國이라는, 산지의 대비를 지적할 수 있다.

다음으로 소금의 존재 및 소금 관련 유물과 소금 하찰의 상황이 맞지 않는 것에 대해 살펴보자.

西大寺食堂院의 발굴조사에서 거대한 우물이 발견되었고 여기서 목간이 출토되었다[11]. 출토된 목간 중에는 소금 지급과 관련된 목간, 漬物(소금에 절인 식품)과 관련된 목간이 있는데 소금 하찰과 부찰은 전혀 확인되지 않았다. 西大寺食堂院의 발굴조사에서는 제염토기 파편이 많이 확인되었다[12]. 소금이 西大寺食堂院에 존재한 것은 확실하며 그것도 西大寺라는 거대사원 전체의 소비를 조달하는 방대한 분량이었을 터임에도 소금 하찰은 한 점도 출토되지 않았다.

한편 平城宮의 도처에서 소금 하찰목간은 발견되지만 이와 함께 제염토기가 방대하게 출토되는 경우는 없다. 만 명에 달하는 관리들을[13] 유지할 수 있을 만큼 소금이 平城宮에 집적되었을 것이고 이에 걸맞게 궁내의 여러 곳에서 소금 하찰이 발견되는 것과 비교하면 도성에서 제염토기는 오히려 존재가 희미하다. 도성의 발굴조사 성과를 보는 한 소금이 존재한다고 해서 소금 하찰이 존재하는 것도, 제염 토기가 존재하는 것도 아니다. 또 소금 하찰과 제염토기가 공반되는 사례도 적극적으로 확인되지 않는다.

---

11) 奈良文化財研究所編『西大寺食堂院·右京北邊發掘調査報告書』(奈良文化財研究所, 2007).

12) 神野惠「都城の製塩土器」(奈良文化財研究所編『塩の生産·流通と官衙·集落』奈良文化財研究所, 2013).

13) 平城宮內에서 근무한 관리의 수는 몇 가지 推計가 있다. 여기서는 中村順昭 씨 추계(中村順昭『律令官人制と地域社會』吉川弘文館, 2008)를 따라 1만 명 정도로 보았다. 다만 여기에 계산된 관인 이외에도 궁내에 근무한 사람들이 존재한 것은 확실하므로 노동종사자는 더욱더 많았을 것이다.

표6. 正倉院文書에 보이는 소금 관련 사료

	大日本古文書			소금 관련 기재 내용						
	권(卷)	쪽(頁)	행(行)	항목	무게1	무게2	기타	형태	용적/단위	시기
1	1	385		庸塩				籠	3斗	神亀6年
2	1	572	3	塩	1斗3升5合		鉛臘料			天平6年
3	1	574	1	塩	2升7合		鉛臘料			天平6年
4	1	623	7	塩竃	1口	径5尺9寸・周1丈7尺7寸				天平7年
5	1	641	4	塩	1尻			固		天平7年
6	2	33	4	煎塩鉄釜	1口					天平9年
7	2	68	7	塩		束別塩3升	購入			天平10年
8	2	123	6	塩倉鎰	1勾					天平10年
9	2	124	7	塩			購入			天平10年
10	2	144	6	塩竃	1口	径5尺9寸・周1丈7尺7寸				天平10年
11	2	147	11	木塩						天平10年
12	4	174	11	石塩	9斤3両		袋	袋		天平勝宝8年
13	4	174	14	戎塩	8斤11両		壺	壺		天平勝宝8年
14	5	301	3	塩	1斗	1古		籠	1斗	天平宝字6年
15	5	313	2	塩	200果			固	不明	天平宝字6年
16	5	319	8	塩	5果	1升5合	1果16文	固	0.15斗	天平宝字6年
17	5	320	9	淡路片塩	3連	員9果	連別95文	固	不明	天平宝字6年
18	5	322	6	春塩	1斗		升別12文	粉	不明	天平宝字6年
19	5	322	6	塩	7果	果別准1升5合	17文	固	0.15斗	天平宝字6年
20	5	331	3	塩	5果		果別16文	固	不明	天平宝字6年
21	5	372	8	春塩	1斗		升別12文	粉	不明	天平宝字6年
22	7	146	1	塩	7籠	盛二斗		籠	2斗	天平10年
23	7	146	5	塩	2顆			固	不明	天平10年

24	13	255	3	塩	2籠	6斗		籠	3斗	天平宝字2年
25	13	431	3	塩	6斗	2籠		籠	3斗	天平宝字2年
26	14	310	1	塩	6斗		金焼料・淡海国			天平宝字4年
27	14	340	5	塩	44果		用40果・残4果	固	不明	天平宝字4年
28	14	381	8	塩	6果			固	不明	天平宝字4年
29	14	383	10	塩	4果			固	不明	天平宝字4年
30	14	384	7	塩	1果			固	不明	天平宝字4年
31	15	394	6	塩	1斗	得1斗2升	春料	固		
32	16	85	8	塩	7果	准1升5合	果別17文	固	0.15斗	天平宝字6年
33	16	122	5	塩	5果	准1升5合		固	0.15斗	天平宝字6年
34	16	124	2	塩	9果		淡路片	固	不明	天平宝字6年
35	16	125	8	春塩	1斗			粉	不明	天平宝字6年
36	16	125	8	准塩	7果	(1斗5合分)		固	0.2斗	天平宝字6年
37	16	136	3	塩	7果		2果別16文・5果別15文	固	不明	天平宝字6年
38	17	240	9	塩瓶	2口		口別60文			神護景雲4年
39	25	280	13	塩	6斗	20顆		固	0.3斗	天平宝字4年
40	25	282	9	塩	20顆	6斗		固	0.3斗	天平宝字4年
41	25	283	13	塩	1籠	受3斗		籠	3斗	天平宝字4年
42	25	286	10	塩	6斗	20顆		固	0.3斗	天平宝字4年
43	25	294	4	塩	100顆	准5斗		固	0.05斗	天平宝字4年
44	25	295	1	塩	2斗	40裏		固	0.05斗	天平宝字4年
45	25	295	6	塩	60裏			固	不明	天平宝字4年

이상을 정리하면

A : 소금 하찰을 매달아 공납된 소금(調鹽). 제염토기에는 담지 않
   는다.
   ① 보존용 조치가 이루어진 소금(若狹國·尾張國知多郡 등)
   ② 단기간에 소비되는 소금(周防國大島郡·周防國吉敷郡神崎鄕 등)
B : 제염토기에 담아 도성으로 반입된 소금. 하찰은 매달지 않는다.

　위와 같이 세 종류의 소금이 존재한 것으로 상정할 수 있다. 또 제
염토기에 담지 않고 소금이 운반된 것,『志摩國輸庸帳』(『正倉院文書』
표 6-1)에 소금을 바구니에 넣었다는 기록, 목간을 통해 알 수 있듯이
소금을 바구니에 넣어 보관한 사례가 많다는 것[14] 등을 함께 고려하
면 A 소금은 바구니 등 식물질 용기에 담아 수송되었을 가능성이 크
다[15].

　한편 A, B는 각각 어떤 형상의 소금이었는지, B 소금은 어디서 유
래하였는지, 도성에는 어떤 소금이 존재하였는지 등에 대해서는 절
을 달리하여 생각해보고자 한다.

---

14) 正倉院文書 가운데 보이는 소금의 사료는 표 6에 제시한 대로이다. 텍스트는『大日本古
   文書』에 의거한다.

15) 正倉院文書에서도, 平城宮·京 출토 목간에서도 확인할 수 있다. 바구니 속에 어떠한 형
   태로 들어가 있었는지는 알 수 없다. 또 목간에서는「周防塩一籠三斗入」(城23-17上),「塩
   三籠別三斗淡路者」(城31-18下),「角鹿塩卅籠」(『平城京木簡』204) 등 산지를 기입한 사
   례도 보여 흥미롭다.

3. 율령국가와 소금

1) 도성 출토 소금 하찰목간의 형상과 소금

하찰목간과 이를 매단 물품의 형상, 크기, 포장 등에는 어느 정도 상관관계가 인정된다. 예를 들어 매우 소량을 단위로 하는 蘇(옮긴이 : 고대 일본에서 만들어진 유제품의 일종. 우유를 건조하여 장기간 보관할 수 있도록 한 유가공식품)에는 소형의 목간을 매단다. 또 장대한 형상의 熨斗鮑(옮긴이 : 얇게 저며서 펴 말린 전복)에 매단 하찰은 모두 장대하다. 다만 완전하게 1:1의 대응 관계가 성립하는 것은 아니고 품목이 같아도 지역에 따라 크기의 경향이 다르다거나 같은 지역일지라도 차이가 있는 경우가 많다[16]. 하찰목간을 통해 하물의 형상, 크기, 포장을 완전히 복원할 수는 없으나 어느 정도는 좁힐 수 있다고 생각된다.

그럼 소금 하찰목간을 살펴보자. 눈에 띄는 특징은 아래와 같다.

① 若狹國 소금 하찰은 031형식(홈이 있는 형상)+011/051형식(홈이 없는 형상)이 조합된 '동문하찰'을 확인할 수 있다.

② 周防國 소금 하찰은 원칙적으로 032/033형식(상단부에만 홈이 있는 형상)이며 길이 25㎝ 전후의 것이 많다.

---

16) 今泉隆雄 씨, 關根眞隆 씨도 운송은 바구니로 한 것으로 본다(今泉 각주 8 저서, 關根 각주 3 저서). 山中章 씨는 정량화된 고형(固形)소금을 제조하여 토기에 담은 채로 운송하였을 가능성을 제기한다(山中章『日本古代都城の硏究』柏書房, 1997). 그러나 상술한 것처럼 이 가설은 성립하기 어렵다. 또 山中 씨의 연구는 調塩을 고찰하고 고형(固形)소금의 가능성을 적극적으로 제시하였으며 율령국가에서의 의의를 검토하였다는 점에서 중요한 의의를 지닌다.

③ 尾張國 소금 하찰은 원칙적으로 032형식이며 길이 30㎝를 넘
는 대형이 많다.

①에 대하여 약간 보충해 둔다. 동문하찰을 직접 확인할 수 있는
사례는 많지 않으나 '若狹國調 소금 하찰 가운데 동문하찰이 존재'한
것은 확실하다. 확인할 수 있는 若狹國調 소금 동문하찰은 031형식
+051형식의 조합이다(표 4-139·140 등). 한편 출토된 목간 형상의 비율
을 보면 031형식과 011/051형식이 거의 같다. 이 비율과 동문하찰의
조합 사례로 보아 若狹國 소금 하찰은 2점의 동물하찰이 작성된 후 1
점(011 또는 051형식)은 하물 속에 봉입되고 나머지 1점(031형식)은 밖에
장착된 것으로 보아도 틀림없을 것이다[17].
　②와 ③을 보면 양국 하찰의 형상은 공통점이 많다. 다만 尾張國의
하찰은 대형이 꽤 많아 周防國와 尾張國 하찰의 인상과 매우 다르다.
　이러한 하찰목간 형상의 차이를 통해 若狹國·周防國·尾張國 3개
국의 소금 형상과 포장에 차이가 있었을 가능성을 충분히 생각해 볼
수 있다. 앞 절의 검토를 근거로 하면 若狹國·尾張國의 소금은 보존
에 적합한 형상과 포장, 周防國의 소금은 이러한 조치가 없는 형상과
포장을 상정할 수 있다.
　그리고 이 관점에서 주목되는 것이 周防國에서는 예외적인 031형
식 하찰목간에 쓰인 '尻塩'(표 4-60), '果塩'(표 4-67)이라는 단어이다.

---

17)　馬場基「荷札と荷物のかたるもの」(『木簡研究』30, 2008. 이 책 제1부 제1장).

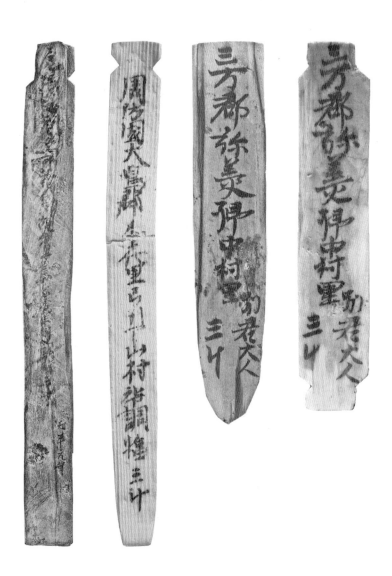

그림5. 소금하찰목간(화상제공 : 나라문화재연구소)

尻는 '쿠와(クワ)'라고 읽고 '果'와 함께 '顆'로 통한다. '尻塩'도 '果塩'도 고형(固形)소금을 뜻하는 단어이다[18]. 즉 周防國의 소금 중에서 드물기는 하나 031형식의 하찰이 장착된 소금은 고형(固形)소금이었다. 반대로 말하면 032/033형식 목간이 장착된 周防國 대부분의 소금은 고형(固形)소금이 아니었지 않을까.

한편 若狹國의 소금하찰에서 전형적인 051형식 가운데 소금을 '顆'로 세는 것이 있다(표 4-147). 또 尾張國의 소금하찰에서 전형적인 032형식 가운데 '大塩尻'라고 기재된 것이 있는데(표 4-15) 이 역시 고형(固形)소금을 가리킬 것이다[19]. 보관 기간이 긴 若狹國·尾張國 양국의 목간 가운데 전형적인 형상의 목간이 장착된 소금이 고형(固形)소금이고, 보존 기간이 짧은 周防國의 목간 가운데 예외적인 목간이 장착된 소금은 고형(固形)소금이라고 정리할 수 있다. 소금을 구움으로써 にがり分(옮긴이 : 바닷물에서 생산되는 염화마그네슘을 주성분으로 하는 식품 첨가물)을 변질·정제하고 소금 덩어리를 크게 만들어 공기와 닿는 표면적을 적게 한 고형(固形)소금이 공기 중에서 쉽게 녹지 않는다는 것은 伊勢神宮에서 만들어진 고형(固形)소금을 보면 알 수 있다[20].

---

18) 關根 각주 3 저서, 廣山堯道·廣山謙介 각주 1 저서 참조.

19) 고형(固形)소금이 광범위하게 존재하며 궁중에서도 사용된 것은 『延喜內膳式』연료로 소금을 빻기 위한 절구가 예산의 편성에 들어가 있었던 것을 통해 알 수 있다.

20) 문헌에 나온 소금의 이름에 관해서는 關根眞隆 씨의 연구가 있다(關根 각주 3 저서). 또 關根 씨의 연구에 등장하지 않는 소금으로 熬塩(『延喜主計式』讚岐國, 보통의 소금과 구별됨), 生道塩(『延喜主計式』尾張國·産地에 기반한 명칭?), 垂塩(城29-26下·城31-21下) 등이 있다.

또 若狹國 소금 하찰에는 통상 용적으로 수량을 기입한다. 이는 소금의 공납 분량이 용적으로 규정되었기 때문이다. 伊豆國에서 만든 鰹(가다랑어) 하찰도 수량을 법적 규정에 맞추어 중량으로 기재한 후, 실제 鰹(가다랑어) 수량을 'O連△丸'로 추기한다. 후술하겠지만 고형(固形)소금의 개수를 쓴 후에 용적으로 환산하여 처리하는 사례가 正倉院文書에도 존재한다. 용적으로 기입하였으므로 분말 소금이었다는 말은 맞지 않는다.

이상으로 소금의 보존 기간, 목간 형상 및 소금 형상과 포장의 관련성, 하찰목간의 기재 내용이라는 조건을 종합적으로 고려하면 若狹國·尾張國의 주류 소금은 고형(固形)소금이며 周防國의 주류 소금은 고형(固形)소금이 아닌 것으로 상정할 수 있다[21].

2) 도성 출토 소금 하찰에서 상정되는 율령국가의 소금 정책

소금 하찰이 율령국가의 소금 정책과 밀접하게 관련된 것은 앞서 언급하였다. 게다가 산지의 소금은 장기보존용과 단기소비용으로 나눌 수 있고 목적에 따라 형상, 가공이 이루어졌을 가능성도 살펴보았다. 특히 장기보존용 소금의 존재는 중요할 것이다. 여기서 상기되는 것은 소금과 함께 고대 사회·고대국가에서 '실력의 비축'을 담당한

---

21) 若狹國調塩의 형상은 앞서 목간의 '五顆'이라는 개념에서 생각하면 「破塩」과 같은 고형(固形)소금의 파편이라기보다 일정한 형상을 유지한 고형(固形)소금이었을 가능성이 클 것이다. 고형(固形)소금 1개당 용적이 어느 정도였는지 알 수 없다. 正會院文書의 사례에서는 五合·一升五合·三升 등이 많으나 완전하게 통일된 모습은 아니다(關根 각주 3 논문 참조).

쌀의 보관이다.

고대의 쌀은 벼 이삭이 붙어 있는 '穎(영)', 겉겨가 붙어 있는 상태인 '穀(곡)', 도정한 '米(미)' 등 세 가지 상태로 다루어졌다. 米(미)는 소비되기 쉬우나 보존하기는 적합하지 않다. 穎(영)은 가장 가공이 적고 볍씨(種籾)에도 적합하나 부피가 커 보관하기 적합하지 않다. 가장 보관하기 적합한 것은 '穀(곡)'이다. 따라서 각지 창고에 비축할 경우 '穀(곡)'으로 비축한다. '不動穀'으로 꽉찬 '不動倉'은 비축된 부의 상징이었다.

현대에는 벼 베기→탈곡→도정(搗精)이라는 공정이 일반적이다. 그러나 고대에는 벼를 벤 '穎(영)'을 그대로 빻는 편이 더 간편하였다. '千齒ごき'(옮긴이 : 江戸時代에 등장한 탈곡기) 가 등장한 것은 훨씬 이후의 일이다. 현대에 보통 쌀을 먹는 데 필요한 탈곡 과정은 고대에 오히려 쓸데없는 작업이었다. 그러나 율령국가는 쌀을 비축하려고 일부러 '탈곡'이라는 쓸데없는 작업을 강요한 것이다.

이렇게 비축을 위한 헛된 노력은 소금도 마찬가지라 할 수 있을 것이다. 고형(固形)소금을 만들기 위해서는 구워서 굳히는데 필요한 토기, 토기를 굽기 위한 연료 등 비용이 발생한다. 비용을 들여 정제한 고형(固形)소금의 맛에 대해서도 찬부가 있는 모양이다. 율령국가가 목표로 한 것은 장기 보존할 수 있고 비축할 수 있는 소금을 중앙에서 대량으로 확보하는 것이었다고 할 수 있다.

율령국가(또는 고대 사회)에서 장기 보존할 수 있는 쌀과 소금의 존재는 곧 부와 실력의 비축을 의미하며 이를 위해 큰 에너지를 아끼지 않았던 것이다. 다만 비축장소에 주목해보면 쌀의 경우 대부분 재지에 건설된 창고군임에 반해 소금은 도성에 많이 집적한다는 차이가 존재한다. 어느 정도의 노동력을 확보할 때 필요한 양의 차이 = 비축해야 할 분량의 차이와 일정량을 확보하는데 투하된 자원·노동력의 차이(가격차·희소성)를 반영하는 것으로 생각된다.

다음으로 검토해야 하는 것은 각 산지의 양상이다. 若狹國에서는 대형의 토기를 사용하여 소금을 대량 생산한 것으로 여겨진다[22]. 한편 周防國은 長門國와 함께 天平年間에 제염용 가마가 존재한 것으로 알려진 지역이다. 그리고 周防國에서는 전체적으로 토기제염이 분포함에도 불구하고 大島郡에서는 토기제염 유적이 확인되지 않는다고 한다[23]. 尾張國에서는 기술적으로 큰 변화는 확인되지 않으나 생산의 확충은 확인할 수 있는 모습이다[24].

이러한 특징은 모두 율령국가의 소금 정책·소금 확보 정책과 관련된 것으로 이해할 수 있다.

若狹國에서는 대형의 제염토기를 투입하여 생산 규모를 확대하고 거국적인 체제를 확보함으로써 보존용 고형(固形)소금의 생산체제를 정비하였다. 한편 周防國大島郡에서는 최신기술·최신장비를 투입하여 생산 비용을 줄이면서 도성의 대량 소비에 대응한 소금 생산을 추

---

22) 松葉龍司「若狹滿沿岸地域における土器製塩と塩の流通」(각주 12『塩の生産·流通と官衙·集落』).
23) 羽鳥幸一「瀬戶內の製塩と流通について」(각주 12『塩の生産·流通と官衙·集落』).
24) 각주 12『塩の生産·流通と官衙·集落』의 森泰道 언급 참조.

진하였다. 尾張國에서는 종래 기술을 유지하되 규모를 확대함으로써 생산량을 확대해 나갔다. 율령국가는 재지의 생산체제·생산기술까지 개입하고 지역을 설정함으로써 국가의 실력을 비축하는데 필요한 소금을 확보하고자 한 것이다.

3) 국가정책과 다른 차원의 소금

한편 西大寺食堂院의 소금은 어떻게 생각할 수 있을까?

正倉院文書에 소금을 구입한 기사가 있다[25]. 平城宮 내의 시장에서는 소금이 유통되고 있었다. 구입한 소금은 '尻', '丸' 등으로 세는 경우도, 용적으로 세는 예도 있다. '尻'로 세는 경우는 고형(固形)소금이었던 것이 확실한데 용적으로 세는 경우는 소금의 형상을 잘 알 수 없다. 예를 들어 '春塩一斗准塩七果'의 경우(표 6-18·19) 고형(固形)소금을 가루로 빻았을 때 용적으로 환산하여 장부상에 처리한 것으로 알려져 있다.

이 가운데 고형(固形)소금과 관련하여 주목되는 기재가 있다. '淡路片塩', 그리고 생산지를 특정할 수 있는 고형(固形)소금의 기재(표 6-17)이다. 세는 방법은 '三連', '貝九果'이다. 淡路産 고형(固形)소금은 참외와 같은 고형물을 셀 때 사용되는 단위인 '果'로 세는 덩어리 상이었다. 따라서 제염토기에 넣지 않은 것으로 생각된다. 참고로 토기에 넣은 물품은 '塥'라는 단위로 세는 사례가 있다.

---

25) 이하 正倉院文書의 소금 정보는 표 6 참조.

그리고 이 '連', '果'라는 단위로 셀 수 있을 만큼 정리되어 있었다. '連'은 여러 개를 합쳐서 늘어놓은 상태를 말하므로 이 경우 고형(固形)소금을 뭉쳐서 줄 지워 세워 놓은 셈이 된다. 소금 자체를 늘어놓을 수는 없을 것이다. 아마 짚으로 감싼 다음 이를 줄지어 세운 것으로 생각된다.

이처럼 문헌 사료에 등장하는 조수사로 보는 한, 소금을 제염토기에 담아 유통된 모습은 발견하기 힘들다. 소금을 볏짚으로 싸고 그것을 정리해서 수송·보관·유통하였을 것이다. 용량만 기재한 자료가 압도적으로 많고 그 가운데 제염토기에 담은 소금이 존재할 가능성을 모두 부정할 수 없으나 목간이든 正倉院文書든 간에 문헌자료로 보는 한 도성에서 제염토기에 소금을 담은 모습은 상상하기 어렵다.

다만 실제로는 도성에도 제염토기에 담은 소금이 존재하였을 것이고 그렇게 때문에 제염토기가 출토된다. 도성에서 유통된 모든 소금을 正倉院文書에 기재하지는 않았을 것이므로 여기에 기재되지 않았어도 제염토기에 담은 소금이 도성에서 유통되었을 수 있다.

또 토기라는 중량물에 넣은 채로 운반한다는, 운송의 관점에서 보면 '헛수고'에 가까운 노력을 들이는 점도 가벼이 볼 수 없다. 생산지에서 생산 비용이 균일하다면 제염토기에 담은 소금은 수송비용이 커진다. 수송비용을 들여서라도 보낸 것으로 보아 고급 소금이었을 가능성도 있을 것이다.

만약 제염토기에 담은 소금이 고급 소금이었다면 도성에서 출토된 제염토기가 적은 것도 도성으로 공급된 소금 가운데 비율이 낮은 것과 관련지어 이해할 수 있다. 도성에서 유통된 소금 가운데는 調塩 등이 불하(拂下)되는 경우도 많이 포함되어 있었을 것이다. 이러한 調塩에 비하여 제염토기에 담은 소금이 고급 소금이라면 유통량은 제한된다. 주로 하급 관인의 급식을 위해 구입한 내역을 적은 正倉院文書의 매매기록에 고급 소금이 등장하지 않는 것도 그다지 이상하지 않다.

애초에 왜 토기에 넣은 채로 소금을 운반하였을까?

하나의 가능성으로서 토기에 담아서 운반하면 방습효과를 기대할 수 있다. 유사한 사례로 근세의 구운 소금통(燒き塩壺)을 들 수 있을 것이다. 근세의 구운 소금통은 주로 和泉지역에서 생산된 것으로 여겨진다. 소비지인 京·大阪와 비교적 가깝고 통에 넣어 운반하므로 수송비용도 적었을 것이다.

도성에서 출토된 대부분의 제염토기는 紀淡海峽와 大阪滿 연안 지역산으로 보인다[26]. 토기에 담아 수송하는 것은 비용면에서 생각하면 장거리수송에는 적당치 않다. 그러나 단거리라면 수송비용이 증대하는 것보다 방습효과 등의 면에서 뛰어나므로 토기에 담아서 수송·보관한 것으로 생각할 수 있다.

더욱이 사원이나 유력귀족은 독자적으로 소금을 만들었다[27]. 이렇게 생산한 소금의 품질을 유지하면서 도성까지 운송하기 위해 수송비용에 투자하는 방식이 적극적으로 선택되었을 것으로 상정된다.

26) 神野 각주 12 논문.
27) 廣山堯道·廣山謙介 각주 1 저서.

어쨌든 제염토기에 담아서 수송하는 것은 수송비용보다도 방습성 = 품질을 중시하는 방법으로 평가할 수 있을 것이다.

율령국가의 국가 프로젝트로 소금 정책·소금 생산의 경우 생산 비용을 무시하는 보존용 소금, 그리고 생산 비용을 중시하는 소비용 소금을 동시에 생산하였다. 이 경우 수송비용은 적었다[28]. 이에 반해 도성에서 유통된 소금 또는 莊園에서 경영하여 생산한 소금 가운데는 수송비용을 늘려서라도 품질·보존성을 중시하는 소금이 존재하였다. 西大寺食堂院의 소금은 율령국가가 직접 개입하여 확보하고자 한 것으로 도성에서 광범위하게 공급된 소금과는 다른 세계의 소금이라 할 수 있을 것이다.

4. 맺음말

이상으로 도성을 중심으로 한 소금 유통의 실태적 양상과 그 배후에 있는 율령국가의 소금 정책에 대해 살펴보았다. 소금 공납체제의 배경에는 명료하고 강고한 국가의 의사가 존재한 것이 명확해졌다고 생각한다.

---

28) 목간 중에는 紀伊·淡路 양국의 소금 하찰 목간도 존재한다. 이 가운데 紀伊國은 有田郡·日高郡의 소금이 많고 紀淡海峽과는 약간 떨어져 있다. 淡路國은 국내 각지의 지명이 보이며 紀淡海峽지역과 인접한다. 이 소금하찰을 부착한 소금을 제염토기에 넣어 운반하였을 가능성도 부정할 수는 없다. 그러나 하찰목간의 점수로 보아 비율이 매우 낮으므로 위에서 언급한 것처럼 생각하고 있다.

한편 도성 이외에 내륙 諸國에서도 소금이 필요하였다. 그러나 이 지역에 소금을 공급하는 규정은 율령격식 세계에는 보이지 않는다. 내륙부에서도 예를 들어 관인에게 주는 급식, 목장에서 말과 소의 사육, 소금 절임 가공에 필요한 공납품의 생산 등 공적·국가적으로 소금이 필요한 경우는 많았을 것이나 소금의 수요를 대비하기 위한 규정은 확인되지 않는다. 도성에 공급한 소금과 관련된 국가정책과 운용에 대해서는 문자 자료를 통해 어느 정도 전망해볼 수 있지만 재지 사회에서 소금 유통 네트워크를 해명하는 데는 전혀 도움이 되지 않는다.

한편 소금의 유통 네트워크를 해명하기 위하여 고고학적으로는 제염토기의 분포 분석에 기대지 않을 수 없다. 이 장에서 도성을 사례로 검토한 것처럼 비교적 가까운 거리라고 한다면 소금의 품질을 유지하면서 수송하는 데 제염토기는 매우 유효한 수단으로 생각되며 적극적으로 선택되었을 가능성도 크다. 국가 규모로 소금을 운반하거나 확보할 목적이 아니라면 제염토기로 수송하는 것은 유효하였을 것이다.

다만 이후 시대의 소금 수송과 보관 방법의 개발이라는 측면에서 생각한다면 바구니에 넣어 수송된 소금도 아마 어느 재지 사회나 광범위하게 존재하였을 것이다. 그렇다면 제염토기의 분포만 분석해서는 소금 유통 네트워크의 전모를 밝히기는 어렵다고 생각된다.

어찌 되었든 율령국가가 재지의 소금 유통 네트워크를 정비, 파악하거나 원활하게 하고자 도모한 흔적은 보이지 않는다. 율령국가가 중앙 = 도성에 부와 힘을 모아서 축적한 의사와 수단, 모습은 확인할 수 있었다. 다만 중앙 = 도성에 모여야 할 부와 힘을 만들어 내기 위하여 사회 전체를 어떻게 운영하는가, 그 모습은 확인할 수 없었다.

이는 율령국가가 지배하는 모습의 특징이자 한계인지, 목간과 법제 사료가 중심인 고대 문헌자료가 지닌 한계인지[29], 아니면 소금이라는 소재로 밝힐 수 없는 것인지 알 수 없다. 앞으로 계속해서 검토해나가고 한다.

---

29) 이 장에서 주로 이용한 하찰목간은 법제 사료의 일부를 형성한다고 할 수 있는 성격을 지닌 것으로 목간과 법제 사료를 나누어서 기재하였다. 목간의 폐기 장면까지 고려하면 법제 사료만으로 알 수 없으며 실제 이용 상황을 알 수 있으리라 생각하기 때문이다.

제4장

二條大路 출토
京職進上 목간 考

1. 머리말

목간을 연구할 때 문자로 표현된 기재 내용만이 아니라 형태·출토
지점 등 문자 이외의 다양한 정보를 종합적으로 관찰할 필요가 있는
것은 말할 필요가 없다. 二條大路 출토 京·京職進上 목간을 소재로
폐기지역·기재 내용과 목간의 형태를 관찰함으로써 二條大路 목간
세계의 일단을 엿보고자 한다.

2. 조영·공사와 관련된 목간

우선 二條大路에서 출토된 목간 중에 京·京職進上 목간은 [표 7]과
같다[1]. 이 장에서는 [표 7]의 번호를 편의적으로 이용하기로 한다.

목간은 크게 ①SD5100의 서쪽(天平10년(738) 鼠等의 進上狀), ②
SD5100의 중앙 부근(槐花의 進上狀), ③SD5300의 동쪽(天平8년 鼠等의
進上狀)에서 출토되었다는 견해가 있다[2].

이 견해는 기본적으로 타당하다고 볼 수 있는데 鼠等進上木簡과

---

1) 검토는 奈良文化財研究所『平城宮發掘調査出土木簡槪報』에서 석문이 게재된 범위 내에서
실시하였다. 또 선택 기준에는 '京' 등의 표기 외에 관인명·관직명도 이용하였다.

2) 渡邊晃宏「二條大路木簡の內容」(奈良國立文化財研究所編『平城京 長屋王邸宅と木簡』吉
川弘文館, 1991). 또 출토지점을 포함하여 二條大路목간에 관한 종합적이고 상세한 검토
는 渡邊晃宏「第Ⅰ Ⅴ章遺物1木簡C 二條大路木簡」「第Ⅴ章考察1 木簡B 二條大路木簡と皇
后」(奈良國立文化財研究所編『平城京左京二條二坊·三條二坊發掘調査報告』奈良國立文化
財研究所, 1995).

표7. 二條大路 출토 京·京職進上목간

목간	출전	진상물	발(発)	년	월	일	형식	지구	저명(이름)	구멍(孔)
01	城22-09下	鼠等	左京職				081	UO42	春日蔵首大市	
02	城22-09下	鼠等	左京職	10	04	16	011	UO43	石別	
03	城22-09下		?		04	16	019	UO42	膳造石別	
04	城22-09下	鼠等	左京職	10	02	14	011	UO41	衣縫連人君	
05	城22-09下	鼠等	(左京職)	10	04	17	081	UO15	衣縫連人君	
06	城22-10上	鼠等	(左京職)		08	30	081	UO17	衣縫連人君	
07	城22-10上	槐	左京五条	08	06	14	011	UO27	刑部舎人造園麻呂	
08	城22-10上	鼠等	右京	10	02	12	019	UO44		
09	城22-10上	槐	左京四条		06	08	011	UO30	大網君智万呂	下20
10	城22-10上	槐	(左)京九条			08	032	UO40	大網君智万呂	下20
11	城22-10上	?	右京		06	06	032	UO31	大網君智万呂	下20
12	城22-10下	槐	右京八条·五条		06	08	019	UO30	大網君智万呂	下20
13	城22-10下	建築	右京三条	08	10	23	011	UO15	文伊美吉牟良自	
14	城24-07上	鼠等	左京職	08	04	08	011	JF10		上10
15	城24-08上	鼠等	左京職	08	04	13	011	JF10	百済王全福	上10
16	城24-08上	鼠等	左京職	08	04	14	011	JF10	百済王全福	上10
17	城24-08上	鼠等	左京職	08	07	22	081	JF11	膳造石別	
18	城24-08上	鼠等	左京職	08	09	18	011	JF11	膳造石別	
19	城24-08上	鼠等	左京職	08	10	27	019	JD25	春日蔵首大市	
20	城24-08上	建築	左京職	08	01	18	081	JD29	榎井	上18
21	城24-08下	鼠等	左京職	08	10	25	081	JD18	田辺史真上	
22	城24-08下	鼠等	左京		04	08	011	JF10		上10
23	城24-08下	?	?	08	08	05	019	JD19	室原馬養造田主	
24	城29-13上	鼠等	(左)京職	08	04	15	081	JF09	百済王全福	
25	城29-13上	鼠等	左京職				081	JF11		
26	城29-13上	?	(左京職)				081	JD18	春日蔵首大市	
27	城29-13上	鼠等	左京職		04	07	011	JF10		下17
28	城29-13上	鼠等	左京職				081	JF12		
29	城29-13上	?	左京職				081	JD28		
30	城29-13下	?	左京職				011	JF10		下14
31	城30-05上	鼠等	左京職	08	(11)	10	011	UO48	百済王全福	
32	城31-12上	鼠等	左京職	10	01	19	011	UO14	衣縫連人君	
33	城31-12上	鼠等	(左)京職				081	UO46	春日蔵首大市	
34	城31-12上	?	(左京職)				081	UO32	膳造石別	
35	城31-12上	?	?	10	05	06	081	UO44	大網君智万呂	
36	城31-12上	?	?	10	05	14	081	UO41	大網君智万呂	
37	城31-12下	?	?			08	081	UO36	大網君	下20
38	城31-12下	?	?				011	UO41	大網君智万呂	下20
39	城31-12下	鼠等	右京職	09	04	06	011	UO42		
40	城31-12下	鼠等	京職				081	UO39		
41	城31-12下	?	?		03	02	081	UO47		

※출전은 목간개보의 호수·페이지이다.　　　※발(発)의 ( )는 관인명을 통해 상정한 것이다.
※년(年)은 모두 天平　　　　　　　　　　※구멍(孔)은 목간 위 또는 아래에서 거리를 나타낸다.

표8. 二條大路 출토 조영관계 進上목간

목간 번호	출전	진상물	발(發)	년	월	일	형식	지구	저명(이름)	구멍 (孔)
13	22-10	建築	右京三条	08	10	23	011	UO15	文伊美吉牟良自	
20	24-08	建築	右京職	08	01	18	081	JD29	榎井	上18
	24-08	建築 (藥品)	西市	08	07	29	011	JD29	大原広津	
	24-09	建築	右佐貴瓦 山司	07	11	30	081	JD28	卜長福	下14
	24-09	建築	佐紀瓦司	08	12	08	011	JD29	出雲広□□□	下16
	24-09	建築	佐貴山司	08			081	JD29		
	24-09	建築	越田瓦屋	08	07	06	081	JD29		
	24-09	建築	越田				081	JD29		
	24-09	建築		06	07	06	019	JD22	大狛広万呂	
	24-10	建築			01	19	081	JD29		上13
	24-12	建築	瓦屋司	(08)			081	JD29		
	24-13	建築	瓦山				051	JD29		

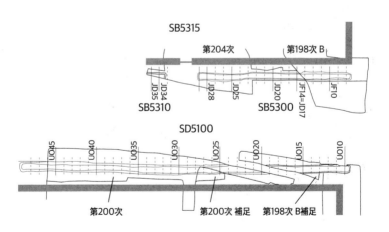

그림6. SD5100·5300·5310지구

槐花進上木簡 이외에 京·京職進上 목간이 몇 점 있다. 먼저 이 목간에 대해 검토하고자 한다.

검토 대상은 20번 백토(白土) 진상목간과 13번 조약돌(礫) 진상목간이다. 이 목간들은 위에서 언급한 지점에서 출토된 것이 아니다. 20번 목간은 JD29지구 북쪽의 SD5300의 서쪽 끝, 二條二坊五坪에 있는 남문의 바로 오른쪽에서 출토되었다. 이 지구에서는 鼠 등 다른 京·京職進上 목간은 출토되지 않았다. 한편 13번 목간은 SD5100의 동쪽에 있는 UO15에서 출토되었는데 京·京職과 관련된 목간이 출토되지 않는 곳으로 지적된 곳이다.

이 두 목간의 진상품목은 백토와 조약돌로 조영·공사와 관련된 것이다. 이러한 관점에서 주목되는 것이 JD29에서 출토된 기와·기와소 관련 목간이다. [표 8]은 二條大路 목간 중에 조영·공사와 관련된 것으로 보이는 진상목간을 정리한 것이다. 목간은 주로 JD29를 중심으로 SD5300 서쪽에서 출토되었다.

따라서 20번 백토(白土) 진상목간은 京·京職進上 목간으로 이해할 것이 아니라 조영·공사와 관련된 목간이며 일괄적으로 관리되고 폐기된 것으로 보아야 할 것이다. 13번 天平8년 조약돌(礫) 진상목간도 京職과 관련된 목간으로 폐기된 것이 아니라 조영·공사와 관련된 목간으로 UO15지구에 폐기된 것으로 볼 수 있다[3].

한편 이처럼 조영·공사와 관련된 목간이 비교적 단기간에 집중적

---

3) 후술하듯이 UO15지구에서는 天平10년의 鼠等進上木簡이 출토되었으나 이 13에 대해서는 그것과 나누어서 이해해야 할 것이다.

으로 폐기된 점에 주목해 볼 수 있다. 이는 天平8년 중반에 어떤 공사가 끝난 것을 추측게 한다. 또 二條大路 북측 二條二坊五坪에서 목간이 폐기된 곳으로 보이는 지점에서 목간이 출토된 것은 그 조영·공사가 二條二坊五坪과 관련되었음을 추측게 한다. 天平8년은 유구의 변천 과정 가운데 c기에 속하는데 五坪南門에 礎石으로 세워진 SB5315B가 있으며 坪內에 대규모 건물 SB5390이 세워지는 등 변화가 있었던 시기이다[4]. 이 목간도 이러한 공사와 관련된 것일지 모른다.

3. 鼠等進上木簡

다음으로 鼠(쥐)等進上木簡[5]에 대하여 검토하고자 한다(표 9). 鼠等進上木簡은 앞에서 언급한 ①과 ③에서 출토되었다. 그러나 鼠等進上木簡도 그 출토지점과 年紀를 검토하면 ①, ③의 지적과 맞지 않는 목간이 있다. 31·39·5·6·32이다. 우선 이 목간에 대하여 검토하도록 한다.

---

4) 山岸常人「第V章 考察 5遺構の變遷と建築的特質」(註2『左京二條三坊·三條三坊發掘調査報告書』).

5) 鼠等進上木簡에 대해서는 森公章「二條大路木簡中の鼠進上木簡寸察」(『長屋王家木簡の基礎的研究』吉川弘文館, 2000. 初出 1999) 등 선행 연구가 있다. 다만 森公章 씨의 논문에 있는 일람표는 문제가 있다. 森公章 씨는 槐花進上木簡 가운데 기년이 쓰여 있지 않은 목간에 대해서 근거가 없으면서도 天平10년으로 보고 있다. 그러나 후술하듯이 槐花進上木簡은 형태적인 특징과 출토지구로 보아 모두 天平8년으로 보아야 할 것이다.

표9. 二條大路 출토 鼠進上木簡

목간 번호	출전	진상물	발(發)	년	월	일	형식	지구	저명(이름)	구멍 (孔)
01	22-09	鼠等	左京職				081	UO42	春日蔵首大市	
02	22-09	鼠等	左京職	10	04	16	011	UO43	石別	
04	22-09	鼠等	左京職	10	02	14	011	UO41	衣縫連人君	
05	22-09	鼠等	(左京職)	10	04	17	081	UO15	衣縫連人君	
06	22-10	鼠等	(左京職)		08	30	081	UO17	衣縫連人君	
08	22-10	鼠等	右京職	10	02	12	019	UO44		
14	24-07	鼠等	左京職	08	04	08	011	JF10		上10
15	24-08	鼠等	左京職	08	04	13	011	JF10	百済王全福	上10
16	24-08	鼠等	左京職	08	04	14	011	JF10	百済王全福	上10
17	24-08	鼠等	左京職	08	07	22	081	JF11	膳造石別	
18	24-08	鼠等	左京職	08	09	18	011	JF11	膳造石別	
19	24-08	鼠等	左京職	08	10	27	019	JD25	春日蔵首大市	
21	24-08	鼠等	右京職	08	10	25	081	JD18	田辺史真上	
22	24-08	鼠等	右京		04	08	011	JF10		上10
24	29-13	鼠等	(左)京職	08	04	15	081	JF09	百済王全福	
25	29-13	鼠等	左京職				081	JF11		
27	29-13	鼠等	右京職		04	07	011	JF10		下17
28	29-13	鼠等	右京職				081	JF12		
31	30-15	鼠等	左京職	08	(11)	10	011	UO48	百済王全福	
32	31-12	鼠等	左京職	10	01	19	011	UO14	衣縫連人君	
33	31-12	鼠等	(左)京職				081	UO46	春日蔵首大市	
39	31-12	鼠等	右京職	09	04	06	011	UO42		
40	31-12	鼠等	京職				081	UO39		

표10. 鼠等進上木簡을 날짜 순으로 배열

목간 번호	출전	진상물	발(發)	년	월	일	형식	지구	저명(이름)	구멍 (孔)
14	24-07	鼠等	左京職	08	04	08	011	JF10		上10
15	24-08	鼠等	左京職	08	04	13	011	JF10	百済王全福	上10
16	24-08	鼠等	左京職	08	04	14	011	JF10	百済王全福	上10
24	29-13	鼠等	(左)京職	08	04	15	081	JF09	百済王全福	
17	24-08	鼠等	左京職	08	07	22	081	JF11	膳造石別	
18	24-08	鼠等	左京職	08	09	18	011	JF11	膳造石別	
19	24-08	鼠等	左京職	08	10	27	019	JD25	春日蔵首大市	
21	24-08	鼠等	右京職	08	10	25	081	JD18	田辺史真上	
39	31-12	鼠等	右京職	09	04	06	011	UO42		
31	30-05	鼠等	左京職	08	(11)	10	011	UO48	百済王全福	
32	31-12	鼠等	左京職	10	01	19	011	UO14	衣縫連人君	
08	22-10	鼠等	左京職	10	02	12	019	UO44		
04	22-09	鼠等	左京職	10	02	14	011	UO41	衣縫連人君	
02	22-09	鼠等	左京職	10	04	16	011	UO43	石別	
05	22-09	鼠等	(左)京職	10	04	17	081	UO15	衣縫連人君	
27	29-13	鼠等	右京職		04	07	011	JF10		下17
22	24-08	鼠等	右京		04	08	011	JF10		上10
06	22-10	鼠等	(左)京職		08	30	081	UO17	衣縫連人君	
01	22-09	鼠等	左京職				081	UO42	春日蔵首大市	
25	29-13	鼠等	左京職				081	JF11		
28	29-13	鼠等	右京職				081	JF12		
33	31-12	鼠等	(左)京職				081	UO46	春日蔵首大市	
40	31-12	鼠等	京職				081	UO39		

목간 31과 39는 ①에서 지적한 것처럼 天平10년 鼠等進上木簡이 출토된 SD5100의 서쪽에서 출토되었는데 각각 天平8년과 天平9년 의 年紀가 있는 鼠等進上木簡이다. 여기서 주목되는 것은 鼠等進上木簡에 쓰인 年紀이다. ①과 ③의 지적을 통해 알 수 있듯이 鼠等進上木簡은 시기에 따라 폐기 장소가 변화한다. 鼠等進上木簡을 年紀 순으로 배열한 것이 [표 10]이다.

JF10을 중심으로 SD5300의 동쪽에서 출토된 鼠等進上木簡은 天平8년 4월부터 9월까지의 것이다. 자세히 살펴보면 4월 목간이 주로 JF10지구에서 출토된 것에 반해 7월과 9월 목간은 그 서쪽인 JF11 지구에서 출토되었다. 이런 관점에서 보면 JF11지구보다 서쪽에서 출토된 목간 19와 21이 주목된다. 이 두 목간은 天平8년 10월 鼠等進上木簡이므로 天平8년에는 목간의 폐기 장소가 점점 서쪽으로 이동하였다고 볼 수 있을 것이다[6].

매(鷹)의 모이인 쥐 고기를 오래 보관하기는 어려웠을 것이므로 쥐 고기는 일정량이 상시로 공급될 필요가 있었을 것이다. 그러나 ①·③을 보면 알 수 있듯이 天平9년의 鼠等進上木簡은 매우 적어 한 점 정도밖에 발견되지 않았다. 그 이유로 자료의 잔존 상황, 또 폐기 장소가 二條大路 상의 濠狀유구가 아니었기 때문으로도 볼 수 있다. 그러나 天平8년에 목간을 폐기한 곳이 SD5300 내의 동쪽에서 서쪽으로 이동하는 것, SD5300의 서단부에는 다른 목간군이 집중적으

---

6) 점수가 적은 것, 19와 21의 출토 위치가 떨어진 것 등 약간 문제도 있으나 전체적으로 서 쪽으로 이동하였다고 볼 수 있을 것이다.

로 폐기된 것을 고려하면 SD5300의 서단이라고 할 수 있는 장소에서 10월 목간이 출토된 것은 매우 시사적이다. 즉 天平8년 10월 이후부터 天平9년에 걸친 鼠等進上木簡은 二條大路 濠狀유구의 서쪽 부분, SD5310의 발굴하지 않은 곳에 폐기된 것으로 추정해 볼 수 있다[7]. 만약 그렇다고 한다면 天平9년 상정지역의 반대편·SD5100 서쪽에서 天平8년 11월과 天平9년 4월의 목간이 출토된 것도 이해할 수 있다.

다음으로 SD5100의 동쪽에서 출토된 목간 5·6·32에 대해 살펴보자. 이 목간의 年紀는 天平10년 1월과 4월, 某년 8월이다. 한편 SD5100의 서단에서 출토된 것은 앞서 검토한 두 점을 제외하면 天平10년 2월과 4월 목간이다. 따라서 SD5100에서 출토된 鼠等進上木簡의 상황으로 보아 반드시 시기에 따라 변화하였다고는 할 수 없다. SD5300·5310은 시기에 따라 목간을 투기한 장소가 변화한 것으로 상정할 수 있으나 SD5100에서는 그 투기가 시기에 의한 변화가 아닐 가능성이 크다.

한편 鼠等進上木簡 가운데 JF10지구를 중심으로 SD5300의 동쪽 지역에 폐기된 天平8년 4월 목간의 형태가 특이하다. 이 지역에서 출토된 鼠等進上木簡에는 구멍이 뚫린 것이 많다. 다른 지역에서 출토된 鼠等進上木簡 중 구멍이 뚫린 것은 없다.

이 구멍을 관찰하면[그림 7 참조] 14·15·16은 (ㄱ) 목간의 상부에 구

---

7) 어디까지나 하나의 추정이라는 점을 명기해둔다.

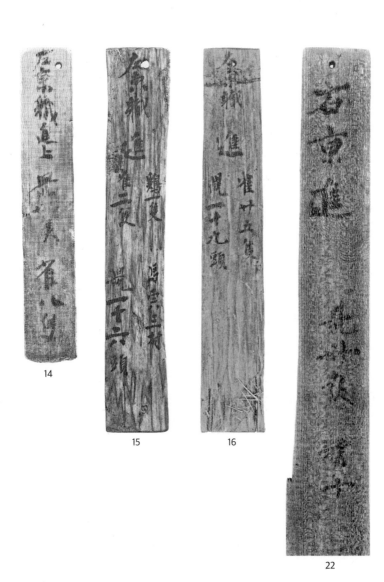

14

15　　16

22

그림7. 구멍 뚫린 鼠等進上木簡(화상제공 : 나라문화재연구소)

멍을 뚫었으며 (ㄴ) 목간 상단에서 약 1㎝ 내려온 곳에 구멍을 뚫었다
는 점이 공통된다. 구멍의 위치를 좌우 밸런스라는 관점에서 보면 중
심이 아니다. 그렇지만 상세하게 관찰하면 22와 같이 상단에 문자가
없는 곳에 구멍을 뚫은 사례, 또 15와 같이 문자가 한쪽으로 치우쳐
져 구멍을 중앙에 뚫은 사례, 14·16과 같이 문자가 목간 중심에 있어
구멍을 중심에서 약간 벗어난 곳에 뚫은 사례를 확인할 수 있다. 즉
(ㄷ) 문자를 피하여 구멍을 뚫었다는 공통점을 발견할 수 있다. 이처
럼 이 목간들의 구멍은 매우 규격성이 높다. 이에 반해 목간 27은 구
멍이 목간 하단에서 1.7㎝ 떨어진 곳에 뚫려 있어 양상이 다르다. 이
목간에는 연도가 기재되어 있지 않으나 출토된 지점을 고려하면 天
平8년 4월 7일 목간으로 생각된다. 天平8년 4월 8일의 목간 14는 앞
서 말한 규격성을 지니고 있으며 또 年이 기재되지 않은 JF10지구 출
토 4월 8일 목간 22도 역시 앞의 규격성을 지니고 있다. 따라서 이 변
화는 4월 7일부터 8일 사이에 일어난 것이다. 이 구멍은 물품에 동여
매기 위한 것이 아니라 進上狀을 하나로 묶어 장부(또는 그 원래 데이
터)로 이용할 때 수납자가 뚫은 것으로 생각되므로 구멍의 위치 변화
는 수납자의 변화를 반영한다. 목간에 쓰인 날짜와 수납자가 사무처
리한 날짜가 완전히 같다고는 할 수 없지만 쥐고기라는 물품의 성격
으로 보아 4월 상순에 수납자 측의 사무체제가 바뀌었다고 볼 수 있
을 것이다. 鼠等進上木簡 수납자 측의 사무처리는 天平8년 4월 이전
에는 목간의 하단에 구멍을 뚫던 것이 4월 상순에 상단에서 1㎝ 정
도 아래에 문자를 피해 구멍을 뚫는 것으로 변화하고 늦어도 9월에

는 구멍을 뚫지 않는 사무체제로 변화한 것을 알 수 있다. 이처럼 구멍 위치의 변화는 규격성을 발견할 수 없는 長屋王家목간과 비교하면 특징적이다. 구멍 위치의 변화를 통해 언제 사무처리가 변화하였는지를 구체적으로 알 수 있는 흥미로운 사례라 할 수 있을 것이다.

4. 槐花進上木簡

마지막으로 槐花(회화나무 꽃)進上木簡[8]에 대해 검토한다. 槐花진상과 관련된 목간은 [표 11]이다. 이 목간들은 앞서 ②에서도 지적하였듯이 좁은 범위에서 집중적으로 출토되어 일괄적으로 폐기되었을 가능성이 크다. 크기는 균일하지 않으나 역시 구멍의 위치에 특징이 있다(그림 8 참조). 목간 9·10·12는 모두 하단에서 2㎝ 떨어진 곳에 약간 큰 구멍이 뚫려 있다. 또 모두 날짜가 天平8년 6월 중순이라는 공통점을 발견할 수 있다.

이러한 관점에서 보면 가까운 UO31·36·41에서 출토된 목간 11·37·38에 주목할 수 있다. 이 목간은 묵의 잔존 상태가 좋지 않고 상단이 결실되어 자세한 내용은 알 수 없으나 京職官人의 서명이 있고 하단에서 2㎝ 떨어진 곳에 큰 구멍이 뚫려 있는 것이 특징이다(그림 9 참조). 京·京職進上 목간 가운데 구멍이 뚫려 있는 것은 많지 않다. 따라

---

8) 槐花進上木簡에 대한 선행연구로 東野治之「二條大路木簡の槐花」(中山修一先生喜壽記念事業會編『長岡京古文化論叢』三星出版, 1992)가 있다.

표11. 二條大路 출토 槐花進上木簡

목간번호	출전	진상물	발(發)	년	월	일	형식	지구	저명(이름)	구멍(孔)
07	22-10	槐	左京五条	08	06	14	011	UO27	刑部舍人造園麻呂	
09	22-10	槐	左京五条		06	08	011	UO30	大網君智万呂	下20
10	22-10	槐	(右)京九条			08	032	UO40	大網君智万呂	下20
12	22-10	槐	右京四条·五条		06	08	019	UO30	大網君智万呂	下20

서 이 목간은 모두 기재된 내용은 일부 결실되었으나 형태로 보아 槐花進上木簡이 틀림없을 것이다. 또 목간 37의 날짜는 某월 8일로 해석되는데 남은 획으로 보아 6월 또는 8월이며 위의 상황으로 보아 6월 8일로 보아 거의 틀림없을 것으로 생각된다[9].

槐花進上木簡은 대부분 장방형의 011형식이데 목간 10과 11은 홈이 있는 031형식 목간이다. 통상 이러한 홈은 부찰로 이용되었을 때 물품에 끈으로 동여매기 위한 것으로 생각된다. 이 목간 10·11은 부찰목간을 재이용하였을 가능성도 없지는 않으나 물품에 매달았던 것으로 생각하는 편이 자연스러울 것이다. 그렇다면 이 목간은 처음에는 부찰과 進上狀의 기능을 겸비하였으나 물품이 수납되고 나서 구멍이 뚫리면서 장부로 기능이 변화한 것으로 볼 수 있다. 목간의 기능이 변화한 것을 알 수 있는 흥미로운 사례이다.

---

9) 鼠等進上木簡에 左京의 京職官人 서명은 天平八年四月百濟王全福, 天平8年7~9月膳造石別, 天平8年10月春日藏首大市, 天平八年1月百濟王全福(1점뿐이을 月을 정확히 읽을 수 없으므로 약간 불안하다), 天平10年 1~4月衣縫連人君 이라는 경향이 있다. 동시기에 두 관인의 서명은 보이지 않아 시기별로 전담한 상황을 상정할 수 있을 것이다.

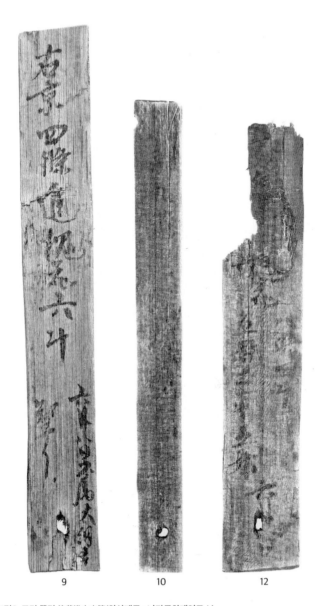

그림8. 구멍 뚫린 **槐花進上木簡**(화상제공 : 나라문화재연구소)

| 37 | 11 | 38 |

그림9. 구멍 뚫린 槐花進上木簡 (추정)(화상제공 : 나라문화재연구소)

한편 이 槐花進上木簡은 鼠等進上木簡과 비교하면 두 가지 특징이 있다. 첫 번째는 출토 장소가 비교적 집중적이라는 것이다. 鼠等進上木簡은 시기에 따라 계속해서 폐기 장소가 변화되나 槐花進上木簡은 한 군데 집중적으로 폐기된 것 같다. 두 번째는 수납자 측의 처리와 높은 규격성이다. 天平8년 4월 鼠等進上木簡은 규격성이 높으나 이것도 시기에 따라 변화한다. 한편 槐花進上木簡은 매우 높은 규격성을 공유한다. 鼠等進上木簡과 비교할 때 두드러지는 이 두 가지 특징을 통해 폐기 장소 및 수납자 측의 사무체제가 변하지 않은 짧은 기간 내에 槐花進上木簡이 폐기된 것을 알 수 있다.

그렇다면 槐花進上木簡은 年紀가 없는 것도 포함하여 天平8년 6월인 셈이 된다. 날짜를 더욱 상세히 보면 6월 8일~14일까지 불과 일주일로 한정된다. 이는 당연히 槐(회화나무)의 꽃이 피는 시기와 관련 있을 것이다. 다만 최신 날짜가 6월 14일인데 이는 요시노 행차(吉野行幸) 직전인 것, 槐花進上木簡 출토지점과 요시노 행차(吉野行幸) 관련 목간의 출토지점이 일치하는 것에 주목할 수 있다. 최신 날짜인 목간 7은 유일하게 구멍이 없는데 이는 수납되고 나서 장부로서 이용하지 않고 폐기되었기 때문은 아닐까. 날짜가 늦은 것이 이 한 점뿐이라는 것을 고려하면 이 목간이 납입되기를 기다리는 상황이었으며 수납한 후 바로 그 물품(槐花) 수납과 관련된 사무작업을 종료하였기 때문에 구멍이 뚫리지 않은 것으로 생각된다. 槐花의 용도는 약품, 염료 등이 상정된다[10]. 목간이 모두 天平8년인 것, 요시노 행차 (吉野行幸) 직전에 납입이 완료된 것을 함께 고려하면 행차에 대비한 염료보다는 약품의 가능성이 클 것이다.

5. 내용을 자세히 알지 못하는 목간에 대하여

위에서 검토한 내용을 정리하면 아래와 같다.

a 출토지점이 SD5100의 중앙 부근이며 날짜는 6월, 하단에서 2㎝ 떨어진 곳에 구멍이 있거나 하단이 갈라져 구멍을 확인할 수 없으면 槐花進上木簡일 가능성이 크다.

b 출토지점이 SD5300의 약간 동쪽이라면 天平8년 4월~10월 사이의 鼠等進上木簡일 가능성이 크다.

c 특히 JF10지구에서는 4월의 가능성이 크고 서쪽으로 가면서 약간 月이 늦어진다.

d SD5300의 서단, SD29지구라면 건축과 관련되었을 가능성이 크다.

e SD5100에서 槐花 이외는 天平10년의 鼠等進上木簡의 가능성이 크다.

---

10) 東野 각주 8 논문.

이 내용을 토대로 내용을 알 수 없는 京·京職進上 목간의 내용에 대해 추측해보고자 한다.

목간 3의 UO42에서 출토되어 槐花인지 鼠等인지 미묘하나 4월이며 구멍이 없으므로 e에 해당한다. 鼠等進上木簡일 가능성이 크다. 목간 11은 이미 검토하였듯이 槐花進上木簡이었을 것이다.

목간 23은 출토지구로 보아 b에 해당하며 8월이라는 점, JD19라는 출토지점에도 모순은 없으나 京職官人이 이외에 보이지 않는 인물이므로 京職에서 보낸 진상목간인지 약간 불안하다.

목간 26은 b에 해당하며 출토지점으로 보아 c에 의해 天平8년 5월 ~10월이 상정된다. 서명한 京職官人이 春日藏首大市이므로[11] 天平8년 10월의 鼠等進上木簡으로 생각된다.

목간 29는 출토지점으로 보아 d에 해당하나 건축과 관련된 진상목간일 가능성이 있다.

목간 30은 출토지점으로 보아 c에 해당하고 天平8년 4월의 鼠等進上木簡으로 생각되나 구멍의 위치가 하단이므로 4월 7일 이후로 추정된다.

목간 34는 출토지점으로 보아 a이나 형태로 보아 e로 생각할 수 있다. 서명한 京職官人은 2·3·17·18과 공통되나 이것만으로는 어떤 것도 알 수 없다. 鼠等進上木簡의 가능성이 약간 크다고 할 수 있을 것이다.

---

11) 각주 9 참조.

목간 35·36은 출토지점이 서쪽이고 날짜도 天平10년 5월이며 구멍이 확인되지 않으므로 e에 해당한다. 鼠等進上木簡일 것이다.

목간 37·38은 이미 검토한 대로 槐花進上木簡으로 생각된다.

이상을 정리하면 [표 12]와 같다.

6. 맺음말

이상으로 二條大路 출토 京·京職進上 목간을 추가적으로 검토하였다. 목간을 관찰한 기록이나 二條大路 목간의 세계를 엿볼 수 있는 열쇠가 되었다면 다행이겠다.

표12. 二條大路 출토 京職進上 목간 (추정포함)

목간번호	출전	진상물	발(發)	년	월	일	형식	지구	저명(이름)	구명(孔)
01	22-09	鼠等	左京職				081	UO42	春日蔵首大市	
02	22-09	鼠等	左京職	10	04	16	011	UO43	石別	
03	22-09	鼠等	?		04	16	019	UO42	膳造石別	
04	22-09	鼠等	左京職	10	02	14	011	UO41	衣縫連人君	
05	22-09	鼠等	(左京職)	10	04	17	081	UO15	衣縫連人君	
06	22-10	鼠等	(左京職)		08	30	011	UO17	衣縫連人君	
07	22-10	槐	左京五条	08	06	14	011	UO27	刑部舎人造園麻呂	
08	22-10	鼠等	左京職	10	02	12	019	UO44		
09	22-10	槐	右京四条	08	06	08	011	UO30	大網君智万呂	
10	22-10	槐	(右)京四条	08	06	08	032	UO40	大網君智万呂	
11	22-10	槐	右京	08	06	06	032	UO31	大網君智万呂	
12	22-10	槐	右京四条·五条	08	06	08	019	UO30	大網君智万呂	
13	22-10	鼠等	右京三条	08	10	23	011	UO15	文伊美吉牟良自	
14	24-07	鼠等	左京職	08	04	08	011	JF10		
15	24-08	鼠等	左京職	08	04	13	011	JF10	百済王全福	
16	24-08	鼠等	左京職	08	04	14	011	JF10	百済王全福	
17	24-08	鼠等	左京職	08	07	22	081	JF11	膳造石別	
18	24-08	鼠等	左京職	08	09	18	011	JF11	膳造石別	
19	24-08	鼠等	左京職	08	10	27	019	JD25	春日蔵首大市	
20	24-08	鼠等	左京職	08	01	18	081	JD29	榎井	
21	24-08	鼠等	左京職	08	10	25	081	JD18	田辺史真上	
22	24-08	鼠等	右京		04	08	011	JF10		
23	24-08	鼠等	?	08	08	05	019	JD19	室原馬養造田主	
24	29-13	鼠等	(左)京職	08	04	15	081	JF09	百済王全福	
25	29-13	鼠等	左京職				081	JF11		
26	29-13	鼠等	(左)京職	08	10		081	JD18	春日蔵首大市	
27	29-13	鼠等	右京職		04	07	011	JF10		
28	29-13	鼠等	右京職				081	JF12		
29	29-13	鼠等	右京職	08			081	JD28		
30	29-13	鼠等	右京職	08	(04)	(07)	011	JF10		
31	30-05	鼠等	左京職	08	(11)	10	011	UO48	百済王全福	
32	31-12	鼠等	左京職	08	01	19	011	UO14	衣縫連人君	
33	31-12	鼠等	(左)京職	10			081	UO46	春日蔵首大市	
34	31-12	?	(左京職)				081	UO32	膳造石別	
35	31-12	鼠等	?	10	05	06	081	UO44	大網君智万呂	
36	31-12	鼠等	?	10	05	14	081	UO41	大網君智万呂	
37	31-12	槐	?	08	06	08	081	UO36	大網君	
38	31-12	槐	?	08	06		011	UO41	大網君智万呂	
39	31-12	鼠等	右京職	09	04	06	011	UO42		
40	31-12	鼠等	京職				081	UO39		
41	31-12	?	?		03	02	081	UO47		

제5장

平城京의 쥐

1. 머리말

平城京은 당시 일본열도에서 가장 인구가 집중된 장소이다.

이러한 장소에 사람과 함께 크게 번성한 생물로 쥐가 있다. 당연히 平城京에도 쥐는 있었을 터이다. 記紀神話를 보면 쥐가 불에 둘러싸인 신에게 도망갈 장소를 제공하는 등 뛰어난 활약을 펼친 것으로 알려져 있다[1]. 그렇지만 오늘날 감각으로 말하자면 도시에서 쥐의 인상은 나쁘다.

그리고 쥐의 모습을 고대 사료에서 쉽게 찾아보기 어렵다. 『日本靈異記』에도 등장하지 않고 『万葉集』에서도 쥐의 존재감은 희미하다.

이 장에서는 平城京의 도시 환경을 생각하는 하나의 소재로 平城京의 쥐에 관해 정리해보고자 한다.

2. 六國史에 보이는 쥐의 경향

六國史에 나타난 쥐의 기사를 모아 보았다(표 13). 『續日本記』에 등장하는 쥐의 사례가 적고 또 시대적 경향도 파악하기 힘들다. 그래서 기사의 범위를 六國史 전체로 넓혀 大化 이후의 기사를 목록화하였다.

---

1) 大國主가 須佐之男命을 방문한 장면 등.

표13. 六國史의 鼠 기사 (大化 이후)

번호	년	서력	월	일	내용	출전	분류
01	大化元年	645	12	癸卯	봄~여름에 쥐가 난바(難波)로 이동 난바(難波) 천도 징조	日本書紀	予兆
02	大化 2	646	是歳		越国의 쥐가 밤낮을 가리지 않고 동쪽으로 떠남 淳足柵를 만들 징조	日本書紀	予兆
03	大化 3	647	是歳		여러 해 쥐가 동쪽으로 감. 淳足柵를 만들 징조	日本書紀	予兆
04	白雉 5	654	1	戊申	밤에 쥐가 倭京으로 감. 천도의 징조	日本書紀	予兆
05	白雉 5	654	12	己酉	쥐가 倭京을 향함. 천도의 징조	日本書紀	予兆
06	天智 1	662	4		쥐가 말 꼬리에서 자식을 낳음. 한반도 전란의 징조	日本書紀	予兆
07	天智 5	666	是冬		교토의 쥐가 오우미(近江)를 향해 이동. 오우미(近江) 천도의 징조	日本書紀	
08	神亀 3	726	1	辛巳	경직(京職)이 흰 쥐를 헌상	日本書紀	祥瑞
09	天平神護 2	766	9	戊午	「雀鼠風雨」에 의해 諸國의 관사 파손을 이야기함	日本書紀	表現
10	神護景雲 2	768	11	壬申	미미사카(美作)에서 흰 쥐를 헌상	日本書紀	祥瑞
11	宝亀 5	774	8	癸卯	에조(蝦夷)를 '狗盗鼠窃(좀도둑질 하는 쥐)'로 평가함	日本書紀	表現
12	宝亀 6	775	4	己巳	河内・摂津에서 쥐로 인한 피해	日本書紀	鼠害
13	宝亀 6	775	7	丁未	下野国都賀郡에서 쥐로 인한 피해	日本書紀	鼠害
14	宝亀 9	778	4	甲申	摂津國에서 흰 쥐 헌상	日本書紀	祥瑞
15	宝亀 9	778	12	癸未	大宰府에서 흰 쥐(빨간 눈) 헌상	日本書紀	祥瑞
16	宝亀 11	780	12	庚子	에조(蝦夷) 관련 「首鼠」	日本書紀	表現
17	延暦 9	790	9	己卯	摂津職에서 흰 쥐(빨간 눈) 헌상	日本書紀	祥瑞
18	延暦 15	796	4	庚午	괴상하게 생긴 새(怪鳥)의 용모에 대해 '털은 쥐와 닮았다'	日本書紀	表現
19	大同 4	809	3	辛酉	山城国에서 흰 쥐 헌상	日本書紀	祥瑞
20	嘉祥 3	850	3	庚寅	膳部 8명의 신발을 쥐가 물었다. 印盤의 깔개도 쥐에게 물어 뜯겼다.	続日本後紀	怪異
21	仁寿 2	852	2	21	大宰府에서 흰 쥐 헌상	文徳実録	祥瑞
22	貞観 4	862	11	20	깔개를 쥐가 갉아 먹음. 神祇 官에서 점을 봄. 액막이를 실시함.	三大実録	怪異
23	貞観 16	874	8	26	비유적으로 「쥐 잡는 고양이」를 「물고기 잡는 매」로 사용.	三大実録	表現
24	貞観 16	874	10	23	수해 광경을 쥐가 鳥樹 위에 사는 것으로 나타냄.	三大実録	表現
25	貞観 17	875	6	13	밤마다 쥐가 와서 거리에 가득 참.	三大実録	怪異
26	元慶 2	878	1	3	源融의 상표(上表)에 '항가를 쥐식으로 흥거워할까 두려워하다(巷歌を鼠食に興じるを恐る)'	三大実録	表現
27	元慶 2	878	4	28	반란한 포로(俘囚)를 鼠輩라고 부름	三大実録	表現
28	元慶 5	881	1	是月	右兵衛陣 관인의 검, 화살통을 쥐가 다 갉아 먹음	三大実録	怪異

이를 통람하여 내용을 정리하면 (1) 표현(비유)으로서 쥐와 '쥐(鼠)' 字가 이용된 경우, (2) 祥瑞, (3) 쥐로 인한 농작물의 피해(鼠害), (4) 괴이 현상, (5) 징조(予兆)로 크게 나눌 수 있다. 각각의 특징과 상정되는 양상에 대해 정리해보고자 한다.

1) 표현(비유)으로서 쥐

다양한 표현의 일부, 또는 비유로서의 '쥐'를 사용하는 사례이다. 물론 쥐의 다양한 습성과 행동을 전제로 한 것은 말할 필요가 없다. 다만 전적에서 차용(借用)하거나 漢語로 이용하였을 가능성도 있으므로 쥐를 이용한 표현이 있다고 하여 이를 즉시 고대인이 쥐를 상세히 관찰한 증거라고는 단언하기 어렵다.

다만 후술하듯이 쥐와 고대인이 밀접한 관계였다는 것을 고려하면 표현 수단의 하나로 등장한 쥐도 고대인이 본 쥐의 모습을 어느 정도는 반영한 것으로 생각할 수 있을 것이다.

주목하고 싶은 것은 쥐의 행위와 행동이 마이너스 이미지나(표 13-11·27 등) 농작물의 피해를 입힌 것처럼 표현(표 13-9)된 사례는 있어도 전염병이 만연한 것과 관련된 표현은 존재하지 않는 점이다. 이로 보아 쥐로 인한 피해는 주로 농업과 곡물 비축과 관련된 것이며 주로 농촌에서 현저한 피해가 있었던 것으로 이해할 수 있을 것이다.

2) 祥瑞

흰쥐의 헌상 기사이다. 흰쥐가 祥瑞에 해당한다는 규정은 율령에서 확인할 수 없다[2]. 흰쥐 헌상 사례로 보아 祥瑞 또는 이에 준하는 것으로 다루어진 것으로 생각된다.

흰쥐를 헌상한 지역은 京(平城京 1예), 攝津(2예), 山城(1예), 美作(1예), 大宰府(2예) 이다. 지역적인 편중도 약간 있으나 대체로 전국적으로 확인된다고 할 수 있을 것이다.

그럼 이 흰쥐는 어떻게 포획하였을까. 흰쥐 한 마리를 발견하여 포획하였을 가능성과 여러 마리 포획한 쥐 가운데 흰쥐가 섞였을 가능성이 있다. 어떤 경우일지라도 쥐와 인간이 가까이 있었던 것을 전제로 한다. 특히 주목하고 싶은 것은 후자이다. 목적도 없이 몇 마리씩이나 쥐를 잡았을 리는 없을 것이다. 쥐를 포획하는 것은 요컨대 구제(驅除:해충을 없앰)이다. 앞서 (1) 표현(비유)으로서 쥐에서도 언급하였고 또 후술도 하겠지만 쥐는 농작물에 해를 끼치는 짐승으로 인식되었다. 따라서 각지에서 쥐의 구제(驅除)가 이루어졌다고 하여도 이상하지 않다. 그렇다면 흰쥐를 헌상한 지역에서는 흰쥐의 구제(驅除)가 이루어졌다고 생각할 수 있다. 흰쥐를 잡은 곳은 전국적으로 분포하므로 쥐의 구제(驅除)도 특정한 지역이 아니라 광범위하게 이루어진 것으로 추정할 수 있다.

그리고 京職의 진상도 있으므로 京內에서도 흰쥐의 구제(驅除)가 이루어진 것으로 알 수 있다. 즉 京內에도 쥐가 살고 있었고 그 수는 구제(驅除)할 필요가 있을 만큼 많았던 것으로 보인다.

---

2) 延喜治部式祥瑞條. 백작(白雀) 등은 보이나 白鼠은 보이지 않는다.

3) 쥐로 인한 농작물의 피해(鼠害)

쥐로 인한 농작물의 피해(鼠害)가 직접 보고된 사례이다. 확실히 피해가 발생된 사례는 두 사례뿐이다(표 13-12·13). 이로 보아 고대 일본에서는 대규모의 쥐로 인한 농작물의 피해가 광범위하게 발생한 경우는 없었다고 할 수 있을 것이다. 당시 일본에 분포한 쥐의 종류에 의한 특성과 위에서 언급하였듯이 쥐를 구제(驅除)한 성과가 있었다고도 생각할 수 있다. 다만 일상적으로 쥐로 인한 피해가 발생하였고 그래서 쥐의 구제(驅除)가 이루어졌으며 이것이 흰쥐의 발견으로 이어진 것이다. 쥐로 인한 농작물의 피해보고는 후술하는 괴이 현상을 제외하면 京內가 아니라 주로 농촌이라는 점에 유의할 필요가 있다.

4) 괴이 현상

쥐로 인한 피해(鼠害)의 연장으로 평가할 수 있다. 쥐가 기물을 갉아 먹은 것을 쥐로 인한 피해로 생각하지 않고 괴이 현상이라고 생각한 사례이다. 神祇宮(옮긴이 : 고대 일본의 율령제에 설치된 관청으로 조정의 제사를 담당함)에서 점을 친 경우도 있다(표 13-22). 六國史의 기록은 宮內에 보관된 기물의 피해에 한정되어 있다.

쥐로 인한 민가의 피해 수준은 기재되어 있지 않다.

쥐에 의한 기물 파손을 쥐로 인한 피해로 생각하지 않고 괴이 현상으로 이해한 이유는 무엇일까. (a)쥐에 의한 기물 피해는 일상적으로 발생하였으나 중요 기물이 피해를 받은 경우가 적고 피해가 크지 않았으므로 괴이 현상으로 여겼거나 (b)쥐에 의한 기물 피해 자체가 그다지 없는 가운데 중요한 기물이 피해를 보았으므로 단순히 괴이 현상으로 이해하는, 이 두 가지 경우를 상정할 수 있다. 이 가운데 어느 것을 단정할 수 있을 만큼 충분한 근거를 六國史의 기록에서 찾기 어렵다.

피해를 본 기물 중에는 內印印盤의 褥과 같은 중요한 물품도 포함되어 있으나 膳部(식사를 담당한 직업부)의 신발 등 그다지 '중요'하지 않는 물품도 포함되어 있다. 즉 피해를 본 기물이 중요하였기 때문에 괴이 현상으로 기록하였다고는 보기 어렵다. 더욱이 일상적으로 피해가 발생하였다면 중요한 기물일지라도 피해를 면하기 어렵다는 것은 고대인도 상정할 수 있을 것이다. 이런 점을 고려하면 (b)쥐에 의한 기물 피해 자체가 그다지 없는 가운데 중요한 기물이 피해를 보았으므로 괴이 현상으로 이해하였을 가능성이 더 크다.

또 한 사례뿐이기는 하지만 쥐가 대량으로 발생하였다는 기록이 있다(표 13-25). 구체적인 피해 상황은 전혀 기재되어 있지 않고 또 후술하는 징조(予兆)와 같이 어떤 주역이 더해진 것도 아니다. 일단 괴이 현상으로 분류해 둔다. 장소는 平安京으로, 도성에서 쥐가 대량으로 발생하였다는 기사는 이 한 사례뿐이다. 도성에서 쥐가 대량으로 발생하는 경우가 매우 드물었다는 것을 알 수 있다.

또 괴이 현상의 기재는 모두 平安 천도 이후라는 점도 유의할 필요가 있다.

5) 징조(予兆)

『日本書紀』에서만 확인되므로 일반화하기 힘들다. 그렇지만 쥐가 집단으로 이동하는 모습의 관찰을 전제로 한 점은 주목된다. 쥐가 집단으로 이동하는 것, 그리고 이를 특이한 현상으로 인식하고 있었을 것이다. 쥐에 관해서 일정 수준 이상의 지식을 갖고 있었으며 쥐와 고대인이 가까웠다는 것을 알 수 있다.

한편 이 '징조'를 앞선 (4)괴이 현상과 비교하면 쥐의 이상행동을 받아들이는 방법이 시대에 따라 변화한 것을 느낄 수 있다. 平安時代라면 단순히 괴이 현상으로 이해하였을 쥐의 행동을 7세기 사람들은 어떠한 '징조'로 생각하였다. 쥐의 이상행동을 7세기에는 어떤 사건이 일어나기 전의 '징조'로 보고 9세기에는 어느 사건을 일으킨 '후'에 일어난 '결과'로 보았다는 차이를 발견할 수 있다. 이러한 차이를 통해 원령(怨靈)에 대한 경외를 포함하여 고대인의 정신세계를 둘러싼 광범위한 논의도 해 볼 수 있을 것이나 이 장의 범위를 넘어서는 것이므로 사실관계를 지적하는 데 머무른다.

이상을 근거로 六國史를 통해 알 수 있는 쥐의 모습을 정리해보자.

쥐의 구제(驅除)는 도시와 시골을 가리지 않고 일상적으로 이루어지고 있었다. 쥐가 집단으로 발생하고 대규모로 이동하는 등 그 생태도 알려져 있었다. 쥐는 사람과 가까운 동물이었다. 그렇지만 실제로 쥐가 대량으로 발생하여 대규모의 피해를 준 경우는 드물었다. 대규모 피해 기록은 농촌뿐이다. 都城에서는 대규모의 피해는 거의 발생하지 않고 쥐가 물품을 갉아 먹는 피해는 좀처럼 빈발하지 않았다.

또 도성에서 쥐로 인한 피해 기록은 平安時代 이후에 나타난다. 平城京에서 쥐의 피해는 현재화(顯在化)하지 않은 것으로 상정된다.

平城京은 이러한 '쥐 환경'에 있었던 셈이다.

3. 正倉院文書의 쥐

다음으로 正倉院文書에서 확인되는 쥐의 모습을 살펴보자.

주로 造東大寺司寫經所에서 이용·편찬된 문서 군인 正倉院文書[3]의 쥐를 분석하면 平城京 쥐의 양상을 알 수 있을 것으로 기대된다. 일본에 고양이가 도래한 것은 경전을 갉아 먹는 쥐를 없애기 위해 경전과 함께 배로 실려 왔다는 전승이 있다. 경전에게 쥐는 큰 적이었던 것 같은데 寫經所에서도 쥐로 고심하였고 이에 관한 기록도 많이 남아 있다. 또 寫經所 문서로 전용되기 이전의 공문에 쥐에 대한 기록이 남아 있으면 奈良時代 지방사회에서 쥐의 모습도 알 수 있다.

동경대학 사료편찬소의 奈良時代 고문서 full-text 데이터베이스에서 '쥐'를 검색하면 문서 16통이 나온다. 의외로 적은 것 같은데 이 가운데 건축 부재(鼠走)·소재명(鼠皮)·형상(鼠尾鑐)·털의 색(鼠色) 등과 奈良時代 이후 출납문서 사례 등 平城京時代의 쥐와 관련 없는 것을

---

3) 正會院文書의 성격에 대해서는 다양한 이유가 있다. 최신 성과로 榮原永遠男『正倉院文書入門』(角川學芸出版, 202).

제외하면 문서는 불과 세 통이다.

이 세 통은 A 天平神護三年二月八日造東大寺司移⁴⁾, B 天平神護三年二月二二日造東大寺司移⁵⁾, C 寶龜四年八月二五日奉寫一切經經師更筆手實安紙背⁶⁾로 C만 시기와 성격이 약간 다르다. 따라서 우선 A·B 두 통에 대해 검토한다.

이 두 통은 모두 寫經所가「御執經所」와 경전을 대차(貸借)하였을 때 경전 목록이다. 경전 명칭과 권수 외에 경전을 넣은 궤(櫃)와 그 속에 깐 포, 경전이 상하지 않도록 싼 책갑(冊匣)에 대해서 상세히 기술하고 있다. 파손 등 주기도 상세하여 대차하였을 때 신중하게 관리한 모습을 알 수 있다.

그러한 경전과 관련 물품에 관한 기재 가운데 '鼠喫籤一枚', '籤鼠喫'라는 주기가 있다. 경전은 책갑으로 싼 후 궤에 넣는다. 이 책갑에는 경전명 등을 주기한 패(牌)를 붙인다. 문서에서 확인된 용어는 '籤', 보물명으로는 '經帙牌'이다. '籤鼠喫' 등 주기는 이 패(籤)를 쥐가 갉아 먹은 상황을 주기한 것이다. A에서는 2개의 패가, B에서는 1개의 패가 쥐로 인해 피해를 보았다. 실제로 平城京 내에서 경전을 보관한 현장에서는 쥐로 인한 피해가 발생하고 있었다.

다만 이와 함께 생각하고 싶은 것이 그 수이다. A에서는 전부 87점의 籤이 기록되어 있는데 그중 쥐의 피해를 본 것은 2점뿐이다. B에

---

4) 『大日本古文書』編年第17卷24頁. 續々修第17帙6卷.

5) 『大日本古文書』編年第17卷34眞. 續々修第17帙6卷.

6) 『大日本古文書』編年第22卷59頁. 續々修第31帙4卷.

서는 전부 160점의 籤이 기록되어 있는데 그 가운데 쥐의 피해를 본 것은 1점뿐이다. 籤 이외에도 櫃와 책갑(帙), 경전의 축, 경전 자체, 궤 내의 포 등 쥐가 갉아 먹을 수 있는 품목이 많이 기재되어 있는데 이 품목 가운데 쥐의 피해를 본 것은 전혀 기록되어 있지 않다. 이 두 통의 문서 성격과 기재 상황으로 보아 만약 어떠한 피해가 확인되었다면 반드시 기재되었을 것이다. 즉 이 문서 두통을 통해 3점의 籤 이외에는 쥐의 피해가 없었던 것을 알 수 있다.

물론 일부러 쥐로 인한 피해를 기록한 배경에는 대차(貸借)하던 도중 새롭게 쥐로 인한 피해가 발생할 위험이 있었기 때문일 것이다. 쥐로 인한 피해가 발생한 것도 사실이다. 다만 동시에 87점 중 2점(2.3%)·89점 중 1점(1.1%)이라는 피해 숫자는 쥐로 인한 피해가 그다지 심각하지 않았음을 나타내는 것으로 볼 수 있지 않을까.

다음으로 C 文書紙背에 대해 검토한다. 문서 C는 續續修三一帙四卷으로 '更筆手實', '寶龜四年九月'이라고 쓴 제첨축에 감겨 있다. 사경생들이 제출한 서류(更筆手實)를 연속해서 붙인 장부이다. 사경생이 제출한 문서 체재는 모두 붓의 申請解이며 사지(寫紙)의 매수와 사경내용을 쓴 것으로 '更筆(붓을 바꾸는)手實'이라는 명칭에 걸맞다. 붓의 充帳(지급장부)로서도 기능한 듯한데 '充'이라는 추기가 각각의 제출문서에 있고 '末', '返'이라는 문자도 볼 수 있다.

사경생이 제출한 手實(옮긴이 : 율령제에서 계장(計帳)을 작성하기 위해 호주가 국사(國司)에게 제출한 호적장)은 각각 사경생이 갖고 있던 종이 가운데 필요 없는 종이로 작성된 것 같은데 다양한 종이가 이용되었으며 높이, 폭 등이 균일하지 않다. 경계선이 그어져 있어 사경 용지의 자투리로 보이는 종이와 반고문서(反故文書), 또는 종이와 경전의 포장지로 생각되는 것도 있다. 종이 뒷면을 보면 경계선 또는 문서의 문언이 있거나 '第三卷寫料' 등 문언이 보인다. 종이 뒷면에 쓰인 문언 중에 '初校不用鼠咋'이라는 글자가 존재한다[7].

앞면은 大宅童子手實로 날짜는 寶龜4年 閏 11월 26일이다. 앞뒷면은 천지역(天地逆)이다. 사경생이 가지고 있던 反故紙(옮긴이 : 소용없거나 못쓰는 종이)를 이용하여 手實이 작성되었다고 상정한다면 앞뒤의 시간차는 그다지 없었던 것으로 생각된다[8].

'初校不用鼠咋'이라는 말은 사경을 하였으나 쥐로 인해 피해를 보았으므로 다음 공정, 즉 초교(初校)를 할 필요가 없었거나 쥐로 인한 피해가 막대하였으므로 초교 단계에서 제외되었다는 의미일 것이다. 쥐의 피해를 심각하게 받은 종이에 사경을 한 것으로는 보기 어렵다. 대부분은 사경에서 교정으로 넘어가는 그사이 단계에 쥐로 인한 피해가 발생한 것으로 볼 수 있을 것이다[9].

---

7) 大宅童子手實은 『大日本古文書』에서는 p.145, 마이크로필름의 종이 번호는 281·282의 두 장이다.

8) 大宅童子手實은 각주 7에서 언급한 대로 두 장으로 이루어져 있다. 이 두 장의 느낌은 매우 다르다. 마이크로필름으로 보면 첫째 장은 보통 종이임에 반해 둘째 장은 색지로 보인다. 또 첫째 장은 비교적 폭이 좁은 것에 반해 둘째 장은 폭이 넓다. 大宅童子手實에는 두 장에 걸친 문자가 있어 2차로 이용하는 단계에서 이미 이어 붙인 상태였음을 알 수 있다. 종위 뒷면의 '初校不用'은 첫째 장의 거의 중앙에 표면과 반대 방향으로 쓰여 있다.

9) 이 기입은 종이의 모습에서 경전의 가표지에 썼을 가능성도 있다. 継·打·界라는 종이의 처리 공정을 끝내고 가표지·가축을 장착하고 사경→교정한 후, 가표지·가축을 떼어내고 표지·축을 장착한다. 가표지에 쓰여 있었다면 쥐로 인한 피해가 심하고 부분적으로 교체해서는 안 되므로 한권을 통째로 처분하였을 가능성도 있다.

사경에서 교정으로 넘어가는 얼마 안 되는 시간에 쥐로 인한 피해가 발생하였다고 하면 寫經所에서 그 피해는 꽤 심각하였던 것으로도 볼 수 있다. 그러나 이외에 쥐로 인한 피해는 기술되어 있지 않다. 사경사업에서는 종이 관리도 상당히 엄중하다. '파지' 가운데 일부는 쥐로 인해 파지가 되었을 가능성도 있다. 그렇지만 이렇게 생각할 경우 C 文書紙背와 같이 '쥐'를 명기한 사례가 존재하는 데 반해 '쥐'라고 명기하지 않은 이유가 명확하지 않다. 역시 쥐로 인한 피해의 빈도는 그다지 크지 않았던 것으로 보아야 하지 않을까.

이상으로 正倉院文書 가운데 쥐와 관련된 것을 정리하여 보았다. 막대한 正倉院文書 가운데 쥐와 쥐로 인한 피해를 기록한 문서는 의외로 적어서 위에서 언급한 문서 3통, 피해 건수는 4건뿐이다. 쥐로 인해 경전이 피해를 본 경우는 실제로 존재하였다. 그러나 그 피해는 그다지 광범위하지 않았고 심대하지도 않았다.

이러한 상황은 六國史를 검토한 결과와도 일치한다. 平城京의 쥐는 실제로 존재하였으며 쥐로 인한 피해도 발생하였다. 그러나 피해의 빈도와 규모는 비교적 심각하지 않았다.

4. 목간에 보이는 쥐와 平城京의 도시화

마지막으로 목간에 등장한 쥐에 대하여 정리해보자.

나라문화재연구소 목간 데이터베이스에서 쥐가 기재된 고대 목간을 검색하면 26점(표 14)이 나온다. 모두 平城京時代에 속하는데 이 가운데 22점이 京職에서 보낸 鼠等進上木簡이다. 또 이 장에서는 목간의 석문표기를 편의상 목간 데이터베이스에 준거한다.

京職에서 보낸 鼠等進上木簡이란 京職에서 몇 가지 물품과 함께 쥐를 진상할 때 물품에 첨부한 목간이다. 쥐를 진상한 목적은 매의 모이였기 때문으로 생각된다[10].

이 장에서 우선 주목하고 싶은 것은 京職이 쥐를 진상하였다는 점이다. 이는 일반적으로 생각하면 京內에 쥐가 생존하였고 이를 포획·수집·진상한 것을 나타낸다. 이 목간을 통해 京內에 쥐가 살고 있었으며 포획된 것을 뒷받침할 수 있게 되었다고 할 수 있을 것이다.

다음으로 진상된 쥐의 수에 주목해보자(표 15). 가장 많은 것은 天平 8년 4월로 적어도 합계 115마리 이상이 진상되었다. 연간으로 보면 天平8년에 합계 250마리가 진상되었다. 당시 사용한 모든 목간이 발굴 조사된 것은 아니므로 京職이 진상한 쥐의 총 마릿수는 이를 상회할 것이다. 매의 수가 갑자기 크게 변하지는 않았을 테고 또 쥐가 계속해서 매의 모이로 사용되었을 것이라 가정한다면 한 달간 진상한 수가 가장 많은 天平8년 4월 115마리를 역으로 당시 한 달 수요의 최저 라인으로 상정할 수 있다. 그렇다면 연간 약 1,400마리(≒115×12) 정도가 포획·진상된 것으로 추정된다. 森公章 씨는 하루에 진상한 수가 가장 많은 天平8년 4월 8일 60마리를 하루당 최저 라인으로 상정하

---

10) 東野治之「二條大路木簡の槐花」(『長屋王家木簡の研究』塙書房, 1996). 森公章「二條大路木簡中の鼠進上木簡寸考」(『長屋王家木簡の基礎的研究』吉川弘文館, 2000).

표14. 平城宮·京 출토 鼠 관련 목간

番号	本文	法量
1	・□鼠 ・天平十五年十月三日	86・18・6
2	・[　]鼠拾漆頭 ・□□〔天平〕[　]八月卅日從七位下行少属衣縫連「人君」	160・(22)・2
3	右京職進鼠拾頭 天平□〔十ヵ〕年二月十二日少属→	(179)・(12)・3
4	・右京職 進鼠拾頭 ・[　]\少進正七位上勲十二等春日蔵首「大市」	204・(20)・6
5	・左京職進鼠十四頭 ・天平十年二月十四日從七位下行少属[　]「石別」	169・27・3
6	・左京職進 鼠□□ ・天平十年二月十四日從七位下行少属衣縫連人君	225・34・3
7	・[　]進鼠□□〔玖頭?〕[　] ・天平十年四月十七日從七位下行少属衣縫連人口	214・(18)・5
8	・○左京職進上 鼠卅隻 雀八隻 ・○　天平八年四月八日	160・27・3
9	・右京職進鼠弐拾伍隻　天平八年十月廿五日正八位上行大属 ・田辺史「真上」	290・(27)・5
10	〔左〕京職進　鼠卅隻 雀十　四月八日	364・46・5
11	・○左京職　進 /雀廿五隻/鼠一十九頭 ‖ ・○　天平八年四月十三日\ 從六位上行少進勲十二等百済王「全福」	200・35・4
12	・○左京職　進 /鶏一隻/雀二隻 ‖ / 馬宍三村/鼠一十六頭 ‖ ・○ 天平八年四月十四日\ 從六位上行少進勲十二等百済 王「全福」	199・35・4
13	・○左京職進上 鼠卅隻雀八隻 ・天平八年七月廿二日從七位下行大属勲十二等膳造「石別」	(240)・(20)・4
14	・左京職進鼠廿一隻 ・天平八年七月廿二日從七位下行大属勲十二等膳造「石別」	205・31・2
15	・左京職　進鼠八隻　馬雲六村 ・天平八年十月十七日\ 少進正七位上勲十二等春日蔵首「大→」	(193)・32・4
16	・□　〔左ヵ〕京職　進 鼠弐拾隻 ・天平八年四月十五日\ ←□□□□〔進勲十二等?〕百済王「全福」	220・(29)・3
17	・左京職進鼠廿 ・[　]	(108)・(8)・2
18	・右京職 □〔進ヵ〕鼠 [　]□□〔隻鶏ヵ〕[　] ○ ・四月七日 [　]○	289・37・3
19	右京職進鼠口〔鼠?〕	(70)・(5)・3
20	・左京職 進鼠廿頭 /天平八年□□〔十一?〕月十日 / 從 ・六位上行少進勲十二等百済王「全福」 ‖	208・38・4
21	○/伊賀国阿拝郡油/ 見栖鷹鼠 ‖ ○天平九年歳次丁丑	38・15・3
22	・□京職進　鼠陸頭 ・正六位下行大進[　]	(220)・(20)・3
23	・左京職進 鼠拾弐頭 ・天平十年正月十九日從七位下行少属衣縫連「人君」	227・17・3
24	・□□〔京?〕　職　進□〔鼠?〕廿頭 ・少進正七位上勲十二等春日蔵首「大市」.	195・(20)・3
25	□〔鼠?〕廿□〔六?〕	
26	[　] 鼠	(161)・(13)・5

型式番号	出異	種類
32	城15-13上(51)	不明
81	城22-10上(36)	京職進上
19	城22-10上(38)	京職進上
81	城22-9下(31)	京職進上
11	城22-9下(32)	京職進上
11	城22-9下(34)	京職進上
81	城22-9下(35)	京職進上
11	城24-7下(32)	京職進上
81	城24-8下(39)	京職進上
11	城24-8下(40)	京職進上
11	城24-8上(33)	京職進上
11	城24-8上(34)	京職進上
81	城24-8上(35)	京職進上
11	城24-8上(36)	京職進上
19	城24-8上(37)	京職進上
81	城29-13上(61)	京職進上
81	城29-13上(62)	京職進上
11	城29-13上(64)	京職進上
81	城29-13上(65)	京職進上
11	城30-5上(5)	京職進上
22	城30-7上(30)	付札
81	城31-12下(101)	京職進上
11	城31-12上(93)	京職進上
81	城31-12上(94)	京職進上
91	平城宮 3-3246	不明
81	平城京 2-2255	不明

표15. 京職의 鼠進上木簡(연대순)

번호	표2	본문
1	8	・○左京職進上 鼠卅隻雀八隻 ・○ 天平八年四月八日
2	10	○右京進 鼠卅隻 雀十 四月八日
3	11	・左京職進/雀廿五隻/鼠一十九頭 ‖ ・○ 天平八年四月十三日\ 從六位上行少進勳十二等百済王 「全福」
4	12	・左京職進/鷄一隻/雀二隻‖/馬夫三村/鼠一十六頭‖ ・天平八年四月十四日/ 從六位上行少進動十二等百済王 「全福」
5	16	・□ 〔左?〕 京職 進 鼠弐拾隻 ・天平八年四月十五日\ □□□□ 〔進動十二等?〕 百済王 「全福」
6	18	・右京職 □ 〔進?〕 鼠 [ ] □□ 〔隻鷄ヵ〕[ ] ○ ・四月七日 [ ] ○
7	13	・左京職進鼠弐拾老隻 ・天平八年七月廿二日從七位下行大属勳十二等膳造 「石別」
8	14	・左京職進鼠廿一隻 ・天平八年七月廿二日從七位下行大属勳十二等膳造 「石別」
9	9	右京職進鼠弐拾伍隻天平八年十月廿五日正八位上行大属田辺史 「真上」
10	15	・左京職 進鼠八隻 馬雲六村 ・天平八年十月廿七日\ 少進正六位上勳十二等春日蔵首 「大→」
11	20	・左京職 進鼠廿頭 天平八年□□ 〔十一?〕 月十日/從六位上 ・行少進動十二等百済王 「全福」 ‖
12	4	・左京職 進鼠廿頭 ・[ ]\ 少進正七位上勳十二等春日蔵首 「大市」
13	24	・□□ 〔京?〕 職進 〔鼠?〕 廿頭 ・少進正七位上勳十二等春日蔵首 「大市」
14	23	・左京職進 鼠拾弐頭 ・天平十年正月十九日從七位下行少属衣縫連 「人君」
15	3	右京職進鼠拾頭 天平□ 〔十五?〕 年二月十二日少属→
16	6	・左京職進 鼠□□ ・天平十年二月十四日從七位下行少属衣縫連人君
17	5	左京職進鼠十四頭 天平十年四月十六日從七位上行大属[ ] 「石別」
18	7	・[ ] 進鼠□□ 〔玖頭?〕[ ] ・天平十年四月十七日從七位下行少属衣縫連人□
19	2	・[ ] 鼠拾漆頭 ・□□ 〔天平〕[ ] 八月卅日從七位下行少属衣縫連 「人君」
20	17	・左京職進鼠廿 [ ] ・[ ]
21	19	右京職進□ 〔鼠?〕
22	22	・□京職進 鼠陸頭 ・正六位下行大進[ ]

년	월	일	두수(頭數)	경(京)	경직관인(京職官人)
天平 8	4	8	30	左京	
天平 8?	4	8	30	右京	
天平 8	4	13	19	左京	百済王全福
天平 8	4	14	16	左京	百済王全福
天平 8	4	15	20	左京	百済王全福
天平 8?	4	15	?	右京	
天平 8	7	22	21	左京	膳造石別
天平 8	9	18	21	左京	膳造石別
天平 8	10	25	25	右京	田辺史真上
天平 8	10	27	8	左京	春日蔵首大 (市)
天平 8	11	10	20	左京	百済王全福
天平 8?	?	?	20	左京	春日蔵首大市
天平 8?	?	?	20	左京?	春日蔵首大市
天平 10?	1	19	12	左京	衣縫連人君
天平 10?	2	12	10	右京	
天平 10?	22	14	?	左京	衣縫連人君
天平 10?	4	16	14	左京	(膳造) 石別
天平 10?	4	17	9	左京?	衣縫連人(君)
天平 10?	8	30	17	左京?	衣縫連人(君)
?	?	?	20	左京	
?	?	?	?	右京	
?	?	?	6	左京	

고 있다[11]. 이 경우 훨씬 방대한 수의 진상되어 한 달 1,800마리, 연간 약 21,000마리가 된다.

鼠 진상목간은 한 시기에 집중되는데 이는 二條大路 목간의 폐기가 비교적 단기간이었던 것에서 기인할 것이다. 따라서 목간이 한 시기에 집중한다고 하여 쥐의 포획·진상이 특정 시기에만 이루어진 것은 아닐 것이다. 살생금단 정책으로 매를 기르지 않았던 단절기 등도 고려할 필요가 있으나 매의 모이로서 쥐의 포획·진상은 奈良時代에 계속해서 이루어진 것으로 생각된다. 쥐는 번식력이 뛰어난 동물이나 그렇다손 치더라도 상당한 수의 쥐가 계속해서 포획되고 있었다. 이는 京內에 살고 있었던 쥐의 규모를 반영하고 있을 것이다.

한편 京職이 보낸 鼠 진상목간에 관한 종래의 고찰 가운데 京內에 방대한 쥐가 번식하였고 그러므로 쉽게 포획되었을 것이라는 지적이 있다. 東野治之 씨는 '쥐가 물론 도성에만 서식한 것은 아니나 도성은 인구가 모이는 소비지이며 쥐의 번식에 적합한 조건을 갖춘 것은 분명할 것이다'라고 지적하고 平安京에서 쥐가 대량으로 발생한 기사[12]를 내세운다. 森公章 씨는 平安京의 사례를 예로 들면서 도성의 위생 상태가 열악하였음을 지적하고 '도시에 쥐가 생식하는 조건은 충분하다'고 지적한다[13].

平安京 내에 많은 쥐가 살고 있었던 것에 대해 이론은 없다. 또 몇

---

11) 森 각주 10 논문.
12) 東野 각주 10 논문.
13) 森 각주 10 논문.

마리의 쥐가 있어야 쥐로 인한 피해가 본격적으로 확대되는지, 필자의 실력이 부족하여 그 숫자를 제시할 수도 없다. 다만 平城京時代에 쥐로 인한 피해가 상대적으로 적었던 것을 고려하면 예를 들어 목간에서 확인되는 쥐의 구제·포획을 통해 쥐의 수를 통제하는 데 어느 정도 성공을 거둔 것으로 보인다[14].

그리고 東野·森 두 사람은 平城京의 도시 환경을 쥐의 수와 관련지어 이해한다. 즉 단순화하여 말한다면 도시화로 인해 平城京에 쥐가 크게 발생하였다는 견해이다. 그러나 지금까지 검토한 것처럼 平城京時代에 쥐로 인한 피해는 도시보다 농촌이 현저하다[15]. 正倉院文書를 검토하여도 平城京 내에서 확인되는 쥐로 인한 피해는 비교적 낮은 수준으로 생각된다. 그리고 도성에서 쥐로 인한 피해를 괴이한 현상으로 인식한 사례도 포함하여 본격적으로 기록된 것은 平安京時代가 되고 나서이다. 물론 六國史 기사의 기재방식도 고려해야 하겠으나 전체적인 경향으로 보아 쥐로 인한 피해는 '농촌에서 도시로' 이동하였고 그 이동은 平安京時代에 일어났다. 표현과 비유에 나타난 쥐도 8세기에 농촌에서 모습을 드러낸 것은 이러한 경향이 단순히 기사의 편중에 머무르지 않을 가능성을 시사하는 것이라 생각한다.

그리고 이러한 관점에서 正倉院文書를 재검토하면 역시 시사적인

---

14) 물론 그럼에도 많은 수의 쥐가 있었으므로 경전에 피해가 발생할 위험도 존재하였으며 또 京內에서 계속 쥐를 조달할 수 있었다.

15) 쥐를 이용한 표현이라도 平安時代가 되면 '고양이가 쥐를 잡는다'와 같은 장면의 공간이 작은 표현이 등장한다. 이것도 도시적인 쥐의 양상이라고 할 수 있지 않을까.

상황을 확인할 수 있다. 모두 奈良時代 후반 또는 말기의 기사인 것이다. 애초에 사료가 적으므로 '경향'이라고 까지는 못할지라도 역시 도성에서 쥐로 인한 피해의 현재화(顯在化)는 빨라도 奈良時代 후반 이후, 본격적으로 피해가 확대된 것은 平安京 이후로 일로 생각된다.

이상을 정리하면 다음과 같다. 도성에 서식하는 쥐는 계속해서 증대되었다. 한편 쥐의 포획과 구제(驅除)도 그에 걸맞게 효과를 발휘하고 있었다. 그러므로 쥐가 대량으로 발생하고 또 쥐로 인한 피해가 많은 지역은 농촌이었다. 그러나 쥐를 없애고 포획하는 것 이상으로 쥐의 수가 증가하는 시기가 도래한다. 奈良時代 중기 이후이다. 서서히 쥐로 인한 피해가 기록되고 9세기 중엽 이후에는 결국 도성에서도 쥐가 대량 발생한 것으로 기록된다. 도시에서 쥐의 시대가 도래한 것이다.

만약 쥐로 인한 피해와 쥐의 발생 상황에 대한 위와 같은 추정이 타당하다면 이는 무엇을 의미할까. 平城京의 악화된 환경은 그래도 주민들이 감당할 수 있는 범위였다. 平安京 단계에서 드디어 주민들이 감당할 수 없을 정도로 환경이 악화되었다. 平安京는 平城京보다 물의 흐름에 의한 정화 능력이 좋은 것으로 생각된다[16]. 그런데도 이를 처리하지 못할 만큼 사람과 물자가 집중되었고 결국 쥐가 대량으로 발생하기에 이르렀다. 平城京에 다양한 도시성과 그 맹아가 발견된 것은 확실하다. 그렇지만 쥐로 인한 피해 상황으로 보아 平城京와

---

16) 拙稿「平城京という「都市」の環境」(『歴史評論』728, 2010).

平安京의 인구, 부의 집중, 도시력의 단계 차이 등이 뚜렷한 것도 사실일 것이다.

5. 맺음말

이상으로 平城京의 쥐에 관한 사료를 정리하여 보았다. 쥐로 인한 피해를 확인하는 한편 매의 모이로 사용하기 위해 포획·구제(驅除)를 통해 그 수가 억제되었으며 쥐로 인한 피해가 확대되지 않도록 막고 있었다는 결론을 얻을 수 있었다. 또 쥐로 인한 피해를 기준으로 고대 도시를 생각할 경우 平城京도 전기와 후기로 나눌 수 있으며 平安京와의 차이도 확인할 수 있었다.

마지막으로 平城京에서 쥐의 활약상을 나타내는 목간을 소개하고자 한다. 平城京 2390호 목간으로 예전에는 '鼠(쥐)'라는 문자를 읽을 수 없었으나 재검토한 결과 '鼠(쥐)'

그림10. 平城宮2390호 목간
(화상제공 : 나라문화재연구소)

가 확인된 것이다.

·臭酢鼠入□〔在?〕
·臭臭臭臭

이 목간은 造酒司와 관련된 목간 가운데 하나이다. 造酒司에서는
식초도 양조한다. '臭酢鼠入在'는 '고약한 냄새가 나는 식초(臭酢)에
쥐가 들어가 있다'는 뜻인데, 식초를 양조하는 병을 열어 보았더니
쥐가 들어가 있었다는 말일 것이다. 造酒司 담당자는 틀림없이 놀랐
을 것이다. 놀란 감정을 그대로 문자로 표현한, 담대한 필치의 목간
이다. '고약한 냄새가 나는 식초(臭酢)'라는 것이 원래부터 그러한 식
초인지 쥐가 들어간 결과 고약한 냄새가 나게 되었는지는 알 수 없
다. 다만 쌀과 누룩을 사용하여 양조하는 造酒司의 옆에 쥐가 숨어
있었으며 그 가운데 방정맞은 쥐가 병에 빠져 결국 목숨을 잃게 된
것은 분명하다.
앞으로는 출토 유물, 특히 종자류에서 쥐의 이빨 흔적 등을 주의
깊게 관찰하여 平城京에서 쥐가 활약한 모습에 대해 더욱 구체적으
로 생각해보고자 한다.

목간을 만드는 장면·
사용하는 장면·버리는 장면

1. 머리말

목간은 고대 사회에서 실제로 이용된 살아있는 자료로, 사료에 남아 있지 않은 일상적이며 구체적인 실상을 전해준다. 다만 목간은 고대 사회에서 '필요성'에 의해 작성된 도구이며 그러므로 '사용되기' 위해 작성된 것이다[1]. 즉 목간은 후대에 고대 사회를 '전하기 위해' 작성된 것이 아니고 또 고대 사회의 모든 것을 알려주는 것도 아니다.

따라서 목간을 검토할 때는 고대 사회 내에서 각 자료에 대한 평가, 다양한 사료와의 관련성 등 일정한 작업과 절차가 중요한 의의를 지닌다. 이 장에서 이러한 점에 주목하여 목간을 만들고, 사용하고, 폐기하는 일련의 장면에 대해서 몇 가지 사례를 통해 검토해보고자 한다.

2. 목간 작성과 사용

1) 수종의 선택을 둘러싸고

목간의 수종에 대해서는 지금까지 여러 지적이 있었다[2]. 한편 수

---

1) 이 개념은 이 책 제2부에서 논하는 '목간의 작법' 개념의 근간이다.

2) 東野治之「木簡にみられる地域性」(『日本古代木簡の研究』塙書房, 1983. 初出 1982), 今泉隆雄「貢進物付札の諸問題」(『古代木簡の研究』弘文館, 1998. 初出 1978) 등.

종의 판정에 대해서는 목간의 토막까지 벗겨내어 확실하게 판정하는 경우와 육안 관찰에 그치는 경우가 섞여 있다 보니 정보가 통일되지 않았고 그다지 신용할 수 없는 것으로 생각된다. 그러나 그러한 조건을 가미하더라도 일찍부터 지적된 견해(能登國에서 隱岐國까지 동해(일본해) 방면에서 도성으로 보낸 목간은 삼나무(杉材)가 많고 西海道諸國에서 도성으로 보낸 목간은 활엽수라는 것)는 확실하다고 생각된다.

이번에는 이 '활엽수'로 작성된 목간에 대해 주목해보고자 한다.

선학들이 밝혔듯이 西海道諸國에서 도성으로 보낸 목간은 활엽수가 이용되었다. 그 가운데 西海道諸國에서 보낸 SK820 출토 調綿목간[표 16] 가운데 國名은 筑前國·肥前國·肥後國·豊前國·豊後國의 5개국, 파손되어 국명은 알 수 없지만 郡名을 통해 國을 알 수 있는 사례가 筑後(御井郡)이다. 남구주를 제외하면 6개국에서 공진되었다. 율령제적 지배가 확립된 西海道諸國의 모든 國에서 반입되었다고 할 수 있을 것이다.

그리고 이 목간은 크기·형상, 또 쓰인 문자도 매우 닮았다. 기재된 국명에 상관없이 西海道諸國에서 보낸 목간의 크기, 형상과 문자가 유사한 것이다. 이는 각국에서 공진한 체제를 표기하되 목간은 한 곳에서 작성되었을 가능성을 시사한다. 율령 규정에 의하면 西海道諸國의 調物은 일단 大宰府에 모인 후 필요에 따라 京進되었다. 이로 보아 목간을 작성한 한 곳은 大宰府로 생각된다[3]. 그리고 二條大路

---

3) 今泉 각주 2 논문.

표16. SK820 출토 調綿목간

목간 번호	본문	크기	형식 번호	국명 (國名)
283	・筑前国怡土郡調綿壱伯屯／四両‖養老七年 ・室山	235・25・6	31	筑前国
292	・□□〔御?〕井郡調綿壱伯屯／□〔四?〕両／養老七年‖ ・□万□〔呂?〕四	(147)・29・5	39	筑後国
285	豊前国宇佐郡調黒綿壱伯屯／四両屯∥神亀四年	254・27・5	31	豊前国
287	豊前国仲津郡調短綿壱伯屯／四両／天平三年‖	(185)・30・5	31	豊前国
288	・豊前国下毛郡調綿壱伯屯／四両／養老□〔二?〕年‖ ・赤人□〔一?〕	(171)・27・3	39	豊前国
307	豊前国宇佐郡調→	(92)・(16)・5	81	豊前国
296	豊後国大分郡調綿壱伯屯→	(124)・24・5	81	豊後国
286	・□〔肥?〕前国神埼□□綿壱伯屯／四両‖神亀二年 ・《》	227・29・3	31	肥前国
290	肥前国→	(47)・25・3	39	肥前国
293	・肥前国神埼郡調綿壱伯屯□〔神〕亀二年 ・□〔根?〕子	223・33・8	31	肥前国
294	・肥前国□□〔藤津?〕郡調綿壱佰屯／四両／養老二年‖ ・片麻呂	216・31・5	31	肥前国
295	・□□□〔肥前国〕□〔藤?〕津郡調綿《》／四両／→‖ ・恵二	(156)・27・5	39	肥前国
305	・肥前国神埼郡調綿壱伯屯／四両／養老◇‖ ・真□一	(172)・31・6	39	肥前国
284	・肥後国益城郡調綿壱伯屯／四両∥養老七年 ・□□□〔呂?〕	223・35・3	31	肥後国
298	・肥後国恰志郡調綿壱伯屯／四両∥養老七年 ・得足	243・30・7	31	肥後国

299	肥後国葦北郡正調綿→	(137)・25・8	81	肥後国
300	肥後国飽田郡調綿壱伯屯天平三年主政大初位下勲十二等建部君馬□〔都?〕	368・37・10	31	肥 後 国
301	・□〔肥?〕後国葦北郡調綿壱伯屯／四両／養老七年‖ ・大□〔歳?〕	(182)・28・3	39	肥 後 国
302	・肥後国託麻□〔郡?〕調綿壱伯屯／四両／養老三年‖ ・麻刀□〔良?〕六	(217)・26・5	81	肥 後 国
310	・←国□〔飽?〕田...壱伯屯／四→／□〔養?〕→‖ ・...←麻呂	(38+64)・33・5	81	肥後国
289	・←郡調綿壱伯屯／四両／養老二□〔年〕‖ ・足嶋二	(136)・30・5	81	不明
291	／四両／養老三年‖	(45)・24・4	81	不明
297	・←調綿壱□〔伯?〕→ ・□成□	(43)・24・5	81	不明
303	・←調綿壱→ ・←伎一	(56)・26・5	81	不明
304	・壱伯□〔屯?〕／□□〔四両?〕／□‖ ・桑山□〔四?〕	(65)・23・4	81	不明
306	・←郡調綿壱伯屯／四両／神亀二年‖ ・←－－	(162)・24・4	39	不明
308	／←両／←亀二→‖	(37)・22・3	81	不明
309	←七年	(39)・24・5	81	不明

288

298

284

283

그림11. 西海道諸國SK820 출토 調綿목간(1)(화상제공 : 나라문화재연구소)

296

295

294

293

그림12. 西海道諸國SK820 출토 調綿목간(2)(화상제공 : 나라문화재연구소)

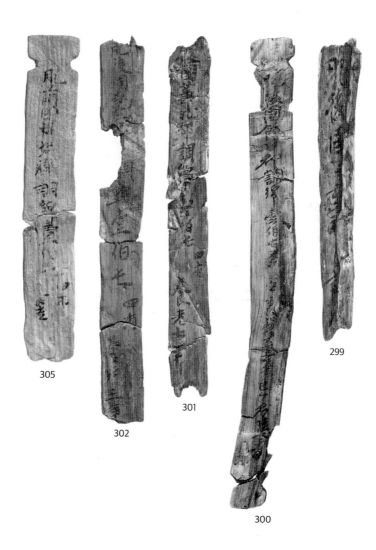

305

302

301

300

299

사료4

사료4

사료3

日向国에서
보낸 목간

그림13. 西海道諸國 활엽수 이외 목간(화상제공 : 나라문화재연구소)

에서 출토된 西海道 하찰은(사료 1) 西海道諸國에서 직접 공진한 것이 아니며 西海道諸國의 紫를 大宰府가 진상하는 서식으로 기재되어 있다. 이 경우 西海道諸國의 물자가 大宰府에 모인 후, 大宰府에서 목간이 작성되고 京進된 것이 분명하다. 이 사례를 보아 SK820 출토 調綿목간하찰도 분명히 大宰府에서 일괄로 작성되었을 것이다. 또 양자의 서식 차이가 시기차에 의한 것인지 품목과 수취체제의 차이에 의한 것인지는 알 수 없다.

이상 도성에서 출토된 하찰 가운데 西海道諸國에서 보낸 하찰은 ①大宰府에서 일괄로 작성된 것, ②활엽수가 사용된 것을 재확인하였다.

그런데 왜 활엽수를 이용하였을까. 여기서 주목되는 것이 大宰府에서 출토된 목간의 수종이다. 실은 1,000점을 족히 넘는 大宰府 출토 목간 가운데 활엽수로 보이는 목간은 한 점밖에 없다(사료 2). 大宰府 주변에 활엽수가 많았기 때문에 大宰府에서 활엽수를 사용하여 목간을 만들었던 것 같지는 않다. 게다가 유일한 활엽수 목간 1점은 기재된 문자와 내용으로 보아 본래 京進하기 위한 하찰의 일부(잘못 써서 폐기되었을 것이다)로 보인다[4]. 즉 大宰府에서 사용된 목간 가운데 활엽수를 사용한 것은 京進用 부찰 뿐이었다. 바꿔 말하면 京進用 부찰은 의도적으로 활엽수로 만들었다고 할 수 있을 것이다.

목간에 활엽수가 이용된 사례는 많지 않다. 西海道 하찰 외에는 隱

---

4) 大宰府 출토 활엽수 목간에 대해서는 鐘江宏之 씨의 교시를 통해 그 존재를 알았다.

岐國의 목간 일부가 눈에 띄는 정도이다[5]. 이 활엽수 목간의 문자는 ①크기가 작고 ②붓끝이 잘 살아있으며 ③정성 들여 썼다는 특징이 있다.

목간에 문자를 쓸 때는 종이에 쓰는 것과 달리 심하게 번지거나 먹이 흘러 붓끝이 탁해지는 경우가 존재한다. 특히 침엽수의 경우 나뭇결이 명료하여 먹이 스며드는 것도, 붓의 흐름도 균일하지 않다. 따라서 붓끝을 잘 살려 작은 문자를 쓰는 것은 꽤 고도의 기술에 속한다. 한편 활엽수의 경우 침엽수와 같이 명료한 나뭇결이 없고 먹이 스며드는 것도 붓의 흐름도 비교적 균일하며 잘 스며든다. 침엽수와 비교하면 활엽수에 글씨를 쓰는 것은 종이에 쓰는 것과 유사하여 붓끝을 잘 세워 작은 문자를 정성 들여 쓰기에 적합한 소재라 할 수 있다. 또 일반적으로 활엽수는 침엽수보다 '부서지기 쉬우나', 노송·삼나무보다 견고한 것으로 평가되며 침엽수보다 쪼개기 어렵고 단단해서 자르기도 어렵다고 한다[6].

즉 활엽수는 정형하여 가공하기 어렵다. 따라서 목간으로 사용하기는 적합하지 않다. 그렇지만 문자를 쓰는 관점에서 보면 종이에 쓰는 것 같으며 섬세한 필치로 필사에 적합하다. 정성을 들이면서도 견고하게 문자를 쓰려고 일부러 활엽수를 선택하였을 가능성이 크다.

한편 도성에서 출토된 西海道諸國 목간 가운데 활엽수가 아닌 것

---

5) 拙稿「一行書きの隱岐國荷札」(西洋子·石上英一編『正會院文書論集』靑史出版, 2005. 이 책 제1부 제2장).

6) 이상 용재로서의 활엽수·침엽수의 차이와 나뭇결에 관해서는 星野安治·浦蓉子 씨로부터 교시를 받았다.

이 세 종류 있다. 하나는 日向國에서 보낸 소가죽(牛皮) 하찰이다. 今泉隆雄 씨의 논문을 통해 자세한 사정이 밝혀졌다[7]. 또 하나가 種子島에서 보낸 것으로 孝文에 매단 목간이다(사료 3). 考選과 관련된 목간임에도 문자가 그렇게 훌륭하지 않다. 이외에 考選과 관련된 부찰도 출토되지 않았으므로 이 목간의 배후에 특수한 사정이 있었을 가능성이 크다.

그리고 또 하나가 [사료 4]이다. 단순하게 '宗形郡大領'+물품명이 쓰여 있는데 宗形郡大領이 長屋王家로 물품을 보냈을 때 부착한 목간으로 보는 것이 자연스러울 것이다[8]. 이 목간은 활엽수가 아니다. 배후에 특수한 사정이 있었을 가능성이 크다. 즉 大宰府와 筑前國를 경유하지 않고 宗形郡大領에서 長屋王家로 직송된 것으로 보인다.

宗形郡은 筑前國으로, 원래라면 宗形郡大領은 筑前國司의 관할 아래에 있고 筑前國司는 大宰府의 관할 아래에 있으며 大宰府가 중앙정부와 연락을 취하는 지도관리체제이다. 그렇지만 이 목간으로 보아 위 규정에 얽매이지 않는, 독자적인 제휴·연락과 물품의 이동이 西海道에서도 특히 교통의 요지인 宗形郡의 최고책임자 大領과 유력한 왕족인 長屋王 사이에 존재하였을 가능성이 있다[9]. 宗形郡과 長

---

7) 今泉隆雄「平城宮跡出土の日向國の牛皮荷札 -牛皮貢進制と宮城四隅疫神祭-」(각주 2『古代木簡の研究』, 初出 1983).

8) 매우 간소한 기재이므로 宗形郡大領가 平城京로 상경하고 그에게 지급된 물품으로 볼 수 있으나 출토 상황으로 보아 進上物品에 매단 목간으로 생각하는 것이 타당할 것이다.

9) 拙稿「古代東アジア文明と日本古代社會の接觸の多樣性」(王維坤·宇野隆夫編『古代東アジア交流の綜合的研究』國際日本文化研究センター, 2008).

屋王의 관계는 長屋王의 조모가 宗形 씨 출신인 것과 관련된 것으로 이해된다[10]. 제도 밖으로 드러나지 않은 인적 교류를 문자·소재를 통해 전해주는 목간이라 할 수 있을 것이다.

2) '御田苅'목간의 사용 방법

[사료 5]는 매우 읽기 어렵다. 고쳐서 읽어보면

當月二十一日, 御田刈りおわんぬ. 大御飯米倉, 古稲を移すに依りて, 納めるを得ず. よりて卿等急ぎ下りますべし.

내용은 長屋王家의 御田(옮긴이 : 율령제에서 官司 소속의 직영 밭)에서 '御飯米'=長屋王 가족이 먹을 쌀(食米)을 수확했으나 御飯米用의 창고에 오래된 벼(古稲)가 이납되어 있어 수확한 쌀(御飯米)을 수납할 수 없다. 그래서 현지에 직접 와서 지시를 해줬으면 한다는 내용이다.

한문 어순과 일본어 어순 및 경어가 혼재되어 있고 조사의 이용, 높은 지위가 아닌 사람을 '경(卿)'이라 부르는 등 奈良時代 초두의 일상적 언어 세계·표기 방법을 나타내는 자료로 주목된다[11].

그럼 이 목간은 어떻게 이용되었을까.

우선 일반적인 문서목간이라고는 보기 어렵다. 長屋王家의 문서목

---

10) 寺崎保廣『長屋王』(吉川弘文館, 1999) 등.

11) 예를 들어 東野治之「日本語論─漢字·漢文の受容と展開─」(坪井淸足·平野邦雄編『新版古代の日本 1』角川書店, 1993) 등. (화상제공 : 나라문화재연구소)

간은 家産機構內의 문서라도 예를 들어 [사료 6]과 같이 公式樣文書의 서식을 취한다. 또 公式樣文書의 서식을 따르지 않는 경우라도 [사료 7]과 같이 進上狀 등 일정한 '서식'을 따른다. 長屋王家에서 '문서'는 그에 합당한 서식을 따라 작성되었으며 御田苅목간처럼 전달할 내용만 기록한 것은 없다. 또 기재 수법도 御田苅목간과 같이 일본어 문장으로 된 사례는 적다. 게다가 발신처도 전달처도 누군가에게 무엇인가를 전달하고자 하는(편지 또는 문서로 작성된) 사례는 長屋王家 이외에 보이지 않는다.

목간 내용을 보면 돌발적인 사태에 대응하는 것처럼 보이므로 긴급사태로 인해 서식에 맞추어 기재할 여유가 없었을 가능성도 없지는 않다. 다만 돌발적인 사태라면 사용하는 데 훨씬 익숙한 방법으로 기재하였을 것이다. 돌발적인 사례이든 아니든 발신처를 기재한 것은 그 목간의 신용을 담보하고 업무를 원활화하는 데 필요하므로 역시 이례적이라 할 수 있다.

일반적인 문서목간이 아니라고 하면 어떠한 용도를 상정할 수 있을까. 큰 특징이라고 할 수 있는 '음성언어를 연상하게 하는 문체'로 보아 음성전달과 관련된 것으로 생각할 수 있다. 즉 원래 이 목간에 기

그림14. 御田苅목간(화상제공 : 나라문화재연구소)

재된 내용은 음성언어인 구두로 전달한 것이며 이것이 어떤 이유에 의해 문자로 쓰였을 가능성을 상정할 수 있다.

만약 그렇다면 이 목간을 작성한 사람은 전달하는 측일까, 전달받는 측일까. 전자의 경우는 구두로 전달하는 내용을 사자(使者) 또는 파견자가 메모한 것이 이 목간인 셈이다. 이 경우는 '사자(使者) 자신'이 정보 전달의 수단이 되므로 목간에 발신처와 송부처를 기재할 필요는 없다. 말을 하거나 말하기 직전에 눈으로 보고 확인하기 위한 것이므로 최소한의 내용만 기재하고 음성언어로 복원하기 쉬운 표현으로 적는 것이 바람직하다. 이 목간의 기재는 이러한 요건과 잘 합치된다.

한편 전달되는 측, 즉 받아들이는 측에서 구두로 전달받은 내용을 메모한 것이며 말의 속도에 맞추어 기재하였다고 한다면 말하는 사람이 꽤 천천히 말을 했든지 아니면 쓰는 사람이 빠른 속도로 썼다고 생각할 수밖에 없다. 또 말한 사람의 이름이 기재되어 있지 않은 것을 생각하면 전달자에 대한 정보가 '기억'으로 끝날 정도로 매우 단기간에 이용되어 필요 없게 된 메모처럼, 한정적인 시공간에서 이용된 것으로 생각된다.

이 두 가지 가운데 어느 쪽의 개연성이 클까. 우선 유구와의 관계에 대해 생각해보자. 이 목간은 長屋王家 목간 중 한 점으로 SD4750이라 불리는 유구에서 출토되었다. 여기에 출토된 목간은 기본적으로 長屋王家 政所(옮긴이 : 정치를 행하는 곳)에서 폐기된 것으로 생각된다¹²⁾. 기재 내용으로 보아 御田에서 長屋王家 家政機關 중추로 연락·요청한 것이 분명하다. 발신자 측의 음성 메모를 작성한 것으로 본다면 御田에서 작성되어 長屋王邸로 가져온 셈이 된다. 발신자 측의 메모가 수신자 측인 長屋王家 政所에서 폐기된 것이므로 어떤 사정으로 인해 발신자 측에서 수신자 측으로 건네진 것으로 상정된다. 후대의 사례이기는 하나 口宣案(옮긴이 : 구전의 메모)과 같이 구두로 전달한 것을 적은 메모도 있으므로 그럴 가능성도 있다.

다만 구두로 내용을 전달하였음에도 발신자·수신자조차 명확하게 기재되지 않은 이 목간을 수신자 측에서 기록해 둘 필요가 있었는지 의문이 남는다. 목간만으로 정보가 충분히 완결되었다면 메모로서 보관할 의의가 충분히 있으나 이 목간처럼 충분하지 않으면 굳이 보관하여 어떻게 이용하였을까.

한편 후자의 경우, 작성한 사람과 폐기한 사람이 일치하므로 문제는 없다. 유구와 관련성을 생각하면 후자가 약간 유력해 보인다.

다음으로 다른 목간과의 관계를 생각해보자. 長屋王家 목간은 약 35,000점에 이르는데 그 가운데 御田苅 목간과 같은 목간은 이외에 없다. 음성언어에 의한 구두전달은 많이 존재하였을 터임에도 말로 전달한 음성언어를 가능한 한 재현하기 쉽도록 문자화한 목간은 이것뿐이다. 상당히 특수한 사례라 할 수 있을 것이다. 이를 고려하면 두 가지 가능성 모두 약간 문제를 포함하고 있다.

---

12)   奈良國立文化財研究所編『平城京左京二條二坊·三條二坊發掘調査報告』(奈良國立文化財研究所, 1995).

또 목간 자체에도 매우 중요한 정보가 숨어 있다. 이 목간은 거의 완벽하게 문자를 배치하였다. 그다지 크지 않은 목간의 표기 면을 활용하여 그 전체면에 문자를 배치하였다. 그것도 '意'와 '大' 사이, '收'와 '故' 사이 등 의미가 끊기는 문자와 문자 사이를 약간 띄운 것이다. 우연의 산물이라고는 생각하기 어려우므로 문자 수를 사전에 상정하였고 의미가 끊어진 곳도 이미 예정한 것으로 보아야 할 것이다 [13]. 사자(使者)가 한 이야기를 그곳에서 바로 썼다면 문자를 이렇게 배치하는 것은 불가능하다. 이 점을 중시한다면 전자가 약간 유력해 보인다.

이상으로 출토 유구와 공반유물, 목간의 관찰 결과를 근거로 하면 발신자 측에서 작성되었을 가능성이 약간 크다고 생각되나 그래도 문제가 남는다. 특히 이 목간의 문자는 숙달된 필치이며 목간의 작은 양면에 딱 맞도록 배치하여 쓴 점은 중요하다. 단적으로 말하자면 발신자가 썼든 수신자가 썼든 단순한 메모치고는 너무 잘 만들어진 것이 아닌가 하는 것이다.

따라서 발상을 전환해보고자 한다. 작성과정은 다음과 같다. ①어떤 이유로 목간의 작성이 기획된다(기재 방법의 방향성·내용의 방향성을 포함). ②구체적으로 써야 할 내용이 정해진다. ③구체적인 기재 방법(일본어 어순과 한문이 섞인 기재)이 정해진다. ④기재할 문자와 문자 수가 정해진다. ⑤준비된 목간에 문자를 배치하고 쓴다. ⑥사용 후 폐

---

13) 문자의 크기도 거의 정연하다. 다만 마지막이 빈 것처럼 보이는데 전체의 문자 숫자와 배치는 사전에 계획된 것으로 생각해도 문제가 없다.

기한다.

①의 '이유'는 앞서 언급하였듯이 걸출한 목간의 양상으로 보아 꽤 특별한 사정이 있었을 것이다. 그 '특별함'이 ②~⑤의 '특별함'을 초래하였을 것이며 이를 종합하면 앞에서 생각한 두 가지 외에 다른 가능성도 생각해 볼 수 있을 것이다. 예를 들어 실제로 '사용된' 목간이 아니라 사자(使者)가 이야기할 때 연습용으로 사용한 샘플 목간(ひな形, 옮긴이 : 비즈니스 문서나 서류 등을 작성할 때 미리 준비해 둔 서식, 견본)의 가능성은 없을까.

만약 그러하다면 매우 계획적으로 배치된 문자도 이해할 수 있다. 또 유사한 목간이 없는 것도 이 목간이 어디까지나 교본이었기 때문으로 볼 수 있다. 長屋王家의 家政機關에서 각지로 파견된 직원도 포함한 샘플 목간·모델케이스로 작성한 것이라고 한다면 폐기된 이유도 납득할 수 있다. 실제로 샘플 목간사례가 있으므로[14] 구두로 전달할 때 사용한 샘플 목간일 가능성도 있다고 생각한다.

이상으로 억측도 많지만 御田苅목간이 샘플 목간의 가능성을 강하게 제기하고자 한다.

---

14) 문서의 ひな形 목간으로는 平城宮木簡73호, 74호 등이 있다.

3. 제첨축의 사용과 폐기

1) 제첨축과 문서의 관계

제첨축은 문서를 감은 '축부'와 문서명을 쓴 '제첨부'로 이루어져 특수한 형상을 띤다. 종이 문서와 관련이 깊은 목간이다. 제첨축이 출토된 것은 그 주변에 종이 문서가 존재한 것을 시사하고 또 제첨축이 폐기된 것은 종이 문서도 그 주변에서 역할을 끝마친 것을 의미하므로 주목도가 높은 목간이다. 제첨축을 망라한 연구로 北條朝彦 씨[15], 杉本一樹 씨[16], 高島英之 씨[17]의 연구가 있다.

제첨축은 출토품 외에 정창원에도 전래되었는데 '왕래(往來)', 또는 '왕래축(往來軸)'이라 불린다. 왕래축만 전래된 경우도 있지만, 종이 문서가 감긴 상태, 말하자면 문서축으로 이용된 상태로 전래된 사례가 많다[18]. 정창원의 전세품을 통해 제첨축을 어떻게 이용하였는지 그 상황을 구체적으로 알 수 있다. 예를 들어 문서의 오른쪽에 첨부된 사례, 소위 '右軸'이 많은 것으로 보아 사무작업이 진행 중이며 문서도 '성장'하는 단계의 축일 것으로 지적된다. 제첨축은 일상적인 사무처리·문서처리에 이용된 보관용이라기보다 주로 작업용 도구이다.

---

15) 北條朝彦「古代の題籤軸」(皆川完一編『古代中世史料學研究 上』吉川弘文館, 1998).

16) 杉本一樹「文書と題籤軸(報告要旨)」(『木簡研究』24, 2002). 또 자료는 구두보고「文書と題籤軸」(『木簡學會但馬特別研究集會 -古代但馬國と木簡-』2008)에 게재되어 있다.

17) 高島英之「題籤軸」(平川南·沖森卓也·榮原永遠男·山中章編『文字と古代日本 I 支配と文字』吉川弘文館, 2004).

18) 杉本 각주 6논문 등 참조.

정창원 전세품을 비롯하여 완형 제첨축의 축부 길이는 30cm를 약간 넘는 것이 많다[19]. 奈良時代 종이의 세로 길이가 26~27cm 정도이므로[20] 종이를 감으면 3~5cm 정도 여유가 있는 적당한 길이라고 할 수 있다.

출토된 제첨축을 다시 살펴보자(표 17). 이 가운데 위에서 언급한 30cm보다 짧은 것이 여러 개 있다. 지방 관아에서 출토된 제첨축이 정창원 전래품보다 축부가 짧다는 것은 이미 北條 씨에 의해 지적되었는데 지방에서 이용한 종이의 세로 길이가 도성에서 사용한 종이의 세로 길이보다 짧았을 가능성도 있다[21]. 그러나 종이는 규격품이므로 도성과 지방에서 만들어진 종이의 세로 길이가 그렇게 달랐으리라고는 생각하기 어렵다. 그리고 도성에서 출토된 사례 중에서도 예를 들어 [표 17-41] 平安京 출토 제첨축의 축부 길이는 27.5cm로 약간 짧다. 하단이 없어졌다고 하는데 부러진 것으로 단정하기는 어려워 보인다. 또 하부로 가면서 폭이 좁은 형태로 깎여 있으므로 가령 부러졌다손 치더라도 부러져 없어진 부분의 길이는 그다지 길지 않았을 것으로 생각된다. 종이의 세로 길이보다 축부가 짧은 것이다. 이처럼 짧은 축부는 어떻게 사용하였을까.

주목되는 것은 하부가 좁게 깎여 있다는 점이다. 051형식 목간을

---

19) 杉本 각주 6논문.

20) 杉本一樹「律令制公文書の基礎的觀察」(初出 1993)·「正倉院文書における紙について」(『日本古代文書の研究』吉川弘文館, 2001).

21) 北條 각주 15 논문.

이용할 때 상정되는 것처럼 하부를 좁게 만든 것은 무엇인가를 꽂기에 적합하다. 제첨축은 아니나 [사료 8]의 平城宮 3763호는 문서명이 쓰인 051형식 목간으로 문서다발에 꽂아 이용되었을 것이다[22].

이러한 점을 고려하면 기재된 내용을 통해 제첨축이 확실한 [표 17-41]은 만약 무엇인가를 꽂았다면 그 대상은 '문서'라고 생각하는 것이 타당할 것이다. 즉 제첨축의 축부를 문서축으로 이용하여 문서 또는 두루마리의 끝을 붙이는 것이 아니라 이어 붙인 문서가 심 없이 감기거나 감긴 문서가 쌓여 있는 것, 또는 다른 축이 장착된 문서에 축부를 꽂아 문서의 인덱스인 제첨축을 고정하여 이용하는 방법을 상정할 수 있다.

이렇게 본다면 31 伊場유적 출토 제첨축과 9 市川橋유적 출토 제첨축은 봉상이며 하단부가 뾰족한 형상이 매우 닮았는데 이것도 문서에 꽂기에 적합한 용도라고 할 수 있을 것이다. 또 7 山王유적 출토 제첨축도 하단부를 뾰족하게 만들었을지 모른다.

이렇게 본다면 高島 씨가 '제첨축은 문서에 매단 「부찰」'이라고 지적한 것은 주목할 만하다[23]. 제첨축의 주제가 '제첨'에 있다고 한다면 문서와 제첨을 '잇는' 것이 축부이며 잇는 방법으로는 문서축으로 붙이는 경우도, 뾰족한 봉상의 것을 꽂는 경우도 있었다고 볼 수

---

22) 다만 이 목간과 유사한 평면 051형식 목간을 문서에 끼운 것으로 보이는 사례는 이외에 보이지 않는다. 제첨부 아래에 매우 짧게 꽂아 넣은 부분이 있는 사례가 滋賀縣松原內湖遺跡 출토 목간 가운데 있다. 「仁王妙典」이라고 쓰여 있는데 경전이나 柿経의 다발에 사용한 것으로 생각된다(『木簡研究』37호(2015) 참조).

23) 高島 각주 17 논문. 館野和己 씨도 같은 지적을 한다(「平城京の役所と官人」平野邦雄·鈴木靖民編『木簡が語る古代史上』吉川弘文館, 1996).

표17. 제첨축 일람

번호	본문	출전	유적명	크기(mm)	축부 (軸部)
1	・馬 ・日記	木研37-106頁-(1)	柳之御所遺跡	129・(13)・3	100
2	引〈〉□〔六?〕	秋田城2-87	秋田城跡	(90)・12・2	50
3	・伊福部 ・弓継	木研27-147頁-(3)	厨川谷地遺跡	(172)・17・10	138
4	・□□□□ ・□□□	木研27-147頁-(6)	厨川谷地遺跡	(66)・(21)・5	0
5	・有宗 ・案文	木研26-146頁-(1)	古志田東遺跡	(45)・20・7	0
6	〈〉	木研16-140頁-(10)	山王遺跡	(343)・27・10	272
7	・解文＼案 ・会津郡＼主政益□ 〔継?〕	木研16-140頁-(11)	山王遺跡	(289)・46・7	231
8	・右大臣□〔殿?〕＼□ 〔餞?〕馬□〔収?〕文 ・□□〔大？〕臣□ 〔殿?〕＼餞馬収文	木研18-122頁-(1)	山王遺跡	(55)・36・8	0
9	馬□	木研24-82頁-(20)	市川橋遺跡	(280)・11・10	240
10	・失馬文 ・国判	木研24-82頁-(27)	市川橋遺跡	(130)・26・9	101
11	・収納借貸正税弐 ・延暦十九年□	木研24-83頁-(29)	市川橋遺跡	(133)・28・6	0
12	・□〔符?〕 ・□＼□□□	木研24-83頁-(34)	市川橋遺跡	(54)・42・9	0
13	七年出挙	木研22-262頁-(4)	矢玉遺跡	(225)・20・7	180
14	(墨痕なし)	下野国府跡7-135	下野国府跡	(46)・(32)・8	0
15	・〈〉＼〈〉 ・〈〉	下野国府跡7-355	下野国府跡	(62)・(32)・10	4
16	(墨痕不明瞭)	下野国府跡7-809	下野国府跡	(103)・21・6	75
17	・〈〉 ・〈〉	下野国府跡7-1108	下野国府跡	(107)・39・6	53
18	(墨痕不明瞭)	下野国府跡7-1467	下野国府跡	(80)・36・3	38
19	(墨痕あり)	下野国府跡7-2035	下野国府跡	(128)・(32)・4	78
20	(墨痕不明瞭)	下野国府跡7-2157	下野国府跡	(59)・(33)・4	7
21	・□〔薬〕師寺＼月料 ・〈〉□＼□〔解?〕文	下野国府跡7-2360	下野国府跡	(62)・27・5	9

22	・〈〉 ・□〔解?〕文	下野国府跡7-2361	下野国府跡	(79)・(28)・6	32
23	(墨痕不明)	下野国府跡7-2364	下野国府跡	(88)・27・8	31
24	・〈〉 ・□＼□	下野国府跡7-2365	下野国府跡	(61)・(29)・8	7
25	(墨痕不明)	下野国府跡7-2585	下野国府跡	(61)・21・3	46
26	・□三郡医生＼薬長差 〈〉 ・解文延暦十＼年七月	下野国府跡7-3485	下野国府跡	(111)・(23)・3	52
27	・〈〉＼始政日文 ・二月□□＼〈〉	下野国府跡7-4169	下野国府跡	(93)・(27)・5	36
28	묵흔 확인되지 않음	下野国府跡7-4211	下野国府跡	(86)・36・4	12
29	묵흔 없음	下野国府跡7-4225	下野国府跡	(58)・25・2	5
30	〈〉	木研9-72頁-(5)	居倉遺跡	(64)・20・6	19
31	延長二年	伊場12-77(伊場1-77)	伊場遺跡	245・18・7	200
32	・(梵字) ・□〔梵字)?〕	木研38-135頁-(51)	堀切遺跡（F区)	188・40・10	144
33	・〈〉 (右側面) ・□〔梵字)?〕 〈〉 (表面) ・□ (左側面) ・〈〉 (裏面)	木研38-135頁-(52)	堀切遺跡（F区)	82・32・16	36
34	・足帯□ ・八月六	木研30-73頁-(5)	手原遺跡	(64)・24・3	7
35	仁王妙典	木研37-95頁-2(2)	松原内湖遺跡	191・36・1	64
36	六	木研9-45頁-(1)	平安京	169・7・5	152
37	・坂上殿□〔東?〕収 ・□□十四年	木研12-57頁-(3)	平安京	(78)・35・5	4
38	・朱雀院炭日記＼□ 十一年五月十三日始 ・朱雀院炭日記＼□ 十一年五月十三日始	木研17-53頁-(4)	平安京	(80)・38・6	0
39	・□□〔一三?〕□□＼ 弘仁七年 ・□□〔一三?〕□□＼ 弘仁七年	木研20-70頁-(1)	平安京	(67)・30・5	19

40	・斉衡四年三条＼「我我□」 ・院正倉帳	木研35-148頁-(1)	平安京	(85)・35・5	11
41	・保延六年返抄 ・公役□□□物	木研33-23頁-(1)	平安京	(333)・20・6.5	275
42	運上目六	木研10-29頁-(23)	鳥羽離宮跡	(150)・14・3	93
43	・得度文 ・十一年五月廿日	木研20-61頁-1(26)	長岡宮	(66)・16・4	?
44	・〈〉給□ ・〈〉□□	木研20-61頁-1(27)	長岡宮	(218)・18・6	?
45	・符案／延暦／十年‖ ・符案／延十年‖	木研21-37頁-1(21)	長岡宮	(80)・20・7	13
46	・周防国 ・延暦二三年	長岡京1-135	長岡京	372・29・6	328
47	・大臣曹司作所 ・大臣曹司作所	長岡京1-136	長岡京	(212)・15・9	167
48	金銀□〔帳?〕	木研15-43頁-(2)	長岡京	(83)・(20)・(4.5)	5
49	・位田并墾田 ・位田并墾田	長岡京2-1327	長岡京	(70)・22・8	0
50	・□□□年 ・□文	長岡左京木簡1-116	長岡京	(149)・13・3	0
51	・始天応元年八月 ・〈〉	向日市報55-1	長岡京	(86)・23.5・8.5	5
52	・内蔵北二＼蔵外出 ・〈〉＼延暦二年正月＼〈〉	向日市報55-2	長岡京	(58)・30・11	0
53	・東院内候所収帳 ・延暦十三年正月一日	向日市報55-4	長岡京	(104)・30.5・8.5	0
54	・「太」＼延暦十二年八月十二□〔日?〕＼「太太太□」 ・「太」＼夜見物□〔取?〕遷□＼「□□」	向日市報55-138	長岡京	(99)・20.5・7	0
55	・□□〔月?〕賜五□＼←□□＼帳 ・〈〉	向日市報55-139	長岡京	(99)・(45)・8	46

56	・寛治五年 ・米□□	木研30-28頁-(1)	難波野遺跡	(82)・21・6	0
57	・寿永三年 ・四至内劵文	木研12-76頁-1(1)	上清滝遺跡	361・19・5	301
58	・官稲 ・大同五年	木研8-43頁-(1)	但馬国府推定地	(45)・16.5・5	0
59	・佐須郷田率 ・□□	木研8-43頁-(2)	但馬国府推定地	(82)・18・6	0
60	・造寺米残 ・弘仁三年	木研9-62頁-(1)	但馬国府推定地	(284)・19・4	239
61	〈〉	木研9-62頁-(4)	但馬国府推定地	(145)・21・7	?
62	・式部卿 ・□文	木研9-62頁-(6)	但馬国府推定地	(128)・16・6	71
63	《》	木研9-63頁-(13)	但馬国府推定地	(113)・21・9	?
64	・弘仁四年○「□」 「□□」 ・□□□	日本古代木簡選	但馬国府推定地	317・18・4	264
65	・造寺料収納帳 ・寶亀三年四年＼借用 帳	木研12-90頁-(1)	但馬国分寺跡	(54)・26・5	0
66	□□〔諸郷?〕徴部	木研16-87頁-(1)	袴狭遺跡(2)	(57)・25・5	0
67	・朝来郡 ・死逃帳 ・天長□□（右側面） ・□□三年（左側面）	木研18-74頁-(1)	祢布ヶ森遺跡	(123)・25・9	71
68	・二方郡沽田結解 ・天長□〔四?〕□	木研18-74頁-(2)	祢布ヶ森遺跡	(70)・28・7	0
69	・田公税帳 ・承和二年	木研18-74頁-(3)	祢布ヶ森遺跡	(46)・26・5	4
70	・養父郡＼買田劵 ・寛平九年	木研18-75頁-(4)	祢布ヶ森遺跡	(60)・25・5	0
71	・気多□〔郡?〕□□□ ・承和元年	木研22-82頁-(1)	祢布ヶ森遺跡	(77)・18・5	14
72	・←方郡帳 ・七年死者	木研22-82頁-(2)	祢布ヶ森遺跡	(148)・18・6	82
73	・七美郡□案 ・弘仁四年	木研31-45頁-2(1)	祢布ヶ森遺跡	(52)・22・5	0
74	・客作名帳 ・客作名帳	木研31-45頁-2(2)	祢布ヶ森遺跡	(49)・26・5	4

75	・雑解文帳 ・雑解文帳	木研31-45頁-2(3)	祢布ヶ森遺跡	(72)・17・5	0
76	・従常宮＼請雑物 ・二年	平城宮2-1947	平城宮	(90)・24・6	38
77	・□公□□〔案?〕→ ・延暦二年八□〔月?〕	平城宮2-2119	平城宮	(65)・32・7	1
78	・諸司解（表面） ・二年（側面） ・諸司解文（裏面） ・二年（側面）	平城宮2-2640	平城宮	(56)・28・11	15
79	・人々前 ・人々前	城7-6下(46)	平城京	(102)・27・5	42
80	・絹収下□ ・御□＼絹収《》＼八月十□〈〉	城7-7上(51)	平城京	(74)・27・5	0
81	・§木工幷仕丁粮 ・□□	城12-14下(105)	平城宮	(119)・19・6	64
82	・釘用＼七月廿四日 ・□□	城12-14下(108)	平城宮	(136)・20・4	86
83	・官人已□〔下?〕＼雑 □□〔使已?〕＼上 ・天平神護＼二年正月	城12-15下(121)	平城宮	(51)・41・8	0
84	・北一贄＼殿出帳 ・天平廿年	城11-10上(60)	平城宮	(52)・29・5	1
85	・大炊寮 ・十九年	城11-10上(61)	平城宮	(126)・14・7	94
86	勝間太里□	城12-11下(72)	平城宮	(57)・21・4	0
87	・□民部収＼納近江大 豆出 ・出帳＼天平十八年	城17-17下(137)	平城宮	(45)・25・4	0
88	・神護元年 ・七月解	城17-17下(138)	平城宮	(65)・14・5	8
89	四年□＼□文	(城17-17下(139)	平城宮	(66)・27・5	22
90	・資人放出□ ・寶字八年	平城宮4-3760	平城宮	(242)・33・5	168
91	□申故	平城宮4-3761	平城宮	(118)・27・8	56
92	・五位上 ・故文	平城宮4-3762	平城宮	(64)・29・6	16

93	・諸司解 ・諸司移	平城宮4-3764	平城宮	(48)・29・2	1
94	・上日 ・上日	平城宮4-3765	平城宮	(35)・8・4	6
95	・諸家并＼諸司□□ 〔移牒?〕 ・□	平城宮4-3766	平城宮	(85)・39・5	0
96	・口宣 ・口宣	城19-20上(159)	平城宮	(52)・(19)・5	0
97	・宿直 ・宿直	城19-20上(160)	平城宮	(96)・29・6	1
98	・去勝寶九歳 ・奈良□□〔勘?〕帳	平城宮7-12479	平城宮	(68)・18・3	0
99	・国解／上日‖ ・国解／上日‖	平城宮5-6164	平城宮	(51)・24・7	12
100	・諸司移 ・神護景雲＼三年	平城宮5-6165	平城宮	389・26・9	341
101	・史生省掌＼神護景雲 元年 ・史生省掌＼神護景雲 元年	平城宮5-6173	平城宮	(67)・30・10	19
102	・□〔諸?〕□服□ 〔関?〕 ・〈 〉＼□□道□□ 〔関?〕	平城宮5-6179	平城宮	(77)・(25)・4	20
103	天平十九年	平城宮7-11519	平城宮	(98)・19・5	47
104	・門々并雑物鋪帳 ・景雲四年八月	城39-14下(68))	平城宮	(80)・27・4	4
105	・／申‖進天申□＼八 月謹解 ・□本□□＼□勝□□ 〔帳?〕	平城宮7-11952	平城宮	(56)・33・4	0
106	・出挙帳 ・八歳七月	城43-14上(74)	平城宮	(83)・24・7	21
107	・【□是是是天】 ・【□是是是天】	城31-22下(290)	平城京	(72)・32・2	6
108	・供養功文 ・供養功文	城22-18下(143)	平城京	(260)・18・7	205

109	・春夏節々美 ・禄帳／天平八年／八 月一日‖智識	城22-18下(144)	平城京	(114)・26・6	45
110	・□物集殿 ・物出帳	城22-18下(145)	平城京	(63)・26・4	2
111	・人給味物「□□」 ・帳／勘□帳／天平□ 年□月十五日‖	城33-27上	平城京	360・29・5	300
112	・八年八月以来 ・贄帳【「□□□□ 〔天平八年?〕□□□□ □□□□〔月九日苅田 孔足?〕」】	城31-40上	平城京	356・23・7	313
113	・北倉雑物帳 ・天平八年二月十日	平城京3-4997	平城京	(67)・25・4	4
114	・掃守殿収納并 ・雑用帳／天平八年／ 二月十一日‖	平城京3-4998	平城京	(60)・26・3	0
115	・人給味物帳 ・勘後帳＼天平八年七 月廿一日	平城京3-4995	平城京	(71)・26・8	15
116	・進内物帳 ・天平八年六月	平城京3-4994	平城京	(56)・27・5	0
117	・荒和炭用帳 ・八年八月以来	平城京3-4999	平城京	(56)・24・5	0
118	・用鉄釘帳 ・八年八月□□〔以 来?〕	城24-20下(173)	平城京	(55)・24・4	0
119	・自左京職来銭□ 〔并?〕 ・市米直銭帳	平城京3-4996	平城京	(54)・20・3	0
120	・皮用帳 ・皮用帳	城24-20下(175)	平城京	(79)・32・3	15
121	・法文 ・法文	平城京3-5000	平城京	(64)・28・6	0
122	天　（刻書）	平城京3-5001	平城京	(73)・25・6	33
123	□帳／／二月‖	城31-23上(292)	平城京	(287)・(16)・6	218
124	・東西市 ・継文	城30-6下(24)	平城京	(59)・27・2	0

125	・寶字七年六＼月諸司 継文 ・寶字七年六→＼諸司 継文	城31-7下(10))	平城京	(96)・36・7	34
126	・八年 ・帳	城31-23上(291)	平城京	(20)・19・4	0
127	□□□〔万?〕	(未公開)	平城京	(50)・23・6	0
128	・宇治銭用 ・◇ 銭用	西隆寺-47	西隆寺	(100)・25・4	26
129	・◇ 倉代作用 ・◇ 代作用	西隆寺-48	西隆寺	(67)・28・4	2
130	亀六年難	木研16-21頁-(1)	大安寺旧境内	(56)・31・5	0
131	・天喜六年／七月廿六 日／北宿□〔所?〕‖ ・梨原御房	木研16-27頁-(1)	興福寺旧境内	(54)・18・3	0
132	浄土寺＼経論司	飛鳥藤原京1-1456	山田寺跡	(72)・21・8	27
133	・養和□□〔元年?〕沙 汰 ・御相□〔折?〕□□	木研5-69頁-(11)	助三畑遺跡	(34+65)・14・6	41
134	・大々寸魚下 ・□々寸魚下	木研21-193頁-(2)	新道(清輝小)遺 跡	(75)・15・3	0
135	・◇ ・◇	木研24-135頁-(25)	安芸国分寺跡	(355)・29・10	268
136	・仁 和 二 年 仮 文 □ 〔案?〕 ・仁和二年仮文	木研37-168頁-(1)	因幡国府遺跡	(73)・27・9	2
137	天長二年税＼帳	木研18-158頁-(10)	岩吉遺跡	(199.5)・23・4	295
138	・知 ・□	木研30-214頁-(40)	青木遺跡	(102)・47・6	13
139	・□〔郡?〕村□文 ・天暦□〔元?〕年	木研37-182頁-(1)	青谷横木遺跡	(64)・28・5	0
140	沽買布納帳	木研35-110頁-(3)	青谷横木遺跡	(65)・21・3.5	0
141	□□〔神主?〕并祝所	木研35-110頁-(4)	青谷横木遺跡	(64.5)・25・6	2
142	天慶十年	木研３８-１５４頁 -2(15)	青谷横木遺跡	(96)・24・7	45

143	□　(墨点)	木研20-239頁-(8)	出雲国庁跡	(111)・(16)・4	0
144	・◇ ・◇	観音寺4-155	観音寺遺跡	(93)・26・7	8
145	・府国司 ・遭喪解文	大宰府木簡概報1-9	大宰府跡	(86)・33・6	0
146	(墨痕없음)	大宰府木簡概報 2-232	大宰府跡	(49)・21・5	12
147	・延長五年／→／米■ 帳‖ ・←／□所々／米■帳 ‖	大宰府木簡概報 2-244	大宰府跡	(97)・32・5	27
148	(墨痕없음)	大宰府木簡概報 2-287	大宰府跡	356・24・7	291
149	・寛治七年 ・□文□米	木研19-209頁-(1)	香椎B遺跡	(74)・20・6	0

있다. 좀 더 말하자면 축부를 대신하여 끈과 실을 사용하여도 되는데
이 경우는 '패(牌)'와도 매우 비슷하며 사용 방법도 유사하였을 것이
다. 어떤 경우든 正倉院文書의 제첨축(往來軸)이 문서보다도 길고 문
서에 붙여져 있었으므로 '제첨축은 문서에 붙이는 것'으로 의심 없이
생각되었으나 제첨축 세계에는 '축의 상단에 인덱스를 붙이는' 것만
이 아니라 '인덱스(제첨)를 축으로 문서에 고정·장착'한 사례도 분명
히 존재한 것으로 생각된다.

이렇게 생각하면 축부가 종이의 세로 길이보다 긴 경우라고 하더
라도 종이와 축부를 '붙인 것'으로 단정할 수는 없지 않을까. 축을 종
이에 붙이는 경우, 축에 단순하게 감은 경우, 종이 두루마리와 다발
에 꽂는 경우 등 다양한 이용 방법을 상정해야 할 것이다. 다만 축부

가 종이의 세로 길이보다도 짧은 사례는 매우 소수에 불과하므로 역시 제첨축은 '축'으로 이용하는 것이 주된 방법이었던 것으로 보인다.

한편 제첨축은 주로 '미완성 문서'로 이용한 것에 반해 완성된 문서에는 원주상의 '봉축'을 이용하였고 봉축을 장착한 문서의 인덱스는 봉축의 횡단면에 쓰든지, 또는 실·끈으로 패(籤)를 매달았다. 이러한 '봉축'과 매우 닮았으나 그 이용 방법이 아직 명확하지 않은 사례로 市川橋유적에서 출토된 목간이 있다(사료 9).

굵기는 봉축으로서 딱 적당하다. 한쪽의 횡단면에 '安達'이라고 쓴 것은 安達郡에 관한 문서를 나타내는 것으로 생각하면 이해하기 쉽다. 그러나 이 목간은 길이가 불과 22.2cm에 불과해 문서축치고는 너무 짧다. 더욱이 '安達'이라는 묵서가 있는 횡단면의 반대 측은 서서히 좁게 깎여 있고 횡단면 부분에도 묵서는 없다. 이래서는 문서를 감아도 종이가 삐져나오는 데다가 도중부터 좁아져 붙이기가 어렵거나 불가능하다. 그러므로 이 목간을 위에서 검토한 제첨축과 대조하여 이해해보면 어떨까.

끝부분을 좁고 뾰족하게 한 것은 두루마리에 꽂기 위해서이며 꽂아 사용되었으므로 길이도 짧았다고 보는 것이다. 이 목간의 형상은 봉축에 가까우나 사용 방법은 제첨축과 같아서 '봉축상제첨축'이라 불러야 하며 간단하게 문서의 인덱스를 부여하는 도구였다. 제첨축이 작성되고 이용된 일·작업 장소에서는 아마 봉축도 사용되었을 것이다. 이러한 일·작업장소에서 불필요하게 된 봉축을 가공하여 제첨축으로 사용하였을 가능성도 충분히 상정할 수 있다[24].

2) 제첨축과 문서의 폐기

한편 출토 사례를 보면 제첨부만 발견되고 축부는 결실된 사례가 압도적으로 많다.

이는 축부와 제첨부 사이가 약했으므로 부러진 것으로 이해된다. 실제로 제첨부를 가공할 때 축부와 날이 수직으로 닿을 가능성이 크며 또 제첨부와 축부의 접점은 형태가 변하는 부분이므로 힘이 집중하기 쉬울 것으로 생각된다. 매장된 상태에서 토압에 의해 부러졌을 뿐만이 아니라 형태적으로도 약했으므로 제첨부와 축부 사이에서 꺾여 파손되었을 것이고 축부는 가공된 목재와 구별이 되지 않기 때문에 '제첨축의 축부'로 보고되지 않았으며 제첨부만 특징적으로 픽업되었을 것이라는 설명은 충분히 설득력이 있다.

그런데 '축부가 결실'된 제첨부라 하더라도 단순히 제첨부만 남아있는 것은 아니다. 축부 일부도 함께 남아 있는 사례가 많다. 형태적으로 가장 약할 것으로 생각되는 축부와 제첨부 사이의 접점은 부러지지 않은 상태로 남아 있고 그 아래쪽에 오히려 튼튼해 보이는 축부가 부러진 사례가 눈에 띄는 것이다.

[표 17]을 토대로 축부의 잔존 길이를 정리한 것이 [그림 15]이다

---

24) 이 목간은 제첨축의 축부보다 훨씬 두껍다. 제첨축보다 찔러 넣기 어려우므로 대상은 한정적일 수밖에 없다.

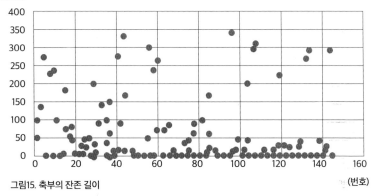

길이(mm)

그림15. 축부의 잔존 길이 (번호)

25). 축부의 잔존 길이는 계측 방법에 따라 크게 변하므로 계측치는 어느 정도 유동적으로 이해할 필요가 있으나 그럼에도 꽤 특징적인 경향을 볼 수 있다. 즉 축부의 길이는 크게 두 그룹으로 나누어진다. 주로 완형품에 해당하는 것으로 생각되는 ①20~30cm과 축부가 없어진 것으로 생각되는 ②0~10cm이다. 결국, 땅속에서 부러진 사례 가운데 잔존부가 10~20cm인 사례는 매우 적은 셈이다. 땅속에서 부러졌다고 생각하기에는 ①과 ②의 비율이 너무 압도적인 것이 아닐까. 더욱 상세히 살펴보면 5cm보다 짧은 범위에 집중되며 또 0cm도 상당한 수에 달한다. 이 가운데 0cm는 제첨부와 축부 사이에서 부러진 것이며 또 0.1~0.2cm 정도의 것도 제첨부와 축부의 접점에서 부러진 것으로 판단된다. 주목하고 싶은 것은 5cm 전후의 그룹이다. 형태적으로

---

25) 잔존 길이는 사진과 실측도를 토대로 계측하였다. 또 北條 각주 15 논문에 언급되어 있는 사례에 대해서는 주로 北條 씨의 계측을 채용하였다.

약할 것으로 생각되지 않는 곳에서 부러진 사례가 일정 수 이상 집중된 것은 우연이라고 보기 어렵다. 어떤 인위적인 움직임이 상정된다. 그리고 결실 부위에 대해 '인위적으로 꺾었다'는 보고는 주목해야 할 것이다[26].

그래서 平城宮·京에서 출토된 제첨축 중에 축부에서 부러진 사례를 확인하여 보았다(표 18). 실제로 토압과 같은 어떤 사정으로 인해 '부러진' 사례가 존재하고 또 부식 등으로 인해 자세한 사정을 알 수 없는 사례도 존재하지만, 인위적으로 절단하거나 다듬은 후 의도적으로 부러뜨린 것으로 보이는 사례도 많이 존재하는 것으로 확인되었다. 또 제첨부만 발견된 경우 = 잔존축 길이가 0cm인 경우에도 다듬어서 부러뜨린 사례가 발견되었다. 예를 들어 [그림 16]에서 한쪽 면은 직선적으로 날이 닿은 흔적을 확인할 수 있고 다른 한쪽 면은 갈라져 표면 일부가 없어진 상태여서 한쪽에서 칼날을 집어넣은 후 축부를 부러뜨린 것으로 추정할 수 있다.

이상을 통해 平城宮·京에는 제첨축의 제첨부 또는 제첨부의 조금 아래에서 꺾어서(또는 잘라서) 파손하는 행위가 이루어진 것을 알 수 있다. 각 지역의 모든 목간을 실견한 것은 아니므로 간단히 논할 수 없으나 위에서 언급한 잔존한 축부의 길이가 일정한 경향을 띤다는 점을 고려하면 인위적으로 꺾거나 절단한 사례가 많이 포함되었을 것이다.

---

26) 北條 씨도 인위적으로 접은 사례의 보고에 대해 주목하고 있으나 그 이유에 대해서는 논하지 않는다. 北條 각주 15 논문.

그렇다면 왜 이렇게 제첨축을 파괴하였을까. 이 문제를 생각할 때 어느 시점에 목간을 파괴하였는지가 중요하다고 생각한다. 남아 있는 축부는 0~10㎝, 특히 5㎝ 이하의 것이 많다. 이 숫자는 앞 절에서 언급한 평균적인 제첨축 축부의 길이(약 30㎝)에서 奈良時代 종이의 평균 길이(약 27㎝)를 뺀 숫자에 가깝다. 즉 종이가 감긴 상태로 종이 끝에서 잘라 낸 것으로 볼 수 있다. 더욱이 加賀美省 씨에 의하면 但馬國分寺의 제첨축이 발견된 유구에서 철저하게 축부를 찾으려 해도 발견할 수 없었으므로 축부와 제첨부는 따로 폐기되었을 가능성이 크다고 한다[27].

이상을 정리하면 ①제첨축에 종이가 감긴 상태에서 제첨축이 파손되고 ②제첨부와 축부는 다른 장소에서 폐기된 것으로 상정할 수 있다. ①의 행위로 인하여 문서는 인덱스를 잃어버리나 반대로 보면 인덱스를 제거하는 행위로도 볼 수 있다. 인덱스를 제거하는 장면이란 아마 문서가 필요 없게 된 시점일 것이다. ①은 문서가 필요없게 되었을 때 인덱스를 제거하고 불필요한 문서라는 것을 명시하기 위한 행위로 상정된다. 많은 양의 문서를 처리하는 데 문서가 필요한지, 필요 없는지를 간단하게 확인하는 방법으로 매우 유효한 정리기술이었을 것이다.

그리고 ②는 제첨부는 인덱스를 제거하면서 없어지지만, 축은 종이의 축으로서 계속해서 기능을 유지하였으므로 종이를 재이용(아마

---

27) 구두를 통한 교시에 의한다.

도 파지)하는 동안에는 필요하였고 재이용이 종료된 시점에 폐기되었으므로 폐기 장소와 시간이 달라진 것으로 생각한다. 두루마리를 재이용하는 경우, 문자를 쓴 면은 안쪽이다. 축이 남아 있다면 흡사 두루마리 휴지처럼 풀면서 바깥쪽의 사용하지 않은 면을 이용할 수 있어 재이용하는 데 적합하다.

인덱스를 제거하기 위해 제첨축 자체를 빼는 방법도 있을 수 있다. 앞 절에서 지적한 꽂기 형식의 제첨축이라면 빼내면 된다. 그렇지만 축부를 종이에 붙였을 경우 두루마리를 전부 펴지 않고서는 제첨축을 뺄 수 없다. 두루마리를 펴는 것 자체가 꽤 수고스러울 뿐만 아니라 종이의 재이용을 생각한다면 두루마리를 펼치면서 빼내든지 아니면 펼치고 나서 다시 되감아야 하는데 잔손이 더 많이 가고 시간도 지체된다. 가능한 한 축의 기능을 유지한 채 인덱스만 제거하는 것이 바람직하다. 그래서 제첨축을 파괴 = 제첨부를 제거함으로써 인덱스를 제거한 것으로 생각된다[28]. 한편 지방유적에서 출토된 제첨축의 축 가운데 짧은 것이 많은 데 이는 꽂기 형식으로 이용된 제첨축이며 뽑아서 폐기되었을 것이다.

고대 문서처리·사무처리·종이의 이용, 이를 효율적으로 하기 위한 열쇠로 목간의 이용 양상을 엿볼 수 있는, 흥미로운 사례라 할 수 있다.

---

28) 정보의 본체는 그대로고 인덱스 부분을 폐기함으로 그 정보체의 존재를 지우는 방법은 오늘날 컴퓨터 파일의 관리에서 이루어지는 방법과도 유사하다고 생각된다.

표 18. 축부에서 결손된 제첨축

번호	본문	출토구역	유구번호	축부 (軸部)	하단부 상황	인위 성
76	・從常宮\請雑物 ・二年	平城宮內裏北方官衙 地区	SK2101	38	切り折り	○
77	・□公□□〔案?〕→ ・延暦二年八□[月?]	平城宮內裏北方官衙 地区	SD2700	1	切り折り	○
78	・諸司解(表面) ・二年(側面) ・諸司解文(裏面) ・二年(側面)	平城宮東院地区西边	SB3322	15	切门折	○
79	・人々前 ・人々前	平城京東三坊大路	SD650	42	折損	X
80	・絹收下□ ・御口滑杈《》\八月十□	平城京東三坊大路	SD650	0	破損	X
81	・§木工并仕丁粮 ・□□	平城宮東院地区	SD3236C	64	折損	X
82	・釘用\七月廿四日 ・□□	平城宮東院地区	SD3236C	86	折損	X
83	・官人已□〔下?〕\雑□□ 〔使已〕\上 ・天平神護\二年正月	平城宮東院地区	SD3236C	0	不明(腐 0 食激し)	?
84	・北一贄\殿出帳 ・天平廿年	平城宮左京二坊坊間 大 路西側溝	SD5780	1		
85	・大炊寮 ・十九年	平城宮左京二坊坊間 大 路西側溝	SD5780	94		
86	勝間太里□	平城宮東院地区	SD8600	0	折れか	△
87	・□民部收\納近江大豆出 ・出帳\天平十八年	平城宮第二次大極殿 院 ・內裏東方官衙地区	SD2700	0	切り折り	○
88	・神護元年 ・七月解	平城宮第二次大極殿 院 ・內裏東方官衙地区	SD2700	8	切り折り	○
89	・四年□\□文	平城宮第二次大極殿 院 ・內裏東方官衙地区	SD2700	22	切り折り	○
90	・資人放出□ ・寶字八年	平城宮式部省関連	SD4100	168	折損	X
91	□申故	平城宮式部省関連	SD4100	56	切断	○

92	・五位上 ・故文	平城宮式部省関連	SD4100	16	切断	○
93	・諸司解 ・諸司移	平城宮式部省関連	SD4100	1	切り折り	○
94	・上日 ・上日	平城宮式部省関連	SD4100	6	切り折り	○
95	・諸家幷\諸司□□〔移牒?〕 ・□	平城宮式部省関連	SD4100	0	折損	X
96	・口宣 ・口宣	平城宮内裏東方東大 溝地区	SD2700	0	切り折り	○
97	・宿直 ・宿直	平城宮内裏東方東大 溝地区	SD2700	1	切り折り	○
98	・去勝寶九歳 ・奈良□□〔勘?〕帳	平城宮第一次大極殿 院築地回廊東南隅付 近	SD5564	0	切り折り (または切断)	○
99	・国解/上日‖ ・国解/上日‖	平城宮式部省関連	SD4100	12	切り折り	○
100	・諸司移 ・神護景雲\三年	平城宮式部省関連	SD4100	341	完形	/
101	・史生省掌\神護景雲元年 ・史生省掌\神護景雲元年	平城宮式部省関連	SD4100	19	切り折り	○
102	・□〔諸?〕□服□〔關?〕 ・〈〉\□□道□□〔關?〕	平城宮式部省関連	SD4100	20	不明(腐食 きつい)	?
103	天平十九年	平城宮第一次大極殿 院地区西楼	SB18500	47	切断か?	△
104	・門々并雑物鋪帳 ・景雲四年八月	平城宮東方官衙地区	SK19189	4	切り折り	○
105	・/申‖進天申口八月謹解 ・□本□□\□勝□□ 〔帳?〕	平城宮中央区朝堂院‖地 区東南隅	SD3715	0	切り折り	○
106	・出挙帳 ・八歳七月	平城宮東方官衙地区	SK19189	21	切り折り	○
107	・【□是是是天】 ・【□是是是天】	二条大路木簡	SD5100	6	切断	○
108	・供養功文 ・供養功文	二条大路木簡	SD5100	205	折損	X
109	・春夏節々美 ・禄帳/天平八年/八月一日 ‖智識	二条大路木簡	SD5100	45	折れ	X

110	・□物集殿 ・物出帳	二条大路木簡	SD5100	2	切り折り	○
111	・人給味物 「□□」 ・帳/ 勘口帳/天平□年□| 月十五日 |	二条大路木簡	SD5100	300	完形	/
112	・八年八月以来 ・營帳【「□□□〔天平 八年?〕□□□□□□□ 〔月九日苅田孔足?〕」】	二条大路木簡	SD5100	313	完形	/
113	・北倉雑物帳 ・天平八年二月十日	二条大路木簡	SD5300	4	切り折り	○
114	・掃守殿收納并 ・雑用帳/天平八年/二月 十一日 |	二条大路木簡	SD5300	0	切り折り	○
115	・人給味物帳 ・勘後帳天平八年七月廿一日	二条大路木簡	SD5300	15	切り折り	○
116	・進內物帳 ・天平八年六月	二条大路木簡	SD5300	0	切り折り	○
117	・荒和炭用帳 ・八年八月以来	二条大路木簡	SD5300	0	切り折り	○
118	・用鉄釘帳 ・十八年八月□□〔以来?〕	二条大路木簡	SD5300	0	切り折り	○
119	・自左京職来銭□〔并?〕 ・市米直銭帳	二条大路木簡	SD5300	0	切り折り	○
120	・皮用帳 ・皮用帳	二条大路木簡	SD5300	15	折扎か?	△
121	・法文 ・法文	二条大路木簡	SD5300	0	切り折り	○
122	天 (刻書)	二条大路木簡	SD5300	33	不明	?
123	□帳/ /二月 |	二条大路木簡	SD5100	218	ほぼ完形	/
124	・東西市 ・継文	二条大路木簡	SD5100	0	不明	?
125	・寶字七年六\月諸司繼文 ・寶字七年六→\諸司繼文	平城京左京七条一坊 十六 坪東一坊大路西側溝	SD6400	34	切断	○
126	・八年 ・帳	二条大路木簡	SD5100	0	不明	?
127	□□□〔丂?〕	平城京左京七条一坊十六 坪東一坊大路西側溝	SD6400	0	不明	?

그림16. 제첨축 결손상황(화상제공 : 나라문화재연구소)

4. 맺음말

이상으로 이용 장면·상황을 고려하면서 목간을 작성한 사례와 목간의 사용 방법이 폐기 방법과 연결되어 하나의 세계를 이룬 사례를 소개하였다.

억측도 많지만, 고대 사회에서 목간이 활용된 모습의 한 단면을 볼 수 있었다고 생각한다. 이러한 사례를 차근차근 거듭함으로써 고대 사회에서 목간을 이용한 구체적인 방법을 찾고 행정 운영의 실태와 율령제적 지배를 가능하게 한 행정 기술을 밝히는 데 일조하고자 한다.

사료 1

筑紫大宰進上筑前国穂波×

(74)·17·2   039『平城宮発掘調査出土木簡概報』22-438

[筑紫]　　　　　　　[種]
□□大宰進上筑前国嘉麻郡殖□×

(84)·16·2   081『平城宮発掘調査出土木簡概報』22-439

筑紫大宰進上肥後国託麻郡×

(87)·18·2   039『平城宮発掘調査出土木簡概報』22-440

筑紫大宰進上薩麻国殖一

(80)·17·2   039『平城宮発掘調査出土木簡概報』22-444

筑紫大宰進上肥後国託麻郡…□子紫草

(68+19)·19·3   081『平城宮発掘調査出土木簡概報』31-464

筑紫大宰進上肥後国託麻郡

(63)·20·2   081『平城宮発掘調査出土木簡概報』31-465

사료 2

上豊後国海部郡真紫草…□□□[斤?]

(70+25)·(15)·2   081『史跡大宰府跡調査出土木簡概報』2·206

사료 3

·多禰嶋 考六卷
　　　　状六卷

·三番

115·24·7　032 平城宮木簡 9886

사료 4

　　　　　[領鮒?]
宗形郡大 □□脂

116·27·4　032『平城宮発掘調査出土木簡概報』21-384

宗形郡大領鯛醬

103·28·3　032『平城宮発掘調査出土木簡概報』23-138

사료 5

·当月廿一日御田苅竟大御飯米倉古稲

·移依而不得収故卿等急下坐宜

219·14·2　011 平城宮木簡 1712

사료 6

·○符 召医許母矣進出急々

·○五月九日 家令
　　　　　　家扶

268·41·5　011 平城宮木簡 147

·佐保解 進生薑弐拾根

·額田児君 和銅八年八月十一日付川瀬造麻呂

(348)·(28)·3　081 平城宮木簡 185

·○移 奈良務所専大物皇子右二月料物及王子等

·○公料米進出附紙師等五月九日少書吏置始家令 家扶

241·28·3　011 平城宮木簡 1708

사료 7

·片岡進上蓮葉卅枚 持人都夫良女

·御薗作人功事急々受給 六月二日真人

230·25·2　011『平城宮発掘調査出土木簡概報』21-42

·○召 採松 根麻呂宮入女益女右三人進出

·○又三月四月五月右三月油持衣縫安麻呂 参向 五月十二日鎌足家扶

320·40·3　011 平城京木簡 1702

난독목간 석독의
실제 사례

1. 머리말

『平城宮木簡』에서 이미 보고된 목간을 상세하게 재관찰한 결과, 새롭게 읽을 수 있게 되었거나 성격이 분명해진 목간이 있다. 이 목간에 소개하고자 한다.

2. 陸奧國에서 보낸 贄하찰

『平城宮木簡　三』3059호 목간이다. 『平城宮木簡』의 석문은

□

□□□□□郡□□□御贄壹籠　天平元年十一月十五日

위와 같다. 대형의 하찰목간이다. 현재 보존처리는 완료되었다.

표면이 부식되어 나뭇결은 심하게 서 있다. 묵흔은 옅다. 육안으로도 묵흔은 확인할 수 있으나 판독이 매우 어렵다. 적외선 화상을 이용하여 묵흔을 확인하였다.

이미 釋讀된 '郡'으로 보아 '郡' 앞에 5글자(○○國○○)가 쓰인 것으로 생각된다. 적외선 화상을 통해 볼 때 '國'은 거의 확실하다. 따라서 國名과 郡名을 정하는 것이 다음 작업이다.

國名의 첫 번째 문자에는 부수로 보이는 묵흔이 보인다. 옆에는 네

2866호 (부분)

418호 (부분)

470호

445호(적외선)

3059호(적외선)

그림17. 平城宮 출토 난독목간의 사례(화상제공 : 나라문화재연구소)

획 정도의 가로획이 있는 모습이다. 國名의 두 번째 문자는 위와 아래로 나누어진 것처럼 보이며 위쪽은 상자 모양의 필획이, 아래에는 '大'자 모양의 필획이 보인다. 한편 郡名의 첫 번째 문자는 비스듬한 획과 口로 구성된 문자로 '石' 또는 '名'으로 생각된다. 두 번째 문자는 '取'자로 읽을 수 있다.

이 모든 조건에 가장 잘 부합하는 國郡名의 조합을 검토하였다. 우선 확실한 것으로 생각되는 郡名으로 '石取' 및 '名取'를 『倭名類聚抄』에서 찾아보면 '石取'는 존재하지 않고 '名取'는 陸奧國에 있다. 한편 國名 첫 번째 문자에 변이 있는 문자로 시작하는 國名을 찾으면 '陸奧國', '阿波國' 뿐이다. 따라서 陸奧國名取郡으로 읽는 것이 타당하다고 생각한다. 그러나 陸奧의 調庸物은 현지에 두어져 京進되지 않은 것으로 보이며[1] 陸奧國에서 보낸 하찰도 출토되지 않았다. '陸奧'에서 보낸 목간으로 단정하기 위해서는 더욱 진중한 검토가 필요하다고 생각하였다.

그래서 '陸奧' 문자의 유례를 찾고 이 목간의 문자와 대조해 보았다. 구체적으로는 『平城宮木簡 Ⅳ』 4024호 목간, 「正倉院文書」의 '上級官人歷名'(『大二本古文書』24권 74쪽)에서 '陸奧'자와 비교하였다. 그 결과 '奧'자는 현행의 서체와 약간 달라 '大' 부분이 위의 부분과 약간 떨어지는 등 이 목간의 묵흔과 잘 일치하는 것으로 확인되었다. 또 이 목간의 세목은 '贄'이므로 調庸과는 달리 京進된 것으로 생각

---

1) 鈴木拓也「陸奧·出羽の調庸と蝦夷の饗給」(『古代東北の支配構造』吉川弘文館, 1998. 初出 1996).

하여도 문제가 없을 것으로 생각된다.

따라서 이 목간은 陸奧國名取郡에서 보낸 贄목간으로 확인되었다. 또 '郡' 자 아래에 鄕名 또는 물품명 등이 쓰였을 것이다. 이 목간의 경우 '御贄' 직전에 있는 문자를 '布'로 읽을 수 있다. 만약 鄕名이라면 여기에는 '鄕'이라고 써야 하므로 鄕名이 아니라 물품명이 쓰인 것으로 생각된다. 즉 이 목간에 기재된 형식은 國名+郡名+물품명+'御贄'+量目+年紀와 같다.

물품명은 판독하기 어렵다. '바구니(籠)' 단위인 것, 『延喜式』陸奧國의 贄 규정, 물품명 세 번째 글자 '布'로 보아 다시마일 가능성이 크다. 첫 번째 문자에 糸 변이 확인되므로 '細', '縒', '繩' 등 다시마의 형상을 나타내는 단어가 어울릴 것이다.

이상에서 아래와 같은 석문이 제시되었다. 크기·형식번호는 종전과 같다.

□　　□

　陸奧國名取郡□□布御贄壹籠　　　天平元年十一月十五日

관찰 장비의 진보와 유사한 字形의 사례가 증가하면서 석독을 심화할 수 있게 된 사례로 평가할 수 있다.

3. 麻生割鰒

『平城宮木簡　一』445호 목간이다.

위와 같이 석독 되었다. 현재 보존처리는 완료되었다.

표면이 부식되었고 매납된 동안 생긴 상처도 많다. 또 오른쪽 2/3 정도가 없어져 남은 묵흔은 반이 안 된다.

'割' 및 '二籠'字는 석독할 수 있는 것으로 보인다. 보통 '籠'자 앞에는 숫자가, 또 그 앞에는 물품명이 오는 것으로 생각된다. 또 만약 물품명을 두 글자 이상 쓰는 경우 '割'이라는 문자가 포함되었을 가능성이 커진다. 예를 들어 '楚割' 등을 생각할 수 있다. 또 도록에 수록된 사진을 잘 관찰하면 '割'과 '二籠' 사이의 문자로 고기 어 변(魚偏)이 확인된다. 고기 어 변이라고 한다면 '割' 앞은 가공법이고 고기 어 변(魚偏)의 문자는 어종을 나타내는 것으로 생각할 수 있다.

'割'字가 있는 가공방법으로 '楚割', '背割'이 잘 알려져 있다. 그러나 이 단어가 있는 목간을 살펴보면 '佐米楚割'와 같이 어종은 그 단어 앞에 온다. 이 목간과 그다지 합치되지 않는다.

반대로 '割'字 뒤에 어종이 쓰인 사례로 '割軍布', '割鰒'을 확인할 수 있다[2]. 軍布 = 미역에는 고기 어 변(魚偏)이 있는 문자가 없어 유사한 사례를 찾는다면 '割鰒'일 가능성이 가장 크다. 전복(鰒)이라면 수량을 바구니로 표시한 사례도 많이 있다. 또 '割鰒'는 '麻生割鰒'의 사례가 가장 많다.

이상과 같은 전망을 토대로 현물을 확인하고 묵흔을 상세히 확인하였다. 보존처리가 완료된 이 목간의 묵흔은 도록보다 육안으로 관찰하기 더 어려웠다. 그래서 적외선 화상을 이용하여 남은 묵흔을 상세히 관찰하였다.

우선 '割'와 '二籠'은 거의 확실하였다. 또 고기 어 변(魚偏)도 확인할 수 있었다. 위의 검토에서 기초가 된 재료는 모두 명확하였다. 그래서 '割' 위에 있는 문자의 묵흔을 확인하였더니 두 글자가 존재하는 것을 확인할 수 있었다. 첫 번째는 왼쪽으로 삐치는 획이 확인되었고 두 번째 글자는 왼쪽으로 작게 삐치는 획과 가로획 3개를 확인할 수 있었다. 이러한 묵흔은 '麻生'과 잘 일치한다.

이상에서 아래와 같은 석문이 제시되었다. 크기·형식번호는 종전과 같다.

麻生割鰒二籠

이 목간이 출토되어 도록으로 편집될 즈음에는 '麻生割鰒' 목간 사

---

2) 「割軍布」는 大宰府史跡 출토 목간 중에 한 사례가 확인된다.

례는 알려지지 않았다. 그 후 출토 사례가 증가한 결과, 이렇게 새로운 석독이 가능해졌다. 유례가 증가하면서 새로운 어구와 표시 패턴이 알려지게 되면서 새로이 석독을 할 수 있게 된 사례라고 할 수 있다.

더욱이 새롭게 석독된 문자를 목간의 중간에 위치한 것으로 가정하고 원형의 복원을 시도한 결과 폭 2.5cm 정도의 목간으로 복원되었다. 폭·홈의 형상 등이 470호 목간(240·48·6)과 매우 닮았다. 또 붓의 움직임도 매우 유사한 것으로 밝혀졌다. 즉 이 목간과 470호 목간은 같은 목적으로 동일인이 한번에 작성하였고 또 함께 이용, 폐기되었으므로 같은 토갱에서 출토되었을 것이다. 품목의 차이를 고려하면 이 두 점의 목간은 각지에서 작성되어 도성으로 운반된 하찰이 아니라 도성에서 작성하여 하물에 매단 부찰로 생각할 수 있다.

麻生割鰒의 목간은 志摩國에서 보낸 贄하찰인 소형 051형식[3] 사례만 알려져 있었다. 아마도 이후에 歌枕(옮긴이 : 和歌의 소재가 된 각처의 명승지)으로 유명해진 麻生지구의 전복 가공품이었을 것이다. 이 목간은 소형 051형식 목간을 매단 하물에 다시 매단 목간인 셈이다. 목간을 교체해서 매단 것을 구체적으로 보여주는 자료로 목간의 제작과 이용 장면을 알 수 있다.

---

3) 渡邊晃宏「志摩國の贄と二條大路木簡」(奈良國立文化財硏究所『長屋王家木簡·二條大路木簡を讀む』2001. 初出 1996).

4. 은어(年魚) 목간 등

위에서 언급한 두 사례 외에도 문자를 깊게 이해할 수 있게 된 사례가 있다.

『平城宮木簡 三』2866호 목간은 물품의 進上狀과 유사한 목간이다. 물품은 '煮汗鮓十二口'와 '鮒十五口'이다. 그런데 이 가운데 '煮汗鮓'는 약간 기묘하다. 煮汗는 煮干로 현재의 말린 멸치(煮干)로 생각되며 鮓는 현재의 나레즈시(옮긴이 : なれずし, 염장한 생선을 밥과 함께 절인 저장한 식품, 가자미식해)와 같은 것으로 생각된다. 그렇다면 '煮汗鮓'는 말린 멸치를 원료로 만든 나레즈시인 것이다.

그래서 다시 문자를 확인하였더니 '鮓'라고 읽은 문자는 '魚' 변에 '乍'가 아니라 '年'이 쓰여 있었다. 이 두 문자를 오른쪽에서 읽으면 '年魚', 즉 은어(鮎)이다. 煮干年魚라면 물품으로 이해할 수 있다. 이처럼 한자 두 개를 오른쪽에서 왼쪽으로 늘어놓고 한 문자처럼 표기하는 사례는『平城宮木簡 二』2258호 목간에서 '采女'를 '女'변에 '采'를 붙여 하나의 문자로 쓴 사례가 있으므로 고대에 존재한 합자(合字)의 한 패턴으로 생각된다. 앞으로 주의해야 할 이체자일 것이다.

『平城宮木簡 一』418호 목간에 쓰인 '品'을 위아래 뒤집은 字形도 지금까지 읽을 수 없는 문자였다. 이와 동일한 字形이 漢簡의 서체를 모아 만든 '千字文' 가운데 '驢'의 방(글자의 오른쪽에 위치한 부수)

에 있다[4]. 漢簡의 원본을 확인한 것은 아니지만 금석문의 字形에는 '品'의 이체자로 몇 가지 字形이 수록되어 있는데[5] 그 가운데 상하 반전된 字形도 포함되어 있다. 漢簡 세계에 이 字形은 '品'의 이체자였다. 일본에서는 이 字形은 이외에 사례를 확인할 수 없으나 漢代의 용례로 보아 이 418호 목간의 문자는 '品'일 가능성은 매우 크다. 오래된 서체가 사용된 점, 게다가 문화의 유입이 비교적 많았던 瀨戶內海 연안 지역에서 이용된 점은 주목해야 한다. 일본 한자 문화의 중층성을 생각하게끔 하는 사례라 할 수 있을 것이다.

또 전갱이(옮긴이 : 일본어로 아지, アジ)를 '阿除(아제)' 또는 '阿遲(아지)'라고 쓴 사례를 통해 음을 표기할 때 '除(제)'와 '遲(지)'가 통용된 것을 알 수 있다. 따라서 '品除' = '品遲' = '品治'로 생각된다. 전갱이(아지)의 각종 표기는 도록이 간행된 후 유사한 사례가 증가하면서 알려지게 되었다. 이처럼 음이 통용되는 사례도 충분히 유의하면서 검토해야 할 것이다.

5. 맺음말

최근 다양한 재검토를 통해 확인된 몇 가지 사례를 소개하였다. 유

---

4)   張大順『木簡千字文』(木耳社, 2003). 이 책에서 해당 字形의 존재는 館野和己 씨의 교시를 통해 확인할 수 있었다.
5)   太甫熙永編『篆書字典』(國書刊行會, 1978) 등.

례가 대폭으로 증가하는 가운데 이러한 사례들을 어떻게 축적하고 손쉽게 검색·이용하는지가 중요한 과제라고 생각한다. 이러한 작업을 위해서는 유례를 체계적으로 이해하기 위한 연구가 전제되어야 한다. 앞으로도 연구를 지속하고자 한다.

제2부

목간의 작법

제1장

목간의 세계

1. 머리말

平城宮의 발굴조사를 통해 얻은 최대의 성과 가운데 하나로 목간을 들 수 있다.

문자 자료가 적은 고대사 분야에서 땅속으로부터 방대한 문자 자료가 출토된 것이다. 게다가 편찬되거나 서사된 것이 아니라 奈良時代 그 당시의 '살아있는 자료'이다. 함께 출토된 유물도 있으므로 이를 함께 분석하는 것도 기대된다. 한편 목간이기 때문에 곤란한 점, 과제와 방법에 대해서도 계속해서 지적되고 있다[1].

이 장에서는 기왕의 조사, 축적된 연구를 전제로 몇 가지 구체적인 사례를 들어 平城宮·京에서 출토된 목간 세계의 일단을 소개하고자 한다.

2. 목간 출토

1) 목간이 발견되는 이유

발굴조사에서 목간이 발견되는 조건은 크게 2가지다.

첫 번째는 환경이다. 목간은 묵서가 있는 목제품이다. 목간의 소재, 재질은 나무인데 나무는 보통 땅속에서 썩어버린다. 그런데도 목질

---

1) 木簡學會編『日本古代木簡選』(岩波書店, 1990) 및 木簡學會編『日本古代木簡集成』(東京大學出版會, 2003).

유물이 출토되는 것은 일본의 경우 수분으로 인해 유물(목간)이 산소로부터 차단되면서 나무를 썩게 하는 균의 활동이 억제되었기 때문이다. 그러므로 고대의 목간이 썩지 않고 땅속에서 보존되어 오늘날까지 전해지기 위해서는 지하수가 풍부한 땅이라는 환경이 필수 조건인 셈이다[2].

두 번째는 인적 조건으로 목간이 출토되기 위해서는 최소한 두 사람의 인물이 존재할 필요가 있다. 두 사람의 인물이란 목간을 버린 사람과 이를 발굴한 사람이다. 당연한 것처럼 들리겠지만 사실 매우 중요하다고 생각한다.

애초에 목간이 존재하는 배경에는 목간을 이용한 사람이 있고 목간을 작성한 사람이 있다. 나아가 목간을 작성하도록 명한 사람이 있고 목간의 작성이 필요하게끔 제도를 만든 사람이 있다. 또 목간을 만드는 데 필요한 나무를 자르는 사람이 있고 붓을 만드는 사람이 있으며 묵을 만드는 사람, 벼루를 만드는 사람도 있다. 목간 하나에 고대의 여러 사람이 관련되어 있으며 우리 현대인들과 미래 사람들은 목간을 매개로 그러한 고대 사람들과 만나게 된다. 고대 사람들과의 조우(遭遇)는 목간을 버린 사람과 발굴한 사람 사이의 기적과 같은 만남에 의해 이루어진다.

아무리 조건이 좋은 땅속이라고 하더라도 목간의 상태는 서서히 나빠지므로 계속 묻혀 있는 것이 좋은 것은 아니다. 만약 발굴한 사

---

2) 高妻洋成「木簡を傳える―木簡の科學的な分析, 保存處理と傳來環境―」(奈良文化財研究所編『<歷史の証人> 木簡を究める』奈良文化財研究所, 2015).

람이 기적과 같은 만남을 깨닫지 못한다면 고대인과는 영원히 만날 수 없다. 목간이 출토됨으로써 고대인과 현대인은 만날 수 있지만 출토된 그 순간은 실은 가장 위험한 순간이라고도 할 수 있을 것이다[3].

한편 平城宮·京에서 출토된 유물 대부분은 쓰레기로 버려진 것이다. 목간도 기본적으로는 쓰레기로 버려진 것이 틀림없다. 현재 우리가 보는 모습은 목간이 이용된 최후의 상태이다. 고대 사회에서 이용된 목간을 생각하고 목간을 통해 고대 사회를 복원하기 위해서는 쓰레기가 되기까지의 과정을 생각해야 한다.

왜 그 목간이 쓰레기로 취급되고 버려졌는지, 또 왜 그 장소에 버려졌는지를 확정하기는 매우 어렵다. 다만 어느 정도는 '어떤 장면에서 목간이 폐기되었는가?', '어떤 상황에서 목간은 쓰레기가 되는가?'와 같은 문제에 대해서 생각해 볼 필요가 있다.

2) 內裏의 개축과 목간

그러면 SK820이라고 불리는 토갱을 예로 목간의 폐기와 출토에 대해 생각해보자[4].

발굴조사를 통해 목간은 도랑, 토갱, 우물, 연못, 정지토 등 다양한

---

3) 출토 시점은 목간의 환경이 급박하게 변화하는 순간이기도 하다. 갑자기 적외선과 산소에 노출되고 급격하게 건조가 진행된다. 이런 점에서도 목간의 보존하는데 위험한 시간대라고 할 수 있다.

4) 『平城宮木簡一解說』(奈良國立文化財研究所, 1969), 『平城宮跡發掘調査報告狐』(奈良國立文化財研究所, 1976).

유구에서 출토되었다. 그중에서도 토갱은 쓰레기 폐기장으로 이용된 경우가 많아 출토된 상황을 곧 목간을 버렸을 때의 상황으로 볼 수 있으므로 목간을 어떻게 버렸는가를 생각하는데 좋은 사례라고 할 수 있을 것이다.

토갱 SK820은 平城宮 內裏 외곽 내의 북동쪽에 위치한다. 평면은 거의 정방형이며 검출면(유구를 발견한 면)은 한 변 3.8m, 바닥 면은 한 변 3.2m, 검출 면에서 바닥 면까지의 깊이 약 1.7m로 상당히 거대한 구덩이다.

이 구덩이에 쌓인 흙의 퇴적 양상은 다음과 같다. 가장 아래 바닥 면에서 5cm 정도 주로 자연유물이 있는 층이 있고 그 위에 50cm 정도 유기물을 많이 포함된 암갈색 층이 쌓여 있다. 그 위는 적갈색 흙이 115cm '쌓여 있다'. 이렇게 퇴적된 흙의 모습과 양호하게 보존된 유물 상태로 보아 매우 단기간 내에 쓰레기가 버려졌고 순식간에 묻힌 것으로 생각된다. 그리고 목간과 목제품, 토기류는 암갈색의 토층에서 대량으로 출토되었다.

목간의 내용은 천황의 신변과 관련된 것, 병위(兵衛)와 관련된 것이 많다. 병위는 내리(內裏)의 경호에 해당하므로 전체적으로 천황의 신변과 가까운 목간군이다. 다만 관청(役所) 한 곳에서 버린 것으로 생각하기 어려운 내용이 있다.

몇 곳의 관청(役所)에서 한 번에 쓰레기가 버려진 장면이란 과연 어떤 장면일까. 이를 생각하는 데 중요한 것이 유구의 변천, 그리고 함께 출토된 다른 유물이다. 토갱 SK820이 메워진 후 이곳에는 건물이 들어선다. 현재는 토갱 SK820이 있던 곳은 정비되어 그 형모를 알아볼 수 없다. 왜냐하면, 그 후 지어진 건물이 표시되어 있기 때문이다. 즉 토갱 SK820은 건물이 개축되는 그사이에 파고 다시 묻은 쓰레기 구덩이다. 또 토갱 SK820이 이용된 시기는 주변의 구획시설이 정비되는 도중이었으며 비교적 개방된 공간으로 생각된다. 또 목간과 함께 출토된 목제품 중에는 목재의 가공에 동반된 나무 파편과 노송나무의 껍질이 대량으로 포함되어 있다.

이로 보아 토갱 SK820은 內裏지구의 개축 때 쓰레기를 버린 구덩이로 볼 수 있다. 그러므로 SK820 출토 목간에는 크게 2개의 군을 상정할 수 있다. 하나는 같은 시기에 일상적으로 이용하고 폐기한 목간이다. 팬 구덩이가 우연하게도 마침 거기에 있었고 거기에 목간이 버려진 것이다. 또 다른 하나는 건물의 개축에 동반하여 그 건물 안에 있었던 목간을 쓰레기로 버린 것이다. 해체하는 건물의 내부를 청소하였을 때 나온 쓰레기 중 하나가 목간이었다.

그리고 SK820의 경우 또 하나의 가능성을 상정할 수 있다. 그 근거는 토갱의 연대이다. 출토된 목간의 年紀 분석 결과 天平19년(747) 즈음에 묻힌 것으로 생각된다. 이는 聖武天皇이 平城으로 還都하고 나서 얼마 지나지 않은 때이다. 이 시기를 고려하면 平城으로 還都하였을 때 사용한 짐에 부착된 목간도 포함되었을 것이다.

이상 SK820에 폐기된 목간은 ①주변 몇 곳의 관청과 관청의 건물에서 폐기된 것으로 보이며 ②폐기의 이유는 크게 세 장면이 상정된다. 특히 폐기의 장면으로 '개축'과 같은 특별한 이유가 존재하는 것은 주목해야 한다.

3) 二條大路 목간과 광명황후(光明皇后)

건물을 개축할 때 쓰레기 구덩이를 파고 목간을 대량으로 폐기한 사례는 이외에도 있다. 예를 들어 유명한 '長屋王家목간'은 SD4750이라 불리는 유구에서 출토된 35,000점에 달하는 목간군인데 이 SD4750은 長屋王邸의 시기 변천 가운데 A기와 B기 그 중간 시기에 해당하는 유구이다[5].

목간 쓰레기는 일상적으로 발생한다. 그러나 그것이 토갱에 대량으로 폐기된 것은 반드시 일상적인 것은 아니며 건축의 개축 등 다른 이유가 상정되는 경우가 많은 것 같다. 이번에는 반대로 이처럼 '목간이 대량으로 폐기된 것은 건물의 개축 등 특별한 장면이 많다'라는 관점에서 목간군에 대해 분석해보도록 하자.

左京二坊 구역의 二條大路에 장대한 토갱이 있는데 여기서 목간을 비롯한 대량의 유물이 출토되었다. 이 목간군은 二條大路 목간이라고 불리는데 점수는 총 7만 점이 넘는다[6]. 이 도랑은 다른 조방측구(條坊側溝)와 이어지지 않아 쓰레기를 묻기 위해 판 구덩이로 여겨지나 노면 보호를 위해 파낸 측구(側溝)의 한 유형일 것이라는 지적도 있다. 다만 목간은 거의 한 시기에 집중되어 폐기는 비교적 단기간에 집중된 것으로 생각해도 무방하다.

---

5) 『平城京左京三條二坊發掘調査報告』(奈良國立文化財研究所, 1995).
6) 각주 5 보고서, 『平城京木簡 三』(奈良文化財研究所, 2006).

二條大路 목간은 크게 2개의 목간군으로 구성된다[7]. 하나는 남측의, 과거 長屋王邸였던 택지에 폐기된 목간군으로 (광명황후의) 皇后宮織 목간으로 생각된다(I군). 또 하나는 二條大路 북측에서 폐기된 목간군으로 내용을 분석한 결과 藤原麻呂의 家政機關 목간으로 생각된다(II군). 『平城京木簡 三』에서 어느 정도 전망이 언급되었는데 일부 보고된 II군 목간의 폐기에 관해 확인해보자.

II군 목간은 크게 3개의 폐기 그룹을 상정할 수 있다.

첫 번째는 조영과 관련된 목간이다. 天平7년(735) 말부터 8년 초에 걸친 시기에 집중한다. 이 시기는 유구의 변천 과정을 볼 때 건물이 충실하게 지어진 시기와 부합하므로 그 조영에 수반된 목간일 것이다.

두 번째는 天平8년 6월부터 7월에 걸쳐 요시노 행차(吉野行幸)와 관련된 목간이다. II군 목간은 요시노 행차(吉野行幸)와 관련된 목간이 적지 않게 포함되어 있다. 또 II군 목간에서 가장 점수가 많은 것은 天平8년 年紀가 있는 목간이며 그것도 그해의 중간쯤 되는 목간이 눈에 띈다. 이 시기는 요시노 행차(吉野行幸)와 겹친다.

세 번째는 麻呂의 사거(死去)에 동반된 폐기이다. 麻呂의 사거는 天平9년 7월, II군 목간의 가능성이 상정되는 목간으로, 최신 年紀는 天平9년 8월 4일이다. 다만 II군 목간의 시기는 天平9년 3월까지 한정되는 경향이 있으므로 사거를 계기로 볼지 그 이전에 어떤 다른 계

---

7) 각주 5 보고서.

기를 한번 생각할지는 검토의 여지가 있을 것이다.

중요한 것은 마치 天平7년부터 9년까지, 藤原麻呂家 家政機關의 활동을 그대로 반영하는 것처럼 보이는 二條大路 목간Ⅱ군도 실제로는 몇 가지 특별한 장면이 중심이라는 점이다. 물론 家政機關의 일상적 업무를 엿볼 수 있는 목간도 많이 포함되어 일상 업무 속에서 버려진 목간이 포함되었을 가능성도 있다. 그러나 특별한 계기로 이용되거나 버려진 목간군이 중심인 것은 틀림없으므로 이 점은 충분히 고려해 둘 필요가 있을 것이다.

4) 출토 목간 주목론(籌木論)과 동방관아 토갱의 충격

'목간은 언제 버려졌는가'라는 점에 주목하여 몇 가지 가설을 얻을 수 있었다. 그렇지만 '목간을 버리는 방법'에 대해 최근 중요한 지적이 있었고 또 한편으로 놀랄만한 조사 성과도 밝혀졌다.

목간은 대체로 부서진 상태로 출토된다. 출토된 상황으로 보아 대부분 목간은 땅속에서 부서지거나 발굴조사 때 부러진 것이 아니라 아무래도 奈良時代 때 이미 부서져서 버려진 것으로 보인다. 예전에는 그다지 주목하지 않았지만, 최근에는 목간에 기재한 내용을 알 수 없게 하려고 문서절단기처럼 부수어서 버렸다는 견해도 있다. 여기서 제시된 것이 '출토 목간 주목론(籌木論)'이다[8].

출토 목간 주목론에서는 부서진 채로 출토된 목간을 관찰하여 대

---

8) 井上和人『日本古代都城制の研究』(吉川弘文館, 2008).

부분 목간이 주목(籌木)이었다고 결론짓는다. 주목을 버린 장소와 변소의 관계도 개별로 논증하여 설득력도 매우 높다. 반대로 생각해보면 출토 목간 중에는 목제품으로 전용(轉用)된 것도 어느 정도 보인다. 문자를 기재하는 기능을 잃어버린 나무를 이용한 것으로 신문지를 포장지로 사용하는 것과 비슷하다. 따라서 목제품의 하나인 주목으로 전용하였다는 것은 충분히 수긍할 수 있을 뿐만이 아니라 오히려 나무로 사용할 수 있는 목간을 그대로 버리는 것이 부자연스럽게까지 느껴진다.

세로로 길게 갈라진 목간을 주목으로 볼지 말지는 각 유물의 상세한 관찰과 주목이 어떤 유물인가라는 이해의 문제와 관련 있다. 또 완형으로 출토된 목간의 존재, 위에서 언급하였듯이 목간이 재건축 등 특수한 상황에서 한꺼번에 폐기된 경우가 제법 많았다는 것을 고려하면 모든 목간을 주목으로 볼 수는 없을 것이다. 그러나 주목으로 재이용된 목간도 많았다는 점은 매우 중요한 관점일 것이다.

또 하나는 平城 제440차 조사 성과이다[9]. 동쪽 구역 조당원(朝堂院) 동측 관아구역 조사에서 SK19189라는 토갱이 발견되었다. 삭설을 중심으로 방대한 양의 목간이 출토되었는데 지금도 세정 작업 중이므로 총 점수는 아직 알 수 없다[10]. 주목해야 하는 것은 토갱이 충적된 상황이다. 목설층 위는 숯층(炭層)이며 그 위에는 얇게 점질의

---

9) 今井晃樹他「東方官衙地區の調査」(『奈良文化財研究所紀要 2009』奈良文化財研究所, 2009).
10) 2017년 현재도 세정 중이다.

입자가 매우 고운 흙이다. 목설을 던져 넣은 후 불을 지펴 소각한 것으로 생각된다. 불은 밖으로 퍼지므로 안쪽에 타고 남은 목층이 있으며 외측은 숯과 재가 된 것이다.

발굴조사개보에서는 이 상황을 단적으로, 그리고 정확하게 아래와 같이 지적한다[11].

> SK19189에서는 목설을 소각한 것으로 생각되는 숯층을 확인하였다. 폐기물이 소각된 것을 확실히 알 수 있는 토갱은 궁내에서 처음 발견되었다. 지금까지 목간이 소각처분 된 사례는 없는 것으로 여겨졌으나 이 발상을 뒤집는 사례이다. 목간만이 아니라 궁내 폐기물의 처리 방식을 생각하는데 이번 발굴은 중요하다.

고대에 존재한 목간의 어느 부분이 현재 출토되었는가. 정확히 알기는 어렵지만, 어느 정도 이미지를 만들어 둘 필요가 있다. 이를 위해서 목간의 폐기를 생각하는 것은 매우 중요하다. 그리고 새로운 조사와 연구가 제시된 현재, 목간의 폐기에 대해서 다시 정리, 검토할 단계에 와 있는 것은 아닐까.

---

11) 각주 9 개보.

3. 목간의 검토

1) 목간의 분류와 움직임

목간은 크게 세 가지, 즉
문서, 부찰, 기타로 분류된
다[12](그림 18). 이는 기본적
으로는 고문서의 분류안을
따르면서도 목간의 기능과
형상이라는 관점을 가미한
분류라고 할 수 있다. 平城
宮·京에서 출토된 목간을

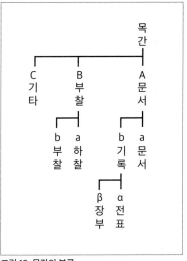

그림 18. 목간의 분류

분석하는 가운데 정리된 분류이며 목간을 생각하는데 하나의 출발점
이기도 하다. 다만 이 분류도 반드시 완전한 것은 아니라는 점에 주
의할 필요가 있다.

목간은 '나무'라는 특성으로 인해 두 가지 특징을 지적할 수 있다.
하나는 '현물'과의 밀접한 관계, 또 하나는 다양한 '움직임'과 관련되
어 있다는 것이다.

예를 들어 제품에 장착된 부찰은 목간이 아니고서는 이용할 수 없
는 방법이었을 것이다. 물품의 현물과 굉장히 밀접한 관계가 존재한
다. 劃指木簡, 門牓木簡 등 현물(물건인 경우도, 사람인 경우도 있음)과의

---

12) 각주 4『平城宮木簡 一解說』에서 본격적으로 제시된 분류 방법이며 목간학회를 비롯하
여 넓게 이용되고 있다.

밀접한 관계는 목간의 기능을 생각하는데 중요한 관점이다.

또 목간에는 다양한 '움직임'이 동반된다. 전국에서 보낸 공진물에 부착된 하찰은 공진물과 밀접한 관계가 있으면서 동시에 전국에서 수도로 이동된 목간이기도 하다. 사람을 호출하기 위해 이용된 검文에도 호출처까지 운반된 움직임이 존재한다. 인사 평가 때 이용된 목간도 작업과정에서 움직이는 것을 전제로 이용되었으므로 거기에 기재된 정보 = 인사 평가는 확정되는 도중이며 또 움직이고 있는 정보이다. 물론 종이 문서에도 물리적인 공간이동과 정보의 움직임을 상정할 수 있으나 목간의 경우는 거의 반드시 이 '움직임'이 동반된다[13].

현물과의 밀접한 관계, 그리고 움직인다는 특징은 목간의 움직임과 기재 내용이 추상화된 정보가 아니라 현실로 기능하는 것과 밀접하게 관련되어 있다. 그리고 현실로 기능한다는 성격으로 인해 앞서 제시한 분류만으로 모두 커버할 수 없는 측면도 갖고 있

13) 종이문서는 시간적 이동(보존)에 강하다. 이동이라는 점에서 생각하면 목간의 공간·정보적 이동, 종이는 시간적 이동에 적합하다.

그림19. 進上狀과 유사한 하찰목간
(화상제공 : 나라문화재연구소)

다. 한 점의 목간은 몇 가지 성격을 겸비하였으며, 또는 작성된 시점부터 폐기될 때까지 성격은 변화하였다.

예를 들어 進上狀이라 불리는 목간이 있다.

進上元 +「進上」(또는 「進」)+물품명

이것이 기본적인 기재방식이다. 물품을 진상할 때 첨부된 '문서'로 분류되는데 그 가운데 홈이 있어 물품에 동여 매단 것으로 생각되는 것도 있다. 그렇다면 물품의 부찰 또는 하찰에 매우 가깝다. 서식이 문서형식이므로 문서로 분류하는 것이 당연하다는 견해도 있을지 모른다. 그러나 예를 들어 參河國幡豆郡의 섬에서 보낸 御贄하찰의 서식을 보면

某島海部(=進上元)+「供奉」(갖추어 바치다=進上文言)+某月料+品目

위와 같은 방식으로 기재되어 있어 進上狀의 서식과 유사하다. 또 진상 주체가 國인 贄하찰도

某國+進上+品目

위와 같은 방식으로 기재되어 있어 進上狀과 조금도 다를 바가 없

다. 그럼에도 이것들은 하찰로 분류되고 있다[14].

지금까지 당연시된 문서와 하찰의 분류도 실제적인 기능과 문언을 상세하게 검토하면 중간적 성격의 목간이 많이 존재하는 것을 알 수 있다. 목간을 생각할 때는 각 목간의 구체적인 움직임을 고려할 필요가 있다.

2) 1차 자료·목간의 강점

목간은 1차 자료이다. 고대인으로부터 직접 우리 곁으로 전해진다. 편찬과 전사(傳寫) 등 의도적인 조작이 더해지지 않는다. 이러한 강점 때문에 군평논쟁(郡評論爭)에도 큰 영향을 미친 것은 널리 알려진 바이다[15]. 율령에 명확한 규정이 없는 진상물도 목간의 분석을 통해 밝혀지고 있다. 이외에 정사에 기재되지 않은 일상적인 관사(官司) 운영에도 목간이 사용되었으므로 고대 사회의 실상을 생각하는 데 중요한 재료이다.

한편 땅속에서 출토된 고고학적 유물이며 1차 자료인 목간이 매우

---

14) 馬場基「荷札と荷物のかたるもの」(『木簡研究』30, 2008. 이 책 제1부 제1장). 또 進上狀에는 복수의 물품이 열거된 사례가 있지만 하찰에는 하나의 종류 물품에 매단 것으로 보아 양자가 명료하게 준별되었다는 市大樹 씨의 비판도 있다. 물론 율령제 공납과 家政機關 내부에서 물품 이동의 차이 등 貢進物付札과 進上狀의 이용 방법 차이도 있다. 그리고 이러한 차이가 있음에도 「물건」과 목간을 결부하는 방법과 목간 문언 양상에 연속성이 보이는 점에 주목하자는 것이 필자의 입장이다.

15) 郡評論爭에 관하여 많은 정리가 있다. 하나의 사례로 『評制下荷札木簡集成』(奈良文化財研究所, 2006).

큰 역할을 한 것을 밝힌 최근 연구를 소개하고자 한다[16].

平城宮에는 2개의 중추 구획이 있다. 그중에 서쪽의 '중앙구'라고 불리는 지역에 奈良時代 전기의 대극전(大極殿)이 서 있다. 제1차 대극전이다. 제1차 대극전 자체는 대지 상의 튼튼한 지반 위에 서 있으며 주위를 둘러싼 축지회랑(築地回廊)과 남쪽으로 열린 문, 그리고 제1차 대극전 앞의 광장은 계곡을 메워 조성된 곳이 적지 않다. 이렇게 조성한 땅속에서 和銅3년(710) 年紀가 적힌, 伊勢國에서 보낸 쌀에 매단 하찰이 출토되었다. 월은 확실하지 않으나 3월 또는 5월인 것 같다.

이 목간을 통해 대극전 광장과 주변 회랑을 만들기 위한 정지 작업이 和銅3년(710) 3월 또는 5월 이후에 이루어진 것이 명확해졌다. 伊勢國에서 수도까지 운반되고 소비되기까지 시간을 고려하면 조금 더 늦은 시기로 생각해도 될지 모른다. 물론 광장과 회랑의 건설은 정지한 이후일 것이므로 더욱 늦을 것이다. 平城京으로 천도한 것은 和銅3년(710) 3월의 일이다. 平城으로 천도할 시점에는 대극전 앞의 광장과 회랑은 공사조차 들어가지 않았고 땅을 고르는 단계였던 셈이다.

이 목간을 통해서는 대극전 본체가 공사 중이었는지 완성되었는지 알 수 없다. 그러나 대극전이 지어진 곳은 대지를 깎고 토지를 평탄하게 하였다. 계곡을 메울 때 일부러 먼 곳에서 흙을 가져오기보다 가까운 곳에서 구한 흙을 이용한 것으로 이해하는 편이 자연스러울

---

16) 渡邊晃宏「平城宮第一次大極殿の成立」(『奈良文化財研究所紀要 2003』奈良文化財研究所, 2003)에 의거한다.

것이다. 이러한 사정까지 고려하면 천도 시점에는 대극전 역시 아직 땅을 고르는 정도였을 것이다.

『續日本記』는 和銅3년(710) 정월에 대극전을 이용하여 의식(儀式)을 기록한 후 靈龜元年(715)까지 대극전의 기사를 싣지 않았다. 和銅3년 목간이 정지토에서 출토된 것과 이를 함께 고려하면 양자를 이해하기 쉽다. 『續日本記』에 의하면 和銅3년 정월에는 아직 藤原宮에 대극전이 우뚝 솟아 있었다. 平城宮 대극전은 藤原宮 대극전을 이축한 것으로 생각되는데 정월 의식에서 사용한 藤原宮 대극전을 3월에 平城宮으로 이축한 것으로는 보기 어렵다. 목간에 의하면 平城으로 천도 시에는 대극전도 땅을 고르는 공사가 진행되는 중이었다. 양자는 잘 부합한다. 그러므로 『續日本記』가 전하는 다음의 대극전이야말로 平城宮의 대극전이 완성되었다는 것을 말하는 것이라 할 수 있다.

목간에 기재된 문자만으로는 알 수 없었던 사실을 출토 위치, 주변 유구와의 관련성의 분석, 나아가 『續日本記』에 쓰인 내용의 분석을 통해 명확하게 알 수 있게 된 사례이다. 목간연구의 묘미라 할 수 있을 것이다.

3) 하급 관리의 출신지와 출근 상황

또 다른 사례, 목간이 1차 자료로 강점을 발휘하는 사례를 소개한다. 목간이기는 하나 이번에 활약하는 것은 목설이다.

平城宮의 동남 귀퉁이 부분에는 문관의 인사를 관장하는 式部省이 있었다. 式部省에서는 인사 평가를 위해 본인의 관위, 성명, 연령, 본관지, 출근 일수 등을 기록한 목간을 이용하였고 깎아서 반복적으로 사용하였다. 그 일부가 주변에서 출토되어 『平城宮木簡』4~6에 보고되었다.

목간을 이용하여 式部省에서 이러한 인사평가를 받은 사람은 六位 이하의 소위 하급 관인층이다. 따라서 이 목간군의 데이터는 하급 관인에 관한 데이터라고 할 수 있다. 그리고 이 목간군을 통해 알 수 있는 것을 두 가지 소개한다.

첫 번째는 그들의 출신지이다[17](표 19). 그들의 본관지는 平城京을 중심으로 大和, 河內, 山背 등 畿內의 각지이다. 어디까지나 본관지 데이터이므로 실제 주거지가 아닐 가능성도 있으나 하급 관인들의 본관지가 平城京에 집중되지 않고 畿內 각지에 분산된 점은 지적할 수 있다.

또 하나는 그들의 출근한 일수이다[18](표 20). 奈良時代 전반에는 100~200일 정도가 가장

그림 20. 考選목간의 삭설(화상제공 : 나라문화재연구소)

---

17) 寺崎保廣「平城宮における下級官人の本貫地」(『古代史と史料』私家版, 2004).

18) 馬場基「古代下級官人出勤日數實態調査」(『日本歷史』729, 2009).

표19. 式部省유적 출토 考選목간으로 본 관인의 본관지

平城京	115	河内国	86	伊賀国	6	因幡国	1
左京	30			伊勢国	3	出雲国	3
右京	52	綿部郡	2	尾張国	7	播磨国	10
大和国	60	石川郡	3	参河国	6	美作国	2
添上郡	4	古市郡	6	遠江国	10	備前国	2
添下郡	2	安宿郡	3	駿河国	2	備中国	5
平群郡	4	大県郡	6	伊豆国	2	備後国	1
広瀬郡	3	高安郡	6	甲斐国	3	安芸国	1
葛上郡	4	讃良郡	1	相模国	1	周防国	1
葛下郡	1	茨田郡	2	武蔵国	3	紀伊國	3
忍海郡	3	交野郡	1	上総国	3	讃岐国	5
宇智郡	1	若江郡	3	下総国	4	伊予国	2
吉野郡	2	渋川郡	2	常陸国	5	筑後国	1
城上郡	5	志紀郡	11	近江国	31	肥前の国	2
城下郡	3	丹比郡	13	美濃国	7	肥後国	1
十市郡	1	和泉国	9	飛騨国	2	畿內小計	166
山辺郡	6	大鳥郡	2	信濃国	6	総数 515 点	
山背国	42	和泉郡	5	上野国	4		
乙訓郡	2	摂津郡	37	下野国	2	京　：22.3%	
葛野郡	6	住吉郡	5	陸奥国	2	畿內：45.4%	
愛宕郡	12	百済郡	2	出羽国	2	畿外：32.2%	
紀伊郡	2	西成郡	6	若狭国	2		
宇治郡	3	嶋下郡	1	越前国	2		
久世郡	1	豊嶋郡	4	能登国	1		
綴喜郡	3	川辺郡	2	越中国	3		
相楽郡	2	菟原郡	2	丹波国	2		
		畿內小計	234	丹後国	1		
				但馬国	4		

표20. 고대 하급관인의 출근 일수 실태 조사

출근일수(日)		나리시대 전반(人)	나리시대후반 (人)
300~		6	3
200~299		10	15
100 ~ 199	190~199		0
	180~189		0
	170~179		0
	160~169	13	0
	150~159		0
	140~149		1
	~140		0
	不明		1
~100		1	0
去上・中・下		—	76
去　　不		—	78

많다. 하급 관인은 140~200일 정도 이상 출근해야 인사 평가의 대상이 될 수 있으므로 최소한으로 필요한 일수만큼 출근한 관인이 많았다고 할 수 있다. 奈良時代 후반에 주목해야 하는 것은 '去不'인데 이는 전년도 '근무 성적 없음'을 의미한다. 근무 성적이 불량해도 출근일수가 충족되면 나름의 상응하는 평가를 얻을 수 있었을 터이므로 '근무 성적 없음' = 출근일이 부족하다는 것이다. 奈良時代 후반, 하급 관인의 반은 인사 평가를 받기 위한 근무 일수가 부족하였다. 빈사(瀕死)와 같은 중병의 가능성도 상정할 수 있으나 다른 데이터와 대조하면 역시 높은 비율로 확실한 이유도 없이 출근 일수가 충족되지 않은 것 같다. 고대의 하급 관인이라고 하면 격무에 시달렸을 것 같은 이미지가 있지만, 반드시 그러했던 것만은 아닌 것 같다.

이 수치 데이터는 통설에 어느 정도의 재검토를 요구하는 것이라 할 수 있을 것이다.

작은 파편과 같은 목설을 통해 본거지가 畿內의 각지에 분산되어 있었고 출근 상황도 '개근(皆勤)'이라고 하기 어려운, 하급 관인의 실상을 알 수 있으며 통설에 의문도 제기할 수 있다.

4) 목간의 '年'은 신용할 수 있는가?

지금까지 1급 자료로서 목간의 장점, 묘미를 소개하였다. 여기서는 이러한 목간을 다루는데 주의해야 하는 사례를 들어보자.

목간에는 년, 월, 일 등이 쓰인 경우가 있다. 이렇게 목간에 쓰인 年紀는 유물과 유구의 절대연대를 추정하는 데 매우 유효할 것으로 생각된다. 그러나 年紀를 신용할 수 없는 사례도 있다. 기재된 年紀와 폐기된 시점에 큰 시간차가 있는 사례도 있기 때문이다. 예를 들어 앞서 나온 토갱 SK820에서 출토된 목간 중 가장 이른 시기의 年紀는 養老2년(718)으로 토갱의 시기보다 30년 가까이 소급된다.

그래서 토갱의 시기와 年紀가 일치하지 않는 목간을 정리해보면 솜(綿)과 소금 하찰이 많은데 요컨대 보존할 수 있는 물자이다. 하찰에 적힌 年紀는 진상하였을 때를 의미하므로 하찰의 年紀와 토갱의 시기 차는 공진(貢進)되고 나서 소비되기까지 시간을 반영하는 것으로 생각된다.

일반적으로 문서목간은 작성되고 나서 바로 이용되고 이내 사명을 다하므로 거기에 적힌 年紀는 유적의 연대를 직접 나타내는 것으로 생각된다. 하찰의 경우는 수도까지 수송과 창고에 수납, 그 후 비축 등의 과정이 있으므로 그 시간차를 생각할 필요가 있다.

그러나 대부분 물자는 그리 오래 보존되지 않고 소비되는 모습이다. 물품의 성격에 따라 다를 것이고 소비 패턴에도 좌우될 것이다. 토갱 SK820에서도 소금 하찰을 포함하여 대부분 하찰은 天平17년이다.

그런 까닭에 年紀가 쓰인 목간이 출토되면 그 年紀를 중심으로 생각하는 경향이 있다. 만약 그 하찰이 오랫동안 보존되었다고 하여도 같은 유구에서 다른 年紀가 적힌 유물이 출토되지 않았다면 장기간 보존되었다고 적극적으로 단정하기는 어렵다.

소금의 경우 토갱 SK820 사례에서도 알 수 있듯이 오랫동안 보존된 사례도, 그렇지 않은 사례도 있어 더욱 어렵다. 그렇지만 더욱 상세하게 소금 하찰을 분석하고 都城에서 출토된 제염토기의 생산지 등을 종합하면 아마 수도에서 유통된 소금은 크게 네 종류가 있으며 공진된 소금은 그 가운데 세 종류였던 것으로 알려져 있다. 그 세 종류는 산지와 대응하는데 若狹型, 東海型, 周防型(瀨戶內型)으로 분류할 수 있다. 若狹型, 東海型은 유구의 연대관과 20년 가까이 차이가 나며 周防型(瀨戶內型)은 유구의 연대관과 3년 정도 차이가 난다. 그러므로 같은 소금 하찰이라도 周防型(瀨戶內型)이라면 거기에 적힌 年紀는 비교적 그 유구의 연대를 직접 나타내며 若狹型, 東海型이라면 목간의 年紀보다 다른 유물의 연대관을 우선시하는 것이 좋을 것이다[19].

문자가 쓰여 있다는 위력은 마력에 가깝다. 그러나 그 문자 정보가 어떤 과정을 통해 땅에 묻혔는가를 검토하지 않는 한 그 정보를 모두 되살릴 수 없다.

4. 목간의 해독

1) 목간으로 놀다

목간으로 노는 것은 우리가 아니다. 고대인이다. 목간으로 노는 사

---

19) 馬場基「文獻資料から見た古代の塩」(『塩の生産·流通と官衙·集落』奈良文化財研究所研究報告第12冊, 奈良文化財研究所, 2013. 이 책 제1부 제3장).

그림21. 제비뽑기 찰(화상제공 : 나라 문화재연구소)

례로 낙서와 제비뽑기가 있다. 여기서는 제비뽑기를 소개한다.

1세트가 長屋王邸에서 출토되었다. 길이는 10cm가 조금 넘는데 '此取人者盗人妻成', '此取人者御六世' 등이 쓰여 있어 제비뽑기 찰이었던 것으로 추정된다. '此取人者'가 '이 찰을 뽑은 사람은'이라는 의미이며 그 뒤의 '도둑(盗人)의 아내가 된다', '미륵(彌勒)의 세상에'라는 문언이 제비 추첨의 당첨과 탈락에 상당하는 듯한 문언이다[20].

長屋王邸의 한쪽 구석에서 이러한 제비뽑기 놀이를 한 것인데 '아내가 된다'라는 문언으로 보아 이를 가지고 놀았던 사람은 아마도 여성이었을 것이다. 奈良時代 숙녀의 은밀한 취미가 우물 속에서 출토된 셈이다.

또 다른 제비뽑기 찰이 앞서 여러 번 언급한 SK820에서 출토되었다.

20) 東野治之「長屋王家木簡の「御六世」」(『國文學 教材と資料』4714, 2002).

섬유의 품목과 색만을 기록한 작은 찰이다. 이 찰들은 처음 한 매의 긴 판을 쪼개서 만들어진 것으로 밝혀졌다. 함께 만들어졌고 폐기도 동시에 이루어졌다. 그러므로 이 찰들은 작성-이용-폐기라는 일련 과정에서 하나의 세트로 다루어진 것으로 생각된다.

또 정체불명의 '取色'이라는 찰이 있다. '取色'은 섬유제품의 부찰로서는 어울리지 않는다. 그러므로 포상으로 받은 섬유제품을 분배할 때 사용된 제비뽑기 찰이 아닌가 생각된다[21].

위의 설명에서 '取色'은 전지전능한 카드로 여겨지며 제비뽑기의 제목과 같은 것으로, 평소에 넣어 둘 때 가장 위에 두어 '섬유제품분배 제비'와 같이 표시하기 위한 찰이었을 것이라는 견해도 있다. 어쨌든 이 일군의 찰을 제비뽑기 찰로 보는 것은 공통된다.

다만 이 '取色'그룹 목간이 제비뽑기 찰이었는지 아닌지와 관련해서 약간 문제도 남아 있다. 크기와 분위기가 유사한 목간이 推定造酒司에서 출토되었다. 이 목간군에는 여성의 이름과 숫자, 색이 기록되어 있다. 이를 제비뽑기라 할 수 있는지, 또 이 목간군이 SK820에서 출토된 제비뽑기 찰과 성격이 다른지 등에 대해서는 앞으로 검토해야 할 과제일 것이다.

2) 소변금지 찰의 읽는 법

平城宮의 중추부, 제1차 대극전 남면 회랑에 연접하여 지어진 西樓

---

21) 渡邊晃宏「平城宮跡出土の「籤引き札」」(『日本歷史』709, 2007).

그림22. 소변금지목간

라는 누각 건물 유적에서 전대미문의 목
간이 출토되었다.

此所不得小便

　내용은 일목요연하다. '여기서 소변을
봐서는 안 됩니다'. 문제는 그 용도이다.
편지와 하찰이 아닌 것은 분명하다. 문자
로 보아 간판 또는 다른 용도로 보이는데
유례가 없다. 간판이라 볼 수 있을지 없을
지 나라문화재연구소 平城宮跡 발굴조사
부 사료조사실에서 총력을 기울여 검토를
시작하였다.

　간판으로 볼 경우 문제점은 두 가지. 첫
째는 어떻게 내걸었는지를 알 수 없다는
것이다. 구멍이라도 뚫려 있으면 늘어뜨
리거나 박았겠지만 구멍이 없다. 땅에 꽂아 세운 것으로 생각되는 가
공 흔적도 없다. 그러므로 걸려 있었다는 근거가 없다. 두 번째는 이
문자와 목간의 크기로 보아 간판의 기능을 할 수 있었느냐는 것이다.
목간치고는 문자가 크지만, 간판으로 내걸기에는 문자의 크기가 약
간 작지 않을까.

　우선 후자는 빨리 해결되었다. 현대에도 화장실 이외의 장소에 소

변을 금지한다고 적힌 메세지를 보면 대부분 그렇게 크지 않다. 서서 누는 소변은 전신주라든가, 담 모퉁이라든가 어쨌든 숨을 수 있는, 그런 장소가 선호되는 듯하다. 그리고 소변을 금지하는 메시지는 그러한 장소(spot)를 핀포인트로 봉쇄하는 듯한 것이 많다. 고대인도 분명히 같았을 것이다. 그러므로 문자가 작은 것은 그다지 문제가 되지 않는다.

문제는 게시방법이다. 이 문제는 결국 해결되지 않았다. 다만 위와 같이 소변을 금지하는 장소의 특징으로 보아 소변을 보고자 하는 곳에 두었던 것으로 정리되었다.

그리고 간판이라고 결론을 내리는 데 큰 역할을 한 것이 '이용 장면'의 상정이다. 이 목간은 건물을 부수었을 때 생긴 구덩이에서 출토되었다. 이 구덩이는 이후에 메워져 정지(整地)된다. 그러므로 건물의 해체에 수반된 청소와 공사 현장에서 사용되었을 가능성이 있다. 그리고 목간은 매우 거칠게 가공하였다. 문자를 쓴 면도 간단히 깎았으며 제대로 평활하게 깎은 면은 없다. 뒷면은 대형 공구로 다듬다만 상태 그대로이다. 위 아래도 대담하게 자르거나 부러뜨렸으며 깎아서 다듬거나 마무리 작업은 하지 않았다. 이처럼 거친 가공과 출토 상황으로 보아 조영 공사 시 주위에 있었던 나무 편을 사용하여 '소변을 금지'하게 하려고 작성된 것으로 생각된다. 그렇다면 공사 현장에서 소변을 봐서는 안 되는 곳에 두기에 실로 적합한 목간이지 않을까[22].

그 후에도 검토가 이어졌다. 함께 출토된 토기 가운데 화로로 추정되는 것이 있다는 정보를 근거로[23] 추웠기 때문에 소변이 자주 마려워지면서 부도덕한 사람이 속출하였을 가능성이 언급되었다. 또 '소변'이라고 쓰인 부분이 많이 부식된 것은 이 간판에 화가 난 사람들이 굳이 그곳을 겨누어 방뇨하였을 것이라는 등 여러 논의가 이어졌다. 다만 이런 논의들이 결론에 이르지는 않았다[24].

재미있고도 우스운 것은 위에서 언급한 내용으로도 충분하나 조금 더 생각해보면 이 목간은 매우 의미심장하다. 공사 현장에서 화장실이 아닌 곳에서 서서 오줌 누는 것을 금지당한 사람들은 누구였을까. 설마 귀족일 리는 없다. 실제로 공사에 종사한 사람들이었을 것이다. 이런 사람들에게 '문자'로 메시지를 발신하였다는 것은 그들도 어느 정도 문자를 이해할 수 있었다는 것을 의미하지 않을까. 쓸 수는 없었을지 모르나 간단한 문장과 자주 사용하는 표현이라면 읽을 수 있다.

만약 '소변'이라고 쓰인 부분이 부식된 이유가 위에서 상정한 대로

---

22) 근대의 소변금지찰에도 '此處小便無用'이라는 유사한 표현이 있는데 어린 애들이 이것을 보면서 '이런 글자는 내가 읽을 수 없잖아'라면서 소변을 보는 그림엽서가 있다고 한다(山崎達雄『ごみとトィレの近代誌 -繪葉書と新聞廣告から讀み解く-』彩流社, 2016).

23) 淸野孝之他「第一次大極殿院西樓の調査」(『奈良文化財研究所紀要 2003』奈良文化財研究所, 2003).

24) 소변의 성분이 목간에 남아 있을 가능성 자체가 낮고 또 이를 비파괴 자연과학적 수법으로 검출하는 것은 어렵다는 이야기를 奈良文化財研究所埋藏文化財센터 주임연구원 脇谷草一郎 씨로부터 들었다.

라고 한다면 의미를 알고 노린 것이므로 그들이 문자를 알고 있었을 가능성은 더욱 커진다. 奈良時代 문자의 보급을 생각하는데 하나의 열쇠가 되지 않을까.

참고로 소변 금지 목간과 함께 방대한 양의 주목(籌木)도 출토되었다. 대변은 괜찮고 소변만 금지되었을 리는 없을 것이다. 이용된 장소와 폐기의 장소의 관계도 엿볼 수 있는 재료이다.

5. 맺음말

목간이 알려주는 것은 아직도 많다. 奈良時代에도 의복에 풀을 먹인 것 등 고대인의 피부에 가까운 정보, 木津에서 보낸 목재와 奈良山 구릉에서 구운 기와를 차에 싣고 수송한 것, 문의 출입 규제, 급여의 모습 등 제도운영에 관한 일상적인 모습, 당시 사람의 말투 등 목간으로부터 얻을 수 있는 정보는 매우 많다. 그리고 목간에서 정보를 최대한 얻기 위해서는 유물, 유구와 함께 목간을 평가하는 작업이 매우 중요하다는 것은 지금까지 살펴본 대로이다.

다행히 이런 '의식'이 널리 확산되어 최근에는 목간을 소재로 한 대부분 연구에서 목간이 출토된 유구에 관한 언급이 있다. 다만 어떤 경우에는 절차상 필요한 작업으로 형식화된 사례도 없지 않다.

그러므로 '형식적'으로 언급할 것이 아니라 실질적인 분석과 연구를 목표로 하여 平城宮·京의 실상에 다가가고자 하는 노력을 해야 할 것이라고 반성하면서 펜을 놓고자 한다.

[付記]

이 장은 「木簡の世界」이라는 제목으로 田邊征夫·佐藤信編『古代の都2 平城京の時代』(吉川弘文館, 2010)에 수록된 것이다. 일반 독자들이 읽기 쉽도록 쓴 문장이므로 연구논문으로는 약간 부족한 면도 있으나 목간의 폐기 장면의 검토와 같이 새로운 관점도 있어 발표한 글을 그대로 실었다. 다만 각주는 다시 달았다.

제2장

목간의 작법과
100년의 이유

1. 머리말

최근 몇 년간 급격히 증가하면서 눈에 띄게 진전된 한국의 고대 목간연구는 일본 고대 목간을 생각하는데 빼놓을 수 없는 재료이다. 형태나 글자를 사용하는 방법 등 양자의 차이점과 공통점은 많은 연구자가 주목하고 있으며 일본 고대 목간의 원류를 한국의 고대 목간에서 찾고자 하는 논의도 많이 나오고 있다[1].

그러나 이러한 논의에서 비교적 다루어지지 않고 있는 관점이 있다. '木簡文化'라는 발상이다[2]. 어떠한 장면에서 어떠한 목간이 선택되었는지, 어떻게 작성되고 사용되었는지, 그리고 목간은 그 장면에서 어떠한 부분을 형성하였는지, 단적인 예를 들면 종이와 나무를 구분하여 사용하는 문제, 지배 제도(행정체계와 징수 시스템 등)의 어느 부분을 담당했는지와 같은 문제이다.

고대 목간은 지배 체제의 한 측면을 담당하였다. 목간은 징수를 원활하고 확실하게 하거나 행정 처리와 연락을 확실하고 효율적으로 시행하기 위한 '도구'로서 존재하였다. 목간은 개별로 존재하는 것이 아니라, 목간을 작성하여 사용하는 작법(作法)과 함께 존재하였을 것이다. 예를 들면 구두(口頭) 언어로 처리를 하는지, 문자를 쓰는 것인

---

1) 최근 일본에서 정리된 한국 목간연구 성과로 朝鮮文化研究所 編,『韓國出土木簡の世界』, 雄山閣, 2007. 工藤元男·李成市 編,『東アジア古代出土文字資料の研究』, 雄山閣, 2009. 등을 들 수 있다.

2) 木簡문화라는 말을 쓴 논의로 윤선태 씨가 다면체 木簡을 특징으로 하는 '한국목간문화'를 제창하였다. 그의 견해에 대해서는 후에 다루겠다.

지. 문자를 쓸 때는 종이에 쓰는지, 목간에 쓰는지. 문자를 쓰면서도 구두로 보충하는지, 서식은 어떻게 하는지. 필요한 기재 내용은 무엇이며 어떤 목적을 달성한 후에는 처분하는지 아니면 보관하는지. 하나의 목간이 작성된 배후에는 이와 같은 선택과 결정, 그것을 뒷받침하는 제도나 습관, 즉 목간 작성의 작법이 광범위하게 존재한다[3].

따라서 단순히 '형태가 유사하다는 것'에만 머무르지 않고 그 배후에 있는 작법의 차이나 공통성에 착안함으로써 목간의 의의와 고대 사회를 한층 깊게 이해할 수 있게 될 것이다. 이 장에서는 이러한 문제의식을 바탕으로 한일 고대 목간의 비교를 시도하고자 한다.

그리고 필자의 어학 실력이 부족하여 주로 일본어로 공표된 연구 성과만을 참조하였으며 본래라면 널리 참고해야 마땅한 한국어 연구 성과에 대해 충분히 다루지 못하였다. 또 이 장에서 서술하는 내용 가운데 이미 한국어 연구 성과가 이미 발표되었을지도 모른다. 이 점에 대해 미리 양해의 말씀을 올리며 너그러이 이해해주셨으면 한다.

2. 다면체·봉상 목간의 재검토

1) 다면체(多面體)·봉상(棒狀) 하찰 목간

---

3) 이와 같은 목간의 작법을 생각하는 데 예를 들면 佐藤信가 제창하는 '서사의 장'과 같은 관점은 유효하며 중요하다. 그리고 일본 고대 하찰의 작법을 검토하고 지배 제도 속에서의 역할을 논한 졸고(「荷札と荷物のかたるもの」『木簡研究』29, 2008)도 있다.

한국 고대 목간을 일본 고대 목간과 비교하면 양자의 차이점을 몇 가지로 지적할 수 있다. 그중에서도 한국 고대 목간에는 존재하나, 일본 고대 목간에서는 예외적인 '다면체(多面體)', '봉상(棒狀)'목간이라 불리는 목간에 관해 확인해 두고자 한다.

일본 고대 목간은 판상(板狀)이 기본이다. 문자는 판의 앞, 뒷면에 기재된다. 판의 측면에 문자를 쓴 목간도 존재하나 판의 측면을 애초부터 필기면으로 의식한 것으로 보기는 어렵다. 그리고 각이 진 기둥 모양(角柱狀)의 목간＝觚도 출토되는데 일본 고대 목간 중에서는 어디까지나 예외적 존재에 지나지 않는다.

한편 한국 목간에는 觚가 여럿 확인된다. 그리고 하찰 목간도 봉상인 사례가 있으며 문서목간이나 전적(典籍)도 봉상·기둥형인 사례가 존재한다. 이로 보아 판상이 기본인 일본 고대 목간과 비교해 한국 고대 목간은 봉상의 소재를 사용한 목간의 세계가 전개된 것으로 지적되고 있다[4]. 확실히 봉상을 띠는 다면체 목간은 일본 고대 목간과 비교하여 한국 고대 목간의 특징이라고 할 수 있다.

하지만 한국 고대 목간의 봉상 목간도 모두 그 성격이 같다고는 할 수 없는 듯하다. 한국의 다면체·봉상 목간은 나무의 심(木髓) 부분이 있는 봉상이라는 점에서 형태적으로 유사하나 그 형태가 선택된 이유, 이 장에서 말하는 작법은 다를 수도 있지 않을까. 봉상목간이 어떠한 장면에서 사용되었는지, 그 경우 어떠한 이유로 봉상이 선택되

---

4) 윤선태의 지적 등.

었는지에 대해 생각해보고자 한다.

다면체·봉상 목간의 내용을 검토하면 ①전적, ②문서·書狀(안문, 초 안 같은 것도 포함), ③하찰로 분류할 수 있다. 그중에서 ①전적의 형태 는 논어 목간처럼 觚와 유사하다. 일본에서 발견된 소량의 觚도 전적 목간과 관련된 것으로 볼 수 있다[5].

①전적과 ②문서·書狀은 비교적 문자 수가 많다는 공통점이 있다. 필기면을 확보하기 위하여 다면체를 채용했을 가능성을 생각해 볼 수 있겠다. 하지만 ③하찰에 기재된 문자 수는 그다지 많지 않다. 그 러므로 우선 봉상 하찰에 대해 생각해보고자 한다.

봉상의 하찰은 함안 성산산성에서 출토되었다[6]. 하지만 이 목간 의 필기면은 1面 또는 2面이다. 봉상이라는 형상을 통해 필기면을 많 이 확보한 것은 아니므로 판상 목간과 필기면은 같다. 이로 보아 봉 상 하찰은 봉상이라는 형태를 적극적으로 선택했던 것이 아니라 판 상이 기본인 체계 속에서 판상으로 철저하게 가공하지 못하였으므로 출현하였을 가능성이 있다.

일본 국내에서도 봉상의 하찰이 존재한다. 福岡縣 大宰府 출토 '大 宰府史跡出土木簡 二' 213호 목간이다[7]. 봉상의 목간에 줄기가 남아 있는 보기 드문 목간이다. 사용 장면은 다른 판상 목간과 똑같다. 紫

---

5) 橋本繁,「金海出土の論語木簡」(朝鮮文化硏究所 編『韓國出土木簡の世界』, 雄山閣, 2007) 등.

6) 국립창원문화재연구소편,『韓國の古代木簡』, (국립창원문화재연구소, 2006) 15·18·40· 48 등. 그리고 이하 한국 출토 木簡에 대해서는 원칙으로서 동 보고서의 번호에 따른다.

7) 酒井芳司·馬場基,「木片の調達環境と木簡」『木簡硏究』26, 2004.

根(말린 지치 뿌리)에 매단 하찰인데 분량이 많았는지 비교적 대형으로 만들었다. 이렇게 대형 목간을 만들 때 긴 판을 확보하기보다 긴 가지의 껍질을 벗겨 필기면을 깎아 내는 것이 쉬웠을 터이므로 이런 형태의 목간을 작성한 것으로 생각된다.

大宰府 사례까지 고려하면 함안 성산산성 출토 봉상 하찰은 적극적으로 봉상을 선택했다기보다 판상을 대신하여 봉상 소재에 필기면을 만든 것으로 판단해야 할 것이다. 경주 출토 목간 가운데 봉상의 부찰이 있는데(173호 등) 이것도 면을 만들었으므로 기본적으로는 판상 부찰의 연장선으로 이해할 수 있다.

실은 이러한 봉상 목간에 대하여 한국의 연구자는 '髓(고갱이)가 있는 목간'이라는 표현을 자주 사용한다. 매우 적절한 표현이라고 할 수 있을 것이다. '髓가 있다'는 재료의 용법·형상의 특징을 단적으로 표현한 것을 일본에서 '다면체 목간'이라는 내용으로 바꿔 읽은 것 같다. 이때 판상을 지향하면서 '髓가 있는' 부찰도 다면체 목간으로 이해한 것은 아닐까. 어디까지나 목표로 삼은 형태는 판재(두께는 상관없음)였으며 사용한 재료가 '棒'이었다는 점을 확인해 두고자 한다.

2) 면을 만들지 않는 목간

한편 ①전적, ②문서·書狀을 모두 동일한 성격으로 파악할 수 있을까.

대형의 板材를 쓰지 않고 많은 문자를 기록하기 위해 고안하였다는 점에서 확실히 공통적인 부분도 많다. 그러나 상세히 관찰해보면

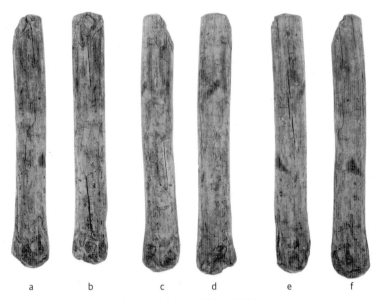

a b c d e f

그림23. 경주 월성해자 출토 목간 148호(화상제공 : 국립경주문화재연구소)

a b c d

그림24. 경주 월성해자 출토 목간 152호(화상제공 : 국립경주문화재연구소)

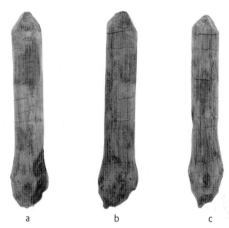

그림25. 경주 월성해자 출토 목간 153호(화상제공 : 국립경주문화재연구소)

다소 거슬리는 점도 발견된다. 바로 면의 유무이다.

觚 형태의 목간은 4면을 확보하기 위해 면을 분명히 만든다. 그리고 3면 목간도 면이 명료하게 만들어져 있다. 즉 목간은 각이 진 기둥 모양(角柱狀)을 나타낸다. 하지만 사진을 관찰하는 한, 명료한 면이 만들어지지 않은 것으로 보이는 목간이 존재한다. 그 가운데 148·152·153호(「月城垓子」10~12호) 목간을 경주문화재연구소에서 실견할 기회를 얻었다. 아래는 그 관찰 성과이다(그림 23-25).

148호 목간은 상단부 절반 정도는 재료를 수직으로 가공한 것으로 보이며 남은 절반은 재료를 비스듬하게 절단한 상태이고 하단부는 각 방향에서 다듬어 정형(整形)하였다. 하단부 가공과 비교해 상단부 가공은 조잡한 인상을 주는데 본래는 평면형으로 가공된 것으로 생각되며 비스듬한 면은 결실된 것으로 볼 수 있다. 상하 양단의 가공이 극단적으로 다르나 일단 완성품으로 생각해 둔다. 하부에 節이 있고 부풀어 올라 있다.

152호 목간은 상·하단 모두 髓가 튀어나온 것처럼 되어 있다. 각 방향에서 다듬고 일정하게 정형하였다. 상단부는 자르고 난 후의 정형이 거칠고 나무 섬유가 조잡한데 반해 하단부는 공들여 가공하였다. 하단부의 가공 상황은 148호 하단부와 매우 닮았다. 이 목간도 하부에 마디가 존재한다. 덧붙여 사진으로는 언뜻 보기에 필기면을 평탄하게 만든 것처럼 보이는 곳이 있다. 하지만 실물 관찰 결과, 필기한 후에 모따기 형태로 가공되어 있어 성형한 평탄면일 가능성이 크다.

153호 목간은 상하 양단 모두 각 방향에서 다듬어 정형하였다. 특히 상단의 정형은 특징적이다. 원추상(円錐狀)이 아니라 각추상(角錐狀)으로 정형하였다. 각추의 각 면은 목간 본체의 필기면과 거의 대응한다. 하단부는 원추상을 지향하여 가공하였다. 그 형태는 148호·152호와 같다. 그리고 하부에 마디가 있는 것도 공통적이다.

이상의 관찰을 통해 이 세 목간의 공통점은 아래와 같이 볼 수 있다.

①문자를 쓰기 위한 면을 만들지 않았다.

②하단은 각 방향에서 다듬어 조정하였다.

③하부에 마디가 있고 하부의 형상이 찌그러져 있다.

④전장이 약 20㎝(153호가 최대로 24㎝, 다만 필기면 길이는 3점 모두 거의 같다).

국립경주문화재연구소「月城垓子發掘調査報告書Ⅱ」(국립경주문화재연구소, 2004~2006년)의 내용을 포함하여 덧붙이면

⑤출토지점이 가깝다.

는 것도 지적할 수 있다.

①~④의 특징은 한국 목간에서도 다른 사례가 보이지 않아 이 3점의 큰 특징이라 할 수 있을 것이다. 이 특징에 대하여 좀 더 생각해 보자.

기둥 부분에 문자를 기록하였다. 필기용 면을 두지 않고 원주(圓柱) 형태를 선택하였다. 많은 문자를 새기기 위해서는 면이 많이 필요한데 그 결과 원주상(圓柱狀)이 되었을 가능성도 전혀 없지는 않다. 하지만 마찬가지로 문자 수가 많은 전적의 경우 필기면을 명료하게 만든다. 필기면을 확보하기 위해서라면 예를 들어 육각기둥의 형태도 생각해 볼 수 있음에도 문자를 쓰기 어려운 원주상(圓柱狀)을 채용하였다. 문장의 행수가 많아져 원주상이 되었다는 설명만으로는 충분치 못할 것이다. 그리고 이 세 목간은 길이도 비교적 짧다. 만약 기재할 문자 수를 늘리는 것이 목적이라면 전장을 길게 하는 방법이 있음에도 이 역시 채용하지 않았다. 이로 보아 기재할 수 있는 문자 수를 늘리기 위해 원주 형태를 선택하였다는 견해도 설득력이 약할 것이다. 오히려 이 목간을 작성할 때 다른 어떠한 이유로 인해 원주상이 적극적으로 선택되었을 가능성이 크다.

그렇다면 원주 형태와 함께 하부에 마디를 둔 것에 대해서도 일정

한 의의가 있을 것이라고 상정해 볼 수 있다. 그리고 크기도 비교적 비슷하다. 이 세 점은 나무를 동일한 방식으로 가공하여 작성되었고 완성된 목간의 형태도 비슷하였을 것이며 출토지까지 가까운 것을 고려해본다면 어느 한 관청(役所)에서 사용된 후 폐기되었을 가능성이 있다. 즉 이 세 점은 어느 특정한 관청에서 위와 같은 사용법·작법 (소재의 선택·형태의 선택·사용·폐기)에 기초하여 사용된 것으로 생각할 수 있다.

그런데 그 관청(役所)을 특정하는 것은 매우 어렵다. 주변 관사군(官司群)의 조사가 진전되기를 기다리면서 생각해야 할 과제이다. 다만 관사를 특정할 수는 없으나 기재 내용을 통해 사용한 장면에 대해서는 어느 정도의 예상해 볼 수 있다.

153호 목간은 석독 결과「典太等教事」로 이해된다. '典太等'이라는 직무는 국왕에 직속하는 비서관과 같은 직무이며 '教'라는 말도 국왕의 의사를 나타내는 문언(文言)으로 적합하다. 이 목간에 적힌 내용은 크게 ①典太等에 대한 '教'로 이해하는 방법과 ②典太等이 '教'를 받아 전달하는(일본의 奉勅宣과 같은 이미지) 것으로 이해하는 방법, 두 가지가 있다고 보는데 어찌 되었건 국왕의 의사(意思)와 이를 받아서 실현하는 비서관이 등장하는 왕권 중추부와 밀착했던 것으로 이해할 수 있을 것이다. 문장 속에 보이는 '白' = '고하다'도 이와 같은 국왕의 의사와 그 측근에 의한 문자화·전달이라는 세계를 연상케 한다. 148호에도 '敬白' 등 문언이 있으므로 153호와 비슷한 내용으로 파악할 수 있을 것이다.

다소 양상이 다른 것이 152호로 약(藥) 이름을 읽어낼 수 있다. 전체적으로 묵흔의 잔존 상태가 좋지 않아 문장의 뜻을 이해하기 어렵다. 어떠한 문맥에서 약품명이 등장하는가에 따라 평가가 나뉘는데 형상 외의 특징으로 보아 다른 두 점과 동일한 장면에서 사용된 목간으로 생각해 두기로 하겠다.

다만 경주 이외 지역에서 출토된 목간 가운데 다소 문제가 되는 목간도 존재하는데 이에 대해 언급해두고자 한다. 하남 이성산성 출토 119호 목간이다.

목간을 실견하지 못하였으나 사진으로 보는 한, 원주 형태이다. 1행 문자를 기재하고 '五十三'이라는 숫자가 할서풍(割書風)으로 오른쪽으로 치우쳐 쓰여 있다. 장부(帳簿) 또는 考選목간과 같은 분위기의 필치로 왕권 중추부와 직접 연결되는 것 같지는 않다.

이 목간은 상하가 결실, 또는 매우 난잡하게 가공된 점, 마디가 없는 점이 경주에서 출토된 세 점과 크게 다르다. 전장은 18.5cm인데 혹시 경주 타입의 원주 목간이라면 마디 일부 정도는 발견될 가능성도 크지만, 사진으로는 확인할 수 없다. 전모를 아직 잘 알 수 없으므로 뭐라 말할 수는 없다. 매우 정성 들여 원주 형태를 만든 것으로 보아 흡사 문서축(文書軸)에 메모한 듯한 인상도 없지는 않다. 어찌 되었건 도성에서 출토된 것이 아니라는 점까지 고려해본다면 경주의 세 점과는 다른 작법으로 만들어졌을 가능성이 크다. 그렇지만 이와 같은 형태가 아직 발견되지 않는 점도 생각하면 독자적인 작법에 근거한 것이라고도 하기 어렵다. 일단 그 존재만 확인해 두고 유의하면서 이

번 고찰에서는 다루지 않도록 한다.

한편 앞서 서술한 가설에 근거한다면 이 세 점의 원주상 목간은 국왕이나 왕권의 신변과 가까운 장소에서 그들이 음성으로 주고받은 것을 문자화하고 전달한 목간으로 평가할 수 있다. 장면이나 용법 등이 한정된, 독특한 목간의 작법일 가능성을 발견할 수 있다.

또 148·152·153호 목간은 아마도 典太等, 국왕을 근처에서 섬기는 직책에 의해 작성되었을 것이다. 그리고 153호에 보이는 '勺'도 '芍'에서 '艹'를 생략한 자형(字形)이라면 약품과 관련되었을 가능성도 있어 내정(內廷)에서 약품을 중심으로 한 관리부서가 폐기한 것으로 상정할 수 있을 것이다.

이상으로 한국의 봉상 목간을 정리하면 다음과 같이 전망할 수 있다.

①하찰은 단순히 재료 상태에 맞추다 보니 우연히 원주 형태가 된 것이다. 앞, 뒤가 있어 형태와 사용법이라는 관점에서 보면 판상 목간과 같다.

②전적·문서 등의 경우 원주상(圓柱狀) 목간이 주목된다. 서사면을 평면으로 만들지 않은 이 목간 중에 경주에서 발견된 세 점은 왕권의 중추와 관련된 문서로 사용되었다.

이러한 점을 참고로 다음 절에서는 한국 목간의 작법과 일본 목간의 연관성을 생각하기로 한다.

3. 한국 고대 목간문화와 일본 고대 목간

1) 신라 목간문화와 백제 목간문화

앞 절의 가설에 어느 정도의 개연성이 인정된다면 이 원주상(圓柱狀) 목간은 현재 신라에서만 확인된다. 즉 원주상 재료를 사용하는 작법은 신라의 독특한 목간 사용법, 신라 목간문화일 가능성이 있다고 할 수 있을 것이다. 그리고 신라 목간문화가 존재한다면 백제 목간문화도 존재한다고 생각할 수 있다.

다시 백제·신라의 목간을 통람해 보면, 공통되거나 닮은 점이 많다. 髓(고갱이)가 있는 목간은 백제와 신라에서 많이 볼 수 있다. 문자의 필치, 재료의 분위기도 양자가 비슷한 사례가 많다. 이와 같은 관점에서 본다면 백제·신라가 각각 고유한 목간문화를 지녔다고 할 수 없는 것처럼도 보인다.

또 주의해야 하는 것은 언제 어느 장면에서 쓰였는가, 어떠한 성격의 목간이 출토되었는가 하는 점이다. 신라 목간 가운데 안압지 목간은 8세기까지 내려오는 궁정 내부에서 사용된 물품 부찰을 중심으로 하는 목간군[8], 월성해자 목간은 7세기를 중심으로 하는 도성 목간, 성산산성 목간은 6세기대 산성으로 운반된 하찰이다. 관사(官司)에서 사용된 목간군과 도성의 하찰 등은 그다지 보이지 않는다. 한편 백제 목간은 부여에서 출토된 목간이 주로 관사에서 쓰였던 목간, 능사에

---

8) 橋本繁,「慶州鴨池木簡と新羅內廷」(朝鮮文化硏究所 編『韓國出土木簡の世界』, 雄山閣, 2007)

서 출토된 목간이 경계 구역의 목간이다. 부여 출토 목간과 월성 출토 목간은 어느 정도 유사한 성격으로 생각되나 기본적으로는 백제·신라를 쉽게 횡단적으로 비교할 수 있을 만한 공통적인 성격의 목간군은 존재하지 않는다.

다만 그런데도 신라와 백제의 목간 작법에 다소 차이가 있었던 것처럼 느껴진다. 예를 들면 나주 복암리 유적 출토 목간은 재료의 양상도, 문자의 필치·분위기도 신라 목간과 크게 다르며 일본 목간과 매우 유사하다. 8세기대의 경주에서 출토된 신라 목간은 시대도, 도성이라는 출토지의 성격도 일본의 平城宮 목간과 유사하지만, 문자의 서풍(書風)이나 나무의 사용 방법 등은 매우 다르다. 하지만 시대도 다르고 또 유적의 성격도 다른 나주 복암리 목간과 平城宮 목간은 재료의 분위기도, 문자도 공통되는 점이 많은 것처럼 보인다.

윤선태 씨는 '중국 漢代의 편철 문화(編綴文化), 고대 일본의「板狀木簡文化」에 대비되는 한국 고대의 '다면목간문화'를 제창'한다[9]. 그리고 다면목간은 8세기 이후 종이로 대체되어 가는 것으로 보았다. 지금까지 검토한 것처럼 다면 목간과는 다소 모습이 다른 '원주상(圓柱狀) 목간'도 존재한 것을 고려하면 한국 고대의 목간문화도 다양하였으며 신라와 백제 목간의 공통점과 차이점도 있었다고 할 수 있을 것이다. 그리고 특정 성격의 목간만 출토되는 것으로 보아 8세기 문서작성 장면에서 목간을 이용하지 않게 된 것도 충분히 가능성은 있

---

9) 尹善泰,「木簡からみた漢字文化の受容と變容」(工藤元男·李成市 編,『東アジア古代出土文字資料の研究』雄山閣, 2009).

으나 아직 검토의 여지도 남은 듯하다. 안압지 출토 목간과 월성해자 출토 목간은 시기뿐만 아니라 성격도 다른 것이다.

한편, 신라와 백제에서 각각 독자적인 목간문화가 전개되었다면 이러한 목간문화의 존재는 매우 중요한 시사점을 준다. 현재 한국에서 출토된 고대 목간은 1,000점에 못 미친다. 일본의 고대 목간이 20만 점을 족히 넘은 것과도 큰 차이가 있다. 그 이유로 ①발굴조사의 진전 상황(저습지를 조사하였는가 등), ②목간에 이용된 재료와 토양 등 자연적 요인, ③종이 보급에 따른 목간 사용 수의 차이 등을 상정해 볼 수 있다.

그 가운데 ①은 앞으로의 조사가 진전됨에 따라 해소되어 가겠지만 ②와 ③은 어쩔 수 없으므로 혹시 ②와 ③때문에 한국에서 목간이 적게 출토된 것이라고 한다면 앞으로도 한국에서 목간이 대량으로 출토될 것이라고는 기대하기 어렵다.

②는 필자의 지식으로 그 옳고 그름을 판단할 수 없다. 실제로 한국에서 출토된 목간 중에는 재료 상태가 좋지 않은 것이 많고 소나무 재질이 많아 목간이 땅속에 남아 있기 어려운 요건도 있을 수 있다. 하지만 상태가 좋은 목간도 존재하므로 ②로 인해 목간이 적게 출토되었다고 하더라도 일정 비율 이상의 목간이 땅속에 보존되어 있을 것이다.

그러나 ③이라면 앞으로 목간이 대량으로 출토될 것이라 기대하기는 어렵다. 애초에 목간이 이용되지 않았다면 버려진 목간도 적었을 것이고 땅속에 보존되어서 발굴조사를 통해 발견된 목간은 더욱 적어질 것이다.

하지만 만약 백제·신라에 각각 고유의 특징적인 목간문화가 존재하였다면 그 배경에는 목간을 많이 사용하였을 것이라고 상정해야 할 것이다. 목간을 많이 작성하고 사용하였으므로 각각 독자적인 사용법과 작성법 = 작법이 성립한 것으로 볼 수 있기 때문이다. 특히 백제 목간으로 보이는 장부(帳簿) 목간이나 전표와 유사한 목간이 존재하는 것은 일상적으로 목간을 이용하였을 가능성을 나타내는 것이다. 백제에서는 일상적으로 목간을 이용한 것으로 보이므로 당연히 앞으로 목간이 출토될 것이라 기대할 수 있다. 한편 신라는 백제와 다른 목간문화가 존재할 정도로 목간을 많이 이용하였으므로 신라에서 출토될 목간도 기대된다. 예를 들어 지금까지 경주에서는 하찰 목간(貢進物荷札)이 발견되지 않았다. 성산산성 목간 하찰로 보아 경주로 운반된 물자에도 하찰을 매달았을 것으로 생각된다.

이와 관련하여 다소 보충해 두자. 三上喜孝 씨는 '성산산성 목간도 (도성과는 다른)지방 목간으로 볼 필요가 있다'고 지적한다[10]. 그러나 橋本繁 씨가 지적한 것처럼 성산산성 목간은 상당히 체계적인 수취제도에 의해 작성된 목간이며[11] '정형화되기 전의 목간'이 아니라 정형화되어 소비지로 운반된 목간이다. 三上 씨가 전형적인 궁도(宮都) 목간 유형으로 상정한 平城宮 출토 하찰도 크게 보면 성산산성과

---

10) 三上喜孝,「韓國出土木簡と日本古代木簡 - 比較研究の可能性をめぐって -」 (朝鮮文化研究所 編,『韓國出土木簡の世界』, 雄山閣, 2007)

11) 橋本繁,「城山山城出土木簡と六世紀新羅地方支配」 (工藤元男·李成市 編,『東アジア古代出土文字資料の研究』, 雄山閣, 2009).

같은 서식과 형태의 다양성이 존재한다. 이러한 점을 보아도 성산산성 목간을 단순히 '지방목간'으로 간주할 수는 없을 것이다.

한편 백제·신라의 목간문화가 존재한다면 그들과 일본 고대 목간과의 관계도 존재할 것이다. 다음 절에서 검토하도록 하겠다.

2) 한국 목간문화의 고대 일본 목간

이미 한국 목간과 일본 목간을 비교하는 연구는 많다. 일본 목간 가운데 도성에서 출토된 목간이 아니라 지방에서 출토된 목간이 한국 목간과 유사하다고 지적되고 있다.

이 장에서 주목하고자 하는 것은 한국 최남단 지역에 해당하는 성산산성 출토 목간이 6세기 중엽인데 반해 일본에서 목간을 본격적으로 이용한 것이 7세기 중엽으로 그 시간차가 100년이나 된다는 점이다. 대한해협(對馬海峽)을 건너는데 왜 100년이라는 오랜 시간이 필요하였을까[12].

이 질문에 대해서도 몇 가지 대답을 생각할 수 있다. 첫째는 일본 열도에서도 지금까지 발견되지 않는 6세기대 혹은 7세기 전반의 목간이 있다고 상정하는 것이고 둘째는 6세기대 혹은 7세기 전반 일본 열도에서는 목간이 이용되지 않았거나, 또는 이용되었다고 하더라도 그다지 많지 않았다고 보는 것이다. 다시 말하면 전자는 단지 발견되지 않았으므로 100년의 시간차가 있는 것으로 보는 견해이고 후자는

---

12) 졸고,「百年の理由」(『木簡研究』31, 2009)에서 약간의 견해를 밝혔다.

실제로 목간을 사용하는 데 100년의 시간차가 있는 것으로 보는 견해이다.

이 둘 가운데 어느 견해가 타당한지 섣불리 판단하기는 어렵다. 전자의 입장을 취하는 東野治之 씨는 불교 전래와 함께 (일본) 국내에 문자문화가 급속하게 확산되어 수준이 높아진 점, 사원 조영과 경영은 단순한 개개인의 기술 축적이 아니라 그들 전체를 관리·운영하는 체제가 필요한 점, 그리하여 실제로 法隆寺 本尊 臺座의 묵서로 보아 上宮王家 주변에서 후대의 율령적 행정 운영에 통달한 기능적인 가정(家政) 운영이 실시된 점을 지적하고 당시 일본열도에서도 목간이 활발히 이용되었을 것으로 상정한다[13].

다만 현재까지 일본에서 6세기대의 목간은 출토되고 있지 않다. 그리고 일본에서 출토된 가장 이른 시기의 목간과 성산산성 목간 사이에는 결정적인 차이가 존재한다. 그것은 東野 씨가 주목한 운영체제·시스템의 존재이다.

성산산성 목간의 서식은 잘 정리되어 있다. 그리고 기재 내용도 담당자의 개인명을 기재하는 등 상세하다. 목간에 기재된 지명은 낙동강 수계 지역이고 그러한 지역에서 최전선인 성산산성으로 물자가 옮겨진 것이다. 원격지로부터 물자가 이동하거나 집적될 때 통일적인 서식에 따라 상세하게 기재한 하찰을 첨부한 것으로 보아 그 배후에 장부(帳簿)를 축으로 한 체계화된 수취·지배 체제가 존재하였으리

---

13) 東野治之,「古代日本の文字文化 – 空白の六世紀を考える」(國立歷史民俗博物館·平川南 編,『古代日本文字の來た道』大修館書店, 2005).

라 쉽게 상상할 수 있다. 성산산성 목간을 통해 알 수 있는 것은 신라의 전 국토(변경 지방은 예외로 하더라도)를 망라하며, 장부 등을 배경으로 한 통일적인 지배 체제와 그 구성 요소로서 목간을 사용하였다는 상황이다[14].

한편 일본에서 가장 이른 것으로 간주하는 목간 가운데 예를 들어 難波宮 출토 목간을 보면[15] 서식이 갖추어지지 않았고 주로 인명이나 품목만을 기재한 '하찰'이 많다. 성산산성 목간의 배경으로 상정한 체제·시스템은 보이지 않는다. 일본에서 가장 이른 시기의 목간은 모두 단발적인 양상이 강하므로 큰 시스템의 일환으로는 평가하기 어려울 것이다.

뒤집어 생각해보면 8세기대의 목간은 모두 율령제 지배라는 큰 시스템의 일부를 구성하는 것이다. 하찰 목간도 장부를 축으로 이루어진 지배 체제의 수단으로 사용된 것이며 궁내에서 쓰인 문서·장부 역시 율령문서 행정의 일환으로 사용되었다. 단지 물품의 명칭만을 나타내는 목간과 달리, 큰 시스템의 구성 요소라는 특징이야말로 고대 목간이 다른 시대의 목간보다 역사적 자료로서의 매력이 풍부한 이유 중 하나일 것이다. 이러한 관점에서 본다면 일본에서 가장 이른 시기의 목간은 아직 이러한 특징을 지니고 있지 않다. 한편 성산산성 목간은 이미 그와 같은 특징을 뚜렷하게 지니고 있다.

---

14) 橋本氏 註(11) 논문.

15) 江浦洋,「大阪·難波宮」(『木簡研究』22, 2000)에서 소개하고 있는 내용에 근거하여 검토하였다.

적어도 출토 사례로 보는 한, 확실히 100년의 시간차는 존재한다. 그리고 그것은 장부의 이용 등을 포함한 지배 체제가 신라와 일본이 크게 달랐음을 의미하는 것으로 생각할 수 있다. 물론 東野 씨가 지적한 것과 같이 上宮王家에서는 그러한 관리 운영체제가 성립, 운용되었을 가능성도 충분히 있다. 다소 시대가 내려오지만 『日本書紀』 大化元年(645) 七月戊辰條에서 任那의 調와 백제의 調를 구별하기 위해 기재한 '可具題國與所出調'를 볼 수 있다. 이는 일본 측에 任那의 調라고 해야 할 범위의 리스트가 있어야 성립할 수 있는 것이므로 장부를 축으로 한 지배 체제로도 볼 수 있을 것이다. 다만 그러한 시스템의 성립과 운용은 선진적인 경영 형태를 취하는 일부의 왕가나 황족, 사원에 한정되지 않았을까. 전국 규모가 아니었으므로 함안 성산산성과 같이 6세기대로 소급되는 목간이 일본에서는 출토되지 않는 것이 아닐까.

그렇다면 일본에서 7세기 후반 이후, 목간이 폭발적으로 증대하는 것은 어째서인가. 배후에 율령적 지배가 발전한 것은 확실하나 또 한 가지 큰 조건이 있었다고 생각된다. 지배 제도·시스템은 운용하는 데에 의미가 있다. 제도만 제정되고 운용되지 않는다면 행정기구도 활동할 수 없고 군사적 행동도 불가능하다. 당연히 수취도 시행할 수 없다. 제도를 배경으로 그것을 확실히 운용하여 실제 사회에서 효력을 발휘할 수 있는 능력이 필요할 것이다.

특히 목간은 종이 장부보다도 '움직이는 정보'를 다루는 경향이 있다. 예를 들면 일상적인 전표는 아직 확정되어 장부에 기재되지 않는 단계의 정보 전달에 쓰이는 것이다. 이러한 목간의 운용에 더욱 현실적으로 대응하면서 기능할 필요가 있으므로 다양한 '노하우'가 필요하다. 즉 목간을 능숙하게 사용하기 위해서는 문자를 쓸 수 있는 것만으로, 나무를 깎을 수 있는 것만으로, 율령법을 알고 있는 것만으로는 불가능하고 그 시스템의 운용에 관한 실제적인 노하우가 반드시 필요한 것이다. 따라서 성산산성 목간을 만일 고대 일본인이 알고 있었다고 하더라도 이를 바로 흉내 내기는 어렵다. 노하우를 가진 사람이 적다면 그와 같은 제도나 시스템의 실제적인 운용은 일부 왕가나 사원 등에 한정될 수밖에 없다.

실제적인 노하우가 대량으로 이입된 계기로 생각해 볼 수 있는 것은 역시 백제 멸망이다. 백제 유민이 일본 고대국가가 성립하는 데 한 역할은 일찍부터 언급되었으며 목간을 이용한 실제적인 지배 체제 구축이라는 관점에서도 백제 유민의 존재는 무시할 수 없다. 부여에서 출토된 목간을 통해 알 수 있는 운영 상황이 일본 고대의 지배 체제와 유사한 것, 또 백제 말기에 속하는 나주 복암리 유적 출토 목간과 일본 목간의 가공법 및 자형(字形)이 유사한 것은 일본 고대 목간이 성립하는 데 백제 유민이 한 역할을 말해주고 있다. 그리고 일본 고대 목간이 이렇게 백제 유민의 영향을 받아 성립되었으므로 신라 목간과 여러 면에서 차이가 나는 것은 아닐까.

4. 맺음말

이상으로 거칠게나마 백제·신라 각각의 목간문화를 상정하고 고대 한국에서 활발하게 이용한 목간에 관해 서술하였다. 그리고 일본 고대 목간은 한반도 목간문화 가운데 백제의 계보를 잇는 점, 또 목간의 체계적 운영에는 장부를 비롯한 다양한 노하우가 필요하며 그와 같은 노하우와 지배 체제·시스템의 성립이 지연되면서 일본 목간도 지연되었고 또 그 성립의 계기가 백제 멸망일 가능성을 서술하였다. 마지막으로 목간의 형태에 관해 약간 보충하고자 한다.

한국에서 髓(고갱이)가 있는 목간이 많은 것은 역시 용재(用材) 때문이지 않을까. 백제 목간의 계보를 잇는 일본 목간에서 髓(고갱이)가 있는 목간이 거의 보이지 않는 것에서도 이를 추측할 수 있다. 일부러 다각형 목간을 많이 사용하였다기보다 목재 사정으로 인해 다각형을 만들 수밖에 없는 경우가 많았던 것으로 상정해 두고자 한다[16].

한일 고대 목간의 공통점과 차이점은 지배 체제 단계, 시스템의 차이, 그리고 용재(用材)와 관련된 조건 = 자연조건 등 다양하다. 일본의 지방 목간과 한국 목간이 유사하다는 지적에 대해서는 필자의 실력이 부족하여 검토할 수 없었는데 이 문제도 단순히 양자가 유사하다는 관점이 아닌, 좀 더 다양한 각도에서 관찰할 필요가 있다고 생각한다.

---

16) 東野治之「券頭言 - 情報化と松と檜 - 」『木簡研究』24, 2002.

(補註)

함안 성산산성 목간에 대해서는 최근 6세기 말로 보는 견해가 유력해졌으나 이 장의 논지에는 영향이 없으므로 본문 그대로 실었다.

[付記]

이 장은 한국에 방문하면서 여러분에게 신세를 지면서 얻은 성과이다. 박성진 씨, 차순철 씨를 비롯한 한국의 국립문화재연구소 여러 선생님께 진심으로 감사의 말씀을 드린다. 또 성과를 충분히 음미하지 못한 점에 대해 사과드린다.

제3장

埼玉縣 稻荷山古墳
출토 철검을 둘러싸고

1. 머리말

목간이 출토되기 위해서는 우선 목간이 존재해야 한다. 목간이 존재하는 배경에는 각 사회에서 '목간을 이용해야 한다'는 정보, 이유가 존재한다. 또 존재한 목간이 땅속에 묻히기 위해서는 폐기, 매납 등 행위가 필요하다. 두말할 필요도 없이 목간을 폐기, 매납하는 행위를 선택하는 배경에도 사정(事情), 이유가 존재한다. 출토된 목간을 분석하는 것은 기재된 문자를 해독하는 것은 물론 출토되기까지의 다양한 정보와 이유를 밝혀내는 것이기도 하다.

그리고 이런 관점의 분석은 목간 이외의 자료에도 유효할 것이다. 어쩌면 종래와는 약간 다른 해석을 제시할 수 있지 않을까. 埼玉縣 稻荷山古墳 출토 철검명을 사례로 검토해보고자 한다.

2. 稻荷山古墳 출토 철검명의 특질

埼玉縣 稻荷山古墳 출토 철검 명문의 발견은 고대사 연구에 매우 큰 충격을 끼쳤고 오늘날까지 많은 연구가 축적되었다[1]. 특히 철검이 출토된 매장주체부(礫郭)의 피장자가 어떤 인물인가에 대해 문제의 초점이 맞추어졌다. 선행 연구의 견해는

---

1) 최근 연구로 吉川敏子『氏と家の古代史』(塙書房, 2013) 등이 있다. 高橋一夫『鐵劍銘 ――五文字の謎に迫る』(新泉社, 2005)에 선행 연구가 정리되어 있다.

A 피장자를 오우케(ヲウケ) 신하 본인으로 봄

a 오우케(ヲウケ) 신하를 北武藏지역의 호족으로 봄

b 오우케(ヲウケ) 신하는 畿內의 호족이며 北武藏에 파견된 인물로 봄

B 피장자는 오우케(ヲウケ) 신하 본인으로 보지 않음

a 오우케(ヲウケ) 신하는 畿內의 호족이며 철검은 오우케(ヲウケ) 신하로부터 北武藏 호족에게 하사되었음

위와 같이 세 가지 입장으로 정리된다[2]. 견해 가운데

1 稻荷山古墳에 관한 고고학적 지견과 견해
2 명문의 해석
3 5-6세기 일본열도와 관동지방의 역사적 상황에 관한 이해

그림26. 稻荷山古墳 출토 철검(화상제공 : 埼玉県立さきたま史跡の博物館)

---

2) 高橋 각주 1을 토대로 정리하였다.

세 가지 요소에 관한 검토가 이루어지면서 이들이 복잡하게 얽혀 각각의 입장이 언급되고 있다. 이 가운데 본 장의 관점에서는 '2 명문의 해석'에 아직 분석 여지가 남은 것으로 생각된다.

명문 문장에 관해서는 일본사학만이 아니라 동양사학, 국어학 등 폭넓은 분야에서 이해도가 심화하고 있다. 또 유사한 사례를 비교하는 관점에서 熊本縣 江田船山古墳에서 출토된 명문대도를 비교하는 연구도 지속적으로 이루어지고 있다. 이 연구 성과의 수준은 매우 높다고 생각하나 한편으로 피장자의 특정과 고대사 해명이라는 목적에서 벗어나 단순히 '물건'에 쓰인 '문자'를 더욱 깊게 분석할 여지가 있다고 생각한다.

이 책에서 계속해서 주장하는 것처럼 목간을 검토할 때 왜 나무가 선택되었는가, 왜 그와 같은 형상인가 등 목간의 작성부터 폐기에 이르는 '사정(事情)'을 검토하는 것이 큰 성과로 이어진다. 그리고 도검에 새겨진 명문의 경우 '기물'로서의

그림27. 江田船山古墳 출토 대도(화상제공 : ColBase (https://colbase.nich.go.jp/))

도검에 '문자'를 쓴 것으로, 기물과 기재된 문자의 관계는 목간인 '나무'와 '문자'의 관계보다 더욱 밀접한 것으로 생각된다. 따라서 '기물에 문자를 기록하는 사정'을 고찰함으로써 기재된 문자의 내용과 특징을 한층 깊게 이해할 수 있을 것이다.

그러면 명문과 도검의 관계라는 관점에서 지금까지 자주 비교·검토된 稻荷山古墳 철검명과 江田船山古墳 대도명을 비교해보고자 한다. 각 명문은 [자료 1, 2]에 실었다.

우선 江田船山古墳 출토 대도명을 검토한다. 이 명문에는 ①와카타케루(ワカタケル)대왕의 치세 아래, 典曹人(전조인)으로 섬긴 무리테(ムリテ)가 명령하여 정성 들인 공정을 거쳐 칼을 만들었다는 작도(作刀)의 경위를 기록한 후, ②이 칼을 패용한 사람에게는 행운이 찾아올 것이라는 길상구를 기록하고 ③마지막으로 작도자 이름과 명문 작성자 이름을 새겼다. ①작도의 경위와 ③작도자를 기재한 것은 칼에 대한 설명 그 자체이다. 또 ②길상구도 도검의 영력(靈力)을 찬양하는 것이므로 역시 칼에 대한 설명으로 이해할 수 있을 것이다. 江田船山古墳 출토 대도의 명문은 '대도에 대한 설명'이며 대도에 밀착된 밀접불가분의 내용이 기록되어 있다. 고대사 연구에서는 기재된 명문의 내용 자체에 역사적 자료로서의 의의가 있을지 모르겠으나 古墳時代 사람들에게 이 명문은 대도와 떨어지는 순간 전혀 의미가 없는 것이었다.

그럼 稻荷山古墳 철검명은 어떠할까? 우선 ①辛亥年 7월에 문자를 새겼다는 명문 작성 일시를 기록하고 ②오우케(ヲワケ) 신하의 계보

와 조상의 공적, ③오우케(ヲ ウ ケ) 신하 자신의 공적을 기록한 후, ④ 작도(作刀)한 것과 ⑤명문을 새긴 것을 기록한다. 江田船山古墳 출토 대도명과 비교하면 稻荷山古墳 출토 철검명의 ①, ②, ③이 江田船山 古墳 대도명에 없고 江田船山古墳 대도명의 ②, ③이 稻荷山古墳 출 토 철검명에 없는 것은 일목요연하다. 또 稻荷山古墳 철검명의 ⑤에 해당하는 부분도 江田船山古墳 대도명에는 보이지 않는다. 그리고 江田船山古墳 대도명의 ①이 稻荷山古墳 출토 철검명의 ④에 해당하 는 것처럼 보인다.

稻荷山古墳 출토 철검명에는 ④'令作此百練利刀', ⑤'記吾奉事根 原也'라는 부분이 있다. 이 표현에는 도검과 명문의 관계가 상당히 농축되어 나타난 것으로 생각된다. ④'百練의 利刀를 만들었다'라는 작도(作刀) 행위와 ⑤'내가 奉事根原을 기록하였다'는 명문의 작성 행 위를 함께 적었는데 양자의 관계가 완전히 등가(等價)는 아닌 것으로 읽을 수 있지 않을까. ②, ③의 기재, 특히 ③의 마지막에 '왕이 천하 를 다스리는 것을 돕다'라는 문장과의 관계를 생각하면 '천하를 다스 릴 정도로 활약을 했으므로 利刀를 만들고 활약상을 새겼다'라는 뉘 앙스로 느껴진다. 즉 稻荷山古墳 출토 철검명의 목적은 ⑤'記吾奉事 根原'에 있다고 생각한다.

이처럼 稻荷山古墳 철검명의 주된 목적이 '記吾奉事根原'에 있다 면 극단적으로 보아 문장과 문자의 기재가 목적이고 그 매체로 철검 (百練의 利刀)을 준비한 것으로 생각할 수 있다. 그 명문은 명문이 새겨 진 '철검'에 대한 설명이 아니라 명문 자체에 존재 의의가 있는 것이다. 철검은 서사 매체에 지나지 않으며 그런 의미에서는 다른 매체(예를 들면 돌과 나무)로도 대체할 수 있는 존재였다. 고대인에게 稲荷山古墳 출토 철검명은 철검과 떨어져도 의미가 있는 정보였다. 물론 굳이 '百練의 利刀'를 준비한 것에는 중대한 의미가 존재하겠지만 江田船山古墳 출토 대도명에서 확인되는 것처럼 대도와 밀접하게 관련된 것과는 양상이 크게 다르다.

3. 稲荷山古墳 철검의 역할

이 차이는 渡邊晃宏 씨가 제시한 목간 분류 관점을 참고하면 한층 명확하다. 渡邊晃宏 씨는 문자를 나무에 기록할 때의 목적, 기능이라는 관점에서

  a 정보 전달 기능을 가진 목간 - 문서, 전표, 기원찰(祈願札) 등
  b 속성 표시 기능을 가진 목간 - 하찰, 부찰
  c 묵서 매체 기능을 가진 목간 - 습서, 낙서, 시경(柿経) 등 (중국의 책서는 이 범주)

목간을 위와 같이 세 가지로 분류하였다[3]. 추상적인 정보를 전달

---

3) 渡邊晃宏「墨書のある木製品とその機能」(角谷常子編『東アジア木簡學のために』汲古書院, 2014).

하기 위한 목적으로 쓴 것인지, 물품의 내용을 적은 것인지, 아니면 누군가에게 보여주려는 목적 없이 단순히 글자만 쓴 것인지를 기준으로 한 분류이다. a와 c의 차이, 사례의 제시 등 약간의 의문도 남지만 '속성표시'로 목간을 분류하였다는 점에서 획기적인 분류 방법이라 할 수 있다. 이 분류안에 따르면 江田船山古墳 대도는 b에, 稻荷山古墳 출토 철검은 a에 해당한다.

한편 和田萃 씨는 稻荷山古墳 출토 철검명에 '家記'가 적힌 점을 강조하여 江田船山古墳 대도명과는 '근본적', '결정적'으로 다르다고 지적하고[4], 또 도쿄국립박물관편 『保存修理報告書 江田船山古墳 出土 國寶 銀嵌銘大刀』의 '결말'에서 '船山古墳의 명문은 길상구인데 자주 대비되는 稻荷山古墳 명문의 주체는 계보이다. 거의 동시대로 보이는 두 명문의 주제 차이는 어디에서 유래된 것일까'라고 하면서 양자의 차이를 날카롭게 지적하였다[5]. 이 지적은 그 후 계승되거나 검토되지 않았다. 특히 도쿄국립박물관이 명문의 '주제' 차이라고 표현한, 양자에 명문을 기재한 목적의 차이는 '기물(도검)과 명문의 관계'라는 시점(視點)의 분석, 그리고 목간연구에서 제시한 분류를 도입함으로써 한층 명확해졌다고 생각한다.

그렇다면 도검에 쓰인 명문으로서는 이 양자 가운데 어느 쪽이 더욱 일반적일까? 西山要一 씨의 연구에 따르면 고대 동아시아 도검의

---

4) 和田萃「ヲワケ臣とワカタケル大王」(上田正昭・大塚初重監修・金井塚良一編『稻荷山古墳の鐵劍を見直す』學生社, 2001).

5) 東京國立博物館編『保存修理報告書江田船山古墳出土國寶銀嵌銘大刀』(東京國立博物館, 1993). 해당하는 곳의 집필은 本村豪章・望月幹夫 양씨.

명문은 칼의 제작 과정과 훌륭함을 표시하는 어구인 '단련구(鍛鍊句)', '초복(招福)'과 '호신(護身)' 등 바람을 기록한 어구로 구성된다고 한다[6]. '단련구(鍛鍊句)'와 '길상구'의 조합은 도검 자체를 설명하는 명문으로 江田船山古墳 출토 대도명의 ①, ②에 해당하고 渡邊 씨의 분류 b에 해당하는 내용이다. 즉 江田船山古墳 출토 대도명은 도검명문으로서는 매우 보편적이고 자연스러운 것에 반해 稻荷山古墳 철검명은 상당히 특이한 사례로 평가할 수 있을 것이다.

위와 같이 생각하면 江田船山古墳 대도를 피장자가 입수하게 된 과정과 稻荷山古墳 철검을 피장자가 입수하게 된 과정을 동일시할 수 없다. 江田船山古墳 대도명은 매우 보편적인 명문이며 대도에게 기대하고 원하는 역할도 통상의 도검과 동일했던 것으로 생각된다. 어디까지나 '뛰어난 도검'이라는 기준에서 취급되었을 터이므로 당연히 유력자로부터 사여되었을 수도 있다.

한편 稻荷山古墳 철검명은 매우 특이한 명문이며 당시 이 철검에게 기대한 역할은 통상의 도검과는 전혀 달랐던 것으로 생각해야 할 것이다. 지금까지 살펴본 것처럼 稻荷山古墳 철검은 '뛰어난 철검'이라는 것보다 '명문의 기술(記述)'이 중요하며 '명문을 존재시키는' 것이야말로 그 역할이었다. 피장자와 철검의 관계에 관해서도 '도검과 피장자'보다는 '명문과 피장자'의 관계로 파악해야 할 필요가 있을 것이다.

---

6)　西山要―「東アジアの古代象嵌銘大刀」(『文化財學報』17, 1999).

이 장의 검토를 통해 직접 지적할 수 있는 것은 여기까지이며 피장자의 성격을 살펴볼 수 있는 것은 아니다. 다만 이상의 검토를 통해 명확해진 稲荷山古墳 철검의 성격으로 보아 선행연구의 A 견해, '오우케(ㅋㅋㅋ) 신하'를 피장자로 생각하는 것이 가장 자연스럽지 않을까[付記].

그리고 흥미 깊은 것은 稲荷山古墳 철검명이 군마현의 山ノ上碑의 명문(자료 3)과 유사하다는 점이다. 양자는 200년 정도 시기차가 있어 직접 비교하는 것은 적절하지 않을지도 모른다. 또 양자 모두 계보를 기록한 것이므로 유사한 것은 어찌 보면 당연하다고 할 수 있고 계보를 기재하는 방법에는 차이도 있다. 다만 명문의 구성과 표현의 유사성은 주목해봄 직하다.

山ノ上碑는

①기재연월일 + ②계보 + ③기재 목적 + ④기재자

위와 같이 구성되어 있다. 이는 稲荷山古墳 철검명과 비교하면 稲荷山古墳 철검명의 ③, ④가 山ノ上碑에는 없고, 山ノ上碑의 ④가 稲荷山古墳 철검명에 없지만 이외에는 기재순서를 포함하여 완전히 같다고 볼 수 있을 것이다. 양자는 같은 구성인 셈이다.

그리고 山ノ上碑의 계보에서 '三家를 정하다' 등 시조(始祖)의 공적

그림28. 山ノ上碑 탁본(화상제공 : 高崎市教育委員会)

부터 쓰기 시작한 것은 稻荷山古墳 철검명 ②와 동일하다[7]. 그리고 山ノ上碑에서 '어머니를 위해 쓰고 정한 문이다'라는, 비문의 목적을 선언한 문장으로 끝나는 모습은 稻荷山古墳 철검이 '나의 봉사근원을 쓰는 것이다'로 문장으로로 끝나는 것과 매우 닮았다. 이 유사성을 생각하면 양자의 성격에는 상통하는 것이 있지 않을까. 稻荷山古墳 철검의 성격은 묘비(묘지)에 가까운 것으로 생각된다.

4. 맺음말

이상으로 문자가 쓰인 대상과 기재한 내용을 생각하는 관점에서 稻荷山古墳 철검에 대해 검토

---

7) 계보를 초두에 쓴 의미에 대해서는 義江明子「「山の上碑」の「兒」「孫」「娶」」(『日本古代系譜樣式論』吉川弘文館, 2000)를 참고할 수 있다.

하였다. 稻荷山古墳 철검명은 도검의 명문으로서 이례적인 것이며 철검은 '검'으로서의 역할보다 명문을 새기는 매체로서의 역할이 강하였던 것으로 생각된다. 그리고 명문이 山ノ上碑과 유사하므로 이 철검의 성격은 묘비, 묘지에 가까운 것으로 상정할 수 있다.

이처럼 생각하면 피장자는 오우케(ヲウケ) 신하 자신이었을 가능성이 크다. 설령 오우케(ヲウケ) 신하 자신이 아니라 할지라도 그 범위는 근친자(近親者)로 한정될 것으로 추정된다.

[付記]

오우케(ヲウケ) 신하가 北武藏지역의 호족인지, 畿內의 호족인지에 대하여 억설(臆說)이기는 하나 언급해둔다.

義江明子 씨는 아래와 같이 지적한다(『日本古代系譜樣式論』吉川弘文館, 2000). 우지(옮긴이 : ウヂ. 남계의 선조를 동족으로 하는 집단)는 단순한 혈연집단이라고 할 수 없는 인적집단으로 稻荷山古墳 철검명의 계보는 '지위 계승'을 기록한 것이다. 그리고 그 인적집단에게 시조(始祖)는 직무(職掌), 봉사(奉事)의 근원을 보장하는 '전승'을 가진 인물이어야 한다. 시조는 봉사근원에 상응해야 하며 혈연 상 직접적인 시조일 필요는 없다.

이러한 점을 생각하면 阿倍 씨의 조상이 '오호히코(オホヒコ)'라 불린 것을 근거로 오우케(ヲウケ) 신하를 畿內 호족으로 보는 것은 좀 신중해야 하지 않을까. 또 '오호히코(オホヒコ)'라는 이름은 남성 이름인 '히코(ヒコ)'에 미칭인 '오호(オホ)'가 붙은 것처럼 보여 고유명사라기보다는 일반명사에 가까운 것으로 생각되는데 과연 어떨까. 명문을 근거로 오우케(ㅋ ウ ケ) 신하를 畿內 호족으로 판단하는 근거는 그다지 명백하지 않다고 생각된다.

한편 北武藏의 호족이라는 근거도 명문만으로는 이해하기 어렵다. 오우케(ㅋ ウ ケ) 신하가 대왕을 모신 적이 있었던 것을 고려하면 서령 출토된 유물 가운데 畿內계 유물이 섞여 있다고 하더라도 畿內 출신이라서 그런지, 아니면 중앙과 밀접한 관계여서 그런지는 판단하기 어려울 것이다.

종합적으로 검토하여 판단해야 하겠으나 필자는 筑紫國造 岩井의 사례를 참고하고자 한다. 岩井는 중앙으로부터 한반도로 6만 명의 대 원정군을 지도할 장군으로 파견된 近江毛野臣에게 '今爲使者, 昔爲吾伴. 摩肩觸肘, 共器同食. 安得率爾爲使, 俾余自伏爾前'이라고 소리 높여 선언한다(『日本書紀』継体21년 6월 甲午條). 近江毛野臣과 岩井는 과거에 '짝(伴)'으로 어깨를 맞대고 팔꿈치를 부딪치며 같은 그릇으로 함께 식사한 동료이다. 그처럼 대등한 상대가 갑자기 '使者'라면서 찾아와도 왜 따라야만 하느냐는 주장이다. 그들이 '짝'이었던 것은 아마도 중앙에 있는 대왕 곁으로 가서 대왕을 섬기는 장면에서일 것이다. 6세기 초에는 이처럼 지방호족이 중앙으로 가서 임무를 맡고, 이를 통해 지방호족과 중앙호족의 대등한 관계가 만들어져 있었다. 율령시대 郡司子弟 무관 근무(兵衛上番)의 연원에 해당하는 것으로 생각되는데 중앙·지방 호족의 관계는 율령제와 비교하면 훨씬 동등하였을 것이다. 이러한 점을 고려하면 狩野久 씨가 논한 것처럼(『稻荷山

鐵劍名をどう讀むか」『發掘文字が語る古代王權と列島社會』吉川弘文館, 2010)
北武藏의 오우케(ヲウケ) 신하는 재지계 호족이며 와카타케루(ワカタ
ケル)대왕 곁에서 임무를 맡으며 '장도인(丈刀人)'으로서 대왕을 섬겼
을 것이라는 견해가 가장 솔직하다고 생각된다.

참조자료명문

자료 1

(表)辛亥年七月中記、乎獲居臣上祖名意富比垝、其児多加利足尼、
其児名弓已加利獲居、其児名多加披次獲居、其児名多沙鬼獲居、
其児名半弓比
(裏)其児名加差披余、其児名乎獲居臣、世々為杖刀人首、奉事来
至今。獲加多支鹵大王寺、在斯鬼宮時、吾左治天下、令作此百練利
刀、記吾奉事根源也。

자료 2

台[治] 天下獲□□□鹵大王世、奉事典曹人名无□[利?]弓、八月
中、用大鐵釜、并四尺廷刀、八十練、□[九?]十振、三寸上好□
[刊?]刀、服此刀者長寿、子孫洋々、得□恩也、不失其所統、作刀
者名伊太□[和?]、書者張安也。

자료 3

辛己歲集月三日記

佐野三家定賜健守命孫黑売刀自此

新川臣児斯多々弥足尼孫大児臣娶生児

長利僧母為記定文也 放光寺僧

제4장

'목간의 작법'론으로
동아시아 목간학에
다가서기 위하여

1. 머리말

일본의 목간연구는 단순히 목간이 기재된 내용만을 중심으로 분석하는 단계에서 목간이라는 자료를 작성부터 단계까지 라이프사이클을 확인한 후 그 내용을 검토하는 단계를 거쳐 오늘날에는 함께 출토된 목간을 '군'으로 파악하여 검토하거나 공반된 유물과 유적을 함께 종합적으로 이해하고자 하는 단계까지 와 있다. 이러한 연구가 지속되는 가운데 목간을 분석하는 중요한 관점으로 '지목병용'과 앞서 언급한 '라이프사이클', 또 '고고 유물로서의 특성' 등이 강조되고 있다[1].

연구의 절차가 어느 정도 굳어진 것은 연구의 질에 일정 수준을 부여한다는 의미에서 바람직한 면도 있으나 한편으로는 형해화(形骸化)라는 폐해도 초래하고 있는 것 같다. 목간 논문 가운데는 굳이 유구에 대해 상세하게 서술할 필요가 없음에도 보고서의 유적과 유구를 그대로 베끼어 쓰는 사례도 드물게 보인다. 결과적으로 목간이라는 자료와 진지하게 대면하는 자세가 소홀해 진 것이 아닐까 걱정된다. 일본의 고대 목간은 정보가 단편적이지만 점수는 비교적 많다. 반드시 다루기 쉬운 자료라고는 하기 어려우며 연구 상의 절차, 작업에 대해서 앞으로도 각 연구자가 똑똑히 생각할 필요가 있다.

그래서 이 장에서는 '목간 한 점 한 점으로부터 귀납적으로 도출

---

1) 최근 목간의 연구사 정리로는 和田萃「木簡は語る -研究の足跡-」(木簡學會編『木簡から古代がみえる』岩波書店, 2010) 가 있다.

된, 포괄적 목간 자료 분석의 방향성'에 대해 생각하는 것을 목표로 '목간의 작법'이라는 사고방식을 제시하고자 한다.

2. '목간의 작법'이라는 사고방식

목간을 작성하고 나서 폐기되기까지 일련의 작업은 단순히 말을 나무에 쓰는 차원이 아니다. 다양한 제도, 습관, 노하우 등이 가득 차 있다.

목간은 사람이 사회 속에서 이용한 하나의 도구이다. 목간은 '사람'이 만들고, 사용하고, 버린 '도구'이다. 따라서 각 장면에서 목간에 요구한 것과 목간에게 요구받은 것, 그리고 목간과 관련된 사람의 움직임이 중요한 요소가 된다.

역으로 말하면 목간을 이용하거나 받아들인 사회가 존재했기 때문에 비로소 목간도 존재할 수 있었다. 더욱 구체적으로 각 목간에 근거해서 생각해보면 목간을 이용하는 사회에서 생활하고 목간을 이용한 사람, 그리고 목간을 받아들인 사람이 존재한 것을 의미한다. 목간의 측면에서 보면 항상 동시대와 관련된 매우 많은 '사람'의 존재가 전제되어 있다.

연구자는 무의식중에 연구자 자신이 관심 있는 문제와 같이 오늘날의 시점으로 목간을 파악하는 경향이 있다. 또 '목간'만을 보는 습관, 혹은 목간에 직접 쓰인 내용만 생각하는 습관이 있는 것 같다. 그러나 목간은 애초에 그 이용자(일본 고대 목간이라면 일본 고대의 사람들과 사회) 속에 존재한 것이다. 그들이 목간을 작성하거나 이용하거나 폐기했기 때문에 오늘날 우리는 목간과 만날 수 있다.

그리고 이러한 목간 이용자들은 생활과 일 속에서 목간을 이용하고 목간과 관계를 맺는다. 사회구조와 역사적 변천을 의식하면서 사용한 것이 아니다. 그들이 목간을 이용한 배경에는 목간 이용의 동기, 이용상의 루트와 습관, 목간 이용을 지지한 요소 등이 존재한다. 즉 어느 목간 한 점이 존재하고 유효하게 이용되기 위해서는 율령법을 필두로 하는 법령, 다양한 습관, 전달 상대와의 정보 연락에 관한 공통적인 이해, 무효화의 절차 등 다양한 조건이 배경으로 필요하다. 지금까지 법령과의 관계에 대해서 항상 의식하였으나 그 외의 대부분 조건에 대해서는 등한시되는 경우가 많았다. 그러나 각 목간이 '존재한 이유(혹은 존재 가능한 이유)'를 구체적으로 묻고 다양한 조건을 풀어내는 것이 필요하다. 목간은 목간 단독으로 존재한 것이 아니기 때문이다.

사람과의 관계 속에서 목간이 존재한다는 관점과 다양한 '도구' 가운데 하나로 목간이 존재한다는 관점은 이미 두 선학이 지적한 바 있다.

첫 번째는 佐藤信 씨가 제창하는 '서사의 장(場)'이라는 사고방식이다[2]. 문자를 쓰는 구체적인 장면을 상정함으로써 목간 이용의 특

---

2)　佐藤信『出土文字資料の古代史』(東京大學出版會, 2002).

성을 명확히 하고자 한다. 목간이 이용된 구체적인 장면을 상정할 필요성을 지적하고 문자를 서사하는 '시간', '공간', '인간'의 존재를 재발견한 관점이다. 또 하나는 윤선태 씨가 제창한 '목간문화'라는 사고방식이다[3]. 윤선태 씨는 이 관점을 통해 중국, 일본 목간과 한국 목간의 형상, 문체의 차이를 '목간문화의 차이'로 전체적으로 파악한다. 목간을 '문화'로서 종합적으로 이해하려는 시점이다.

위와 같이 선학들이 제시한 중요한 시점을 토대로 목간과 사람과의 관계(작성부터 폐기까지 일련의 흐름을 사람과 목간의 관계로 종합적으로 이해하려는 관점)에 기초하여 현재 필자는 '목간의 작법'이라는 개념을 제창하고 있다. 목간의 작법에 따른 분석은 '사람들이 목간을 이용한 모습을 구체적으로 복원함으로써 목간문화의 모습, 나아가 그 사회 내에서 목간의 역할을 찾는다. 그리고 최종적으로는 목간문화, 목간의 사회적 역할로부터 그 사회의 역사적 특성 등을 명확히 하는 것'을 목표로 한다.

과거에 '목간의 라이프사이클'이라는 관점이 제시되었다. '목간의 작법' 분석은 이를 더욱 깊숙이 파고들어 각 장면에서 목간과 사람의 관계에 주목함으로써 목간에 다가가는 것을 목표로 한다. '목간의 작법'이라는 관점은 목간을 검토하는 방법이며 보편성을 띠고 있으므로 동아시아에서 목간학을 확립하는 데 적합하다고 생각한다.

아래에서는 목간의 작법론이라는 관점에서 몇 가지 검토 사례를

---

3) 尹善泰「木簡からみた漢字文化の受容と變容」(工藤元男·李成市編『東アジア古代出土文字資料の研究』雄山閣, 2009).

소개하고자 한다.

3. 절차로서의 목간

平城宮 남면에는 3개의 문이 있다. 동측이 壬生門, 중앙이 朱雀門, 서측이 若犬養門이다. 이 若犬養門 주변의 발굴조사에서 목간이 출토되었다.

출토된 목간 가운데는 大學寮(옮긴이 : 관리 양성 교육기관) 주변에서 말을 도둑맞았다는 내용이 쓰인 장대한 목간이 있다[4](석문 ①). 『木簡硏究』잡지에서는 장대한 크기로 보아 무엇인가를 주지(周知)하기 위해 세운 '고지찰(告知札)'로 보았다. 이에 반해 앞뒤 면에 기재가 걸쳐 있고 문언도 大學寮 관계자에게 고지를 의뢰하였으며(고지찰은 통상 '고지'라는 문언으로 시작한다) 하단을 뾰족하게 만든 형태가 아니라는 점(고지찰은 땅에 꽂아 세우기 위해 하단부를 뾰족하게 한다)으로 보아 고지찰이 아니라 문서목간이라는 견해도 제기되었다[5]. 이렇게 생각할 경우 목간의 폐기처가 문제시된다. 大學寮는 平城宮 밖에 존재한 것으로 상정되어 若犬養門 바깥에 있을 가능성도 있다. 그러나 그 경우 폭 30m가 넘는 二條大路를 건너 일부러 平城宮 문 쪽에 버린 셈이

---

4) 『平城宮發掘調査出土木簡槪報』15-16上.

5) 今泉隆雄 씨는 『木簡硏究』4(1982)에서 '告知札'일 것이라 하였다. 이에 대해 淸水みき「告知札」(『月刊考古學ジャーナル』339, 1991) 등은 문서목간으로 본다. 또 전형적인 고지찰의 석문 사례는 석문②에 나타내었다.

된다. 大學寮와 관련된 목간도 보이지 않아 폐기된 장면을 고려하면 부자연스럽다고 할 수밖에 없다.

이 점에 대해서 渡邊晃宏 씨는 大學寮에서 목간을 받아주지 않자 화가 난 목간 작성자(말을 도둑맞은 인물)가 홧김에 문 앞에 폐기하였을 가능성을 상정하였다[6]. 재미있는 장면이기는 하나 이 목간을 문서 목간으로 생각할 경우, 이 정도로 상상력을 더하지 않는 한 그 폐기 상황은 이해하기 어렵다는 뜻이기도 하다. 그리고 또 문서목간으로 는 이례적으로 크다. 이 목간을 제출한 사람은 지방 출신으로 수도에 서 이 만큼의 목재를 확보하는 것은 결코 쉬운 일이 아니었을 것으로 생각된다. 어떤 이유가 있었기 때문에 굳이 대형 목간을 작성한 것으 로 보는 것이 자연스러울 것이다.

한편, 고지찰로 볼 경우는 어떻게 될까. 지금까지 발견된 고지찰 가 운데 땅속에 박아서 실제로 세운 흔적과 장기간 비바람으로 인한 흔 적이 남아 있는 사례는 드물다. 따라서 주된 문제는 앞뒤 면에 걸친 기재 방법과 문언의 이해일 것이다.

그래서 주목한 목간이 있다. 전세품이기는 하나 중세의 제찰(制札) 이다[7]. 중세의 제찰에는 종이 문서와 세트로 보관용과 게시용으로 발행된 경우 외에 정문(正文)으로 보관된 제찰, 즉 내걸리지 않은 제 찰 = 목간도 분명히 존재한다. '내건다'라는 행위와 가장 밀접하게 관 련될 것 같은 제찰 중에 실제로는 내걸지 않은 것이 존재한다. 이 경

6) 渡邊晃宏『平城京一三〇〇年全検証』(柏書房, 2010).

7) 田良島哲「中世木札文書研究の現状と課題」(『木簡研究』25, 2003).

우 내걸기 위한 제찰을 발행하는 것이 사무 절차상 중요한 행위이며 이를 내걸지 말지는 또 다른 문제였다는 것을 의미할 것이다.

또 이러한 제찰 등 문서와 목간이 발급처 측에 의해 준비되고 발급원(發給元)은 사인 등 권위만 부여한 사례를 고려하면 사무 절차와 문자의 면이 반드시 일치하지 않는 양상을 확인할 수 있다.

이 제찰의 관점과 율령의 규정을 생각하면 하나의 가능성을 상정할 수 있지 않을까. 고지찰의 법적 근거는 捕亡令得闌遺物條로 생각된다. 고지찰은 실태적 기능은 물론이거니와 법적 근거에 기초하여 작성된 측면도 있다. 역으로 말하면 고지찰은 그 기재 내용을 읽고, 이해한 후 무언가의 대응을 기대한 것이 아니었을 수도 있는 것이다. 말의 도망 등 법률상 고지해야 하는 사태가 발생하였을 때, 법률상(혹은 습관상) 필요한 것으로 여겨지는 절차에 지나지 않은 것은 아닐까. 관청(役所)에 신고함과 동시에 고지찰을 작성하는 것이 절차로 요구되었다고 생각한다.

그러므로 장기간에 걸쳐 게시된 흔적이 고지찰에서 보이지 않아도 이상하지가 않다. 고지찰을 작성하고 그에 적합한 장소에 가져가는 것이 절차이며, 실제로 그것이 기능할 것이라고는 좀처럼 기대되지 않는다. 그리고 그렇다면 고지찰은 당시 식자율과는 전혀 관계없이 존재할 수 있다. 다만 그 절차를 밟지 않으면 만약 분실물이 발견되었어도 정당성을 주장하기 힘들다.

若犬養門 출토 대형 목간도 위와 유사한 문맥으로 이해할 수 있지 않을까. 분실 신고는 고지를 할 수 있는 목간과 함께 할 필요가 있었

다(혹은 있다고 생각하여 작성했다)고 한다면 어떨까. 양면에 문자가 쓰인 것도 실제로 읽는 것을 기대하지 않았다고 한다면 쉽게 이해할 수 있다. 원래 제출서류였다면 문언 문제도 해결할 수 있다. 크기는 게시할 수 있을 만큼의 크기가 요구되었다고 생각하면 이해할 수 있을 것이다.

若犬養門 출토 대형 목간의 해석에 대해서는 어떤 견해를 딱 잘라 정하기 어렵다. 다만 고지찰의 평가에 대해 이러한 '작법' 속에서 작성되었다는 이해는 틀리지 않았다고 생각한다.

4. 게시·형상의 메시지성

정보를 게시하기 위해 목간을 사용한 사례는 고지찰 이외에도 존재한다. 그 가운데 메시지를 전달하는 방법에 대해 힌트를 얻을 수 있는 사례가 존재한다. 고대 일본의 북단과 남단에서 발견된 2개의 말뚝 모양 목간이다[8](석문 ③, ④).

岩手縣과 鹿兒島縣에서 발견된 이 두 점 중 A는 논밭의 권리 관련

---

8) 岩手縣·道上遺跡出土木簡(『木簡研究』32, 2010 수록)과 鹿兒島縣·京田遺跡出土木簡(『木簡研究』二四, 2002 수록)이다. 또 출토 상황에 관해서는 아래의 『木簡研究』잡지에 소개되어 있다.
   道上유적 출토 목간 '검출 시는 상하가 바뀐 상태로 꽂혀 있어 말뚝으로서의 위아래와 목간으로서의 위아래가 바뀐 상태였다. 이로 보아 목간은 말뚝열의 구성재로 전용된 것으로 추정된다'.
   京田유적 출토 목간 '본래는 하단을 뾰족하게 만든 말뚝 모양의 목간을 상하를 역전시키고 최초의 상단을 뾰족하게 하여 말뚝으로 재이용하였다'

목간이고 B는 논밭 옆에 게시된 목간이다. 판상이 많은 일본 목간 가운데 드물게 봉상(棒狀)이다. 하단이 뾰족한 말뚝 모양이므로 박아서 사용된 것으로 생각된다. 봉상 목간에 논밭의 권리 관계에 관한 내용을 기재하고 논밭의 옆에 박아서 표시하는, 하나의 작법을 확인할 수 있다.

이 같은 발신 방법을 수신자는 어떻게 받아들였을까. 재지 사회에서 식자율은 높지 않았으므로 모든 사람이 문자로 기재한 내용을 이해한 것으로 보기 어렵다. 율령을 게시할 경우 율령과 함께 그 내용을 음성으로 읊었다는 지적을 고려하면[9] 이 말뚝 모양 목간도 논밭에 박을 때 동시에 내용을 소리 내어 읽었을 수 있다.

그리고 특이한 형상이라는 점에도 주목하면 '문자'가 기입된 말뚝 모양의 목제품이 논밭에 박혀있는 모습, 그 자체가 그 논밭에 대한 규제를 표현하였을 가능성이 있다. 이 경우 수신자는 문자를 읽을 필요가 없다. 문자를 읽지 못해도 무언가 문자가 적혀 있는 말뚝 모양의 목제품, 그리고 박혀있는 장소와 서로 어울려 재지 사회에서 충분한 메시지를 발신하였다고 상정되는 것이다.

또 발신 상황 = 폐기상황도 매우 흥미롭다. 모두 C 길게 늘어선 말뚝 열 가운데 하나의 말뚝에서 발견되었으며 D 문자가 천지역(天地逆) 상태였다. 말뚝 열 가운데 하나인 것으로 보아 목간의 기능을 잃어버린 후 목재로 재이용된 것으로 생각된다. 그리고 목재로 재이용

---

9) 平川南「勝示札の語るもの」(『發見！古代のお觸れ書き』大修館書店, 2001) 등.

할 때는 목간을 사용할 때와 반대 방향으로 이용하였다.

목간으로 이용하였을 때의 그 하단부는 땅에 박아 세우기 위해 뾰족하게 되어 있다. 그 방향 그대로 이용하는 것이 노력을 덜 들일 수 있음에도 굳이 그것을 뒤집은 다음 목간의 상단부를 깎아 이용하려고 애를 썼다. 이렇게 애를 쓴 것은 어떤 이유가 있었을 것이다. 가장 생각하기 쉬운 것이 위, 아래를 뒤집음으로써 목간의 효력을 없앴을 가능성이다. 논밭 쪽에 박혀있는 것이 목간 발신력의 일부이므로 그 게출법(揭出法. 옮긴이: 게시하여 내보이는 방법)을 해소함으로써 목간의 효력을 소멸시킨 것이다.

이상으로 북과 남의 말뚝 모양 목간을 통해 형태의 선택, 문자의 기재, 게출법(揭出法), 효력의 소멸이라는 일련의 흐름 속에 다양한 '작법'이 존재하고 그 작법을 기준으로 삼고 따름으로써 목간이 효력을 발휘하였음을 간파할 수 있을 것이다.

형상의 메시지성과 폐기 방법의 관련성에 대하여 일본 목간에서는 재지의 召文을 검토하면서 지적하고 있다[10]. 召文狀에 상응하는 목간은 재지 사회에서는 2척(약 60㎝)을 하나의 기준으로 삼았다는 것이다.

다만 서식은 '郡符'의 형식을 취하는 것과 '召文' 형식 등 다양하다. 한편 도성 주변에서 작성, 이용된 召文狀은 크기가 제각각이나 서식은 공통성이 높다. 이 때문에 수도와 지방의 차이가 존재하는 것이

---

10) 平川南『古代地方木簡の研究』(吉川弘文館, 2003).

아닐까.

소환된 사람이 자신 앞으로 보낸 소환이 정당하다(사실이다)고 인식한 후에는 사자(使者)가 구두로 전달한 내용만이 아니라 召文의 제시가 중요한 의의를 지닌 것은 상상하기 어렵지 않다. 위에서 언급한 상황으로 볼 때 도성 주변에서는 召文狀의 형태, 크기가 아니라 서식과 기재 내용에 의의가 있었던 것으로 생각된다. 이는 수신자 측이 글을 잘 알았으며 서식에 대한 지식도 있었다는 것을 전제로 한 운용방법이라고 할 수 있다. 한편 지방 목간에서는 그 크기에 의의가 있지, 문자의 기재는 그다지 중요하지 않았던 것이 아닐까. 이는 수신자가 글자를 읽을 수 있는지 없는지를 전제로 한 것이 아니다. 그리고 이미 지적된 것처럼 지방의 召文狀은 의도적으로 절단하여 폐기되었다. 즉, '길이'를 없애버리면 목간이 지닌 발신력과 정당성은 소멸되는 것이다.

5. 목간과 구두전달과 신라 목간의 작법

일본 고대에서 구두전달의 중요성은 부쩍 지적되고 있다. 크게는 구두에 의한 전달에서 문자에 의한 전달로 변화한 것으로 생각된다. 문자의 기재도 크게는 나무와 종이를 함께 사용하는 것에서 종이를 사용하는 것으로, 또 일반적인 내용을 나무에 적고 중요한 내용을 종이에 기재한 것으로 이해되고 있다. 일본 고대의 목간은 구두전달의 세계와 공존하고 있었다. 이는 상식에 속하는 내용이나 목간을 분석할 때 반드시 의식하고 있는 것은 아니다.

그러나 여관(女官)의 '선포(宣)'를 기록한 삭설[11]과 최근에 '口宣(옮긴이 : 구선, 말로 선포함)'을 기록한 목간이 출토되는 등[12] 구두로 전달한 내용을 메모한 목간과 구두전달에 기초하여 작성된 문서목간이 존재한 것은 명백하다. 특히 여관(女官)의 '선포(宣)'는 內裏의 북쪽 외곽에서 출토된 삭설로, 그 배경에는 천황의 의사(意思), 즉 천황이 공표한 구두전달이 존재하였을 가능성이 크다. 平安時代에는 종이가 사용되었지만 장인(藏人)이 '숙지(宿紙, 품질이 떨어지는 재생지)'를 이용한 점을 고려하면 奈良時代에는 목간을 사용한 것으로 보아도 좋을 것이다.

이렇듯 천황의 의사(意思)는 구두가 원칙이며 문자는 어디까지나 그 메모와 명령을 받은 신하가 작성한 것이라는 점은 어느 흥미 깊은 사실과 잘 대응한다. 渡邊晃宏 씨의 분석에 의하면 일본의 문서목간은 우선 상신(上申)문서에서 성립하였다고 한다[13]. 말씀을 올리는 행위에는 문자 서류를 첨부할 필요가 있고 명령은 구두가 정당한 방식(本筋)이었다는 의미일 것이다.

목간과 구두전달의 관계성은 구두전달과는 관계가 없는 것처럼 생

---

11) 『平城宮木簡』82~84호.

12) 『平城宮發掘調査出土木簡槪報』38-20上.「左弁官口宣」로 시작한다.

13) 渡邊晃宏「木簡から万葉の世紀を讀む」(高岡市万葉歷史館叢書20『奈良時代の歌びと』高岡市万葉歷史館, 2008). 또 이 논문에서는 음성에 의한 전달과 목간의 관계에 대해서도 언급하고 있다.

각되는 하찰목간에서도 발견할 수 있다[14]. 하찰목간의 본질은 물품의 속성을 나타내는 '부찰'로 생각되나 '문서'로 분류되는 進上狀과 유사한 경향을 가진 목간도 존재한다. 이를 더 분석하면 매우 간편한 서식을 취하는 공진물 하찰과 애초에 하찰을 매달지 않은(문자로 쓴 주기가 없는) 공진물도 광범위하게 존재하였을 가능성이 있다. 이 물건들은 贄에 많고 왕권에 가깝다. 이러한 물품을 공진할 때는 '구두의 진상 문언'과 함께 납입된 것으로 생각해야 할 것이다(사견에 의하면 進上狀은 '행위'에 대한 부찰이다. 상신(上申)문서도 동일한 성격으로 생각할 수 있을 것이다).

목간과 구두전달이 이처럼 상호 보완적이며 공존한다면 종이와 나무의 병용(倂用)만이 아니라 구두와 문자의 분담도 중요한 관점이라고 볼 필요가 있다. 구두전달이 어느 단계에서 문자로 정착했는지, 그 경우 구두 그대로 전달되는 정보와 문자로 적히는 부분의 구분은 어떻게 되는지 등이 매우 흥미롭다.

그리고 그 구두와 목간의 관계, 또 형상과 메시지의 관계가 응축된 듯한 사례가 월성 출토 목간 가운데 존재한다. '월성해자' 10~12호이다. 이 고찰에 관한 상세한 내용은 『日韓文化財論叢Ⅱ』(한국어판은 『韓日文化財論叢Ⅱ』로 국립문화재연구소에서 발행)를 참고해주셨으면 하고[15], 결론만 말하면 다음과 같다.

---

14) 馬場基「荷札と荷物のかたるもの」(『木簡研究』29, 2008. 이 책 제1부 제1장).

15) 馬場基「木簡の作法と一〇〇年の理由」(奈良文化財研究所學報第87冊『日韓文化財論叢』 獨立行政法人國立文化財機構奈良文化財研究所·大韓民國國立文化財研究所, 2011. 이 책 제Ⅱ부 제2장).

이 세 목간의 공통점은

①문자를 쓰기 위한 면을 만들지 않았다.

②하단은 각 방향에서 다듬어 조정하였다.

③하부에 마디가 있고 하부의 형상은 원형이 찌그러져 있다.

④전장이 약 20㎝(153호가 최대로 24㎝, 다만 필기면 길이는 3점 모두 거의 같다).

⑤출토지점이 가깝다.

위와 같다.

특징 ①-④는 한국 목간 중에는 다른 사례가 없는 이 세 점의 큰 특징이다. 기둥 모양(柱狀)은 반드시 필사에 적합한 형상이라고는 하기 어려워 이 목간을 작성할 때 다른 어떤 이유로 인해 둥근 기둥 모양(圓柱狀)의 형태가 적극적으로 선택되었을 가능성이 크다.

즉 이 세 점은 나무를 사용하는 방법이 동일하고 비슷한 형상의 목간으로 사용한 것이며 출토지가 가까운 점까지 고려하면 같은 장소, 장면에서 어느 목간의 작법(목재의 선택, 형상의 선택, 사용, 폐기)에 기초하여 사용된 것으로 생각할 수 있다. '典太等敎事', '敎', '白', '敬白' 등 기재 내용으로 보아 국왕의 의사(意思)와 이를 받아 실현하는 비서관이 있는 왕권 중추부와 밀착된 장면이었을 것이다. 국왕과 왕권 신변의 가까운 장소에서 그들의 음성에 의한 의사 교환을 문자화하고 전달한 목간으로 상정되며 둥근 기둥 모양(圓柱狀)이라는 형상은 그런 장면 특유의 선택으로 볼 수 있을 것이다.

음성, 장면, 형상과 다양한 요소가 결합된 신라 목간의 작법 중 하나이다[16].

6. 목간을 언제 버리는가?

마지막으로 목간이 왜 땅속에 존재하는가에 대해 생각해보고자 한다.

쉽게 생각할 수 있는 것은 무덤에 목간을 매납하는 것이다. 물론 왜 그 목간을 선택하여 묻었는가에 대한 문제, 또는 목간을 매납하는 것이 사자(死者)의 제사와 어떻게 관련되는가에 대한 문제는 존재한다. 그러나 땅에 묻힌 계기는 매우 명료하다. 또 매납이라는 성격으로 보아 땅에 묻는 순간에는 온전한 상태였던 것으로 상정된다.

한편 폐기되어 땅속에 버려진 목간도 존재한다. 중국 이외 지역에서 발견된 목간은 거의 모두 폐기된 것이며 중국에서도 그 비율은 절대 낮지 않을 것이다. 그렇다면 어떤 계기와 이유로 목간이 폐기될까.

다 사용하고 필요 없게 되었으므로 버렸을 것이라는 대답이 가장

---

16) 상기의 이해에 대해 「東亞的簡牘與社會A-亞簡牘學探討」에서 언급하였을 때 李成市 씨로부터 '宮人'이라는 기재에 주목하면 內廷的인 양상이 한층 명확해질 것이라는 교시를 받았다.

단순할 것이다. 그러나 과연 이 대답만으로 충분할까. 예를 들어 주위에서 쉽게 볼 수 있는 사례로 직장의 책상 주변이나 가정에서 '필요 없게 되어 버리는' 행위는 어느 정도 철저하게 지켜지고 있을까. 물론 매일 사용하는 불용품을 버리기는 하지만 그것이 철저하게 지켜졌다면 연말에 대청소는 그다지 할 필요가 없을 것이다.

출토 상황을 보아도 목간이 폐기된 계기를 단순히 다 사용한 후 필요 없게 되었기 때문으로 보기는 어렵다. 출토된 목간 중에는 아직 재이용할 수 있는 상태의 나무 편도 있다. 또 단기간에 대량으로 목간이 폐기된 쓰레기 처리장도 발견된다. 목간이 커버하는 기간과 관청(役所)의 범위는 비교적 한정된다. 목간은 일상적, 항시적으로 이용되었으므로 원래는 일상적, 항시적으로 불필요한 목간도 발생하였을 것이나 폐기의 양상은 꼭 그렇지 않다.

결론적으로 말하면 일본에서 일괄적으로 출토된 대부분의 목간은 어떤 이유에 의해 '대청소'가 이루어지면서 폐기된 것으로 생각된다. 또 대청소의 결과이므로 그 직전에 주변에서 이루어진 행위(관아에서 사무작업 등)를 반영한 것으로 생각된다. 다만 그것이 항시적인 행위인지, 일시적인 행위인지는 개별적인 검토가 필요하다.

구체적인 사례를 세 가지 제시하고자 한다[17].

長屋王家목간은 유구의 변천 상황을 참조하면 저택 내의 건물을 개축할 때 폐기된 목간군으로 생각된다. 저택 내라고 하는 폐쇄된 환

---

17) 馬場基「木簡の世界」(田邊征夫·佐藤信編『古代の都2 平城京の時代』吉川弘文館, 2010. 이 책의 제2부 제1장).

경과 건물의 개축이라고 하는 행위를 함께 생각하면 長屋王家목간은 長屋王家에서 이루어진 일상적인 업무의 한 단면을 나타내는 것으로 보아도 무방할 것이다. 平城宮 內裏 외곽 북토갱 SK820은 天平18년 (746)을 전후로 일괄적으로 폐기되었는데 그 계기는 平城宮의 천도와 그 후에 이어진 內裏의 개축으로 생각된다. 따라서 이 토갱 주변에서 일상적으로 이루어진 업무의 단면적인 양상과 함께 이사에 동반된 특수한 요소가 들어간 것으로 생각된다. 聖武天皇 신변에 관련된 부찰이 후자의 전형일 것이다.

한편 二條大路 목간은 다루기가 어렵다. 天平10년 이전의 매우 짧은 시기에 폐기되었는데 유구 상황으로 보아 폐기된 계기를 추정하기는 어렵다. 따라서 목간의 내용도 함께 분석할 필요가 있다. 二條大路 목간은 크게 두 그룹으로 나누어지는데 그 중 麻呂邸와 관련된 것으로 여겨지는 목간도 3개의 그룹으로 나눌 수 있다. ①聖武天皇의 요시노 행차(吉野行幸)와 관련된 목간, ②건물의 개축 관련 목간, ③기타이다. 이 세 그룹은 시기적으로 매우 가까워 각각으로 나누어지지 않을 가능성도 있다. 다만 중요한 것은 적어도 聖武天皇의 행차 (吉野行幸)와 같은 특수한 사정이 포함되어 있으므로 단순하게 폐기처에서 이루어진 일상업무의 단면적인 양상이라고는 하기 어려운 것, 건물의 개축이 알려진 것도 개축과 관련된 내용의 목간이 출토되었기 때문이며 개축 전의 대청소 때 폐기된 목간으로 파악할 수 있는지는 미묘하다는 것이다. 이 두 가지는 지적할 수 있으므로 長屋王家목간과 SK820 출토 목간보다도 진중하게 주변 시설과의 관련성을 생각할 필요가 있다.

비슷한 관점으로 다룰 수 있는 사례가 함안 성산산성 출토 목간이다. 성산산성 목간은 주로 하찰이며 낙동강 연안의 각지로부터 운반된 물자가 집적된 양상을 띤다. 한편 산성 곡부(谷部)의 정지토 속에서 다른 유기물과 함께 발견되었다. 곡부라는 지형적인 특색으로 보아 단순한 폐기가 아니라 정치층의 일부로 유기물이 이용되었을 가능성이 있다. 폐기의 계기는 축성을 위한 재료로 이용된 것으로 볼 수 있다.

축성재료로 목간이 이용되었으므로 당시 산성 내에 있었던 '이용할 수 있는' = 버려도 상관없는 목간은 모두 이용되었다고 생각할 수 있을 것이다. 그리고 문서목간을 확인하기 어려운 것, 삭설이 발견되지 않는 것으로 보아 성산산성에서 목간의 작성과 재이용이 이루어졌을 가능성은 작을 것이다.

7. 맺음말

서사의 장이라는 사고방식에 관심을 가지기 시작한 것은 매일같이 목간에 쓰인 잘 쓴 글씨, 또는 서툰 글씨를 보면서 고대 관인을 지속적으로 생각하게 되면서이다. 또 이를 본격적으로 연구하게 된 계기는 '하찰과 관계성'이라는 시점이 부족하다는 것을 깨닫게 되면서부터였다.

한편 녹간문화에 매료된 것은 일본과 밀접한 관계가 있는 가야지역에서는 6세기대 목간이 대량으로 출토되는데 왜 일본에는 목간이 사용되지 않았을까 하는 의문을 가졌던 것이 계기였다. 그리고 신라 목간과 일본 목간의 차이를 막연히 느끼는 가운데 나주 복암리 유적에서 출토된 목간이 너무나도 일본 목간과 닮아 놀라게 되었고 순식간에 연구 수준으로까지 관심이 커졌다.

목간은 도구이다. 도구를 사용하는 것은 사람이며 배경에는 다양한 문화가 있다. 그러므로 문자만 쓸 수 있어서는, 또는 나무만 깎을 수 있어서는 목간을 만들 수 없다. 간단한 부찰 정도는 만들 수 있어도 체계적으로 운용하고 사회에서 활용하기 위해서는 한층 방대한 노하우와 기술의 축적, 즉 '목간문화'가 필요하다. 사원을 건축하는 기술은 그것과 직접 관련된 공인집단만으로 일단은 가능하겠지만 전국지배와 직결된 목간시스템은 더욱 넓은 저변이 필요하다. 즉 목간문화가 다양한 '서사의 장(場)'으로 도입되고 그것을 받아들이는 사람에게 확산되지 않으면 목간을 본격적으로 운용하기는 불가능하다.

이러한 '목간문화'가 없었으므로 6세기대 일본에서는 목간을 본격적으로 활용할 수 없었다. 본격적인 행정 운영의 노하우, 기술의 축적이 없었던 셈이다. 이것이야말로 대한해협(對馬海峽)을 목간이 좀처럼 건널 수 없었던 이유였다고 생각한다.

그리고 7세기 말에 확인할 수 있는 목간문화가 백제 목간문화와 유사하다고 한다면 지배시스템으로서의 목간과 목간문화가 어디에서 어떤 계기로 도입되었는지 매우 명백할 것이다. 백제, 고구려의 멸망으로 인해 많은 백제, 고구려 유민은 그때까지 그들이 축적해 온 노하우, 기술을 가지고 일본열도로 이동해 왔다. 이로써 일본열도에서 행정 운영의 노하우, 기술량은 비약적으로 증대하였고 말단까지 전달되어 목간의 본격적인 운용이 가능하게 되었을 것이다. 일본열도에서 독자적으로는 도저히 축적할 수 없는 노하우, 기술을 사람의 이동을 통해 단숨에 이입할 수 있었다.

그리고 이 '목간의 작법'에 기초한 분석을 통해 또 하나 흥미로운 예상을 해볼 수 있다.

일본 고대사 연구에서는 '법률·제도'와 '실태'를 대립적으로 이해하고 쌍방의 차이에 주목하는 경우가 많다. 그러나 '법률·제도'와 '실태'가 서로 동떨어져 있다고 하더라도 이것이 대립적이라면 국가 운영은 성립되지 않는다. 양자의 차이는 대립적인 것이 아니라 연속적으로 이어질 필요가 있다. 양자를 잇는 것은 '운용'일 것이다. '법률·제도'와 '실태'를 양극단으로 이해하는 것은 불충분하며 양자를 연결한 '운용'도 함께 고려할 필요가 있다.

사견에 의하면 목간도 '법률·제도'와 '실태'를 잇는 존재였다. 이 견해에 입각하여 목간이 '도구'라는 관점에서 보면 '운용'의 구체적인 사례로 목간, 또는 '목간의 작법', '목간문화'로 평가할 수 있을 것이다. 그리고 '운용'의 구체 사례인 '목간의 작법', 그 연원은 한반도에서 찾을 수 있다.

즉 중국으로부터 직수입을 지향한 '법률·제도', 중국 사회와 떨어진 문명 상황에 놓인 일본열도의 '실태', 한반도에서의 낙랑군·대방군 이래 중국 문명과 접촉을 통해 시작된 행정 운영에 관한 많은 노하우 및 기술의 축적[18] = '운용'이라는 세 박자에 의해 일본 고대국가는 지탱되고 있었던 셈이다.

7세기 후반 이후에 급속하게 정비된 국가체제에 백제 유민의 영향이 지대하였음은 여러 차례 지적되었으나 그 구체적인 실태는 그다지 제시되지 않았다. 목간의 작법·목간문화의 유입이라는 관점에서 보면 그 중요한 역할은 '운용'의 확립이었다. 율령법을 베껴 쓰거나 손으로 고쳐 쓰는 정도라면 일본열도의 사람들도 가능하였을지 모른다. 일정 수의 지식인이 있으면 충분하다. 한정된 범위에서 율령법을 적용하는 것도 마찬가지다. 그러나 이것을 전국 규모로 시행하기 위해서는 '운용'을 제외할 수 없다. 그 중요한 열쇠를 한반도에서 축적된 노하우·기술의 이입으로 해결함으로써 일본 고대 율령국가는 성립하였다.

메이지유신 이후 유신정권에서 舊막부 관리가 행정의 실무·운영에 숙달된 인재로 활약한 것은 익히 알려져 있다. 아무리 뛰어난 법률·제도가 있어도 운용을 할 수 없으면 국가는 혼란할 뿐이다. 일본 고대 율령국가도 마찬가지일 것이다. 운용체계가 정비되어 비로소 법률·제도는 실태와 마주하면서 관계성을 가질 수 있다.

---

18) 李成市 씨로부터 漢代의 樂浪郡·帶方都 설치가 한반도의 생활까지 큰 영향을 끼쳤다는 것을 이배 등을 사례로 들어 교시를 받았다. 중국문화와의 직접적인 접촉이 일상적인 도구의 변화까지 초래한 사실은 행정의 운영을 포함하여 광범위한 영향이 있었다는 것을 시사한다. 이처럼 李成市 씨로부터 구체적인 사료를 교시 받았음에도 필자가 우둔하여 깜빡 잊어버리는 바람에 자료를 제시할 수가 없다. 이점에 대해 깊이 사과드린다.

목간의 작법론은 아직 충분히 확립된 개념이 아니다. '목간의 작법론'이라는 시점·문제의식을 가지고 목간을 분석함으로써 목간문화의 해명, 나아가 목간을 통한 역사를 해명할 수 있을 것이다. 諸賢의 지도와 비판을 부탁드린다.

[付記]

이 장은 「東亞的簡牘與社會—東亞簡牘學探討」(中國法政大學法律古籍硏究所·奈良大學簡牘硏究會·中國法律史學會古代法律文獻專業委員會共催. 2011년 8월 29~30일, 中國北京花園飯店) 및 韓國木簡學會 제6회 국제학술대회(2011년 11월 5일, 한국국립중앙박물관)의 보고를 토대로 하였다. 北京硏究會에서 金秉駿 선생님은 新羅月城出土木簡에 대해서 왕의 명령을 전달하는 목간으로 허술한 것이 아니냐는 지적을 해주셨다. 이 점을 고려하여 이 장에서는 일본에서 女官의 宣을 나타내는 삭설의 양상과 宿紙利用 등을 덧붙였다.

또 한국목간학회 석상에서 이병호 선생님으로 한일목간의 시기 차이 등에 대해 좀 더 확실하게 진술하는 것이 좋다는 지적을 받았다. 이러한 지적을 바탕으로 마지막으로 '목간의 작법'을 고려하는 것이 역사상을 그려나가는 데 중요한 관점이 될 수 있다는 점을 추가로 기술하였다. 두 선생님께 감사하는 바이다.

참고목간석문

①

·常陸国那賀郡人公子部牛主之□□^[以?]今月廿七日夜自大学寮辺被盗

鹿毛□□□歳八
□□後脚□□□□ 宜告知諸生徒及官□□□^[諸?]

·人等若有見露者諸□□□□□□^[聆?]□□□□□□□□□日^{[天平?] [八年六月廿八?]}

702·32·6　011　城15-16上

②

告知 往還諸人走失黒鹿毛牡馬一匹 在験片目白
額少白

件馬以今月六日申時山階寺南花薗池辺而走失也 九月八日

若有見捉者可告来山階寺中室自南端第三房之

993·73·9　051　城7-8

③

禁制田参段之事 字垂楊池□^[側?]

右田公子廣守丸進田也而□□酒□□

件田由被犯行者□□役主└┐乏契状[并?]

白干禁制如件

□永□二□二□

463·44·42 061 木研32-78쪽 (1)

④

·告知諸田刀□[称?]等 勘取□田二段九条三里一曽□□

·右件水田□ □□□子[息?]□□□□□□□□□

· 嘉祥三年三月十四日 大領薩麻公

· 擬少領

(400)·26·28 081 木研24-155쪽 (1)

제5장

서사 기술의 전파와
일본 문자문화의 기층

1. 머리말

'목간문화'라고 하면 문자의 이해와 문자를 이용한 언어의 표현, 혹은 예술 수준의 '書'를 상기하는 경향이 있다. 그러나 이러한 광범위한 문자의 운용을 기저에서 지지하는 중요한 요소가 일상적으로 '문자를 쓰는 것' 그 자체의 기술 체계이다.

문자를 쓰는 기술은 하나의 '체육'적인 운동기술이다. 문자의 의미를 이해하거나 자신이 표현하고자 하는 의미, 내용에 해당하는 문자가 선택되었다 하더라도 운동기술을 습득하지 못하거나 운동능력이 없다면 문자를 쓸 수 없다. 두뇌가 명석한 사람이 악필인 경우도 결코 적지 않다.

또 이 운동기술은 도구를 사용하는 운동기술이다. 도구의 변화에 따라 몸을 사용하는 방법도 변한다. 또 시대의 변화와 지역의 특성에 따라 도구와 몸을 사용하는 방법이 변하는 것은 굳이 오늘날 스포츠 경기를 예로 들지 않아도 상상하기 어렵지 않다. 한편 뛰어난 운동선수는 최신기술을 곧바로 도입하고 새로운 도구에도 쉽게 적응하는 것에 반해 일반인은 한번 습득한 기술을 좀처럼 변화시키기 어려워한다는 것을 경험적으로도 알 수 있다.

이 장에서는 이처럼 문자를 쓰는 운동기술 = '필사운동기술'을 통해 일본 문자문화의 기층에 대해 생각해보고자 한다.

2. 일본에서 문자를 쓰는 방법

1) '손으로 쥐고 쓰는' 세계

관견이기는 하나 일본에서 문자를 쓰는 모습을 그린 그림 가운데 가장 이른 것은 平安時代 후기 작품으로 여겨지는 『信貴山緣起繪卷』의 한 장면이다[1]. 세 권으로 이루어진 『信貴山緣起繪卷』 가운데 「山崎長者の卷」에 실려 있다(그림 29).

그림29. 『信貴山緣起繪卷』(부분)(화상제공 : 奈良国立博物館)

長者의 저택 툇마루에서 승려로 보이는 인물이 아이 옆에 앉아있다. 인물이 앉은 정면, 다리 바로 아래에는 문자가 쓰인 두루마리 같은 것이 그려져 있다. 왼쪽 무릎 앞에는 벼루가 놓여 있고 인물에서 조금 떨어진 왼쪽에 책상이 그려져 있다. 책상 위에는 두루마리와 折本(옮긴이 : 종이를 앞뒤로 여러 번 접어서 만든 책) 같은 것이 놓여 있다. 그리고 책상을 쓰지 않고 왼

---

1) 『信貴山緣起繪券』은 12세기 작품으로 사실적인 묘사가 뛰어난 것으로 여겨진다.

손으로 종이를 쥐고 문자를 쓴다. 그냥 종이를 쥐면 종이가 휘어지므로 종이의 왼쪽을 약간 안쪽으로 말아 구부린 형상을 유지하고 있다. 붓은 붓을 쥔 손을 중심으로 3개 정도 겹쳐진 것처럼 그려져 있다. 아마 붓을 쥔 손이 재빨리 움직이는 모습을 표현하였을 것이다. 오늘날 만화와 같은 기법이다. 붓을 쥐는 방법은 '단구법(單鉤法)'이라 불리는데[2] 오늘날 우리가 펜이나 연필을 쥐는 방법과 같다.

『信貴山緣起繪卷』에 그려진 '문자를 쓰는 모습'을 정리하면 아래와 같다.

①붓을 쥐는 방법은 단구법(單鉤法).

②붓을 움직이는 방법은 손끝으로 구사한다(팔을 크게 흔들지 않는다).

③종이를 왼손으로 쥐고 쓴다.

④책상은 물건을 두는 용도로 사용된다.

위 가운데 ①, ②는 오늘날 우리들의 서사운동기술과 매우 유사하며 거의 같다고도 할 수 있을 것이다. 그런데 ③종이를 손으로 쥐고 쓰는 것, ④책상은 물건을 두는 용도로 사용하는 것은 오늘날 우리들의 필사운동기술과 크게 다르다. 종이를 손으로 쥐고, 책상은 물건을 두는 대(臺)라는 점이 기이하게 느껴진다.

한편 전근대 일본의 회화자료를 살펴보면 '손으로 쥐고 쓰는' 장면이 압도적으로 많다. '책상에 두고 쓰는' 것이 오히려 예외적이라 할 수 있다.

---

2) 서도와 관련된 기술적 용어 등에 대해서는 飯島春敬編『書道辭典』(東京堂出版, 1975)·井垣淸明他編『書の綜合事典』(柏書房, 2010)에 의거한다.

표21. 常民絵引의 문자 필사 장면

권 (卷)	쪽 (頁)	번호	그림 두루마리 이름	붓 쥐는 방법	서사매체의 장소	책상 유무	기타
2	157	255	一遍上人聖絵	단구	손	없음	여러 명이서 손으로 잡은 곳에 쓰다
2	157	255	一遍上人聖絵	단구	손	없음	여러 명이서 손으로 잡은 곳에 쓰다
2	157	255	一遍上人聖絵	단구	손	없음	여러 명이서 손으로 잡은 곳에 쓰다
3	67	371	西行物語絵巻	단구	판자	없음	
3	67	371	西行物語絵巻	단구	판자	없음	
3	93	397	当麻曼荼羅縁起	단구	책상	있음	사경
3	188	457	石山寺縁起絵巻	단구	손	없음	경문을 쓰는 외에 주목되는 해설 있음
3	188	457	石山寺縁起絵巻	단구	손	없음	경문을 쓰는 외에 주목되는 해설 있음
3	188	457	石山寺縁起絵巻	단구	손	없음	경문을 쓰는 외에 주목되는 해설 있음
4	14	501	親鸞聖人絵伝	단구 또는 쌍구	책상	있음	그림에 찬(贊)을 그리다
4	53	533	後三年合戦絵巻	단구?	손	없음	
4	53	534	後三年合戦絵巻	단구?	손	없음	
4	53	535	後三年合戦絵巻	단구?	손	없음	
4	73	544	絵師草子	쥐다	다다미	있음	어린이가 그림을 그린다
4	73	544	絵師草子	쥐다	다다미	있음	어린이가 그림을 그린다
4	73	544	絵師草子	쥐다	다다미	있음	어린이가 그림을 그린다
4	102	565	直幹申文	알 수 없음	손?	있음	
4	102	565	直幹申文	알 수 없음	손?	있음	
4	102	565	直幹申文	알 수 없음	손?	있음	
4	102	565	直幹申文	알 수 없음	손?	있음	
4	164	600	春日権現記絵	알 수 없음	손?	없음	필기 세트 있으나 책상 없음
4	164	600	春日権現記絵	알 수 없음	손?	없음	필기 세트 있으나 책상 없음
4	164	600	春日権現記絵	알 수 없음	손?	없음	필기 세트 있으나 책상 없음
4	165	601	春日権現記絵	알 수 없음	손?	없음	필기 세트 있으나 책상 없음
5	90	749	法然聖人絵伝	쥐다?	책상	있음	사경
5	90	749	法然聖人絵伝	쥐다?	책상	있음	사경
5	90	749	法然聖人絵伝	쥐다?	책상	있음	사경
5	133	777	慕帰絵詞	알 수 없음	손?	없음	필기 세트 있으나 책상 없음
5	167	798	慕帰絵詞	알 수 없음	다다미	없음	그림을 그리다
5	170	801	慕帰絵詞	알 수 없음	책상	있음	노래를 부르다

예를 들어 『繪卷物による日本常民繪引き』에서 문자를 쓰는 장면을 찾아보자[3](표 21). '손으로 쥐고 쓰는' 사례가 압도적으로 많고, 책상 앞에서 손으로 종이를 쥔 채 일부러 왼손을 책상에 대고 쓰는 사례도 있다. 해설에서도 손으로 쥔 채 쓰는 것이 일상적이었다는 것을 반복해서 지적한다. 책상 위에 종이를 두고 문자를 쓰는 것은 정성 들여 문자를 써야 하는 사경(寫經)과 같은 특별한 경우에 한정된 모양이다. 또 책상도 물건을 두는 용도로 사용된 경우가 많다. 두루마리가 놓여 있는 장면도 있는데 거기에 쓰는 것이 아니라 두루마리를 보는 대(臺)의 용도로 이용한 경우가 많다[4]. 물론 사경(寫經) 장면과 같이 책상 위에서 문자를 쓰는 장면도 적기는 하지만 존재한다. 이에 대해서는 후술한다.

平安時代 후기 이후 일본에서는 종이를 손으로 쥐고 쓰는 것이 일상적이었던 셈이다.

---

3) 澁澤敬三編『繪券物による日本常民生活繪引』1~5(角川書店, 1965-68). 색인을 이용하면서 문자를 쓰는 장면을 찾았다. 다만 예를 들어 『信貴山緣起繪券』의 필사 장면이 수록되어 있지 않은 것처럼 어디까지나 편자가 관심이 있는 대상으로 한정하였으므로 망라하였다기는 하기는 어렵고 또 담당자마다 차이도 큰 것 같다. 다만 대강의 경향은 확인할 수 있다고 생각한다. 또 해설문에도 주목할 만한 지적이 많이 포함되어 있다.

4) 新川登龜男 씨는 일본 고대의 공문 책상의 주된 이용 방법이 문서를 올려놓는 대(臺)이며 그것을 옮기는 것이라 지적한 점이 흥미롭다(新川登龜男「公文机と告朔解」『日本古代の儀礼と表現』吉川弘文館, 1999. 初出 1985).

2) 붓을 쥐는 방법과 붓

다음으로 붓을 쥐는 방법에 관해 확인해 두고자 한다.

『信貴山緣起繪卷』에 그려진 붓의 굵기, 붓의 끝의 모습은 오늘날 우리가 보는 것과 닮았다. 그리고 붓을 쥐는 방법은 오늘날 우리가 작은 붓과 펜, 연필 등을 쥐는 것과 거의 동일한, 소위 단구법(單鉤法)이다. 또 『繪卷物による日本常民繪引き』와 그 외 회화류에서도 붓을 쥐는 방법을 확인할 수 있는 사례는 대부분 단구법이었다.

두루마리로 된 그림(繪卷物)으로 보는 한 일본에서 붓을 쥐는 방법은 주로 단구법이다. 貝原益軒 씨가 이에 대해 보강하고 있다. 『和俗童子訓』에는 '일본류는 대부분 단구를 사용한다', '일본류의 붓놀림은 이것과 다르다. 단구법으로 쥐고 붓끝을 앞으로 내밀어 부드럽게 쓰며 마지막 획의 끝을 가볍게 흐린다'라는 기술이 보인다. 貝原益軒 씨는 쌍구법이야말로 붓에 확실하게 힘을 실을 수 있어 붓을 쥐는 바람직한 방법인데도 일본에서는 단구법이 주류이며 또 글씨를 쓰는 품이나 문제 등이 부드럽기만 하다고 비판한다.

다음으로 붓에 대해 살펴보자. 『信貴山緣起繪卷』에 그려진 붓은 언뜻 보아 현대의 작은 붓과 매우 닮았다. 붓끝이 비교적 길고 붓대도 손으로 쥐기 적당한 굵기이다. 다만 그림에서는 확인할 수 없으나 오늘날 붓과는 크게 다른 점이 있다. 붓끝에 종이로 감싼 심이 있는 소위 '券筆'(옮긴이 : 심이 있는 붓)이다. 중국에서는 송대 이후, 심이 없는 붓이 개발되어 발전하지만, 일본에서는 江戶時代에 이르기까지

심이 있는 붓을 사용한 것으로 여겨진다[5]. 심이 있으므로 비교적 붓 끝을 주로 사용하여 문자를 쓰게 된다[6]. 이 붓의 특징은 손끝을 주로 사용하여 쓰는 『信貴山縁起繪卷』의 모습과 잘 합치한다고 할 수 있을 것이다.

회화자료와 貝原益軒 씨의 기술(記述), 그리고 붓의 양상을 함께 고려하면 근현대 일본에서는 券筆을 단구법으로 쥐고 부드럽고 재빠르게 쓰는 방법이 일상적이며 주류였다고 할 수 있을 것이다. 손을 움직이는 방법은 팔을 크게 흔드는 것이 아니라 손가락 끝과 손목을 중심으로 움직이는 것이었다.

또 현대 일본에서는 붓을 쥐는 방법이 다양하며 붓도 변화하고 있다. 이는 明治時代에 들어 중국에서 도입된 결과라고 한다[7]. 현대의 글씨 쓰는 방법(書道)은 일본의 전통적인 서(書), 특히 일상적인 문자를 쓰는 방법과 약간 거리가 있는 것 같다.

이상에서 알 수 있듯이 平安時代 이후부터 일본 전근대까지 일상적인 서사운동기술은 오른손에 붓(券筆)을 쥐고 종이를 왼손으로 잡은 채, 손끝(손목 또는 손가락 운동)으로 문자를 쓰는 것이었다. 그리고 중국 당대 궁정(宮庭)을 그린 『吉備大臣入唐繪券』에서 당풍(唐風)의 궁전으로 모인 당나라 관인이 이렇게 글을 쓰게 하는 모습으로 보아 이것이 당시에는 '상식'이었음을 알 수 있다.

---

5) 田淵實夫『筆』(ものと人間の文化史30, 法政大學出版局, 1978).

6) 書家·杭迫柏樹 선생님이 구두로 하신 교시에 의한다.

7) 書家·杭迫柏樹 선생님이 구두로 하신 교시에 의한다.

물론 문자를 정성 들여 쓰는 듯한 장면에서는 종이를 책상 위에 두고 서사한다[8]. 平安時代 이후 전근대의 일본인은

　A 일상적인, 종이를 손에 쥐고 쓰는 서사운동기술

　B 특별한, 종이를 대(臺) 위에 두고 쓰는 서사운동기술

　위의 두 가지 서사운동기술을 습득하였다. 그리고 A, B 모두 단구법으로 붓(券筆)을 쥐고 문자를 썼다.

3) 일본 필사운동기술의 역급(逆及)

그럼 이러한 필사운동기술은 어디까지 거슬러 올라갈까.

문자 운용의 수준은 별도로 하더라도 일본열도에 문자가 전래된 것은 弥生時代까지 거슬러 올라간다[9]. 古墳時代, 倭 5왕의 시대가 되면 중국과 외교문서 작성이 이루어지며 이외에 국내용으로도 일본어를 한자로 표기한다. 중국으로 보내는 외교문서는 아마 종이에 썼을 것이다. 일본 국내에서 쓴 일본어는 금석문과 같은 유품으로 발견된다.

그 후 큰 획기가 불교의 수용이다. 경전 등 방대한 문자가 도입되었고 사경(寫經)으로 인해 일본열도 내에서도 많은 문자를 필사하게 된다. 경전을 서사하였다면 아마도 종이가 이용되었을 것이다.

7세기 후반 이후 본격적으로 도입된 율령제는 문자로 기록한 성문

---

8)　표 21도 참조. 寫經의 경우 책상에 두고 쓰는 사례가 많은 모양이다.

9)　이하, 일본열도의 문자문화 보급의 전망에 대해서는 馬場基「漢字文化からみる弥生人の知識レベル」(『歷史讀本』2013년 12월호)에 정리되어 있다.

법을 문자를 이용하여 운용하는 것으로 문자 보급에 큰 영향을 끼쳤다. 이를 반영이라도 하듯이 7세기 후반 이후에는 목간 등 출토 문자 자료가 폭발적으로 증대하고 8세기 이후에는 正倉院文書와 사경을 비롯하여 종이에 쓰인 문자가 전래된다.

한편 8세기대 사경류의 유품과 정창원에 남은 호적, 계장(計帳, 옮긴이 : 율령제에서 調·庸賦課를 위해 매년 작성된 호적에 비견되는 기본 장부)을 비롯한 공식 장부류의 문자는 손으로 쥐고 쓴 것으로 보기 어렵다. 사경과 율령공문(특히 장부)을 작성할 때는 대(臺) 위에 두고 쓴 것으로 생각하는 것이 타당할 것이다. 사경과 장부는 정식문서이며 특별한 장면이다. 平安時代 후기 이후의 'B 특별한, 종이를 대(臺) 위에 두고 쓰는 서사운동기술'과 장면도, 필사운동기술도 대응한다.

또 이 사경·장부의 필적(筆跡)은 '부드럽다'기보다는 획의 파임, 삐침, 치킴 등을 확실하게 표현하여 힘이 들어간 문자처럼 보인다. 다만 단구법으로도 힘이 들어간 문자를 쓸 수는 있다. 사경과 율령공문서 등 공문서를 작성할 때 붓을 쥐는 방법은 현시점에서 알기 어렵다.

실은 이런 관점으로 이해하면 위에서 언급한 흐름 가운데 불교 전래 이전의 문자 서사 장면은 모두 외교문서와 금석문 작성 등 '특별한' 장면으로 한정된다. 당시 일본열도에서는 문자와 문자 서사운동기술은 고도의 문화에 속하며 특별한 장면에서만 이용된 것이었다. 문자가 폭발적으로 보급되고 '일상적'인 서사 장면이 전개된 것은 7세기 이후인 율령제 도입 이후이다.

즉 일본열도에서 일상적 서사운동기술을 생각하려면 7세기 후반 이후를 생각하면 될 것이다. 또 위에서 언급한 것을 고려하면 일본에 처음으로 도입된 필사운동기술은 B타입의 기술이었을 가능성이 크다.

그럼 7세기 후반부터 平安時代 후반까지 일상적으로는 어떻게 문자를 썼을까. 아쉽지만 확실하게 그 양상을 알 수 있는 자료가 없으므로 여러 가지 상정을 거듭하면서 생각해보기로 한다.

가능성으로는

① 7세기 후반 이후, A·B 서사운동기술이 모두 병존하여 존재하였다.

② '대(臺)위에 두고 쓰는' 서사운동기술(B)만 존재하고 일상적으로도 사용되었다. 그 후 종이를 손에 쥐고 쓰는 기술(A)이 발생하였고 일상적으로 이용하게 되었다.

위의 두 가지 가능성을 상정할 수 있다.

우선 종이를 손에 쥐고 쓰는 것(A)과 대(臺)위에 두고 쓰는 것(B) 가운데 어느 것이 어려운가에 대해 생각해보고자 한다.

필사운동기술 관점에서 보면 양손에 신경을 써야 하는 '손에 쥐고 쓰는' 것(A)보다 '책상에 두고 쓰는' 편(B)이 쉽지 않을까. 게다가 서사 매체가 종이처럼 유연하다면 종이를 일정 정도 이상으로 안정된 형상으로 유지하기 위해 왼손(붓을 쥐지 않은 쪽의 손)에는 더욱 특수한 운동·기술이 요구되므로 난이도는 한층 어려울 것이다. 붓을 쥐는 손의 운동도 필압의 문제, 붓을 움직이는 방법 등 모든 점에서 '손에 쥐고 쓰는' 경우(A)와 '책상에 두고 쓰는' 경우(B)는 크게 다르다.

따라서 ②와 같이 상정하면 비교적 쉬운 운동기술(B)이 있음에도 불구하고 더욱더 어려운 운동기술(A)을 독자적으로 고안해내고 그것을 일상적인 기술로 채용, 보급하였다는 이야기가 된다. 물론 대(臺)가 없는 상황에서 문자를 쓸 필요가 있으면 손으로 종이를 쥐고 쓸 수밖에 없다. 그러나 平安時代 이후 일본에서는 책상이 있어도 문자를 쓰는 대(臺)로 이용하지 않고 물건을 두는 용도로 사용하였다. 굳이 어려운 기술을 일상적으로 이용하는 기술로 개발·취득하고 또 책상이 있어도 사용하지 않을 정도까지 보급·침투시켰다고 보는 것은 부자연스럽다. 쉽게 말해 '처음에 종이와 붓이 주어졌을 때 굳이 손으로 쥐고 쓰려고 하였을까'라는 의문이 드는 것이다.

그리고 이런 관점에서 목간에 쓰인 문자를 보면 일반적으로 파임, 삐침, 치킴은 약하고 붓의 속도가 빠른 것처럼 보인다. 특히 '國'자 등이 전형적인 사례인데 획의 각도가 무딘 문자가 많다. 이는 '國衙樣書体'라 일컬어지는 문자에 쓰인 목간에서도 찾아볼 수 있다. '나무'라는 서사 매체가 '번지기 쉽다'는 점이 영향을 끼쳤을 가능성도 고려할 필요가 있다. 그러나 율령공문과 동일한 종이 뒷면에 쓰인 正倉院文書·寫經所文書의 문자는 역시 이러한 필적의 특징과 유사한 것으로 생각된다. 서풍의 문제, 각 자료의 상황 문제도 고려할 필요가 있으나 天平寫經으로 대표되는 문자의 필적이 반드시 奈良時代 모든 문자와 공통된 표준적 필적이 아니라는 점은 분명할 것이다. 지금까

지 언급한 것을 고려하면

① 7세기 후반 이후, A·B 서사운동기술이 모두 병존하여 존재하였다.

위와 같이 상정할 수 있지 않을까. 平安時代 후기 이후로 한정한 일본의 문자 쓰는 방법을 7세기 후반까지 소급시킬 수 있다고 생각한다. 그리고 아마 일본 목간에 있는 대부분 문자는 손에 쥐고 썼을 것으로 추측된다. 목간은 소위 율령공문류보다 일상적인 세계에 속할 뿐만 아니라 나무는 종이보다 손에 쥐었을 때 안정감이 높다.

다만 위와 같이 생각하면 A의 필사운동기술은 일본열도에서 어떻게 발생하였을까. B의 서사운동기술을 기초로 일본열도 내에서 독자적으로 창출되었을 가능성을 상정하지 않는 경우, 외부에서 도입된 것으로 생각할 수밖에 없다. 율령제의 도입과 궤를 같이하여 발생한 점도 시사적이다. 따라서 동아시아의 필사운동기술을 개관해두고자 한다.

3. 동아시아의 필사운동기술

1) 중국에서 문자를 쓰는 법

동아시아에서 가장 일찍 문자를 쓴 곳이 중국이라는 것은 굳이 말할 필요가 없다.

갑골에 문자를 '새기고'[10], 청동기에 문자를 '주조하였다'. 이런 단계를 거쳐 본격적으로 문자를 '쓰는' 것이 전면적으로 발전한 시기는 진한제국 이후일 것이다[11]. 漢代 회화자료를 보면 간독을 손에 쥐고 반대쪽 손에 붓을 쥔 사람의 모습이 그려져 있다(그림 30·31). 漢代 회화자료에 그려진 책상은 높이가 낮아 문자를 쓰기 위한 대(臺)라기보다 벼루 등을 올려두기 위한 대(臺)처럼 보인다[12].

회화자료에 의하면 漢代에 붓을 쥐는 방법은 엄지손가락과 나머지 손가락으로 쥐는 '시관법(撕官法)'이라는 것이 특징적이다. 戰國時代의 '장사필(長沙筆)'로 여겨지는 붓의 축은 4㎜로 매우 가늘고[13], 그외의 붓도 이른 시기의 것은 모두 축이 가늘다. 이처럼 가는 축을 쥐는 데는 단구법(單鉤法)보다 시관법(撕官法)이 적합할 것으로 생각된다. 시관법은 오늘날 우리, 또는 손목과 손가락 끝을 많이 사용하는 일본 서법의 입장에서 보면 붓을 자유롭게 움직이기 어려운, 비합리적인 방법처럼 생각되나 이처럼 축이 극단적으로 가는 필기 용구에 잘 어울린다. 어깨부터 팔까지 전체를 움직여서 문자를 쓰는 '현완법

---

10) 갑골에도 문자를 쓰고 나서 새겨 넣은 것이다.

11) 말단의 행정 수준까지 문자를 사용하는 지배는 문자의 필연적인 이용 범위를 폭발적으로 증대시켰다고 생각한다. 진한제국에서 간독의 이용이 고도로 발달하고 글자체의 통일이 정비되면서 전국을 지배한 점으로 보아 이 시대가 전면적인 문자 서사 보급의 획기라고 생각된다. 阿辻哲次『漢字の社會史』(吉川弘文館, 2013) 등.

12) 회화자료를 보면 漢代의 책상은 모두 낮다. 바로 앉았을 경우 책상 아래에 무릎이 들어가지 않을 정도로 낮은 것이 많은 것 같다. 작업대로서 적합하지 않다고 생각될 정도이다.

13) 붓의 굵기는 각주 2의 책에 의한다. 또 이처럼 붓대(筆管)가 좁은 것은 문자를 새기는 못 모양의 도구 끝에 털을 붙임으로써 붓이 발생하는 상황의 흔적으로 볼 수 있지 않을까.

그림30. 主薄圖(河北省 望都顯1호 漢墓 출토)   그림31. 沂南漢墓畫像石(중실북벽 중단화상)
(徐光翼主編『中國出土壁画全集』1, 科学出版   (崔忠淸編『山東沂南漢墓書像石』, 山東省沂南漢墓
社, 2011)   博物館, 2011)

(懸腕法)'이라 불리는 필사운동기술을 이용하지 않았을까[14].

갑골에 문자를 새길 때는 갑골을 손에 쥐고 못 모양의 도구를 꽉 쥔 채(악관법, 握管法) 갑골의 방향 등을 조정한 것으로 보인다. 이른 시기 붓의 형상과 漢代 회화자료에 보이는 붓을 쥐는 방법은 이러한 갑골 이래의 전통을 농후하게 남겼으며 필기에 필요한 힘을 들이는 정

---

14) 吳惠霖原撰·高畑常信監譯『木簡手帖』(木耳社, 1982). 또 아마도 봉상의 도구로 문자를 새기는 동작의 흔적이라고 추측한다. 도구가 털을 이용한 붓으로 변하였어도 운동방법이 바로 변하지는 않았을 것이다.

도에 대응하면서 변화하였다고 할 수 있을 것이다. 간독을 손에 쥐고 문자를 쓰는 것도 이러한 흐름 속에서 이해하면 매우 자연스레 습득한 필사운동기술이었던 것으로 볼 수 있다.

이러한 상황은 두 가지 점을 명확하게 하며 한 가지 문제를 시사한다.

첫 번째는 漢代의 간독 필사운동기술은 오른손만 사용한 기술이 아니라 양손을 구사하는 기술이라는 점이다. 그렇다면 漢代 간독에서 발달한 서법을 생각할 때 왼손의 운동을 무시할 수 없을 것이다. 오른손을 안정시키고 왼손을 생략하는 운동 등을 상정해도 되지 않을까?

두 번째는 도구와 붓의 전개이다. 갑골 이래 전통은 그 형태가 변하였어도 漢代의 필사운동기술과 도구류는 계승되고 있었다. 붓을 쥐는 방법은 오늘날 어린이가 펜을 쥘 때의 방법과 같은데 더욱더 능숙하게 필기구를 다루려 할 때 쥐는 방법에 변화가 보인다. 한편 굵기 4㎜ 축의 경우 단구법으로는 쥐기 힘들다. 출토된 붓대(筆管)는 시대가 내려오면서 훨씬 두꺼워진다[15]. 그렇다면 일상적으로 붓끝(穗先)이 있는 붓으로 문자를 쓴다는 도구의 변화가, 붓을 잡는 방법 등 필사운동기술에 변화를 초래하였고 나아가 그 기술의 변화가 재차 도구의 변화를 야기하는, 상호 영향을 주고받는 변화와 발전의 모습을 생각해 볼 수 있다.

---

15) 각주 13과 동일.

그리고 시사하는 중요한 한 가지는 이 '손으로 들고 쓰는' 장면은 모두 간독=목간에 한정된다는 것이다. 백서(帛書, 비단에 쓴 글)가 아니다.

비단이 손으로 쥐고 쓰는데 그렇게 적합하지 않다는 것은 쉽게 상상할 수 있을 것이다[16]. 또 전적과 장부로 이용하므로 편찰을 전제로 제작된 매우 폭이 좁은 간(簡)도 손에 들고 쓰기에는 적합하지 않을지도 모른다. 그렇지만 폭이 넓은 양행(兩行)이라면 손에 들고 쓰기에 매우 적합하다. 형상은 안정적이며 폭도 쥐기에 알맞다. 손에 들고 쓰는 방법·운동·기술은 진한제국이 구사한, 간독에 문자를 쓰는 장면에 가장 적합하다고 할 수 있을 것이다. 손으로 들고 쓰는 기술은 간독을 사용한 문서 행정 시스템과 함께 漢帝國에서 확립된 것으로 생각할 수 있다.

또 간독, 특히 단독간(單獨簡)이 일상적인 사무처리와 문서 행정에서 많이 사용된 것도 중요하다. 일상적인 문자 필사운동기술로, 서사매체를 손에 들고 쓰는 기술이 사용되고 보급된 것이다. 한편 만약 백서(帛書)와 편철간을 대(臺) 위에 두고 썼다고 한다면 특별한 경우에는 대(臺) 위에서 썼다고 할 수 있다. 만약 이 예상이 타당하다면 일본의 문자 전사기술 A·B타입의 병존은 漢帝國에서 성립한 문자 필사 운동과 같다고 할 수 있다.

---

16) 연구회 석상에서 籾山明氏 씨로부터 받은 교시에 의하면 馬怡 씨는 帛書도 손에 쥐고 쓰는 것을 상정한다고 한다. 帛書에는 문자만이 아니라 그림도 있으므로 臺上 또는 床面의 필사를 상정하였다.

그럼 그 후 이 기술은 어떻게 변화할까. 관견이지만 회화자료가 풍부하지 않아 구체적으로 양상을 파악하기 어렵다. 晉代의 종이 보급, 종이 보급에 따른 서풍의 변화라는 관점에서 생각하면 붓을 쥐는 방법, 서사 매체를 다루는 방법도 크게 변화하였을 것이라 상상된다. 예를 들어 王羲之의 글씨는 서사 매체를 손에 쥐고 쓴 것으로 볼 수 없는 문자가 많은 것으로 보인다[17].

그렇지만 주의해야 할 것은 소위 서풍의 변화라고 일컬어지는 이 문자가 주로 고도의 문화에 속한 문자이며 특별한 문자군이라는 점이다. 따라서 일상적이며 사회 전체에 보급된 문자 및 필사운동기술과 동일한 수준으로 논할 수 있을지에 대해 검토의 여지가 남아 있다.

이런 제약이 남아 있음에도 주목하고 싶은 것이『女史箴圖卷』에 그려진 문자 쓰는 모습이다(그림 32). 여기에는 두루마리를 왼손에 쥐고 단구법으로 붓을 쥔 채 문자를 쓰는 여성이 그려져 있다. 종이를 손에 쥐고 문자를 쓰는 기술이 晉代에 분명히 존재한 것이다.

이를 서사 매체의 변화와 함께 이해해보자. 종이는 우선 비단 대용으로 보급되고 나중에는 간독도 대체한 것으로 이해된다[18]. 晉代에는 비단이 종이로 거의 전환되었고 간독도 거의 이용하지 않게 된 것

---

17) 王羲之가 나무에 문자를 쓴 것은 '入墨'의 故事로부터 상상할 수 있다. 다만 나무에 三寸이나 묵이 스며들 정도로 붓이 강하였다는 것이며 일상적인 문자 서사 운동기술과는 크게 다른 기술이었다. 三寸이나 묵이 스며들었다고 한다면 대부분의 간독은 뒷면까지 묵이 침투해 버린다.

18) 籾山明「簡牘·縑帛·紙 -中國古代における書寫材料の變遷-」(籾山明·佐藤信編『文獻と遺物の境界―中國出土簡牘史料の生態的研究―』六一書房, 202).

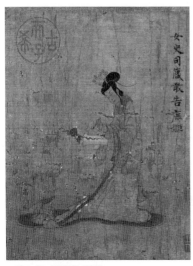

그림32. 『女史箴圖卷』(부분)

으로 생각된다. 다만 종이를 입수하기 어려운 장면, 예를 들어 지방사회에서는 여전히 간독을 이용하였을 가능성도 존재한다고 한다[19]. 종이가 일상적인 필사 장면에도 침투해간 단계이다. 이처럼 서사 매체가 변화하였으나 서사운동기술은 매체와 대응하여 곧바로 변화하지 않고 그전부터 이어진 운동기술을 채용하여 문자를 쓰는 모습을 그린 것이 『女史箴圖卷』이라고 할 수 있을 것이다.

또 하나 주목할 수 있는 것이 붓을 쥐는 방법이다. 漢代 회화에서 주류였던 시관법(撝官法)이 아니라 단구법으로 붓을 쥔다. 이 변화는 붓대의 굵기 변화 등을 고려하면 後漢代에는 시작된 것으로 보인다. 後漢 회화자료에 시관법만 그려진 것은 시관법이 전통적(傳統的)·정통적(正統的)인 것에 반해 단구법은 아직 격식이 없었기 때문에 묘실에 그리기는 어울리지 않았기 때문으로 상정해 두고자 한다.

---

19) 연구회 석상에서 藤田高夫 씨·鷹取祐司 씨로부터 받은 교시에 의한다.

필사 매체, 특히 종이를 손에 쥐고 단구법으로 쓰는 일본의 A타입 필사운동기술과 거의 동일한 필사운동기술이 晉代 중국에 존재한 것이다. 그것은 後漢代의 간독 문화를 베이스로 하며 晉代에 종이의 보급에 대응하여 변화한 운동기술이었다.

한편, 隋·唐代에 이르면 가구(家具)의 장비에도 큰 변화가 생기는데 의자에 앉아 책상에서 문자를 쓰게 되고 붓을 쥐는 방법도 당대 중반 이후에는 단구법에서 쌍구법(雙鉤法)으로 변화한 것으로 여겨진다. 宋代가 되면 모두 책상에 서사 매체를 두고 문자를 쓴다.

이상에서 서사 매체를 손에 들고 쓰는 기술은 漢代 간독 이용의 체계화와 함께 완성되었고 종이의 보급으로 서서히 쇠퇴한 것을 알 수 있다. 붓을 쥐는 방법은 漢代까지는 시관법(撝官法)이 존재하였으나 서서히 단구법으로 이행하고 송대에는 쌍구법이 주류를 점하게 된다. 서사 매체의 변화·서풍의 변화·붓을 쥐는 방법의 변화가 서로 관련되어 있으며 시간이 흐르면서 점차 발전, 전개해 나간 것이다.

2) 한반도의 양상

고대 한반도의 서사운동기술을 전하는 자료가 매우 적어 구체적인 양상은 알 수 없다. 관견에 의하면 고구려 벽화고분 세 기뿐이다. 그렇지만 남겨진 세 기를 통해 엿볼 수 있는 양상은 매우 시사적이다.

세 기의 고분벽화는 4세기 중엽으로 비정되는 중국 길림성 집안시 무용총고분, 408년으로 비정되는 조선민주주의인민공화국 평안남도 남포시 덕흥리 벽화고분, 6세기 후반으로 비정되는 중국 길림성

그림33. 덕흥리고분벽화 　　　그림34. 통구사신총벽화(국립중앙박물관, 2011,『문자, 그 이후』)
(국립중앙박물관, 2011,
『문자, 그 이후』)

집안시 통구 사신총벽화이다(그림 33·34). 무영총 벽화에서는 '講道仙
人'이라 불리는 화면에 대(臺) 위에 앉아 왼손에는 붓을, 오른손에는
간독(簡牘)과 같은 필기구를 쥐고 무엇인가를 서사하는 장면이 그려
져 있다. 덕흥리 고분벽화에서는 오른손에 붓을 감싸듯 쥐고 왼손에
단단한 서사 매체를 쥐고 무엇인가를 쓰려고 하는 인물이 그려져 있
다. 통구 사신총벽화에서도 마찬가지로 오른손에 붓을 쥐고 왼손에
단단한 서사 매체를 들고 있으며 옆에는 책상처럼 생긴 대상(臺上)이
그려져 있다. 붓을 쥐는 방법과 단단한 서사 매체를 왼손에 쥐고 쓰
는 양상이 공통되며 특히 통구 사신총벽화의 경우 책상은 있으나 필
사하기 위한 대(臺)로 사용하지 않아 앞서 살펴본 중국의 필사운동기

술 가운데 漢代의 것과 유사하다.

즉 고구려에서는 중국의 기준에서 본다면 이른 시대의 필사운동기술을 채용하였다고 볼 수 있다. 6세기대 고분에 그려진 것을 보아 고구려에서는 隋代에 이르기까지 漢代의 서사 양식을 보유하고 있었던 것을 알 수 있다. 한반도에 처음 체계적으로 도입된 서사 체계, 즉 낙랑·대방군의 설치 및 지배가 큰 영향력을 끼친 것으로 이해할 수 있지 않을까.

한편 백제·신라의 양상을 알 수 있는 자료는 없다[20]. 다만 고구려의 필사운동기술이 漢代의 기술을 거의 그대로 계승한 것으로 보아 백제·신라의 필사운동기술도 漢代의 기술을 기본으로 하였을 가능성이 크다. 다만 양국의 경우 낙랑·대방군의 영향력이 아마 고구려만큼 강하고 결정적이었던 것 같지는 않으리라고 생각된다. 또 백제의 경우 남조와 밀접하게 교류한 것으로 알려져 있다. 따라서 백제에서는 漢代 이후에 중국에서 전개된 필사운동기술을 도입하였을 가능성도 충분히 생각해 볼 수 있을 것이다.

3) 일본의 문자를 쓰는 모습의 의의

이상으로 고대 동아시아 필사운동기술을 개관하였다. 이렇게 보면 고대 일본의 필사 상황은 일본 고대국가가 모델로 한 隋·唐代의 그것과 완전하게 일치하지는 않는다. 좀 더 이른, 南北朝期의 필사 문

---

20) 연구회 석상에서 李成市 선생님으로 받은 교시에 의한다.

화와 친화성(親和性)이 큰 것으로 생각된다. 그리고 9세기 이후 당 문화와 선종(禪宗) 문화가 이입됨에도 사회 전체에서 오래된 필사운동기술이 뿌리 깊게 계승된 것은 문자를 쓰는 행위가 습관적인 기술에 속하며 한번 습득하고 나면 좀처럼 고치기 어렵다는 것을 잘 나타내는 것으로 생각된다.

이 일본의 필사운동기술은 어디에서 전해진 것일까. 隨·唐代의 필사운동기술과의 차이를 생각하면 중국으로부터 직접 전해진 것이라고는 생각하기 어렵다. 그래서 주목되는 곳이 한반도, 특히 백제이다.

필자는 예전에 한반도와 일본열도에서 목간이 등장하는 시기에 차이가 있는 이유, 그리고 한반도와 일본열도에서 목간을 활발히 사용하는 시기에 차이가 나는 이유를 '목간의 작법'이라는 단어를 키워드로 고찰한 적이 있다[21].

목간의 이용이란 단순히 목재에 문자를 쓰는 수준의 행위가 아니다. 목간을 유효한 도구로 운용하기 위해서는 작성자·수신자를 비롯하여 사회 전체에서 목간을 어떻게 작성하고 어떻게 이용할 것인가, 어떻게 버리며 어떤 내용을 쓰면 좋은가, 어떤 장면에서 목간을 사용하고 또 어떤 장면에서 종이 또는 말로 전달하는가와 같은 거대하고

---

21) 拙稿「木簡の作法と一〇〇年の理由」(『日韓文化財論叢』獨立行政法人國立文化財機構奈良文化財研究所·大韓民國國立文化財研究所, 2010 이 책 제2부 제2장, 「木簡研究現場에서의 2가지 試圖」(『木簡과 文字』8, 2011),「『木簡の作法』論から東アジア木簡學に迫る僞に」(『東アジアの簡牘と社會―東アジア簡牘學の檢討―シンポジウム報告集』中國政法大學法律古籍整理研究所·奈良大學簡牘研究會·中國法律史學會古代法律文獻專業委員會, 2012. 이 책 제2부 제4장),「資料學と史料學の境界」(『木簡研究』34, 2012, 이 책 제2부 보론1).

체계적인 공통인식이 전제되어야 한다. 이를 '목간의 작법'이라 부른다. 더욱이 목간이 사회를 움직이는 중요한 도구로 기능하기 위해서는 몇 안 되는 사람들만 점유하는 것이 아니라 사회 구석구석까지 공유된 후에 일상적인 실무 수준에서 운용하는 노하우를 습득할 필요가 있다. '목간의 작법'의 수용, 또는 사회 전체적으로 수용을 가능토록 하는 사회적 기반의 정비가 한반도에 비해 일본열도가 크게 늦었으므로 목간을 본격적으로 운용하는 것도 늦었으리라는 것이 필자의 견해이다. 그리고 일본에 '목간의 작법'이 본격적으로 사회 전체에서 수용되고 전개될 수 있었던 것은 실무 수준에서 목간을 운용하는 경험과 노하우를 지닌 백제 유민이 대량으로 일본열도로 도래함으로써 가능하게 된 것으로 생각하고 있다.

이 '목간의 작법'에 일상적 필사운동기술도 포함되어 있었던 것이 아닐까.

위에서 언급한 것과 같이 백제의 필사운동기술은 불분명하나 남조 문자문화의 영향을 받아 필사운동기술을 받아들였을 가능성이 크다. 한편 일본으로 도입된 문자문화의 관점에서 보면 7세기 후반 이전부터 백제의 영향이 강하다. 7세기 후반 이전에 도입된 문자문화와 이에 수반된 필사운동기술은 일상적이고 광범위하게 이용하기 위한 것이 아니며 일본열도의 문자문화가 백제의 그것과 유사하다고 전망할 수 있다. 다만 이 단계에 일상적인 문자 운용을 전제로 하는 필사운동기술은 일본열도에서 아직 필요 없었다. 백제 멸망, 백제 유민이 일본열도로 건너옴으로써 문자문화의 '일상적'인 부분이 도입되었다고 한다면 동아시아 전체의 필사운동기술 흐름 가운데 매우 자연스러운 현상으로 이해할 수 있을 것이다(표 22).

여기에 조금 더 상상력을 더한다면 중국에서는 손에 쥐고 쓰는 필사 매체로서 종이의 존재가 컸으나 백제에서는 종이의 희소성과 중국 주변에 여전히 목간 운용이 잔존하는 것으로 보아 목간을 중심으로 운용하는 체계를 발달시키고 필사운동기술도 종이만이 아니라 나무에 쓰는 기술을 온존·전개해 가지 않았을까. 8세기 일본에서 목간을 활발히 이용한 것은 이상과 같은 전개 속에서 이해할 수 있을 것이다.

또 백제의 문자문화가 일본 문자문화에 큰 영향을 끼쳤다는 지적은 여러 차례 있었다[22]. 다만 아쉽게도 신라, 고구려와 혼동되는 것 같다. 필자가 보기에 한반도 내에서도 신라·고구려·백제의 문자문화는 큰 차이가 있다.

일본 문자문화에 영향을 끼친 것과 관련하여 삼국을 동일시할 수 없다고 생각한다. 일본 고대는 금석문이 적은데 그 가운데서도 특히 석비가 적다. 저명한 석비로 '上野山碑'와 '那須國造碑'가 있다. 이 비석은 '도래인'과 관련된 것으로 추정된다. 그러나 같은 도래인이 많은 지역일지라도 百濟寺가 있는 百濟郡에는 석비가 없다. 한편 關東地方의 도래인은 高麗郡과 新羅(新座)郡이 말해주듯 고구려·신라계가 많다. 즉 관동의 석비 문화는 막연히 '도래인'이 아니라 고구려·신

---

22) 예를 들어 川南編『古代日本 文字の來た道』(大修館書店, 二〇〇五), 三上喜孝『日本古代の文字と地方社會』(吉川弘文館, 2013) 등.

표22. 일상적인 필사운동기술 개념도

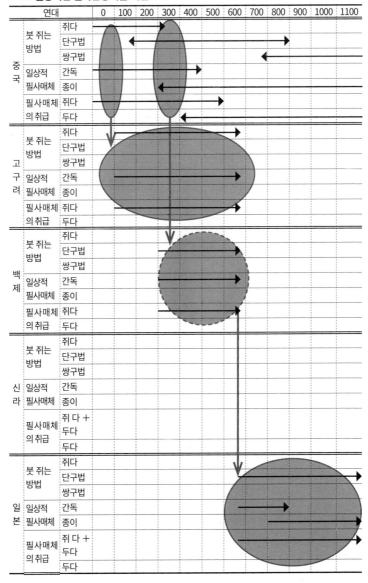

연대			0	100	200	300	400	500	600	700	800	900	1000	1100

중국 / 고구려 / 백제 / 신라 / 일본

붓 쥐는 방법: 쥐다 / 단구법 / 쌍구법
일상적 필사매체: 간독 / 종이
필사매체의 취급: 쥐다 / 두다 / 쥐 다 + 두다

라의 석비문화가 전래된 것으로 생각해야 할 것이다.

한반도의 석비 분포로 보아 고구려·신라에서는 많은 석비를 세웠으나 백제는 그렇지 않은 것 같다. 이는 아마 중국 남조의 영향 때문일 것이다. 百濟郡에 석비가 없고 일본 전국에 석비가 적은 것은 일본 문자문화가 백제의 흐름 속에 있기 때문이며 關東地方에 특이한 석비가 많은 것은 이 지역에 고구려·신라계 문자문화가 유입되었기 때문으로 이해할 수 있다[23].

4. 맺음말

이상으로 다소 번잡하나 일본 문자 필사 문화의 기저를 볼 수 있었다고 생각한다.

마지막으로 두 가지를 지적해두고자 한다.

첫째는 문자 서사 문화의 중층성과 다양성이다. 경전의 서사는 불교 전래와 동시에 전해졌을 것이다. 그러나 이는 어디까지나 사원과 그 주변의 특수한 기술이었다. 율령공문의 장부류 작성도 넓은 보편성을 지닐 수 없었다. 한편 목간의 운용으로 대표되는 일상적 문자

---

23) 李成市 선생님은 중국대륙에서 한반도를 경유하여 일본열도로 이동한 문화와 관련하여 한반도는 단순한 경유지가 아니며 한반도에서도 독자적인 전개가 있었기 때문에 일본열도에서도 그 문화를 순조롭게 수용할 수 있었다고 여러 차례 지적하셨다. 이번의 검토를 통해 한반도에서의 수용, 전개도 단일적·획일적인 것이 아니라 고구려, 백제, 신라가 모두 달랐으며 각각이 일본열도에 영향을 끼친 것으로 강조할 수 있다고 생각한다. 그 의의에 대해서는 앞으로 고찰해나가고자 한다.

서사의 세계·기술은 넓고 길게 영향을 끼쳤다. 특별한 문자만 이입되어서는 문화적으로 크게 영향을 줄 수 없었다. 일상적인 문자 운용시스템의 도입이야말로 큰 의미를 지닌 것으로 생각한다.

둘째는 이 기층이 일본 문자문화에 끼친 영향이다.

손에 쥐고 쓰는 기술이 창출한 문자야말로 '히라가나(平仮名)'였던 것이 아닐까. 『繪券による日本尙民繪引』532·533 'よろいびつ·旗指物·手紙' 해설에서는 '사경자(寫經者)와 같은 사람을 제외하면 책상에서 글씨를 쓰는 모습은 거의 볼 수 없다. 이것이 초서체 문자를 발달시킨 것으로 생각한다. 책상에 앉으면 글자는 저절로 정성 들여 쓰게 된다'고 지적한다. 서사 매체에 손을 재빨리 움직여 음성언어를 남기는 가운데 파임, 삐침, 치킴이 생략되면서 필압의 변화가 부족하였기 때문에 히라가나가 발달하였으리라는 예상이 반드시 틀리지만은 않을 것이다.

한편 '책상에 두고 쓰는' 기술 체계는 시민권을 충분히 얻을 수 없었다. 이 필사운동기술을 가장 많이 이용하는 곳은 경전을 다루는 사원일 것이다. 그리고 이 세계를 중심으로 전개된 문자가 '가타카나(片仮名)'이지 않을까. 히라가나, 가타카나는 흘림과 생략이라는 각각의 방법에서 발달한 가나문자(仮名文字)이며 처음에는 전혀 별개의 문자였으나, 이전에 존재한 두 종류의 서사운동기술로 인해 결국 두 종류의 가나문자(仮名文字)가 병존할 수 있었으리라 추측한다.

그리고 전근대는 '히라가나(平仮名)'의 시대였다. 책상 위에서 단단한 필기 용구 = 펜으로 문자를 쓰게 된 근대가 가타카나(片仮名) 복권

(復權)의 시대였던 것도 이해할 수 있으리라 생각된다.

(補註1)

이 장을 탈고한 후 馬怡「中國古代書寫方式探源」(『文史』2013年第3輯)을 보았다. 선행연구의 博搜(옮긴이 : 많은 문헌 따위를 이것저것 뒤져 찾음), 자료의 인용 등 이 장과 비교할 수 없을 정도로 압도적이라 부끄럽기 그지없다. 馬 선생의 연구를 가르쳐 주신 籾山明 선생님을 비롯하여 국제 심포지엄에 참가하신 선생님들, 나아가 馬 선생님의 논문을 가르쳐 주신 侯旭東先生·鄔文玲先生에게 진심으로 감사의 말씀을 드린다. 다만 탈고 이후 알았으므로 반영할 수 없었다. 이 점에 대해 사과드린다. 하지만 고대 중국 필사운동 기술의 변천에 대한 전체적인 예측은 이 장과 거의 같았다. 다만 『女史箴圖卷』에 있는 붓놀림에 대해 馬 선생은 '懸腕書寫'라고 표현하였다. 이는 팔을 들고 서서 한다는 의미로 이 장에서 말한 '懸腕法'과 같다. 일본에서 말하는 '懸腕法'은 손목을 고정하고 팔째 움직이는 운동을 가리킨다. 또 사족이지만 馬 선생님 논문에서 한자를 위에서 아래로, 우행에서 좌행으로 쓰는 것에 대하여 왼손으로 들고 쓰는 것과 관련시키면서 언급하고 있다. 영국 빈돌란다에서 출토된 로마 목간은 왼쪽에서 오른쪽, 상행에서 하행으로 옮겨 적고 있다. 이 경우에 목간을 받침대에 놓고 쓴 것일까. 동서양의 문자문화·필사운동 기술의 비교라는 점에서 매우 흥미롭게 느껴졌다.

(補註2)

이 장의 중국어 번역을 담당한 方國花 씨로부터 357년에 제작된 고구려 고분벽화(안악3호분 벽화)에도 서사 장면이 그려져 있다는 교시를 받았다. 묘주를 가운데 두고 왼손에 札을, 오른손에 붓을 『女史箴圖券』의 여인과 마찬가지로 단구법으로 든 인물이 그려져 있다. 이 인물의 왼쪽 상단에는 주필(朱筆)로 '기실(記室)' 직명이 적혀 있다. 묘주를 기준으로 오른쪽에 그려져 있는 인물은 양손으로 재선(載線)이 그려진 방형의 서사 매체를 들고 있다. 이는 종이처럼 보이지만 편철간일 수도 있다. 매우 흥미로운 자료이지만 탈고 후의 일이기도 해서 보주로 언급하는 것으로 그치고자 한다. 방국화 씨의 교시에 감사드린다. 고구려 자료는 불분명한 점이 많아 향후 추가적인 검토가 필요하다.

[부기]

이 장은 奈良文化財研究所平城宮跡資料館에서 邢義田 선생님을 안내하던 도중에 선생님께 받은 질문에서 영감을 얻었다. 또 이 장을 집필하는 데 京都大學大學院人間·環境學研究科의 陳馳 씨로부터 유익한 조언을 들었다. 또 環境學研究科의 講義에 참가하신 분으로부터 의미 있는 의견도 얻었다. 이에 감사를 표하는 바이다.

일본 고대 목간을 중심으로 본 문자·문자 필기·신체 기법

1. 머리말

목간을 볼 때 문자를 '읽는' 관점에서 다가가는 경우가 많다. 그러나 애초에 누군가가 문자를 '썼기' 때문에 그 목간은 존재한다. 이처럼 문자를 쓰는 행위에 주목하여 목간을 생각할 때 새로운 관점과 사실을 발견할 수 있을 것이다.

이런 관점에서 문자에 관한 몇 가지 문제를 검토하고 일본의 문자 문화에 대해 약간 고찰하고자 한다.

2. 목간에 문자 필기

1) '목간의 작법'론과 문자 필기

필자는 목간의 분석·연구의 방향성으로 '목간의 작법'이라는 개념을 제창하고 있다. 이 개념의 근본은 목간을 어떤 사회에서 이용된 '도구'로 이해하는가에 있다. 지금까지는 목간을 검토할 때 '목간의 라이프사이클'을 고려해야 한다고 이해되었다. 매우 중요한 지적이기는 하나 문제점도 존재한다. 목간은 스스로 태어나 성장한 생물체가 아니며 자발적인 의사를 가지지 않고 주체적인 활동도 할 수 없다. 이처럼 물체인 목간에 대해 '라이프사이클'이라는 표현을 적용하는 것이 반드시 적절한 것만은 아니다. 단순히 표현이 이상한 것이 아니라 마치 목간이 스스로 변화해 나가는 것과 같은 잘못된 인상을 심어줄 위험이 있기 때문이다[1].

목간의 다양한 변화는 사람의 손에 의해 일어난다. 목간은 어디까지나 사람이 어떠한 의도·목적을 가지고 작성하여 이용하고 폐기한 것이다. 즉 목간은 문자라는 전달 수단을 내포한 도구인 셈이다. 문자 자료를 도구로 이해하는 것은 예를 들어 문자로 의사를 전달하는 스마트폰이 '도구'라고 생각하는 것과 유사하다.

한편 목간이 도구라면 도구에는 사용 방법이 존재한다. 도구의 작성 방법과 취급에도 불문율과 관습을 포함하여 방대하게 '정해진 규칙'이 존재한 것은 상상하기 어렵지 않다. 애초에 어느 장면에서 도구를 사용할지 말지에 대한 판단에서 이 '정해진 규칙'은 시작한다. 이 '정해진 규칙'의 총칭을 '목간의 작법'이라고 칭하고 있다[2].

한 점의 목간이 존재하는 배후에는 목간을 작성·이용하는 필연성에서 시작하여 목재와 형상의 선택, 단어의 선택, 문자의 선택과 같은 여러 선택이 중복된다. 이용 장면에서도 보이는 법, 건네는 법, 동여매는 법, 단어를 곁들이는 법 등 다양한 선택이 있으며 그 후에도 추기의 방법, 보관과 재이용 등 역시 다양한 선택이 이루어진다. 그리고 마지막에 '폐기'라는 선택이 이루어져 유적에 묻히는 '목간의 작법' 세계가 존재한다. 이처럼 '목간의 작법'을 상정하고 이용된 사

---

1) 拙稿「資料學と史料學の境界—籾山明·佐藤信 編『文獻と遺物の境界 -國出土簡牘の生態的研究-』によせて-」(『木簡研究』34, 2012. 이 책 제2부 보론1).

2) 拙稿「「木簡の作法」論から東アジア木簡學に迫る僞に」(『東アジアの簡牘と社會 -東アジア簡牘學の檢討-シンポジゥム報告書』中國政法大學法律古籍整理研究所·奈良大學簡牘研究會·中國法律史學會古代法律文獻專業委員會, 2012. 이 책 제2부 제4장.) 및 각주 1 논문.

회적 모든 조건, 맥락 속에서 자료체로서의 평가를 이해하지 않는다면 목간이 지닌 역사정보를 충분히 그리고 올바르게 끌어낼 수 없다고 생각한다.

이상과 같이 이해하는 가운데 목간이 도구로 기능하기 위해 가장 중요한 요소는 문자이다. '목간의 작법'에 따라 도구(목간)를 원하는 상태로 만들기 위해서는 쓰고자 하는 문자를 목간 표면의 원하는 장소에 정확히 써야 한다. 이 작업이 목간에 문자를 쓰는 행위이며, 문자를 쓰는 행위는 이러한 관점에서 제작 과정, 그리고 문자를 쓰는 기술은 제작 기법이라고 할 수 있을 것이다[3].

한편 문자의 서기(書記)도 '신체 기법'의 하나이다. 이는 '書道'와 같이 고도의 예술적 장면에만 한정되지 않는다. 일상적이며 어디에나 있는 문자의 서기도 신체 기법에 의해 유지되고 있다. 이 신체 기법은 이용하는 도구와 밀접한 관계가 있다. 어떠한 필기 용구를 쓰는 것이 좋은지, 어떤 종이가 쓰는 데 적합한지 등은 이미 많은 사람이 경험해 보았을 것이다. 스마트폰을 사례로 들면 스마트폰에서 문자를 입력하는 것에 능숙한 젊은이가 컴퓨터 키보드의 입력을 어려워하는 사례가 있는 것처럼 문자의 입력도 '신체 기법'이라는 측면이 있으며 또 거기서 사용하는 도구와 밀접하게 관련되어 있다.

문자 필기라는 '제작 기법'은 신체 기법과 이용하는 도구로 성립된

---

3) 다만 예를 들어 스마트폰으로 문자를 입력하여 송신하는 행위는 제작 과정으로는 평가하기 어려우며 문자의 기입도 단순한 의미에서는 제작 과정이라고 하기 어려운 점도 있다. 그러나 문자가 쓰여 목간이 완성된다는 관점에서 보면 제작의 한 단계로도 볼 수 있다고 생각한다.

다. 그리고 문자 필기라는 제작 기법이 '목간의 작법'을 실현하는 수
단으로 목간의 작법을 유지하고 있다(보주). 이렇게 생각하면 목간에
서 역사정보를 얻기 위해 문자를 둘러싼 신체 기법과 도구에 대해 고
찰하는 것(어느 정도 구체적으로 복원할 수 있는가는 별도로 하더라도)은 중
요하며 의의가 있다고 생각한다.

2) 일본 고대의 문자 필기 기법과 문자문화

필자는 앞 장에서 문자를 둘러싼 신체 기법과 도구의 관련성이라
는 관점에서 일본열도 문자문화에 대해 논하였다[4]. 중국 漢代에는
手上筆記(주로 문서·서장. 간독 등, 옮긴이 : 손으로 쥐고 쓰는 방법)와 机上
筆記(주로 전적. 帛書 등, 옮긴이 : 책상 위에 두고 쓰는 방법) 두 가지 기술계
통이 존재하고 그 후 서사 매체와 붓의 변화를 거치면서 唐代에는 机
上筆記가 주류를 점한 것으로 보았다. 그리고 일본의 문자 필기 신체
기법은 중국 晉代의 것과 유사하며 手上筆記와 机上筆記가 병존하는
데 양자의 필기 장면에 의한 구분은 漢代의 것과 공통된다고 논하였
다. 중국에서 사라진 신체 기법과 도구(券筆)가 일본열도에서는 근세
까지 남아 있었던 셈이다.

일본에 두 가지 필기 신체 기법이 도입된 이유에 대해서는 漢代에
직할군이 설치되어 漢문화의 영향이 강하였으며 그 후에도 중국 남
조와 깊은 관계를 맺은 백제로부터 일본의 문자 필기 기술이 도입되

---

4) 拙稿「書寫技術の傳播と日本文字文化の基層」(角谷常子編『東アジア木簡學のために』汲古
書帛, 2014. 이 책 제2부 제5장).

었기 때문으로 보았다. 특히 문자가 폭발적으로 필요하였던 '문자의 시대'는 '목간의 작법' 체계를 몸에 익힌 백제 유민(백제 멸망으로 일본에 도래한 사람)에 의해 문자가 도입된다[5].

그리고 앞 장에서 신체 기법에 대하여 중국 漢代의 고분벽화, 중국 晉代의 회화, 일본 중세의 회화를 검토하고 도구에 대해서는 출토된 중국 고대의 붓(長沙筆, 居延筆 등)을 비롯하여 붓에 관한 연구를 참조하였으며 서사 매체에 대해서는 料紙(작품용으로 가공, 장식된 종이)에 관한 가구(家具)의 논평을 참고하였다.

한편 실제로 쓰인 문자, 묵의 흔적에 대해서는 충분히 평가할 수 없었다. 正倉院文書의 공문류에서 전형적으로 볼 수 있는 楷書에 비하여 파임, 삐침, 치킴이 뚜렷하지 않다는 경험적 인상과 목간의 문자가 楷書風으로 쓰였으나 필압과 필속의 변화가 부족한 것처럼 보인다는 경험적인 인상을 지적하고 목간의 手上筆記 가능성과 관계를 지적하는 데 머물렀다. 이 인상이란 실제로 목찰에 스스로 글을 썼을 때 필압과 필속의 변화가 문자에 곧바로 나타난다는 경험을 토대로 목간을 관찰하면서 얻은 것이지, 체계적인 관찰과 서(書)의 관점에서 관찰한 것은 아니다. 이야기하자면 전형적인 경험지(經驗知)이다.

그 후 和田幸大·宮崎肇 씨는 서(書)의 관점에서 목간의 필적을 검토하였다. 이 성과에 의하면 '楷書'는 거의 없고 대부분 행초체(行草

---

5) 拙稿「木簡の作法と100年の理由」(『日韓文化財論叢』1』獨立行政法人國立文化財機構奈良文化財研究所·大韓民國國立文化財研究所, 2011. 이 책 제2부 제2장). 또 이 이전 일본열도의 문자 정착 상황에 대한 개인적 견해는 拙稿「漢字文化からみる弥生人の知識レベル」(『歴史讀本』2013-12, 2013)에 언급하였으나 잡지의 성격상 선행연구를 인용하지 않았다.

體)로 평가할 수 있으며 예서(隸書)도 섞여 있다고 한다. 또 필압, 필속에 대해서는 필자가 받은 인상을 뒷받침하는 검토 결과가 제시되었다.

또 붓의 쥐는 방법에 대해서는 和田 씨가 적극적으로 검토하였다. 필자가 대강 '단구법'이라고 일괄한 일본의 붓 쥐는 방법에 대해 더욱 상세하게 관찰하였다. 또 붓을 쥘 때 붓대의 어느 부분을 쥐는가를 검토한 결과, 붓끝이 아니라 주로 붓대의 중앙 부근을 쥐는 것을 밝혔다[6].

그리고 필자가 주목한 晉代의 붓 쥐는 방법도 『女史箴圖卷』을 다시 관찰한 결과 和田 씨가 지적한 것처럼 일본의 붓 쥐는 방법과 같다고 할 수 있을 것이다. 앞 장에서 언급한 묵의 흔적도, 붓을 쥐는 방법도 그 타당성이 한층 강화되었다고 생각한다. 앞 장에서 언급한 필자의 경험지(經驗知)·암묵지(暗黙知)가 두 사람의 연구로 현재화(顯在化)되고 검증되어 필자의 견해를 강화해준 것이다.

3. 신체 기법과 문자문화

1) 두 종류의 가나(カナ)와 필기 기법

이처럼 연구가 진전됨에 따라 앞 장에서는 희망의 가능성을 언급

---

6) 和田幸大「日本の中世書狀における料紙の扱い方と執筆体勢に關する考察」(『大學書道研究』8, 2015).

하는 것에 머물렀던 가타카나·히라가나의 성립과 전개에서 필사운
동기술의 중요성을 명확히 제안할 수 있게 되었다고 생각한다.

일본에서는 외래의 표의문자인 한자와 함께 고유의 표음문자로 두
종류의 가나(カナ)가 사용되고 있다. 히라가나(平仮名)와 가타카나(片
仮名)이다. 두 종류의 표음문자를 창출하고 계속 유지해 온 것은 세계
적으로도 드문 일본의 독특한 문화이다. 따라서 그 이유를 고찰하는
것은 일본 문화를 생각하는 데 큰 의의가 있다.

가나(カナ)는 둘 다 한자를 기원으로 발전한 문자이다. 가타카나는
한자를 생략한 것, 히라가나는 한자의 초체(草體)에서 전개되었다는
것은 거의 상식에 속한다. 가타카나는 경전의 주기를 적는 장면에서
창출되어 전개된 것이고 각필(角筆, 상아(象牙)나 대나무 끝을 가늘게 깎은
필기 용구, 날카로운 봉으로 종이에 요철을 만들어 기호와 문자를 쓰는 방법)과
관련된 것으로 지적되고 있다. 한편 히라가나는 관청(役所), 관리(役
人)의 세계에서 발전한 것으로 보는 견해도 제기되고 있다[7].

이처럼 두 가나(カナ)가 서로 다른 '장면'에서 각각 적응하여 탄생
한 문자라는 사실은 국어학에서 밝혀졌다. 한편 중세 히라가나·가타
카나의 병존에 대해서는 역사학 입장의 연구도 있다. 중세문서 가운
데에는 가타카나로 쓰인 문서가 있는데 그 평가를 둘러싸고 논의가
전개되고 있다.

綱野善彦 씨에 의하면 가타카나는 음성언어를 그대로 종이에 정

---

7) 坂梨隆三·月本雅幸編『放送大學教材 日本語の歴史』(放送大學教育振興會, 2001).

착하기 위한 문자이며 히라가나는 눈으로 보기 위한 문자라고 한다. 그리고 가타카나로 쓰인 문서가 신불(神佛)과 관련된 장면에서 많이 이용되며 이는 신불에게 음성언어로 말을 거는 종교적인 행위와 깊게 관련된 것으로 보았다[8]. 이에 반해 黑田弘子 씨는 網野善彦 씨의 견해를 정중하게 반증한 후 중세사회에서 문자의 습득은 우선 가타카나를 배운 후에 히라가나를 배운 것이며 가타카나는 식자(識字)수준과의 관계로 설명할 수 있다고 보았다. 또 사원 주변에 가타카나 문서가 많은 것은 사원이 문자 습득의 장(場)인 것과 관련된 것으로 보았다[9].

이상과 같은 논의를 토대로 필자는 가나(カナ)가 발생한 장면의 필기 신체 기법 차이에 주목하고자 한다. 일본 고대에서 전적(典籍)은 机上書記와 관련이 깊은 반면 관청·관리는 机上의 공문서도 작성하지만, 일상적으로는 목간의 필기가 압도적으로 많았던 것으로 생각되어 手上筆記와 관련이 깊은 것은 이미 살펴본 대로이다. 장면과의 관계라는 관점에서 생각해보면 가타카나는 机上筆記의 가나(カナ)로 발생하였고 히라가나는 手上筆記의 가나(カナ)로 발전한 것으로 볼 수 있다.

이 대응 관계는 가타카나·히라가나의 필획 특징과도 합치한다. 직선적인 필획이 많은 가타카나는 각필(角筆)과의 관계도 포함하여 机

---

8) 網野善彦「日本の文字社會の特質をめぐって」(『列島の文化史』5, 日本エディタースクール 出版部, 1988).

9) 黑田弘子『ミミヲキリハナヲソギ -片仮名書百姓申狀論-』(吉川弘文館, 1995).

上筆記와 잘 맞다[10]. 한편 행초체에서 유래되었으며 끊이지 않고 부드럽게 이어진 필획의 히라가나는 필압과 필속의 변화가 적고 재빠르고 연속적으로 쓰는 手上筆記와 어울린다[11].

즉 두 가나(カナ)가 발생한 이유는 문자가 이용된 장면의 차이만이 아니라 문자 '제작'을 위한 기술, 필기 신체 기법이 달랐던 것이 중요할 것이다. 일본어 음을 재빨리 기록하고자 할 때 거기에 이용된 필기 신체 기법이 강하게 영향을 미친 결과 두 종류의 가나(カナ)가 탄생한 것이다. 히라가나·가타카나는 手上筆記·机上筆記라는 신체 기법과 밀접하게 연관되어 성립, 전개된 것이다.

이렇게 생각하면 중세 가타카나 문서의 분포도 어느 정도 예상해 볼 수 있다. 사원(및 神佛習合 상황의 神社)에서는 机上筆記와 이에 수반된 가타카나가 중심이었을 것이다. 승려와 유생(儒者)이 가타카나를 많이 이용하였을 것이라는 지적도 해서체의 漢籍과 경전을 책상 위에서 다루는 모습으로 보아 지극히 당연한 현상이라고 할 수 있다. 사원 주변에서 가타카나의 빈도가 높은 것도 마찬가지이다. 黒田 씨가 중시하는 문자의 습득이라는 관점에서 생각하여도 사원 주변에서 습득하면 가타카나의 사용 빈도가 높아지고 한편 지방 유력자가 문자를 습득하면 히라가나의 사용 빈도가 높아지는 것은 쉽게 상정할

---

10) 예를 들어 각필(角筆)은 필압이 필요하고 또 '세게 긁는다'는 행위에서도 직접적인 필획이 탁월하다.

11) 서사매체를 손으로 쥐고 쓸 경우 필압이 변하면 서사매체가 불안정해지기 쉬워 필압의 변화는 적은 편이 좋다. 필속도 필압과 번짐의 변화와 연관되어 있으므로 속도가 변하는 것은 피하는 편이 좋다. 따라서 끊지 않고 연속으로 쓰는 방법은 手上筆記가 적합하다.

수 있다.

결과적으로 신불의 세계와 가타카나가 깊게 관련된 것으로 보인다. 나아가 거기에 적힌 내용이 机上筆記的 세계 = 경전·漢籍과 신불의 세계라는 것을 표시하는 코드로 적극적으로 가타카나가 선택된 장면도 존재하는 것으로 추정한다. 음성언어와 가타카나의 결합에 대한 지적도 이런 흐름 속에서 이해할 수 있지 않을까. 또 이는 승려와 유생이 히라가나와 手上筆記를 사용하지 않는다는 것은 아니다.

한편 黑田 씨가 가타카나부터 습득하였다고 상정한 근거 중 하나가 『提中納言物語』의 「虫めづる姫君」의 한 구절에

「いとこばく, すくよかなる紙に書きたまふ, 仮名はまだ書きたまはざりければ, 片仮名に契りあらばよき極樂にゆきあはむまつはれにくし虫のすがたは福地の園に」

라는 부분이다[12]. 가나(仮名) = 히라가나를 아직 쓸 수 없으므로 가타카나로 썼다는 것이다. 당연히 이 부분만 보면 귀인의 딸(姫君)은 우선 가타카나를 배우고 그다음에 히라가나를 배운 것으로 해석할 수 있다. 다만 이 귀인의 딸은 곤충을 사랑하고 눈썹도 뽑지 않고 치흑(齒黑, 이를 검게 물들임)도 하지 않은 '기인(奇人)'으로 그려져 있다. 이 장면도 남성에게 답을 하는 장면으로 원래라면 운치 있는 종이에 히

---

12) 堤中納言物語은 『新日本古典文學大系』에 의거하였다.

라가나로 상응하는 노래를 써 보내는 것이 일반적인데 뻣뻣한 종이에 가타카나로 사후 세계의 노래를 써서 답장하는 장면이므로 '기행(奇行)'이라 할 수 있다. 원래라면 히라가나를 배우는 것이 보통인데 가타카나밖에 습득하지 못한 것을 매우 기묘하다고 본다면 당시의 일반적인 세계와는 달랐을 가능성도 충분히 있을 것이다. 따라서 이 사례만 가지고 귀족의 자제가 가타카나→히라가나→한자 순으로 학습하였다고 볼 수는 없다고 생각한다. 오히려 히라가나 = 운치 있는 종이, 가타카나 = 뻣뻣한 종이라는 조합, 또 거기에 적힌 노래가 사후 세계라는 것에 주목하고자 한다. 뻣뻣한 종이에는 글자를 부드럽게 쓰기 어려워 히라가나에는 적합하지 않다. 게다가 사후 세계가 가타카나로 쓰인 것은 아마도 불교적·종교적 분위기를 내는 코드로 기능하였을 것이다. 料紙(뻣뻣한 종이)·문자(가타카나)·내용(사후 세계)은 매우 적절한 조합이며 그러므로 남녀가 노래(歌)를 주고받기에는 매우 부적절한 것이었다.

2) 필기 신체 기법·가나(カナ)로 본 일본 문화

이야기가 조금 복잡해졌지만, 일본에서 두 종류의 가나(カナ)가 탄생하고 병존한 배경에는 手上筆記와 机上筆記라는 두 종류의 서기신체 기법(書記身體技法)이 병존하였기 때문으로 보인다. 그리고 두 종류의 가나(カナ)가 병존하고 계속 전개될 수 있었던 첫 번째 이유는 두 종류의 서기신체 기법이 근세까지 길게 이어졌기 때문일 것이다. 또 필기 신체 기법을 적절하게 구분하여 사용하는 것이 경전, 한적(漢籍)

등 특별한 사정과 결합하게 되었고 두 종류의 가나(カナ)에 각각 역할 분담이 생기면서 병존한 것이 두 번째 이유라고 생각한다. 장면-신체 기법-문자의 대응 관계가 두 종류의 가나(カナ)를 만들어 낸 것이다.

이 특징은 일본 문화를 생각하는 데도 중요하다. 전근대 일본열도로 도입된 해외정보와 다양한 첨단기술은 별문제 없이 도입된 것이 아니다. 편중이 있었다. 예를 들어 8·9세기 일본에서 거울 문양은 항상 唐의 유행을 의식하고 있었다. 그렇지만 이상하게도 9세기가 되면 唐에서 유행하지 않는 문양이 일본에서 만들어진다. 이는 당나라 거울의 도상과 형상을 조합하여 일본인이 상상하여 만들어 낸 '당풍 최첨단' 또는 '가장 당풍'스러운 거울이었다[13]. 다양한 정보를 얻을 수 없는 가운데 일본열도에서 수중에 가진 정보를 최대한으로 살리는 노력을 거듭하였다.

문자문화로 보면 처음에는 외교 등 매우 한정적인 문자 수용이 이루어졌다. 아쉽지만 당시의 필기 기술은 불분명하다. 그 후 이어진 큰 획기는 불교가 전래되면서 경전의 서사에 이용된 机上筆記 기술의 도입이다. 이는 주로 사원 내부에서 사용한 문자로 사회 전체를 문자로 움직이거나 지배한 것은 아니었다. 그 후 멸망한 백제에서 도래한 사람들 가운데 문자를 통한 행정 운용을 실무 수준으로 습득한 사람들이 다수 포함되어 문자가 사회 전체를 운용하게 된다. 이때 목간에 문자를 쓰는 데 이용된 手上筆記 기술이 도입되어 사회 전체로

---

13) 中川あや「金屬器の受容」(上原眞人·白石太一郎. 吉川眞司·吉村武彦編『列島の古代史 5
     專門技能と技術』岩波書店, 2006).

확산되었다[14]. 두 가지 신체 기법이 각 장면에서 교대로 이용하는 기술로 도입된 후 정착하였기 때문에 두 가지 신체 기법은 독자적인 의미를 지니면서 유지되었다.

한편 중국에서는 붓, 붓을 쥐는 방법, 신체 기법도 변화하고 동시에 기록된 도상으로서의 문자도 변화한다. 이렇게 새로운 문자 도상도 일본으로 도입되어 강한 영향을 끼쳤다. 물론 일부 지식계급에서는 중국의 최첨단 도구와 기법을 도입하였을 수도 있으나 전체적으로 일본열도에서는 그 이전인 晉代의 붓, 신체 기법을 계속 유지한다. 중국 최신의 문자 도상을 일본으로 도입하여 재현할 경우, 예전 기술로 그것을 시도하였을 것이다.

전근대 일본열도에는 다른 문화와 첨단기술이 항시적·안정적·망라적으로 도입된 것이 아니다. 이는 동아시아 세계에서 일본열도만의 큰 특징이다. 이로 인해 한번 습득한 기술과 지식은 철저하게 이용되었다. 이러한 오래된 기술·지식을 근본부터 뒤집고 변경할 정도의 강력한 임팩트를 지닌 망라적이며 상대적인 기술과 정보는 거의 전래되지 않았다. 오히려 새로이 도입된 정보에도 다양한 편중이 있었다. 그래서 오래된 기술과 기존의 지식을 구사하여 대응을 모색해 나간다.

이러한 과정에서 독자적인 문화가 만들어지고 있었다. 그것이 일

---

14) 각주 4 논문.

본 문화 가운데 하나이지 않을까[15].

4. 맺음말

동아시아 세계는 한자 문화를 공유한다. 한문을 이용한 표현의 세계에서는 꽤 균질성을 확인할 수 있다. 한편 각 나라·지역에서는 한자를 포함하여 독자적인 문자문화도 형성되어 있다. 이러한 독자적인 문화의 배경에는 문자에 머물지 않는 사회·문화 전체의 독자성·특성이 잠재해 있다고 생각한다.

이 장에서는 주로 일본열도를 대상으로 검토해보았다. 이를 더욱더 넓은 동아시아 세계·한자문화권을 대상으로 하여 비교검토를 한다면 아마 훨씬 큰 성과를 기대할 수 있을 것이다. 앞으로는 관점을 넓혀 연구해가고자 한다.

【보주】

최근 스마트폰과 같은 매체에 '입력'하는 표현 방법이 언어 그 자체에 변화를 일으키는 현상을 打ち言葉(옮긴이 : 스마트폰이나 컴퓨터로 친 어구, 어법. 또는 그 문장)라는 개념으로 지적되고 있다. 이것도 언어 표현을 지탱하는 도구와 거기에 이용된 언어 및 언어의 표시(또는 표

---

15) 일본 문화의 도구와 신체 기법의 관계에 대해서는 川田順造『<運ぶヒト>の人類學』(岩波書店, 2014) 등을 참고하였다.

기) 방법이 밀접하게 관련되어 있음을 여실하게 드러내는 사례라고 할 수 있을 것이다.

【부기】

이 장은 石塚晴通 감수, 高田智和·馬場基·横山詔一編『漢字字体史研究二 字体と漢字情報』(勉誠出版, 2016)에 수록된「歴史的文字に關する經驗知·暗黙知の蓄積と資源化の試み」에서 科學研究費補助金에 의한 연구 내용 소개 부분을 삭제하고 '머리말', '맺음말'을 추가하여 체재를 변경한 것이다. 舊稿가 출판된 후 入口敦志『漢字·カタカナ·ひらがな -表記の思想-』(平凡社, 2016)이 출판되었다. 이 장의 내용과 깊게 관련 있으며 문제의식도 가깝다. 함께 참조해주셨으면 한다.

자료학과
사료학의 경계

籾山明·佐藤信 編『文獻と遺物の境界 –中國出土簡牘史料の生態的硏究–』에 대해서

1. 머리말

이 장은 籾山明 씨를 중핵으로 젊은 연구자들이 간독 사료를 강독하는 연구회의 성과를 엮은 논문집이다. 총 2부로 구성되어 있는데 제1부 「조사편」은 간독 출토 유적의 조사 기록과 유적에 관한 고찰을, 제2부 「연구편」은 연구회 참가자를 중심으로 한 연구논문을 수록하였다.

대학에 구애받지 않은 젊은 회원들이 연구회를 유지하면서 조성금을 획득하여 활동을 전개하고, 나아가 하나의 책으로 정리하는 것은 이만저만한 노력이 없으면 불가능하다. 우선 이 점에 깊은 경의를 표한다. 또 이러한 연구회의 활동을 이해하고 연구조성비를 지원한 三菱財團·東京外語大學의 뛰어난 식견도 깊이 느끼는 바이다.

아래에서는 간단히 연구의 내용을 소개한 후 약간의 의견을 첨부하고자 한다.

2. 제1부 「조사편」의 개요와 약간의 의견

제1부 「조사편」은 3개의 기록·논고로 구성되어 있다.

中村威也 씨의 「額濟納調查報告記」는 2009년 8월에 연구회에서 실시한 額濟納지역의 漢代烽隧유적, 城壁유적의 견학·조사 전체의 약보고, 행정(行程)과 각 답사지의 관찰을 기록하였다. 관찰할 때는

중국에서 작성된 각종 도면과 비교를 하였으나 대체로 20세기 초두의 버그만(Bergman)이 작성한 평면도가 정확하다고 한다. 그리고 이 지역의 유적을 더 상세하게 조사할 필요가 있다고 이야기한다.

高村武幸 씨의 「K710遺蹟の性格について -'居延縣城と漢代河西社會'再考」는 2010년 3월 간행된 『三重大史學』에 게재된 필자의 논문에 부족한 것을 추가한 것. K710유적 상황에 대해 최초로 조사소견을 기록하였다. 그리고 이 조사소견에서 K710유적에 철재(鐵滓)가 많이 존재하는 것을 근거로 이 유적에서 소단야(小鍛冶, 철소재로부터 철제품을 만드는 작업)가 이루어진 것으로 추측한다. 또 K710을 居延縣城으로 보는 종래의 유력한 견해를 강하게 지지한다. 중요한 근거는 법제 사료인데 '鐵官' 이외에 철기 생산과 관련되었을 가능성이 큰 지방행정기관은 '縣'으로 상정되므로 K710유적에서 소단야 = 철제품 생산이 이루어진 것으로 생각할 수 있다. 또 K710유적이 縣城으로는 규모가 작은 것에 대하여 縣城說의 '약점'으로 간주하지 않고 K710유적 주변에 유물이 분포하는 유적을 함께 고려하여 居延縣의 특질을 드러내는 것으로 이해한다.

片野龍太郎 씨의 「漢代邊郡の都尉府と防衛戰 -長城防衛線遺構の基礎的硏究-」에서는 위성사진과 유구 조사 데이터를 기왕의 연구 성과와 조합하여 유구를 분석한다. 우선 유구의 규격을 분석하는데 燧燧유구가 塢(거주 구역)와 礁(망루)로 이루어진 것으로 보고 규모에 대해서는 塢(※評者註)의 기저부가 사방 5~8m이므로 이를 규격으로 추출한다. 다음으로 燧燧유구에 규격성이 확인되므로 도위부(都尉

府)에도 규격성이 있으리라 상정한다. 그리고 확실한 도위부로 여겨지는 A35(肩水都尉府) 유구를 분석하여 규격이 140×190m이며 塢와 이를 둘러싼 성벽의 이중구조를 지닌 것으로 보았다. 이 '규격'을 토대로 K688유구, T14유구에 대한 조사 성과를 분석하여 각각이 도위부라고 지적한다. 이러한 모든 시설의 배비(配備)와 방위선을 검토하여 도위부는 관할하는 봉수선(熢燧線)의 중앙 부근에 위치하는 것과 방위선이 단순한 '선'만이 아니며 때로는 영역을 둘러싸듯이 형성된 것, 이러한 특질이 疏勒河流域과 額濟納河流域에서 확인되는 것을 지적하고 개별 유구와 방위선 상의 역할을 합쳐 유구를 이해해야 할 가능성과 필요성을 논한다.

다음으로 위에서 언급한 세 논문에 대해 약간의 고찰을 서술한다.

우선 이러한 조사 기록과 이에 기초한 연구를 공표한 것은 매우 의욕적인 성과라 할 수 있을 것이다. 연구회에서 유적의 현지 조사와 견학에 참여하는 경우가 종종 있으나 그 기록이 공표되는 사례는 그다지 많지 않다. 특히 외국의 경우 그 나라의 조사기관과의 관계도 고려해야 하므로 주저하는 경향도 있다. 현지 조사기관에 대한 충분한 예의를 다한 후에 공표하는 것인가 약간 걱정하는 평자(評者)와 같은 사람도 있다는 것을 덧붙여 둔다.

다음으로 개별 논문에 대해 언급하도록 하겠다.

中村威也 씨의 논문은 많은 관찰 기록이 실려 있어 흥미롭다. 추론하는 근거도 제시되어 있다. 노(爐)의 흔적인지에 대한 검토, 주혈(柱穴)과 요혈(窯穴)의 문제 등 진중하고 확고하게 논지를 전개한다. 또

'깐 벽돌의 도랑(磚敷의 暗渠)'은 漢長安城에 많이 보이는 '散水'라 불리는 배수구의 가능성도 있지 않을까. 장안과 주변에서 꼭 닮은 구조의 배수구가 존재하였을 가능성을 지적해둔다.

다만 그러한 관찰 성과가 이미 어떤 보고서에서 보고된 내용인지 이번 조사에서 새롭게 알게 된 것인지를 한 번만 읽어서는 판단하기 어려운 느낌이 들었다. 또 사람과 만남, 현지의 현대 도로 사정 등 유적의 관찰과 직접 관계가 없는 내용도 본문 중에 섞여 있다. 여정에서 겪은 것, 관찰한 것을 열거하고 있는 듯한 인상을 받아 '조사 여행기' 풍의 느낌이다. 모처럼 귀중한 정보를 쓴 것이므로 '조사보고기'라는 제목에 어울리게 조사보고를 중심으로 정보를 정리하는 편이 이해하기 쉽지 않았을까. 즉 조사 여정은 그 조사의 정도(精度)와 특징을 나타내기 위한 데이터로, 연구사적 해설은 조사의 전제로 설명하고, 그 후에 조사소견을 쓰는 것이 통상 조사보고를 쓰는 방법이라고 생각한다.

高村武幸 씨는 '철재'를 근거로 단번에 변경 사회의 실정, 유적의 의의로 전개하는 매우 매력적인 논지를 전개한다. 이 논고는 유물과 유적을 법 제도 등과 결부시켜 단번에 사회의 실정을 알아가는 묘미가 있다. 무리인 줄 알면서 희망을 첨부한다면 각 유적에서 철재의 양적 파악, K710과 燧燧유구의 철재 양과 형상, 출토 상황의 비교 등이 알고 싶다. K710유적에서는 노(爐)의 흔적은 확인되지 않는다. 통상 철재가 출토되면 주변에서 철 생산이 이루어졌을 것으로 상정하나 이 논문에서는 燧燧유구에서 출토된 철재를 羊頭石으로 사용하였

을 가능성을 지적하고 '철 생산과 별개의 철재'를 상정하였다. 같은 목적으로 縣城에서도 비축해 두었을(縣城에서 이용할 경우·烽燧에 공급할 경우를 포함) 가능성도 부상한다. 이 가능성을 부정하기 위해서는 철재 양의 압도적인 차, 또는 출토 상황의 차이(저장되거나 폐기된 것 등)를 확인해야 할 것이다. 高村 씨가 말하는 '꽤 많은'만으로는 어쩐지 불안하다.

또 철재의 성분분석과 크기, 형상을 분석하여 철을 생산하는 과정에서 어느 단계에 속하는 부산물인지, 작업 내용을 추측할 수 있다고 한다(川畑純 씨의 교시). 자연과학적인 성분분석은 어려울지 몰라도 크기의 경향과 조사, 다른 야금 관련 유물의 탐색도 유력한 수단을 제공할 수 있을 것으로 생각된다.

한편 이 논문에서는 철재를 중심으로 하는 본론과 K710의 조사 기록을 하나의 본문 속에 넣으려고 했기 때문인지 K710과 관련된 기술에서 본론과 관계가 없는 부분도 많다. 철재를 중심으로 하는 본론과 K710 조사 기록을 따로 쓰는 것이 읽기 쉬웠을 것으로 생각한다.

片野龍太郎 씨의 논문은 지표면의 현지 조사를 위성사진과 결부시키는 역동적인 수법으로 분석한다. 최근 중국에서는 외국인이 측량 데이터를 소유하는 것에 대해 매우 엄격하다. 외국인이 측량 기자재를 다루는 것은 학술 목적·공동연구의 발굴 현장에서조차 엄격하게 금지되며 유적의 지도와 정확한 위치 정보·좌표조차 입수할 수 없다. 이러한 상황에서 이미 가진 정보의 정밀도를 높여 연구하는 방법으로 위성사진을 이용하는 것은 매우 효과적이며 유효할 것이다. 또 유

적의 성격을 분석하기 위해 '규격성'의 추출을 시도하는 방법도 유효성이 크다.

그래서 한층 더 '추가요구'와 약간의 의문을 이야기해둔다.

우선 燧燧유구의 규격과 관련하여 塢(거주 구역)와 撫(망루)로 이루어진 구조, 塢의 규격이 공통된다는 두 가지를 지적하였다. 그리고 塢의 규모가 거기서 근무(거주)하는 사람의 수와 관련될 가능성을 언급한다. 근무 내용, 근무 인원의 획일성이 유구의 획일성과 동조(同調)하는 것은 매우 이해하기 쉽다. 다만 현재로서는 塢의 규모 공통성까지만 설명되어 있다. 燧燧 규격에서 또 하나의 요소, 撫(망루)의 다양성에 대해 언급해줬으며 한다. 평자(評者)는 인접한 봉수와 시통선(視通線)의 확보 등 개별 지형과 상황에 기인하는 다양성이지 않을까 상상한다. 각 봉수의 상호 거리와 지형을 분석하여 撫(망루)마다 개별성이 있는 이유를 발견하는 것은 위성 데이터만으로는 어려울까.

약간 의문인 것은 '5~8m'의 폭이 '공통된다'고 할 수 있느냐는 점이다. 평자(評者)의 실력이 부족하여 漢代 건축의 '허용범위'를 알지 못하나 8m는 5m의 1.6배에 해당하므로 꽤 차이가 큰 것 같다. 이와 관련해서는 片野龍太郎 씨도 언급한 것처럼 풍식작용의 영향과 측량의 오차도 있을 것이므로 다른 漢代 유구의 사례와 비교해준다면 감사하겠다.

또 片野龍太郎 씨는 '유적'이라는 단어를 쓰지 않고 철저하게 '유구'라는 단어를 이용한다. 아마도 '大地에 새겨진 흔적'만을 가리킨다는 점을 강조하고, 표현하기 위해서였기 때문일 것이다. 참고로 후술하는 李均明 씨 논문에서는 '遺址'라는 단어가, 일본에서 말하는 유적 전체라는 의미와 하나의 유구라는 의미 두 가지로 사용된다. 중국 고고학에서는 통상적으로 '遺址'라는 단어를 사용하는 것 같은데 일본의 감각으로 보자면 유구 전체를 논하는 경우와 개별 유구를 논할 때 용어를 분별하여 사용해줬으면 한다. 이러한 중국 측의 상황을 근거로 한 용법으로 생각되며 주목해야 할 중요한 방향성의 표명이다. 다만 예를 들어 A35유구의 설명에서 출토된 간독을 언급하지 않을 수 없듯이 각 유구는 출토된 유물과도 관련되어 있으므로 그렇게까지 완강하지 않아도 좋을 것이다.

3. 제2부 「연구편」의 개요

제2부는 분량이 많으므로 개요와 의견을 나누어 서술하도록 하겠다.

籾山明 씨의 '序論'에서는 우선 이 책의 제목을 설명하고 관심이 있는 문제의 방향성을 드러냈다. 기왕의 간독 연구에서는 형태와 움직임에 관한 검토가 충분하지 않았는데 그 배경에는 간독을 '출토 문헌'이라 부르고 전세된 문헌과 동일하게 다루는 경향이 있었다고 지적한다. 그리고 '목간이 고고 유물이라는 점'을 중시하고(='문헌과 유물의 경계') 간독 사료 고유의 라이프사이클을 연구하는 것, 또 '어느 서면(書面)의 능력을 결정하는 것은 서면 자체의 속성이 아니라 다른

서면과 주어진 환경과의 관계'라는 인식을 바탕으로 출토된 간독의
세계를 개별 간독 각각의 라이프사이클이 '상호 보완하면서 형성된
하나의 생태계'(=생태적 연구)로 파악할 것을 제창한다.

다음으로 제2부에 수록된 논문에 관한 요약이 기재되어 있다. 籾
山 씨가 요약하였으므로 평자가 다시 각 논문의 개요를 쓸 필요는 거
의 없다. 그러나 개요를 전혀 쓰지 않은 것도 서평으로서 적절하지
않다고 생각하므로 평자 나름대로 각 논문의 개요를 이래와 같이 정
리하였다.

李均明 씨의 「簡牘文書の種類と遺址諸要素の關係」에서는 우선 李
均明 씨가 이미 보고된 간독문서를 간독 자체의 특징과 사용 방법을
분석하여 추출한 간독의 분류, 「6대 분류」를 제시한다. 그리고 간독
이 행정 운영과 개인 사무처리의 과정에서 산출된 것으로 처리한 당
사자·기능·업무 내용과 밀접하게 관련된 것, 문서 종류의 구분·발전
·변화는 행정의 실천과 사회의 수요를 반영하는 것, 따라서 유지(遺
址)의 종류·성격·시대 등에 따라 간독의 양상이 다르다는 것을 지적
한다. 그런 다음 구체적인 출토 사례를 들어 논의를 전개한다.

예를 들어 房屋城垣遺址 출토 간독의 경우, 간독의 시기는 장기간
에 걸쳐 있고 종류도 다양하다. 한편 井窖遺址의 경우 간독의 시기는
단기간이며 종류도 특정 종류에 편중되어 있다. 이외 遺址의 성질·행
정 등급의 차이, 시대에 의한 차이 등을 선명히 나타낸다.

그리고 이러한 간독의 차이에 근거하여 遺址의 성격을 분석한다.
봉검(封檢)·함봉(函封)과 왕래문서, 대규모의 장부군을 통해 유지의 성

격을 알 수 있는 사례를 언급한다. 그런 다음 遺址의 성격을 간독으로 추정하는데 6대 분류 가운데 어느 종류의 간독이 많이 출토되었는지 '비율'을 통해 遺址의 성격을 분석할 수 있다고 한다.

邢義田 씨의 「漢代簡牘文書の正本·副本·草稿と署名の問題」는 서명을 중심으로 다각도로 목간을 분석하고 문서의 正体·副本·草稿의 변별과 각 행정상의 역할분담을 해명한다.

우선 법제(法制) 등을 분석하여 漢代의 서명(署名)은 공문서 작성의 내부 작업 (의사 결정 단계)에서 각자의 의사를 표명하는 방법으로 중요하나 한번 결정한 내용을 외부로 전달할 때에는 璽印으로 신빙성과 권위성이 보증되어 서명과 관계없는 것, 즉, 각 관청 등에서 고안된 「원본(底本)」에는 自署가 필요하여도 시행·발송된 문서에는 서명(自署)이 필수가 아니라고 지적한다.

이 시각을 전제로 변경의 요새(邊塞)에서 출토된 간독의 '필적'(筆跡)을 상세히 분석, 편승(編繩)의 흔적과 유적을 종합적으로 검토하고 동시에 필적을 분석하여 쓴 사람을 구체적인 인물(甲渠候官尉史)로 특정한다. 그리고 정본(正本)은 장관이 서명하였을 것이라는 기왕의 견해에 대해 출토된 많은 간독에 본문과 동일한 필적이 서명된 것, 이는 장관 스스로가 전문을 쓴 것이 아니라 하급 관리(屬吏)가 서명까지 쓴 것(하급 관리가 서명을 대행), 이것이 문서작성에서 매우 일반적이었음을 명확히 한다. 더욱이 서명란과 날짜가 공란인 간독을 정본으로 보는 견해와 표제 간독과 정본·부본의 관계 등을 상세하게 논한다. 그리고 漢代의 '副' = 副本은 부적(簿籍)의 추출과 문서의 복사 등 다양한 성격을 가진 것으로 광범위하게 작성된 것, 그것이 정본과 동시에 작성되었을 가능성을 논한다. 그리고 부본은 정본에 준하는 효력을 가진 것, 때로는 정본과 부본의 역할이 중복되거나 전환되기까지 하였다고 지적한다. 즉 정본과 부본의 구별은 매우 어렵다.

한편 초안이 부본으로 전화(轉化)된 경우도 있는 만큼 양자의 구별이 어렵다고 한다. 다만 대체부호·보충·삭제 흔적 등이 있으면 초고로 추정할 수 있으므로 이런 것을 의식하여 간독을 검토하면 초고로 판정할 수 있는 것은 매우 적은데 이는 초고는 보관되지 않았던 것, 초고가 작성된 것은 내용이 복잡한 경우가 중심이며 일상적인 사무에서는 작성되지 않은 것에 기인한다고 한다.

또 검토한 간독 가운데 서식과 형식이 불규칙한 간독이 있는데 이는 변경의 혼란기 자료의 특성을 반영할 가능성이 있으며 이런 점들로 보아 변경 자료로 어디까지 중원을 이야기할 수 있는지에 대한 검토가 필요하다고 지적한다.

青木俊介 씨의 「侯官における簿籍の保存と廢棄 -A8遺址文書庫·事務區畵出土簡牘の狀況をてがかりに-」는 A8遺址(甲渠侯官)에서 출토된 간독을 지점별로 정리하고 그 출토지점의 성격과 함께 분석한다. 출토지점별로 간독을 쓰레기 처리장에 버린 것(塢內南部·塢外部), 생활 소재(籌木)로 이용하고 폐기된 것(塢內東部의 대부분), 문서고에 보관된 것(塢內東部F22), 불명(塢內西部·塢內北部)으로 분류한다.

불명으로 분류한 것 가운데 塢內西部의 출토지점은 '複壁', '隔道', '來道'라고 불리는 시설로 이러한 시설은 문서·서적을 넣어두는 시설이었다는 설을 소개한다. 그리고 사무구획과 인접하는 것으로 보아도 사무구획에 존재한 문서고에서 출토되었을 가능성을 나타낸다. 그런 다음 F22 문서고 출토 簡牘과의 차이를 분석한다. F22 출토 간독은 甲渠官에서 상급 관사로 보낸 상행문서의 복사본이며 책서(冊書)의 상태인 것이 많고 유적 내에서 늦은 시기에 집중한다. 한편 塢內西部 출토 간독은 甲渠官으로 보낸 상신문서류처럼 보이며 대부분 단간류로 시기의 폭은 넓다. 이 특징을 甲渠候官에 보고된 내용을 토대로 상신문서가 작성되고 그 부본은 일정 기간 보관되었다는 사무 체계에 대조하여 문서고에서 출토된 간독은 실제로 보관된 간독이며 塢內西部에서 출토된 간독은 甲渠候官로 이동된 후 필요 없게 된 간독이라고 한다. 더욱이 불필요한 간독이 정리된 것에 대하여 '재이용을 위한' 저장으로 결론짓는다.

또 이러한 검토를 통해 甲渠候官으로 가져온 '원본'이 폐기된 것으로 보는 견해에 대하여 문서처리의 방법을 검토하여 논지를 보강한다. 甲渠候官에서 필요 없게 되어 '재이용 목적으로 축적된 간독'의 양이, 甲渠候官으로 가져온 간독의 양보다 훨씬 적다는 것을 지적하고 그 주된 이유 중 하나로 '이처간(異處簡)'의 존재에 주목하고 候官配下의 부수(部燧)에서 필요한 '소재로서의 「간독」'이 공급되었을 가능성을 지적한다.

高村武幸 씨의 「簡牘の再利用 -居延漢簡を中心に-」는 거연한간을 사례로 간독 재료의 제작과 재이용의 상황, 또 목제품의 묵서 등을 분석한다. '기재 내용'이 아니라 '기재매체소재'에 주목한 논고이

다. 신품의 간독 소재는 구입한 경우도 있으나 나무의 채벌 단계부터 주로 관사에서 이루어진 것으로 보이며 縣級의 관사에서 하급관사로 공급되었음을 명확히 한다. 그리고 한번 이용된 간독이 서사 재료로 다시 재이용되거나 단순히 목질 재료인 목기로 재이용된 경우를 정리한다. 이 가운데 사용이 끝난 간독이 재이용을 목적으로 서사면을 깨끗하게 삭제 한 채 다른 봉수(烽燧)로 옮겨진 사례 = '이처간(異處簡)'의 존재와 주목(籌木)으로 재이용된 사례가 광범위하여 간독 중에 적지 않은 비율을 점하리라는 것, 또 파손된 목기에 문자를 쓰는(주로 습서) 사례가 존재하는 것을 지적한다. 이상의 검토에 입각하여 간독의 제작부터 폐기까지 흐름을 총괄한다.

鈴木直美 씨의 「馬王堆三号出土簡にみる遣策作成過程と目的」은 분묘 부장품으로 묻힌 遣策(옮긴이 : 장례식 활동과 관련된 기록을 적은 대나무표)이 실제로 장송의 어느 단계에서 작성되고 어떤 역할을 하고 매납되었는가를 고찰한다. 문헌에서 확인되는 遣策 작성상황, 遣策 자체의 상세한 관찰, 遣策과 함께 출토된 부장품의 대조를 통해 도굴 피해의 가능성이 없는 遣策도 포함하여 전체상이 분명한 마왕퇴3호분을 검토한다.

이 검토를 통해 遣策에 기재된 것과 부장품이 완전하게는 일치하지 않는 것, 한편 일부 부장품의 경우 완전히 일치하는 것, 그리고 일치하는 부분은 喪家에서 준비한 물품들로 생각되며 일치하지 않는 부분은 贈品의 영향을 받은 것을 지적한다. 그리고 '遣策은 喪家에서 작성한 장송에 필요한 부장품은 祭尊의 준비 리스트가 그 골격을 이

루고 있는 것'으로 보고 또 일부 물품과의 조합기록이 보이므로 원래
는 리스트와 물품을 대조하였을 것이라고 언급한다. 遣策은 최종적
인 청서(淸書)와 편집이 되지 않은 채 부장되었으나 그 이유를 앞으로
의 검토과제로 돌린다.

佐藤信 씨의 「日本古代文書木簡の機能と廢棄」는 일본 고대의 문
서목간에 대해 제도적 배경, 각 목간의 기능, 출토 유구와의 관련성
에 대해 개술한다. 그리고 목간이 이동하고 폐기된 것이며 그러한 특
성을 가진 목간의 분석에서는 '형태와 사용 흔적, 그리고 출토 유구·
출토지점·출토 상황에 주목'할 필요성을 강조한다.

籾山明 씨의 「簡牘·縑帛·紙 -中國古代における書寫材料の變遷-」
은 종이 발명의 계기와 그 개량의 실태, 이용 목적과 보급, 간독과의
관계를 논한다.

우선 방한에 사용되는 풀솜(眞錦)을 네모난 매트 모양으로 가공한
「漂絮」라는 것이 있으며 漂絮의 풀솜(眞錦)을 대신하여 값싼 麻를 가
공한 「絟絮(麻絮)」라는 것도 존재하였다. 이 '絟絮'에서 麻를 원료로
하는 마지(麻紙)가 만들어지고 채륜(蔡倫)이 싼값으로 다양한 원재료
를 이용하도록 개량한 과정을 밝힌다. 이렇게 탄생한 종이가 비단의
대용품으로 보급되고 비단으로 만든 書信과 書籍도 종이로 썼다고
지적한다. 그리고 누란(樓蘭)에서는 종이 문서와 간독이 함께 출토되
나 종이 문서는 비단 대용 = 서신으로, 공문서에는 간독이 이용된 것
을 확인하고 이는 채후지(蔡候紙) 발명 당시 존재하였던 '공존'을 계
승한 것으로 종이는 비단에 비하면 저렴하나 그래도 여전히 고가여

서 대량으로 사용된 공문서에는 간독이 선택된 것으로 본다. 또 종이 서신에 대응한 송달(送達) 방식도 확립된 것으로 상정한다.

이 논문에서는 중국에서 서사 재료의 변천에 대해 「간독에서 종이로」가 아니라 「'간독과 縑帛'에서 '간독과 종이'」라고 결론짓는다. 또 본문에는 이 다음 단계로 「'간독과 종이'에서 '종이'」라는 단계를 상정하는 듯한 기술도 있으나 한편으로 縑帛이 완전히 사용되지 않게 된 것은 아니라는 점도 지적한다.

劉增貴 씨의 「下層の歷史と歷史の下層 -台灣における「中國社會史」研究の回顧-」는 대만에서 이루어진 중국 사회사 연구사를 정리·소개하고 현재 상황과 앞으로의 방향성을 언급한다. 역사연구의 방법론적 요소가 강한 논문으로 이 책 가운데서도 매우 뛰어나다. 사회적 '상층'을 중심으로 한 연구에서 사회적 '하층'을 대상으로 하는 연구로의 변화, 「역사의 하층」연구로의 전개를 경제사·생활 예속사 등을 키워드로 논한다. '역사의 하층'은 일본에서는 '기층문화', '역사의 고층(高層)' 등으로 불리는 것에 해당한다.

陶安あんど 씨의 「書寫材料とモノの峽間 -日本木簡學との比較を通じてみた中國簡牘學のジレンマ-」는 간독 연구가 지닌 약점과 이를 일본 목간학적 수법으로 보강하는 경우의 한계를 논한다.

우선 간독 연구의 경우 '간독이 물건으로서 고대 사회에서 한 역할'에 대해 관심이 적고 일본 목간에서 이용된 분류 기호(형식번호)와 같은 '형식상의 정보를 객관적으로 기술하는 도구'를 갖고 있지 않은 것, 분류 기호는 '형태와 기능'을 구별하여 논하는 '예리한 분석 도구가 될 수 있다'라는 것을 지적하고 高村武幸 씨의 일본 목간학을 참고로 형태의 분류를 체계적으로 구축하는 것이 '중국 간독학에 방법론적으로 큰 영향을 끼칠 수 있을 것으로 기대된다'고 보았다.

물건(モノ)에 관한 관심이 관심으로 이어지고 이를 통한 구체적인 분석이 이와 연결된 새로운 물건(コト) 세계의 입구가 될 수 있다고 보았다. 그리고 물건(モノ)에 관한 관심의 중요성을 재차 강조한 후 물건으로서의 간독을 분석하여 '시각적 목간'이라는 개념을 중시하는 富谷至 씨의 연구를 간독, 특히 목간을 중심으로 역사를 재구축하고자 하는 시도로 소개한다. 그리고 이러한 목간을 간독학의 중심으로 보는 시점은 일본 목간학으로부터 받은 영향일 것이라고 지적한다.

한편 '단적으로 말하면 중국 고대의 간독에는 일본의 종이, 목간과 비교할 수 있는 명확한 구분 사용이 없고 간독이 보편적 서사 재료로 이용된 것에 기인하는' 간독학의 한계에 대하여 富谷 설의 비판을 통해 전개한다. 편철간을 배제하고 단독간만으로 전개하는 논의의 문제점, 단독간과 편철의 경계에 관한 문제점을 지적하고 간독의 시대 = 문서 행정의 시대라는 견해를 비판하고 '중국의 역사라는 시점에서 보아도 서사 재료와 역사 현상 사이에 필연적인 결합은 상상하기 어려운' 것으로 본다.

위에서 언급한 간독 연구의 문제점과 일본 목간학적인 중국 간독학 쌍방의 문제점을 지적하고 '간독으로부터 모든 정보를 캐내면서도 언제까지나 폐쇄된 체계를 형성하지 않는 것'이 '기초 사료학으로서 중국 간독학의 운명일지 모른다'라고 언급한다.

4. 제2부 「연구편」에 관한 약간의 의견

우선 중국어 논문 번역자(青木俊介 씨, 中村威也 씨, 鈴木直美 씨)를 칭찬하고 싶다. 번역작업은 '업적'으로 평가받기 어려운 감이 있지만, 원저자의 의도를 충분히 이해하여 일본어 학술용어로 번역하거나 또는 중국어 용어를 그대로 사용하는 등 고도의 학술적 실력과 큰 노력이 있어야 하는 작업이다. 중국어는 인사 정도밖에 할 수 없는 평자가 이 책에 수록된 뛰어난 업적을 이해할 수 있는 것은 번역을 담당한 세 사람의 능력과 노력이 있었기 때문이다. 이에 경의를 표한다.

다음으로 각 논문에 대하여 약간의 의견을 언급한다. 다만 李均明 씨 논문, 陶安 씨 논문은 籾山 씨의 '서론'에서 언급된 문제의식과 직접적으로 관련된 내용이 포함되어 있으므로 절을 달리하여 의견을 개진하도록 하겠다.

邢 씨의 논문은 '눈이 확 트인다'라는 느낌이 솔직한 심정이다. 서명에 의한 의사 표시가 행정사무의 어느 단계에서 요구되느냐는 착안점은 선명하다. 邢 씨의 논문에서 명확하게 제시된 것처럼 의사 결정 단계에서 관계자의 서명이 필요하며 한번 결정한 의사를 외부로 전달할 경우 더욱 상위의 권위 표현 수단(=璽印)을 통해 서명이 있는 문서는 의사 결정의 정당성을 담보하는 것으로 보관된다는 체계는

현재 평자가 근무하고 있는 연구소의 문서작성 절차와도 잘 합치된다. 아마 현재도 광범위하게 이런 방법으로 서류를 다룰 것이다. 또 하급 관리(屬吏)가 서명을 대행하는 것도 장관의 뜻(혹은 위촉)을 전제로 하되 일상 업무를 원활하게 진행될 수 있도록 하는 지혜로운 절차로 매우 이해하기 쉬우며 수긍이 간다. 또 부분(副本) 세계의 확산, 정본(正本)과의 관계에 관한 논의도 뛰어나다. 일상적인 업무라는 관점도 포함하여 간독이 실제로 사용된 행정사무 작업을 훌륭하게 복원하고 있다.

검토 수법도 필적의 관찰, 編紐 흔적을 토대로 기재와 편철의 시간 관계 고찰 등 실무에 근거하여 진중하고 견실한 방법을 이용한다. 자신의 견해에 반하며 통설에 유리한 사료·가설을 검토하는 데 많은 지면을 할애하는 점 역시 필자의 성실한 연구 자세와 인품을 나타낼 것이다.

靑木 씨의 논문도 출토된 지점이 유구로서의 특성 차이, 출토 간독의 차이를 멋지게 관련짓는다. 유적에 대한 설명도 과하거나 부족하지 않고 논지를 전개하는 방법도 명쾌하며 수법도 목간(간독) 연구의 본보기라 할 수 있을 정도로 뛰어나다.

내용도 재이용을 위한 간독을 사무 공간의 인접한 장소에 저장해 두었다는 간독 이용의 실태적 양상을 재현하고 있어 매우 흥미롭다. 일본 목간연구에서는 목간이 재이용된 것은 '자명'하나 재이용되어야 할 목간의 보존 상황과 재이용의 실제적인 운용 방법은 거의 알지 못한다. 이 문제점에 관한 일본 목간연구의 문제점에 대해서는 '이처간(異處簡)'의 문제와 함께 高村 씨의 논문에서 함께 언급하도록 하겠다.

高村 씨의 논문에서는 특히 '신품' 간독이나 '중고' 간독이 상위 관사(縣이나 候官)에서 하위의 관사(봉수 등)로 공급되었다는 지적이 매우 흥미롭다. '중고' 간독이 서사면을 삭제처리를 하지 않은 채 하위관사로 공급된 경우에 '이처간(異處簡)'이 발생하는데 일본에서 유사한 사례로 평자는 正倉院文書 寫經所 문서의 종이 조달을 연상하였다.

일본에서 '이처간(異處簡)'과 같은 문제는 본격적으로 다루어지지 않고 있다. 또 서사면 삭제처리가 어느 단계에서 어떻게 이루어졌는가에 대해서도 본격적으로 검토되지 않았다. 지금까지 출토된 사례를 살펴보면 같은 유구에서 출토된 목간과 삭설(표면을 삭제 처리한 결과 발생)은 관련성이 강하므로 목간의 이용이 종료된 장소에서 재이용(따라서 삭설 내용도 재이용되지 않고 폐기된 목간의 내용은 가까워진다)된 것으로 생각되며 '삭설의 내용 = 그 유구와 가까운 장소와 관련된 것'이 불문율처럼 여겨지고 있다. 중고 목간이 저장되고 그 기재 내용과 관계가 없는 다른 관사로 운반된 후 거기서 깎였다는 장면은 상정하지 않았다. 이 예상은 아마 큰 틀에서 정당하다고 생각한다. 다만 예를 들어 015형식 목간의 구체적인 작성·재이용·폐기의 과정을 고찰할 경우 '이처간'과 같은 움직임의 가능성도 고려할 필요가 있지 않을까? 이 점은 나중에 다시 서술한다.

최근 발굴을 통해 '목간을 소각한 흔적'이 유구와 목간 양쪽에서 확인되면서 '목간은 소각 처분하지 않는다'라는 예전의 '상식'이 뒤집힌 것을 생각하면(『奈良文化座紀要 2009』) 일본 목간을 재이용한 구체적 과정, '장면'을 상기하면서 더욱 진중하게 검토해나갈 필요가 있다고 생각된다.

鈴木 씨의 논문에 관해서는 평자의 지식이 너무나도 부족하므로 감상만 이야기하겠다. 遣策의 기재를 부장품과 상세하게 비교하는 방법은 견실하고 또 매력적이라고 생각한다. 다만 평자는 결국 그런 조합리스트로서도, 매납 리스트로서도 충분하지 않은 遣策을 매납하는 이유를 잘 알 수 없었다. 전세된 문헌의 내용에 사로잡힌 채 논의를 진행하고 있다는 인상도 조금 받았다.

佐藤 씨의 논문은 기본적으로는 佐藤 씨가 지금까지 계속 주장해온 목간연구의 방향성을 재확인한 것이라 할 수 있다. 다만 소개된 사례 가운데 약간 문제가 있어 지적해두고자 한다. 첫 번째는 숙직찰(宿直札)에 관한 해설로 式部省 관련 출토 숙직찰에 관해 '각 관청에서 숙직찰이 다수 출토되었다'라고 하나 式部省 관련 목간으로 출토된 숙직찰은 모두 式部省 피관(被官)의 관사(大學寮·散位寮) 목간이다. 출토지점과 합치면 각 관청으로부터 보고된 것이 아니라 式部省 내에서 사무처리하는데 이용한 목간으로 생각하는 편이 좋을 것이다(『平城宮木簡』四~六). 따라서 '각 관청은 인사를 담당하는 式部省으로 숙직찰을 보내서 매일 보고해야 하였다'라는 기술에도 문제가 있을 것이다. 또 考課·選敍목간에 관하여 '式部省에서 폐기'된 것으로 보고 3점의 목간 사례를 들고 있는데 이 가운데 두 번째 高屋連家麻呂의 成選簡은 式部省과 관련된 유구에서 출토된 것이 아니다.

또 考選목간은 長屋王邸 등에서도 출토된다. 이런 출토 상황을 어떻게 이해하는가, 예를 들어 각 관사가 소속 관인의 考選文을 종이 문서로 제출할 때 考選작업과 의식에 필요한 考選목간도 함께 작성하여 제출하였을 가능성(=考選목간은 각 관사에서 작성되어 式部省으로 제출, 式部省에서 이용되었을 가능성) 등을 상정하면 이처간과 유사한 문제로까지 확산할지도 모른다.

籾山 씨의 논문은 채륜을 전후한 종이 실태의 해명, 이에 근거한 서사 재료의 변천이 명료하여 매우 흥미롭다. '지목병용(紙木倂用)'이라는 단어가 나타내듯이 서사 재료의 변천이라고 하면 간독과 종이만으로 떠올리나 縑帛도 서사 재료로 중요한 것, 종이가 縑帛 대용품으로 보급된 것 등도 중요한 지적이다. 다양한 서사 매체 속에서 종이와 나무의 평가를 생각할 필요를 재차 느꼈다.

劉 씨의 논문에 대해서는 평자의 지식이 충분하지 못하여 감상만 언급할 수밖에 없다.

일본사 연구에서 '기층문화' 등을 개발하여 '일본 문화론'을 생각하는 방향성은 최근 저조하다. 이는 연구의 세분화와 상세화가 진전되면서 전체를 조망하기 어렵게 된 점, 일본에서 역사학 연구의 특성 등 다양한 요인이 겹쳐져 있기 때문일 것이다. 한편 해외의 일본 연구자는 아무래도 이러한 '기층문화'적 분야에 큰 관심이 있는듯하다. 이러한 관심에 어떻게 대답할 수 있을까. 또 대만에서는 역사의 기층 부분을 생각하기 위해 전통적인 사료를 철저하게 분석하는 학문 수법의 중요성이 인식되어 있다고 한다. 대만의 연구사와 연구 상황의 정리는 일본사 연구가 앞으로 방향성을 생각하는 데 중요한 시사점을 줄 것이다.

5. 이 책이 목표로 한 방향성에 대하여

마지막으로 이 책이 제시하는 방향성과 관련하여 李 씨의 논문·陶安 씨의 논문과 籾山 씨에 의한 '서론'에 대한 의견을 언급하고자 한다.

이 책의 문제 인식·방향성의 출발점은 간독 연구에서 간독 형태와 움직임에 관한 분석이 부족하다는 것이며 이 문제점을 해결하기 위해 ①'물건에 입각한 정밀한 고찰'과 ②간독 각각에 대한 '라이프사이클' 검토가 필요하다고 籾山 씨는 말한다. 이에 입각하여 李 씨의 논문을 읽어보자.

李 씨의 논문은 석학에 걸맞게 풍부한 재료를 기반으로 적확한 논의가 전개되는데 유구의 특징과 유물(간독)의 상호 관련성에 대한 지적은 일본 목간을 연구하는 평자에게 언뜻 보면 매우 당연한 것을 이야기하는 것일 뿐 이에 합치하는 사례만을 열거하는 듯한 느낌이 들었다. 그런데 상세하게 읽어보면 李 씨의 간독에 대한 시선은 이 책의 방향성과 합치하는 한편 실은 籾山 씨에 대한 반론이라고 읽을 수 있지 않을까.

유구와 간독의 상호 유기적 관련의 분석과 연구는 그 사례를 열거

할 수 있을 정도로 축적되어 있다. 6대 분류를 사용한다면 유구와 간독의 관계를 분석하기 위한 기초적 조건은 모두 갖추어져 있다. 즉 중국 간독학은 확실하게 '물건'으로서 간독을 파악하고 간독에 관한 유효한 분류 방법도 갖고 있다. 이는 단순히 '형태'에 기초한 것이 아니나 형태도 요소에 들어가 있어 간독 연구에는 매우 유효한 도구이며 이와 별도로 '형태'만 분류할 필요성은 존재하지 않는다. 유적과의 관련도 충분히 배려하며 간독의 이동과 라이프사이클도 고려한 조사와 연구를 거듭하고 있다.

즉 籾山 씨가 간독학에 대해 가진 문제의식은 기우(杞憂)에 지나지 않는다.

李 씨를 포함한 중국의 뛰어난 간독 연구자와 실제로 현물 간독의 정리를 담당한 연구자는 이 문제에 관한 관심을 가지면서 연구를 한다고 하여도 평자의 좁은 경험이기는 하나 중국 '간독 연구자'의 전체적 경향은 확실히 籾山 씨가 지적한 것처럼 느꼈다. 따라서 텍스트 정보 이외의 정보를 종합하는 분석 방법의 제시라는 의미에서 이 책의 역할은 중요할 것이다. 또 앞에서 언급한 것처럼 이 책에 수록된 각 논문은 籾山 씨가 제시한 방향성에 기초한 연구의 매력을 발산하고 있다.

한편 籾山 씨는 ①, ②의 중요성을 언급한 후 ③간독의 생태계라는 개념을 제시한다. 간독자료는 각각 단독으로 존재한 것이 아니라 다른 간독, 다른 자료(물건이라고 해도 좋을 것이다)와 함께 존재하였다. 이 사실을 확인하고 의식함으로써 간독의 존재를 상대화하고 한층 정확한 자료로 평가할 수 있게 된다.

이 점은 평자도 찬성한다. 다만 한편으로는 여기에 매우 위험한 문제점이(아마도 籾山 씨의 의도에 반하여) 포함된 것처럼 느껴진다. 가장 걱정되는 것은 '생태계'라는 단어로 이는 '간독 연구의 방법'인 ①, ②의 평가와도 관련된다.

'생태계'라는 개념은 참으로 매력적이다. 간독의 숲에서 떠돌아다니며 우러러보면 다양한 과정을 거쳐 거기에 존재하는 다양한 간독이 무성하게 있는 모습이 눈에 선한 느낌이 든다. 다만 동시에 평자가 '생태계'라는 단어로부터 상기한 것은 축적된 正倉院文書 연구로 자료체(資料體)와 마주하는 방법에 대한 지적이다.

杉本一樹 씨는 '기능이라는 단어의 마술, 문서의 물신화(物神化)'로서 '문서 그 자체가 독립된 주격으로 마치 「자신에게 부과된 기능을 하는」듯한 착각', '문서 자신의 의사와 같은 환상'의 존재를 지적하고 이를 떨쳐 버리는, '문서에 기능을 부과한 것은 어디까지나 사람'이라는 점을 강조한다(『日本古代文書の硏究』吉川弘文館, 2001, 이하 杉本 씨 인용문은 同書).

간독이 작성되고 나서 폐기될까지 과정을 '라이프사이클'이라 칭하고 그 집합을 '생태계'로 이해하는, 즉 간독을 하나의 생명체와 같이 이해하는 견해는 杉本 씨가 지적하는 '환상'과 함께 위험성을 품고 있는 것이 아닐까.

이 위험성은 ①, ②의 필요성에 '의의를 부여'하는 것과 관련 있다. 다시 한 번 杉本 씨의 견해를 인용하면 '대상이 되는 문서'에 어떻게 접하는가는 '역사 재구축을 위한 연구자에 의해 조리된 소재'인 「사료」라는 범주로 파악할 필요'와 '누군가가 어떤 목적으로 어떻게 문서를 쓰고 누가 사용하고 그때 무엇이라 불렸는가, 그 현장을 살펴보고 싶다'라는 두 가지 방식이 있다.

간독을 사료로 이해할 때 ①물건에 입각한 관찰, ②라이프사이클의 검토는 '사료비판'의 절차가 된다. 따라서 간독을 사료로 다룰 때는 '절차'를 밟아야 한다. 그 결과 일본 목간연구의 경우 논의에 불필요한(예를 들어 '유적의 이해는 보고서를 따른다'라는 한 문장으로 끝내는 경우라도) 유적·유구와 공반된 유물을 서술하는 논문도 보인다. 마치 '면죄부'와 같은, 일종의 형해화라 할 수 있지 않을까.

한편 '간독의 현장'을 생각하고자 할 때 ①, ②는 어디까지나 '하나의 방법'이다. 어느 간독(목간)이나 그 방법으로 논문 중에 필요로 하는 정보를 얻을 수 없다면 일부러 그 방법으로 한 분석을 서술할 필요는 없다. 대부분 목간에서 '라이프사이클'은 복원되지 않는다. '라이프사이클'의 검토도 애초에 '가능한 목간이라면 의의가 있는' 하나의 수법이다. 많은 간독·목간 분석에서 '라이프사이클'의 검토는 그 '라이프사이클' 전체를 그려보고 현재 간독·목간으로 입수할 수 있는 정보는 그 전체의 일부분이라는 것을 의식하면서 정보를 끌어내고 의미를 부여하여야 할 것이다.

추찰하기에 籾山 씨가 목표로 한 것도 이 '현장이 보고 싶다'라는 방향성이지 않을까. 籾山 씨는 간독이 존재한 '공간'에 대한 생각을 명기하고 있다. 陶安 씨는 더욱 명료하게 언급하는데 '물건에 관한 관심'이 「'사람」의 시점'을 창출하고 '추상적인 「물건」의 세계가 확산된다'고 지적한다. 만약 평자의 추찰이 맞는다면 '라이프사이클', '생태계'라는 표현을 강조하는 것은 문제의식 왜소화의 위험성을 지니게 하는 것처럼 생각된다.

또 하나, 이 책 제목의 관례에 따라 '연구와 조사의 경계'라는 점을 지적해두고자 한다. '생태계'라는 단어의 위험성은 '연구'의 방향에 관련된 것인데 예를 들어 '형태'의 분석과 같은 ①'물건에 입각한 정치한 고찰'은 조사 현장과 밀접하게 관련된다.

현재로서는 '조사'와 '연구' 사이의 역할분담이랄까 분업체계랄까, 미묘한 온도 차가 존재하는 것처럼 느껴진다. 나라문화재'연구'소 도성발굴'조사'부의 사료'연구'실에서 일을 하는 '연구'원이며 발굴 현장에서는 '조사'원이라고 하는, 조사와 연구를 부지런히 왕래하는 사람에게는 꽤 절실한 문제이다.

조사와 연구가 '차의 양쪽 바퀴'임은 두말할 필요가 없다. 좋은 연구를 목표로 하고 이를 위해 필요한 내용을 확실하게 조사하는 것이 좋은 조사일 것이다. 원래 양자의 준별은 불가능하다고 생각한다. 다만 현실적인 문제로 모든 연구원이 모든 현물자료의 조사자가 되는 것은 유물의 보관과 같은 여러 문제가 있어 어렵다. 따라서 대부분은 조사기관이 공표한 조사 데이터를 기초로 연구를 진행해간다. 한편 조사기관의 '연구자'에게는 '조사 데이터'의 공표를 가장 중요하게 여기는 것이 요구된다. 좋은 조사에는 최첨단 연구의 문제 관심, 필요한 데이터를 충분히 알고 있을 필요가 있으며 즉 '좋은 조사자 =

좋은 연구자'라는 것도 요구되겠지만 '자료의 사물화(私物化)'는 엄밀하게 삼가야 한다. 또 공표하는 간독·목간 점수는 방대하며 공표하는 데 공간과 시간의 제약이 따른다. 모든 연구자의 다양한 문제 관심에 모두 응하는 것도 어려우므로 '최대공약수'인 관심에 기초한 데이터의 제시라는 선택도 시야에 넣을 수밖에 없다. 더욱이 중국에서 간독의 기초적 데이터를 추출하는 것은 '연구'에 종사하지 않는 조사자가 하는 경우도 있는듯하다.

그런데 형태의 분석을 광범위하게 진행해 나가기 위해서는 형태를 광범위하게 조사할 필요가 있다. 한편 위에서 언급한 조사현물의 사정을 고려하면 형태의 관찰이 연구상 불가결한 요소이며 그 상세한 기술이 간독 보고에 첨부되어야 한다는 학회의 공통인식이 우선 전제되어야 하며 그 공통인식에 따라 조사·보고에도 형태 정보가 충분히 담겨야 한다. 이런 관점으로 생각하면 이 책의 목적은 어디에 설정되어 있는가. 陶安 씨의 논문을 읽으면서 이 목적의 설정이 잘 보이지 않는다고 느꼈다.

陶安 씨 논문에서 형태에 관한 기술의 문제점은 두 가지이다. 일본 목간 형식번호에 관한 평가, 高村 씨에 의한 형태 분류 체계에 대한 평가이다. 이 두 점에는 공통된 문제점이 존재한다.

陶安 씨는 일본 목간의 형식번호(나라문화재연구소 방식·목간학회 방식)에 대해 형태를 '객관적으로 기술하는 도구'라고 생각한다. 그러나 형식번호의 정의는 단순히 형태에만 주목한 것이 아니다. 또 형식을 분류할 때에는('무엇과 무엇을 다른 것으로 하고 무엇을 같은 것으로 할지'

라는 '선 긋기'를 할 때는) 형태와 그 의의(기능) 양쪽을 두루 살피고 있다. 실제로 현물 목간에 목간 번호를 부여하는 작업에는 관찰자의 판단이 개입된다. 즉 일본 목간의 형식번호가 형태를 기술할 때의 '객관성'에는 어느 정도 한계가 있다. 이런 한계를 고려하지 않고 형태를 관찰하는 데 형태 분류가 '객관적'이며 만능이라고 과신하는 것은 매우 위험하다. 참고로 두 방식 모두 형식번호만으로 형상 정보를 표현하는 것은 아니고 크기의 괄호, 석문 속에 기호도 함께 사용하였다는 점도 덧붙여 둔다.

다음으로 간독 형태 분류의 체계구축에 관한 高村 씨의 논문에 대해 살펴보자. 작년도 高村 씨는 목간학회연구집회에서 간독의 형상 분류에 대해 보고하였다. 『木簡研究』34호에 문장화되어 있는데 내용이 같으므로 여기서는 목간학회 제35회 연구집회에서 구두로 보고한 것을 기초로 생각해보고자 한다.

高村 씨의 분류는 매우 상세하다. 그리고 형태관찰을 중심으로 분류되고 구축되었다고 할 수 있을 것이다. 다만 일단 너무나 상세하다. 이렇게 해서는 현물인 간독을 분류하기 어려워 '예외'적인 사례가 많이 발생하지 않을까. 또 高村 씨 분류 자신, 상정된 간독의 용법 = 기능에 의거하는 부분도 있다는 약점도 함께 갖고 있다.

가장 문제는 이 분류의 유효성이 전혀 나타나 있지 않다는 점이다. 평자는 대회 보고에서 高村 씨 보고의 보족(補足) 보고를 담당하였으므로 분류의 목적 = '분류를 통해 무엇을 알 수 있게 되는지 전망할 수 있는가'를 사전에 문의하였으나 그러한 전망은 없다는 답변을 받았다. 또 당일 보고에서도 '高村 씨 의견대로 간독을 분류하면 연구상 의미가 있다'라는 메시지는 듣지 못하였다. 적어도 '즉시 효율성은 없을지라도 축적된다면 앞으로 이런 전망을 기대할 수 있을 것이다'라는 전망 정도라도 알고 싶었지만.

간독 연구에 분명히 형태의 분석이 필요하다. 그러나 高村 씨 분류의 유용성이 제시되지 않으면 그 존재 의의는 사라져버리는 것이 아닐까. 예를 들어 富谷 씨의 형태 분류도 존재한다. 高村 씨는 富谷 씨 분류의 문제점을 지적하였으나 富谷 씨의 분류는 그 분류를 통한 연구의 유효성이 제시되어 있다. 게다가 富谷 씨의 분류 방법이 포괄적이며 예외적인 사례가 나오기 어렵고 통용하기도 쉽다고 생각한다. 결국, 왜 富谷 씨 분류로는 안 되는가. 전망을 얻을 수 없는 高村 씨의 분류가 '중국간독학에 방법론적으로 강한 영향'을 끼칠 수 있을까.

富谷 씨 분류는 철저하지 않으며 충분하지 않다는 비판이 있을지 모른다. 또 '형태를 객관적으로 기술하는 도구'('객관적'으로는 있을 수 없는)로서의 역할을 주장할지 모른다. 따라서 일본의 형식번호에 대해 좀 더 보족하기로 한다.

나라문화재연구소 방식·목간학회 방식의 일본 목간 형식번호는 위와 같은 문제점이 있음에도 학회공유의 재산으로 보급되어 있다. 이는 A : 현물의 목간에서 귀납된 분류로 B : 이 분류가 목간연구에 유효하며 넓게 받아들여지고 C : 압도적인 점수를 관리하는(보고하는) 나라문화재연구소에서 고안된 목간학회(=전국의 목간 정보를 집적하여 보고)에서 개량·채용되어 목간 보고에서 많이 이용되고 표준화되어 있기 때문이다.

한편 나라문화재연구소·목간학회 방식 이외의 형식분류도 존재한다. 예를 들어『中岡京木簡　二』에서 시도된 형태 분류와 표현 등이다. 이는 형태의 기술에 관해서는 나라문화재연구소 방식·목간학회 방식보다 현물에 근거하였다고 할 수 있을지 모른다. 그러나 현재 학회가 공유하는 도구는 아니다. 우선은 그 분류 방법이 상세하고 또 필요한 형상을 판단하는 데 어려운 점이 있는 등 너무 상세하여 문제점이 많다. 예를 들어 이렇게 상세한데도 표현할 수 없는 부분이 남아 있다거나 이미 나라문화재연구소·목간학회의 분류 방식이 널리 보급된 것이다. 또『中岡京木簡　二』의 분류에 의한 연구가 그 후 전개되지 않은 점,『中岡京木簡　三』이 편집되지 않고 보고서로 계승되지 않은 점도 놓칠 수 없다. B와 C의 요소가 부족하다고 평가할 수 있을 것이다. 高村 씨 분류도 그렇지 않을까?

간독의 조사보고에서 高村 씨 분류에 의한 형태 정보가 이용되고 축적되지 않으면 간독 학회 전체에서 高村 씨 분류를 '분류기술의 도구'로 사용하기는 어렵다. 高村 씨가 보고가 완료된 목간을 계속해서 다시 분류해도 그 분류 방법은 어디까지나 高村 씨 개인의 분류에 지나지 않는다. 중국 간독을 우선 조사·보고하는 것은 중국의 조사기관이며 또 간독 연구자들일 것이다. 그러나 중국의 간독 연구자는 소위 '형태'에 대한 관심이 그렇게 크지 않다. 우선 이 점을 설득해야 한다. 또 중국 간독의 경우 동시대의 호칭을 사용한 분류와 독자의 체계가 존재한다. 이는 李 씨의 논문에 잘 나타나 있는 것처럼 이런 분류로도 유적을 충분히 이해할 수 있다고 생각하고 있다. 그러한 사람들에게 별도의 새로운 '형태 분류'를 요구하는 것은 상당한 노력이 필요하다. 충분한 설득력을 갖고 있을까.

'목간의 현장'을 생각하여 앞서 인용한 杉本 씨의 '그때 무엇이라 불렸는가?'라는 점을 생각할 때 우선은 당시 용어에 적용하기 어려운 전통적인 분류 후에 필요한 형태관찰 정보를 첨부하는 방법 등 별도의 방법이 간독에 다가서려는 방법이 필요하다고 생각한다. 예를 들어 토기 분류에서 사용되는 '坏A'는 출토된 토기가 당시 용어인 '坏'라고 불린 것으로 판단한 후 그 크기를 기준으로 구분한 호칭이라고 한다(靑木敬·小田裕樹 씨의 교시).

화제가 빗나갔지만, 이런저런 사정을 생각하면 적어도 현시점에서는 高村 씨의 분류를 통해 중국 간독의 형태를 잘 기술할 수 있을 것으로 기대하기는 어렵다. 따라서 조사보고에서 도구라는 방향성에서도 陶安 씨가 기대하는 '중국간독학에 큰 방법론적 영향을 줄 것'이라고는 생각하기 어렵다.

또 하나 부언해둔다. 조사와 연구의 괴리, 조사자와 연구자의 분리는 절대 바람직하지 않다고 생각한다. 다만 자료 수와 담당자의 인적 자원 한계를 생각하면 일정 정도의 역할분담도 어쩔 수 없다. 최근에 조사기관에서 공표한 데이터 가운데 현물 조사에 버금가는 선명한 화상 데이터가 포함된 것도 중요하다. 사진 자료를 포함하여 최대한으로 검토한 후 '도저히 현물이 아니고서는 알 수 없다'라고 생각하는 연구자들은 현물 조사를 통해 매우 큰 성과를 올린다. 한편 '현물을 보지 않으면 조사·연구를 할 수 없다'는 감각으로는 큰 성과를 기대할 수 없을 것이다. 어깨가 아프다고 했더니 촉진(觸診) 또는 이야기도 듣지 않고 바로 '엑스레이'를 찍자는 의사는 대부분 돌팔이 의사이다.

한편 籾山 씨의 견해인 조사 현장과의 거리감은 진중한 모습이다. 이는 단적으로 물건에 기초한 정밀한 '고찰'이라는 단어에 나타나 있다고 생각한다. 일본 목간의 소개에 있는 '관찰·기록' 어구를 포함하지 않고 '고찰'로 한정한 것은 우선은 연구 수준에서 그 필요성과 유의성을 거듭하자는 결의의 표명이라 생각하는데 과연 어떨까.

이 籾山 씨의 날카로운 전망을 수반한 진중함은 간독 자료 분석의 방향성을 이야기하는데 도중에 산견되며 중요한 과제를 던진다. 간독은 '고고자료'이면서 '일찍부터 고문서학의 세계에서는 (중략) 생성·기능하는 장면에 입각하여 관계론적인 자료를 파악할 필요가 강조됐다'며 '간독의 장(場)'의 중요함을 설명한다. 간독은 고고자료이며 고문서라는 이해의 표현일 것이다.

반대 관점에서 생각해보면 籾山 씨가 제시하는 ①과 ②의 방향성은 간독학·목간학에 한정한 시점이 아니며 고문서학에서도 그 전래 과정과 형태, 양식 등 그 중요성이 인식되고 있다. 그러면 중국간독학·일본목간학의 경우에도 더욱 고고유물이라는 것을 강조할 필요가 있지 않을까 하는 의문이 있기도 하다. 목간 실물의 취급과 출토 시 기록하는 방법 등은 고고학적 조사기술에 속하나 '기술' 수준에서 조사와 연구에 요구되는 방향성과 관점의 문제가 아니다. '출토 상황'을 예로 들면 문서조사에서는 문서가 포함되고 전래해 온 '함(函)'마다 정리, 조사한다. 또 비디오로 '함(函)' 속의 수납상황기록을 찍으면서 문서를 꺼내는 조사도 이루어지는 경우가 있다. 더욱 상세하게 전래과정의 상황을 기록하자는 시도이므로 방향성으로서는 출토 상황의 기록을 요구하는 것과 같다. 이렇게 보아 극론(極論)한다면 목간과 간독은 고문서학의 체계 속에서만 분석할 수 있다고 생각된다.

그럼에도 '고고자료'라는 점을 강조하는 것은 중요하다. 이는 목간·간독 모두 고고학적 조사로 발견되고 또 고고학자의 손에 의해 발굴되고 보관·관리되며 때로는 보고되는, 즉 고고학자와 문헌학자가 연계하여 다루는 자료이기 때문이다. 고문서학의 수법만 확대·발전시키면 된다는 태도를 취할 때 고고학자를 배제하는 방향성으로 나아갈 위험이 있다. 그렇지만 문서조사에서 함(函)을 열고 문서를 꺼내는 것이 문헌학자라고 하더라도 유적을 조사하고 간독을 발굴하는 것은 고고학자이다. 배제하기보다 쌍방이 서로의 학문적 수법과 기술을 추렴하는 편이 부드럽게 연계되고 성과도 클 것이다. 간독을 고고자료라 부르는 것은 유적에서 발견되었기 때문이라는 단순한 문제가 아니다. 유럽에서 금석문연구는 고고학의 전문분야에 속한다고 한다. 고고학적 분석과 문헌학적 분석의 경계는 원래 자료학 전체 속에서는 애매한 것일지 모른다. 자료학 전체를 시야에 넣고 현실적인 연구 연계와 연구 성과의 확대를 목표로 하라는 것이 籾山 씨의 주장이라고 생각한다.

이 책의 주장은 각 간독의 기재 내용을 개별적으로 추구하는 것이 아니라 '간독의 장(場)'을 상정하고 간독을 종합적으로 파악하는 연구의 방향성을 제창하는 것으로 생각한다. 이를 위해 즉물적이며 상세한 관찰과 거듭된 고찰을 요구하고 문헌학자와 고고학자가 각자의 수법을 서로 갈고 닦으면서 조사와 연구를 공동으로 진행할 필요가 있다. 앞으로 연구가 진전됨에 따라 이 책을 통해 이러한 방향성의 유효성·필연성을 나타내고 간독학을 변화시키고 발전시키려는 의도도 숨겨져 있을 것이다. 다만 용어의 용법, 다듬어지지 않은 곳도 있다고 생각된다.

마지막으로 이 책의 목적·방향성에서 富谷至 씨의 『文書行政の漢帝國』에 집약된 '시각의 관점' 등은 어떻게 평가될 수 있을까. 이 책의 陶安 씨 논문에서는 '편철간배제'와 '문서 행정'이라는 단어 용법을 축으로 富谷 씨의 견해를 비판한다. 다만 籾山·陶安 두 사람 모두 '간독'을 대하는 방법과 연구 방향성에 어느 정도 공감하고 있다고 이해했다.

이 책이 '간독학'을 지향하는 것에 반해 富谷 씨는 제도와 국가의 특징을 명확히 하려는 근본적인 차이가 존재한다. 따라서 동일 선상에 논의된 것은 아니나 富谷 씨의 예상은 매우 시사적이다. 陶安 씨가 富谷설을 비판한 것은 오히려 富谷설의 가능성을 시사하는 것이지 않을까. 陶安 씨는 '편철간의 배제', '편철간과 단독간 준별의 어려움' 등을 들어 富谷설을 비판한다. 그러나 陶安 씨의 말을 빌리면 '일본의 목간과 달리 중국의 간독은 보편적인 서사 재료'이며 종이로 대체할 수 있어 더욱 '보편적인 서사 재료'라 할 수 있는 편철간보다도

漢帝國이 특징적으로 발달시킨 단독간의 세계를 중심으로 논의하여 漢帝國의 특징을 추출하는 것은 당연할 것이다. 간독과 편철간의 준별이 어렵다는 지적은 타당하며 단독간과 편철간의 '왕래'는 매력적인 연구 과제이다. 그러나 富谷 설을 근거로 하여 전개해야 할 과제라고도 생각한다. 이러한 왕래 역시 간독의 매력이며 특성일 것이다. 간독은 나무에 대나무를 이어 붙인 것이다. 그러나 나무에도 대나무에도 종이는 붙지 않는다.

또 富谷 씨가 말하는 '문서 행정'을 평자는 국가의 모든 요소를 '문자를 나타내는 매체(=실제로는 간독이 이용되었으나 논리상은 종이, 직물, 나무라도 상관없다)'에 싣는 행정체계라는 뜻으로 이해하였다. 그 완성도가 높으면 높을수록 의거한 서사 매체의 특성과 불가분의 관계가 된다. 따라서 융통성이 없어지고 서사매체가 간독에서 종이로 변화할 때 '문서 행정'은 실현할 수 없게 되는 것으로 이해하였다. 그렇다면 그 비판에 '어느 시대나 문서가 행정에 이용되었다'라는 것만으로는 반증력은 부족하다고 할 수 있을 것이다.

또 평자의 역부족으로 陶安 씨 논문의 마지막 두 단락의 의도를 이해할 수 없었다. 간독학, 전적학, 고문서학, 혹은 자료학 등 이러한 모든 학문의 상호 관계를 좀 더 정리하여 '기초 사료학'이 아니라 가능하다면 기초 자료학에 대해 두루 생각해보고자 한다.

6. 맺음말

전문가가 아닌 평자가 천학(淺學, 지식이 얕음)을 돌아보지 않고 함부로 거칠게 써버렸다. 잘못 읽거나 어리석은 생각이 드러난 곳도 적지 않을 것이다. 평자가 이 책의 서평을 맡은 것은 편자인 籾山 씨가 '지명'하셨기 때문이다. 매우 영광스러웠으며 긴장하여 읽기 시작했으나 서평 때문이라 생각하니 흥미로운 지적 모험이 그다지 즐겁게 읽히지 않는 곳도 있었다. 또 많이 공감하는 '문제점'을 필요 이상으로 강하게 느껴 감정적인 서평이 되어 버린 게 아닐까 걱정도 된다. 이런 점에 대해서는 진심으로 죄송하다는 말씀을 드리면서 반드시 이 책을 읽으신 후 평자가 한 말의 잘잘못을 확인해주셨으면 한다.

본문을 거칠게 쓴 것에 대해 조금 더.

간독의 연구 방법에 대한 비평으로 正倉院文書 연구의 방법·자세를 채용하였다. 일본 고대사에서는 법제 사료와 六國史와는 다른 1차 자료로 正倉院文書과 목간은 쌍벽을 이룬다. 연구 수법적으로도 양자는 서로 영향을 주고받으며 발전해 왔다. 예를 들어 佐藤信 씨는 '서사의 장(場)'의 중요성을 내세운다. 佐藤 씨의 논의에서 마치 '절차'마다 열거된 출토 유구·물건으로서의 관찰 등의 어구는 '서사의 장(場)' = '목간의 현장'에 수렴하는 것으로 '서사의 장(場)'에 다가가는 도구라는 평가로 변화하고 있다. 그리고 이 '서사의 장(場)'이라는 시점이 제시된 시기는 正倉院文書의 특히 寫經所 문서연구가 진전되면서 杉本 씨가 위에서 언급한 방향성을 제창한 1990년대 후반이며 그 영향은 부정할 수 없을 것이다. 그리고 '장(場)'을 중시하는 시점은 이 책 전체에서도 중요한 역할을 한다.

다만 이 '장(場)'이라는 이해에는 두 가지 난점이 남아 있다. 하나는 아무래도 일본인만의 모호한 개념으로 중국인 연구자가 이해하기 어려운 것이다. 그 부분을 어떻게 해결할 것인가 하는 문제이다. 또 하나는 '장(場)'이라는 시점은 약간 정태적이지 않을까 생각되는 점이다. 목간도, 正倉院文書도 '사람'이 만들고 기능을 부여하고 행사한 것으로 다양한 '행위'와 조합된다. 이런 관점에서 杉本 씨는 '장(場)'이라는 개념에서 더욱 나아가 寫經所 문서를 '일'의 도구로 평가하였다. 다만 寫經所 문서의 경우 '일'의 목적이 거의 하나(사경사업)이므로 그 전모를 대략 짐작할 수 있으나 목간이 도구로 이용된 세계는 더욱 혼란스러워 파악하기 힘들다.

어떤 이유·필요성으로 인해 목간이 작성되었다(재이용도 하나의 작성 형태이다). 목간으로 할까 아니면 말로 할까. 형태는 어떻게 할 것인가. 신품을 준비할까 아니면 재이용하여 끝낼까. 상대방은 글을 읽을 수 있는지 없는지. 못 읽는다면 어떻게 전달할 수 있을까. 사용 후 어떻게 처리할까. 목간을 도구로 이용하는 '담당자'가 되었다고 가정하면 실은 다양한 규칙, 습관과 판단이 존재하였으리라는 생각에 이른다. 이는 오늘을 살아가는 우리가 상사에게 보고할 때 구두로 할지, 메모로 할지, 메일로 할지 고민하며 상대방으로부터 신청서를 받을지, 구두처리를 할지, 누군가의 도장을 받을지에 대해 선례를 조사하는, 그러한 체험 속에서도 자연스레 상상할 수 있을 것이다.

이러한 일련의 것을 만드는 방법, 선례와 노하우, 상대방과의 관계, 행위와 음성까지 포함한 주위의 모든 요소와 함께 작용하여 사용 방법이 정해진다는 것이 평자가 제창하는 '목간의 작법'이라는 것을 선전하면서 붓을 놓고자 한다.

결론

이상으로 2부에 걸쳐서 '목간의 사료학적 연구'라는 관점에서 검토하였다. 이 책의 목적, 요약, 앞으로 과제는 서문에서 언급하였으므로 반복하지는 않겠다. 다만 '목간의 사료학적 연구'라는 관점에서 이 책을 다시 읽어보면 '사료(史料)'와 '자료(資料)'라는 단어의 뜻이 일관되지 않는다. 이는 필자의 목간에 대한 '시선'과 용어 관한 생각이 변화하였기 때문이다.

목간연구에 주목하였을 당시는 '목간은 기재된 문자 텍스트로서의 정보만이 아니라 전체를 생각할 필요가 있다는 시점에서 「사료」가 아닌 「자료」, 또는 「출토 문자 자료」로 이용'하는 개념에 크게 감명 받았다. 그리고 목간에 관해서(때로는 다른 문헌 사료에 관해서도) 가능하면 '자료'라는 용어를 사용하고자 했다.

고고학과 문헌사학이라는 두 학문영역만 생각하면 물론 '자료(資料)'와 '사료(史料)'를 구분하는 것에도 의의가 있다고 생각된다. 다만 고고학·문헌사학이라는 두 가지 분야만 생각하여도 되느냐는 의문을 지니게 되었다. 고고학과 문헌사학은 모두 역사학의 수법이며 그 목적은 역사 = 과거 인간의 행위·사회를 복원하는 것에 있다. 목적은 같고 수법에 차이가 존재하나 연구를 심화해가면 그 경계는 모호해 진다.

고고학·문헌사학은 모두 '역사학'의 분야이다. 그리고 '사료(史料)' 라는 단어에는 '문자로 기재된 역사정보'라는 정의 외에 다양한 학문 소재인 '자료(資料)' 가운데 역사학의 연구 소재를 '사료(史料)'라고 부른다는 정의가 존재한다. 전자가 '역사학'의 세계에서만 사용되는 용어라면 후자는 다양한 학문에서 사용되는 용어로 한층 시야가 넓다. 역사연구에서도 동물고고학·환경고고학·토양학·연대학·민속학·인류학언어학 등 다양한 학문 분야와의 공동연구가 활발해지고 필수가 된 현재, 용어도 '역사학' 내부에 한정된 정의가 아니라 더욱 넓은 학문 분야와 협업을 전제로 정의를 사용해야 할 단계라고 생각하였다.

그리고 '고고학적 자료'가 고고학의 연구 소재라는 것은 '고고학적 수법에 따른 역사연구의 소재'가 되므로 '자료' 중에서도 '사료'로 평가된다. 즉 '문헌자료'라는 용어를 사용하지 않고 '고고사료'라는 용어를 제안해야 하지 않을까 생각하기에 이르렀다.

이는 예를 들어 건축학과 건축사 분야로 시야를 넓히면 이해하기 쉽다. 건축사를 역사학의 한 분야로 파악할지 건축학의 한 분야로 파악할지에 따라 그 연구 소재(예를 들어 고건축의 건축 부재)를 부르는 방법도 변한다고 생각된다. 건축사를 역사학의 한 분야로 생각할 경우는 '사료', 건축학의 한 분야로서 측면을 강조하면 '자료'이지 않을까.

마찬가지로 국어사와 국어학, 미술사와 미학 등의 입장에서도 이야기할 수 있을 것이다.

또는 아래 사례가 참고 될 것이다. 발굴조사에 채취한 토양 샘플은 '시료(試料)'이다. 이 '시료(試料)'를 분석하여 입도(粒度), 조성 등 데이터를 정리하면 '자료(資料)'가 된다. 이 '자료'를 토대로 인공적으로 쌓은 흙인지 아닌지, 인공적인 것이라면 그 땅의 특징은 어떠한 것인지 등을 검토하여 역사를 연구하면 '사료(史料)'가 된다. '시료(試料)'가 '자료(資料)'로 변하고, 그 데이터를 역사학 연구 관점에서 분석하여 비로소 '사료(史料)'가 된다.

이 책에 수록된 논문 가운데 '자료(資料)'와 '사료(史料)'의 뜻이 일관되지 않은 것은 이상과 같이 여러 단계를 거치면서 단어에 관한 생각이 변하였기 때문이며 현시점에서도 약간 헤매고 있다는 것을 반영하는 것이다. 처음에는 통일하려고도 생각하였으나 시행착오의 과정을 나타낸다는 의미에서 굳이 처음 출판되었을 때 본문 내용을 그대로 답습하는 것을 원칙으로 삼았다.

그리고 이 책에서는 목간을 역사연구의 소재로만 다루었으므로 '사료학'으로서의 연구에 그쳤다. 목간이라는 '시료(試料)'를 '자료(資料)'에서 다시 한번 '사료(史料)'로 되돌리고 다양한 학문 분야와 공동연구의 소재로 삼는 것, 한편 그 공동의 작업·검토·연구를 근거로 하여 역사학자로서 더욱더 날카로운 '사료화(史料化)'(시료-자료-사료라는 흐름)에 몰두해 가는 것이 앞으로의 과제라고 생각한다.

후기

이 책은 지금까지 필자가 쓴 목간에 관한 논고(일부는 신고)를 사료학적 연구라는 관점에서 정리한 것이다. 목간연구에 본격적으로 몰두하게 된 것은 2000년에 나라국립문화재연구소(당시)에 봉직(奉職)하게 되고 나서부터이니 20년 가까이 지났다. 20년간 성과의 집대성이라 분발해 보았으나 생각한 것보다 연구 성과가 적어 부끄러울 따름이다.

변명 대신 이 책에서 목표로 한 연구의 방향성에 어떻게 하여 도달하게 되었는가를 간단히 이야기하고자 한다. 1993년 4월 고대사 연구에 뜻을 두고 문학부에 진학하여 佐藤信 선생님의 가르침을 받았다. 돌이켜보면 佐藤 선생님으로부터 일본 고대사의 기초적인 연구 방법만이 아니라 유적과 그 보존에 관한 생각을 들을 수 있었던 것은 매우 감사한 일이었으나 사실 당시에는 전혀 알지 못하였다. 대학교 4학년이 되어 진로를 고민할 때 과연 내가 연구자로 적합할지 또 일본사 연구라는 영위(營爲)가 사회에서 어떠한 도움을 줄 수 있을지를 생각하게 되면서 진로에 대해 많이 고민하였고 佐藤 선생님과 주변의 선배, 그리고 내정되어 있던 회사에도 크게 신세를 지게 되었다. 이후 결국 대학원에 진학하였으나 그다지 근면하고 우수한 학생이었다고는 하기 어렵다. 다만 선생님으로부터 배운 방향성, 시점이 오늘날까지 내 연구의 기본적인 시점, 감각이 되었다. 특히 근무하고 나서 연구와 지방 자치체와의 공동연구 등에서 헤맬 때마다 항상 되돌아갈 수 있는 '장소', 말하자면 '모항(母港)'과 같은 곳이다.

한편 그 당시 '감사함을 알지 못한 것'은 佐藤 선생님의 가르침만이 아니다. 大津透 선생님의 슈集解 세미나, 石上英一 선생님의 正倉院文書 세미나 등 충실한 세미나와 강의를 통해 '율령학'을 확실히 배웠고 또 '사료학'을 접할 수 있었을 뿐 아니라 鐘江宏之 조교(당시)를 필두로 우수한 선배와 동료들과 함께한 대학원 생활은 지금 생각해보면 호강스럽고 감사한 것이었다.

목간과 실제로 대면하게 된 것은 석사과정 1학년 여름, 나라국립문화재연구소에서 목간이 담긴 물을 교체하는 아르바이트에 참여하였을 때이다. 자극적인 경험이었지만 오히려 목간이 싫어졌다. 다루기 어려울 뿐만이 아니라 문자 정보가 적었다. 목간을 연구하라고 주위로부터 들었으나 무엇부터 시작하면 좋을지 짐작도 가지 않았다. '목간'의 전체상이 막연하여 종잡을 수 없다는 인상이 강했다.

2000년 4월에 나라국립문화재연구소에 봉직하게 되면서 목간과 함께하지 않을 수 없게 되었다. 또 발굴조사에도 종사하여 '유구'와 직접 마주하게 되었다. 특히 입소 2년째인 2001년에 담당한 興福寺

中金堂의 발굴은 굉장한 현장이었는데 여기서 川越俊一 씨, 次山淳 씨, 清水重敦 씨 등 당시의 상사와 선배로부터 많은 가르침을 받은 것은 귀중한 경험이었다.

발굴 현장의 '사고(思考)'를 몸에 익힌 것은 역사연구의 방법에도 영향을 끼쳤다. 그 영향은 다방면에 이르는데 특히 '허심탄회하게 물건(유구와 유물)과 마주하는 것'이 습관화된 것이 크다. '무엇인가를 알고 싶다'라고 생각해서 목간을 보는 것보다 '이 목간을 이해하자'라는, 말하자면 '물건 FIRST'적인 환경에 놓이게 되면서 목간을 다룰 때도 문자를 읽는다던가, 내용을 알려고 하기 이전에 목간 전체를 받아들이려는 감각을 몸에 익혔다.

이러한 경험, 감각을 기반으로 목간에서 가능한 한 정보를 추출하고자 하는 습관이 몸에 뱄다. 또 항상 '유적'이라는 고대 공간을 접하고 '목간'이라는 고대인이 만진 것을 보면서 목간 하나하나를 고대 사회 내에서 구체적으로 평가하고 반영하는, 즉 '사람과의 관계 속에서 목간을 이해'한다는 이 책의 기본적인 방향성에 이른 것이다.

그러나 솔직하게 자백하자면 목간에 쓰인 문자를 훌륭히 읽고 그 기재 내용을 이해하기 위한 지식도 풍부하며 연구의 추진력도 뛰어난 상사, 동료(渡邊晃宏 씨, 市大樹 씨(당시)가 전형적이다)와 정면으로 겨루어도 이길 수 없다고 판단하고 스스로 '살길'을 찾은 결과, 발견한 방향성이라는 측면도 없지는 않다. 다만 역사의 유물 그 자체로부터 역사를 배운다는 것, 즉 '물건'을 통해 역사를 말하는 것은 매우 매력적이다. 이야기라는 단어가 멋지다고 절실히 느끼고 있다.

이 책을 쓰는 데 편집담당자 吉川弘文館 岡庭由佳 씨 외에 林白簫 씨(당시 교토대학대학원생), 萬谷順子 씨의 노력이 있었다. 감사를 표한다. 또 항상 조언과 자극을 준 나라문화재연구소의 상사, 동료들에게 깊게 감사드리는 바이다.

이 책에서 사료학적 연구는 아직 적다. 그렇지만 이 작은 샘물에서 콸콸 솟아 나온 물(분석수법과 검토 사례)이 이윽고 돛에 바람이 가득 맞은 배(연구의 배)들이 왕래하는 지식의 바다가 될 날을 꿈꾸고 있다. 이 책의 연구 성과가 다른 연구자에게 큰 도움이 되었으면 한다.

이 책은 과학연구비조성금기반연구(A) '歷史的文字に關する經驗知の共有資源化と多元的分析のための人文·情報學融合硏究'(과제번호 26244041) 연구 성과의 일부이다.

2018년 4월

바바 하지메(馬場基)

初出一覧

序　　　新稿

第一部

第一章　「荷札と荷物のかたるもの」(『木簡研究』30號, 2008年)

第二章　「一行書きの隱岐國荷札」(西洋子·石上英一編『正會院文書論集』靑
　　　　史出版, 2005年)

第三章　「文獻資料から見た古代の塩」(奈良文化財研究所編『塩の生産·流通
　　　　と官衙·集落』奈良文化財研究所研究報告第12冊, 2013年)

第四章　「二條大路出土京職進上木簡三題」(奈良文化財研究所編『文化財論
　　　　叢Ⅲ』奈良文化財研究所創立50周年記念論文集, 奈良文化財研究
　　　　所學報第六五冊, 2002年)

第五章　「平城京の鼠序說」(奈良文化財研究所編『文化財論叢Ⅳ』奈良文化財
　　　　研究所創立60周年記念論文集, 奈良文化財研究所學報第九二冊,
　　　　2012年)

第六章　新稿

補　論　「難讀木簡釋讀の實例」(渡邊晃宏編『推論機能を有する木簡など出
　　　　土文字資料の文字自動認識システムの開發』平成15〜19年度科研
　　　　費基盤(S)成果報告書, 2008年)

第二部

第一章　「木簡の世界」(田邊征夫・佐藤信編『古代の都2 平城京の時代』吉川
　　　　弘文館, 2010年)

第二章　【일본어판】「木簡の作法と一〇〇年の理由」(『日韓文化財論叢Ⅱ』奈
　　　　良文化財研究所學報第八七冊, 二〇一一年)

　　　　【한국어판】「목간의 작법과 100년의 이유」(『韓日文化財論叢Ⅱ』奈
　　　　良文化財研究所學報, 大韓民國國立文化財研究所, 2010年)

第三章　新稿

第四章　「「木簡の作法」論から東アジア木簡學に迫る爲に」(『東アジアの簡
　　　　牘と社會—東アジア簡牘學の檢討—シンポジウム報告集』中國政
　　　　法大學法律古籍整理研究所・奈良大學簡牘研究會・中國法律史學會
　　　　古代法律文獻專業委員會, 2012年)

第五章　「書寫技術の傳播と日本文字文化の基層」(角谷常子編『東アジア木
　　　　簡學のために』奈良大學, 2014年)

第六章　「歴史的文字に關する經驗知・暗默知の蓄積と資源化の試み」(石塚
　　　　晴通監修, 高田智和・馬場基・横山詔一編『漢字字体史研究2 -字体
　　　　と漢字情報-』勉誠出版, 2016年)

補　論　「資料學と史料學の境界-籾山明・佐藤信編『文獻と遺物の境界-中
　　　　國出土簡牘史料の生態的研究-』によせて-」(『木簡研究』34號, 2012
　　　　年)

結　　　新稿

역자 후기

　이 책은 나라문화재연구소에서 근무하는 馬場基 선생님이 2018년 일본 吉川弘文館에서 발간한 저서 『日本古代木簡論』를 국문으로 번역한 것이다. 한국 목간은 물론 고대 일본 목간에 관해서는 더욱 문외한인 옮긴이가 굳이 이 책을 번역하겠다고 나선 이유는 고고학을 전공한 입장에서 어떻게 목간을 연구할 수 있는지, 그 정수를 여실히 보여주는 책이라고 판단했기 때문이다.

　현재 옮긴이는 경북대학교 인문학술원 HK+사업단의 연구교수로 재직하고 있다. 사업단의 연구 주제는 동아시아(한국, 중국, 일본)에서 발견된 목간인데 고고학을 전공한 만큼 문자가 적힌 '목간'에 관해서는 지금껏 으레 자신의 연구 분야가 아니라고 치부해 왔던 것이 사실이다. 그러던 찰나에 이 책을 접하게 되었는데 문자가 쓰인 목간 역시 유물이므로 고고학에서 시도하는 분석으로도 목간이 충분히 연구할 가치가 있는 주제라는, 당연한 생각을 깨우치게 하는 내용으로 가득했다. 한국 고대사에도 이런 연구 경향을 소개하면 유익하지 않을까 하는 초보적인 생각이 들어 같은 연구실에 계신 橋本繁 선생님을 통해 저자에게 번역서 출판의 허가를 받은 후 곧바로 작업에 착수하였다.

馬場基 선생님이 본문에서 여러 차례 지적한 것처럼 목간 역시 무덤이나 주거지에서 출토되는 여타 유물과 마찬가지로 인간이 만들어낸 하나의 산물이다. 모든 물건은 제작-사용-폐기의 과정을 거치게 마련이고 그 과정에서 과거 사람들의 흔적이 남게 된다. 이 책에서는 목간에 쓰인 문자만이 아니라 이처럼 다양한 정보들을 소생시켜 고대사의 일단면을 마치 살아서 본 것처럼 풀어낸다.

이처럼 묵흔으로 희미하게 남아 있는 문자만이 아니라 목간을 만들고 사용하고 폐기하는 과정에 주목하고 연구한다면 '목간의 일생'도 언젠가 복원할 수 있으리라. 아직 일본처럼 많은 수의 목간이 발견되지 않아 한국의 목간 연구에도 이 책에 소개된 방법론을 그대로 도입하기는 어렵지만, 주로 문자의 판독과 해석을 연구하는 思潮를 벗어나 새로운 연구 방법론을 소개하였다는 점만으로도 이 책을 번역한 의의는 충분하다고 생각한다.

안타깝지만 2020년 전세계에서 유행한 코로나19로 인해 馬場基 선생님을 직접 뵙지 못한 채 번역을 마무리하였다. 옮긴이의 번역 실력이 부족하여 한국 독자들이 얼마나 이해할 수 있을지 걱정이 앞선다. 본문 가운데 오역이나 어색한 부분이 많을텐데 그 책임은 오롯이 옮긴이에게 있다는 점을 덧붙여 둔다.

출판을 할 수 있도록 도와준 경북대학교 인문학술원 원장님을 비

롯하여 HK교수와 연구교수님, 출판사 관계자 여러분께 감사의 마음
을 전한다.

2021년 9월

김 도 영

색인

경북대학교 인문학술원
HK+사업단 번역총서 01

일본
고대
목간론

지은이 | 바바 하지메(馬場基)

옮긴이 | 김도영(金跳咏)

발행인 | 최병식

발행일 | 2021년 9월 30일

주류성출판사

서울특별시 서초구 강남대로 435 주류성빌딩 15층

전화 | 02-3481-1024(대표전화) 팩스 | 02-3482-0656

홈페이지 | www.juluesung.co.kr

값 23,000원

잘못된 책은 교환해 드립니다.

ISBN 978-89-6246-448-1 94910

ISBN 978-89-6246-447-4 94910(세트)